감수 | **조병학**

베스트셀러 작가이자 기업인이다. 연세대학교 교육학과를 졸업했고, 현대그룹 종합기획실을 거쳐 현대경제연구원에서 미래, 기업, 학습과 관련된 일을 하고 연구했다. CEO의 바이블이 된 피터 피스크의 전작 《게임체인저》를 감수하면서 책에서 소개한 놀라운 혁신 기업에서 영감을 받아 미국 주식시장과 기업을 연구·분석하는 《왓머니》를 개설해 운영하고 있다. 현재 파이낸셜뉴스미디어그룹의 교육기업 에프앤이노에듀 부사장으로 재직 중이며, 경제 유튜브 채널 《머니클래스》를 기획·운영하고 있다.

'4차 산업혁명과 기술의 미래', '돈 걱정 없는 미래', '창조적 사고와 공부의 기술'을 주제로 한 강의는 출강한 대부분 기업과 기관에서 최고의 강의로 선정되었으며, '돈 걱정 없는 미래'의 유튜브 강의는 신사임당, 김작가 TV 등에서 대단한 호평을 받았다. 저서로는 베스트셀러 《브릴리언트(공저)》, 《천재들의 공부법》, 《2035 일의 미래로 가라》, 《2040 디바이디드》, 《돈의 비밀》, 《트리플 버블(공저)》 등이 있다.

번역 | **장진영**

경북대학교에서 영어영문학과 경영학을 복수 전공하였으며, 서울외국어대학원대학교 통번역대학원을 졸업했다. 다년간 기업에 필요한 번역을 제공하였으며, 현재는 번역에이전시 엔터스코리아에서 출판 기획 및 전문 번역가로 활동하고 있다. 주요 역서로는 《돈의 탄생 돈의 현재 돈의 미래》, 《더 클럽》, 《게임체인저》, 《퓨처 스마트》, 《어떤 브랜드가 마음을 파고드는가》, 《케인스라면 어떻게 할까》, 《목표를 성공으로 이끄는 법》 등이 있다.

아이
디어

아이
디어

피터 피스크 지음 | 조병학 감수 | 장진영 역

인사이트앤뷰

아이디어(Business Recoded)

초판 1쇄 발행 | 2021년 8월 4일
초판 2쇄 발행 | 2021년 8월 20일

지 은 이 | 피터 피스크
감   수 | 조병학
번   역 | 장진영
펴 낸 이 | 엄지현
기   획 | 이진희·한솔비
디 자 인 | 신혜정
마 케 팅 | 권순민·오성권·강이슬
표   지 | 롬디
내   지 | 롬디
제작총괄 | 조종열
인   쇄 | 영신사
발 행 처 | (주)인사이트앤뷰
등   록 | 2011-000002
주   소 | 서울시 구로구 경인로 661
전   화 | 02) 3439-8489
이 메 일 | insightview@naver.com

ISBN 979-11-85785-45-5 03320

값 27,000원

* 이 책의 한국어판 저작권은 EYA(에릭양 에이전시)를 통한 John Wiley & Sons, Inc. 사와의 독점계약으로 ㈜인사이트앤뷰가 소유합니다.
* 저작권법에 따라 한국 내에서 보호를 받는 저작물이므로 무단전재 및 복제를 금합니다.
* 잘못된 책은 교환해 드립니다.

"아이디어와 용기로 미래에 뛰어들라!"

CONTENTS

| SHIFT II |
KOMOREBI - 성장 코드를 혁신하라

| SHIFT III |

TRANSCENDENT – 시장 코드를 혁신하라

| SHIFT IV |

INGENUITY – 혁신 코드를 혁신하라

| SHIFT V |
UBUNTU - 조직 코드를 혁신하라

| SHIFT VI |

SYZYGY - 전환 코드를 혁신하라

| SHIFT VII |

AWESTRUCK - 리더십 코드를 혁신하라

위대한 리더는 어떻게 성장하는가 | 당신의 리더십 스타일은 무엇인가 | 리더를 평가하라

최고의 성과를 내는 플로우에 도달하라 | 단점을 보완하기보다 장점을 살려라 | 새로운 뉴런을 만들어라

리더의 인내력을 갖춰라 | 리더의 회복력을 길러라 | 리더의 감사는 모든 것을 바꾼다

미래에 무엇을 남길 것인가 | 어떻게 더 좋은 세상을 창조할 것인가 | 미래에 보내는 편지

평범하지만 존경받는 사람들 | 어떻게 비범함을 찾아낼 것인가 | 비범해지기 좋은 시간이다

비즈니스 DNA를
혁신하라

성공을 위한 새로운 DNA

변화는 언제나 극적이고 모든 곳에서 벌어지며 가차 없다. 실현하기 어려운 기술과 지정학적 변화, 요구가 폭발하는 고객과 파괴적인 기업가, 환경 위기와 사회적 불신, 예기치 못한 충격과 부진한 성장, 넘어야 할 산도 많고 잡아야 할 기회도 많다. 따라서 우리를 지금까지 존재하도록 해준 이 낡은 DNA는 이제 불충분하거나 쓸모가 없다.

이 책은 극적으로 변하는 오늘, 전 세계에서 기업을 키우고 미래 세계를 이끌 최고의 기업을 만들어내기 위해 노력하는 비즈니스 리더들을 위한 책이다. 이 책은 더 밝은 미래를 창조하는 법, 비즈니스를 새롭게 해석하는 법, 시장을 창조하는 법, 직원들에게 활기를 다시 불어넣는 법, 성공을 새롭게 정의하는 법을 다룬다. 알리바바Alibaba, 블랙록 BlackRock, 코닝Corning, 다농Danone, 에코알프Ecoalf, 후지필름Fujifilm, 글로시 에Glossier, 하이얼Haier 등은 오늘날 전 세계에서 가장 혁신적인 기업들 이다. 이 책은 이런 기업을 이끄는 가장 혁신적인 리더로부터 얻은 통 찰과 아이디어를 소개한다. 또한, 이 책은 개인적인 발전과 자신만의 비즈니스를 창조하기 위해 독창적인 DNA를 키우는 당신을 위한 책이 다. 더 의미 있는 존재가 되기 위해, 더 많은 것을 성취하기 위해, 더 비 범한 존재가 되기 위해 기꺼이 용기를 낸 당신을 위한 책이다.

왜 DNA를 혁신해야 하나

우리는 거대한 가능성과 함께 휘몰아치는 엄청난 불확실성의 시대 를 살고 있다. 시장은 점점 복잡해지고, 경쟁은 치열해지며, 고객 눈높 이는 새로운 혁신과 꿈으로 높아져만 간다. 기술은 금융 산업으로부터 건설 산업에 이르기까지, 엔터테인먼트 산업으로부터 헬스케어 산업 에 이르기까지, 모든 산업을 파괴한다. 또한, 기술은 새로운 가능성과 솔루션을 창조한다. 그리고 기술은 모든 것을 빠르고 복잡하게 만들 며, 불확실성과 공포를 조장한다.

이미 일상에 디지털 세계와 물리적 세계가 융합한 증강현실Augmented Reality 기술이 녹아들고 있고, 인공지능Artificial Intelligence과 로봇공학이 인 간의 역량을 강화하지만 해결하기 어려운 도전과제도 제시한다. 그 틈 으로 곳곳에 존재하는 슈퍼컴퓨터가 파고들고 유전자 편집 기술과 자 율주행차가 세상을 혁신해간다. 이렇게 기술은 상상하기 어려운 방법 으로 인류의 약진을 돕는다. 기술은 비즈니스를 완전히 바꿀 수도 있고 해결하기 어려운 문제를 해결할 힘도 있다. 기술은 더욱 근본적인 혁신을 주도하고 성장 속도를 높이며, 사회적 진보와 환경적 진보를 달성할 힘이 있다. 이제 우리는 산업혁명으로 촉발된 지난 270년의 변화보다 앞으로 10년 동안 더 놀라운 변화를 목격하게 될 것이다.

- 시장 변화가 가속화된다 − 혁신의 속도가 빨라지고 제품의 수명이 짧아지면서 시장은 20년 전보다 4배 더 빠르게 변화할 것이다.
- 사람들은 더 유능해진다 − 연결성이 20년 전보다 825배 강화되면서 사람들은 무한한 교육 기회, 무한한 지식, 무엇이든 만들어내는 도구에 접근할 수 있다.
- 소비자 태도가 변한다 − 젊은 층 78%가 사회에 선한 영향력을 행사하는 브랜드를 선택한다. 그들은 대기업에서 일하기를 거부하고 도박사처럼 세상을 본다.

하지만 변화는 기술의 영역을 뛰어넘어 일어난다. 시장은 더 빠르게 변화하고 수렴되고 진화할 것이다. 쇠락한 앤아버Ann Arbor에서 활기를 되찾은 빌바오Bilbao, 첸나이Chennai와 같은 오늘날 거대도시와 사우디아라비아 미래 기술 도시인 네옴Neom으로 경제력이 계속 집중될 것이다. 이미 중국은 새로운 글로벌 비즈니스 질서의 정점에 올랐다. 이제 인도와 아프리카가 그 뒤를 따를 것이다.

산업화는 우리가 사는 지구가 만들어낸 자연스러운 균형 상태를 깨트린다. 오늘날 기후위기는 진보의 결과이자 해결해야 할 가장 큰 과제이다. 세계화는 국민성과 현지 특성에 대한 오래된 관념에 문제를 제기한다. 보편화하는 이민은 사람들이 보편적으로 생각하는 고향에 문제를 제기한다. 종교적 가치는 사회적 가치와 경쟁하고, 경제적 우선순위는 사회적 우선순위와 충돌한다. 생활 수준은 개선됐지만, 불평등은 심화했다.

현재의 경제체제는 한계에 도달했다. 2020년 전 세계를 휩쓴 코로나-19 사태와 같은 충격적인 사건이 그 취약성의 민낯을 드러냈다. 사람들은 인류가 서로 다른 미래를 맞이할 수 없다는 사실을 확실하게 깨달았다. 그리고 효율성만을 추구해온 인류는 예상치 못한 충격에는 잘 대응하지 못한다는 사실도 알게 됐다. 변화와 해체가 빠르고 빈번하게 발생하면서 이런 충격적인 사건은 갈수록 자주 발생할 것이다. 하지만 이러한 충격은 비즈니스의 변화를 억누르기보다 오히려 가속할 것이다. 사람들은 충격적인 사건들을 경험하면서 동시에 변화하는 세계의 엄청난 영향력에 눈뜰 것이다. 그리고 즉각적으로 행동하며 더욱 극적으로 생각하고 행동해야 한다는 사실을 깨닫게 될 것이다.

미래는 과거가 아니다

현재의 기업은 미래에는 적합하지 않다. 대부분 조직은 안정되고 예측 가능한 세상에 맞춰 설계됐다. 안정되고 예측 가능한 세상에서는 미래가 계획한 대로 발전했고, 시장은 명확하게 규정됐으며, 선택은 분명했다. 그러나 역동적인 시장은 당연히 불확실할 수밖에 없다. 이제까지 세계 경제는 대개 10~15년을 주기로 고점과 저점을 찍었다. 하지만 미래의 경제 주기는 점점 짧아질 것이다. 변화는 빠르고 기하급수적이며, 격변하고 예측 불가능하다. 또한, 복잡하고 애매하며 새로운 해석과 상상력을 요구한다.

애석하게도 너무나 많은 비즈니스 리더가 과거에 성공을 가져다줬던 전략이 미래의 성공도 보장해주길 바란다. 그들은 이런 전략이 난관을 헤쳐나가는 데 계속 도움이 되기를 바라면서 낡은 비즈니스 모델을 무리하게 적용한다. 오래된 사업 계획은 매년 조금씩 수정되고 인프라는 한계점까지 활용되며, 구성원들은 더 열심히 일해 달라는 요청을 받는다. 극적이고 예측 불가능한 변화가 계속되는 세상에서 이런 전략으로는 성장은커녕 생존도 불가능하다.

- 성장은 더 어려워진다 — 세계 GDP 성장률이 지난 10년 동안 1/3 이상 하락했다. 서구세계가 부진한 사이에 아시아가 성장했지만, 성장 속도는 더 더디다.
- 기업은 생존경쟁에 직면한다 — 기업의 평균 수명은 1950년에 75년에서 오늘날엔 15년으로 대폭 감소했다. 2000년 포천Fortune 500 기업의 52%가 2020년까지 사라졌다.
- 리더는 엄청난 압박을 받는다 — 오늘날 비즈니스 리더의 44%만이 5년 이상 자신의 자리를 지켰다. 불과 50년 전에는 77%가 조직에서 자리를 5년 이상 보전했다.

이윤만으로는 이제 충분하지 않다. 사람들은 기업이 더 많은 이윤을 달성하리라 기대한다. 하지만 기업이 결과는 무시한 채 오직 이윤만을 추구하면 세상으로부터 고립될 수밖에 없다. 이처럼 이윤만을 추구하는 낡은 사고방식은 한계에 도달했다. 기업은 그 어느 때보다 인적자원과 파트너, 지역사회, 자연환경과 같은 자원에 크게 의존하고 있다. 그러므로 이러한 자원을 포용할 훌륭한 방법을 찾아내야 한다.

기술만으로는 이제 충분하지 않다. 혁신은 더 많은 인적자원을 요구한다. 기술은 현실 자체를 자동화하고 이해하지만, 새로운 미래를 공감하고 상상하지는 못할 것이다. 곳곳에서 기술이 주도하는 혁신은 빠른 속도로 상품화되며, 세계 어디서든지 활용할 수 있게 된다. 그러므로 우리는 새로운 방식으로 부가가치를 창출해야 한다. 미래는 인간적이고 창의적이며 직관적이다. 기업에 인적자원은 더더욱 중요해질 것이다.

환경보전만으로는 이제 충분하지 않다. 250년 동안 진행된 산업화는 지구로부터 자기 회복력과 생명 유지력을 빼앗았다. 그러므로 기업은 지구로부터 얻는 것보다 더 많은 것을 되돌려줘야 한다. 모든 사회에서 불평등과 불신이 깊어지고 전통적 일자리가 자동화와 경기침체로 위협받는다. 이것은 사회 문제가 세계적으로 그리고 국지적으로 훨씬 더 중요해짐을 의미한다.

새로운 비즈니스 DNA

비즈니스 리더로서 우리에게는 더 좋은 기업을 만들 기회가 있다. 미래에 적합하고 더욱 혁신적이며 책임감 있게 행동할 수 있는 기업이 그것이다. 비즈니스 리더는 어떻게 무자비하고 파괴적인 변화의 폭발력과 구성원들의 재능과 기술의 가능성을 융합해 활용할 수 있을까? 기업은 어떻게 해야 모든 자원을 활용해 변화의 기반을 닦고 기업 가치를 실현할 수 있을까? 그러려면 우리는 새로운 성공 DNA를 찾아내야 한다. 또한, 새로운 방식으로 일해야 하며, 덜 가짐으로써 더 많은 것을 얻어낼 수 있어야 하며, 전통적 한계를 넘어 계속 성장할 수 있는 선순환적 시스템으로 이동해야 한다. 이를 위해 우리는 새로운 조합을 계속 만들어내야 한다.

- 미래 + 오늘 = 더 진보하기 위해
- 목적 + 이윤 = 모든 이해관계자의 참여를 위해
- 기술 + 인간성 = 더 높은 창의성을 발휘하기 위해
- 혁신 + 지속가능성 = 긍정적인 영향을 위해

우리는 새로운 비즈니스 구조를 만들어내야 한다. 이것은 일하는 이유를 재해석하는 것이며, 일하는 방식을 재설정하는 것이며, 비즈니스 영역을 재설정하여 집중하는 것이다. 지금 우리에게는 더 훌륭한 비즈니스를 위한 새로운 구조가 필요하다. 뒤돌아보지 않고 앞날만 바라보는 미래 기업을 상상해보라. 새로운 가능성을 찾기 위해 변화를 이해하고 사람들에게 비전과 긍정적인 메시지로 영감을 불어넣으며, 독창적으로 당당하게 미래를 혁신해가는 기업을 상상해보라. 그리고 그 혁신이 가능하도록 새로운 성장 동력을 찾아내고, 더 멀리 전진하도록 네트워크와 파트너를 포용하고, 사람들이 더 많은 것을 성취하도록 돕는 미래를 그려보라.

새로운 아이디어와 아무도 손대지 않은 고객의 요구를 연결하고, 새로운 고객의 요구에 창의적으로 대응하여 새로운 분야를 창조해냄으로써 기회를 창출하는 미래 기업을 그려보라. 대기업이 자신을 재해석할 비전과 용기를 품고, 기업가정신과 민첩함이 가득한 신생기업과 동등한 위치에서 경쟁하는, 파괴자들을 파괴하는 미래 기업을 상상해보라. 인간성을 받아들이고, 더 좋은 아이디어를 추구하고, 계몽적으로 기술과 사람을 융합하고, 사회 문제를 해결하고, 인류의 생활 수준을 개선하는 미래 기업을 상상해보라.

공동체로서 함께 일하고, 번창하기 위해 스스로 조직을 정비하고, 풍요로운 산업 생태계에서 파트너와 협업하고, 사람을 위한 일자리를

만들어내고, 고객에게 영감을 불어넣는 일을 하는 미래 기업을 그려보라. 지속해서 변화하고, 더 빨리 배워 번창하고, 성장과 진보를 지탱할 아이디어와 혁신으로 포트폴리오를 개발하는 미래 기업을 상상해보라. 세계에 긍정적인 영향을 미치고, 가치 창출의 순환 모델로 모든 이해관계자에게 유용하고, 부정적인 부문을 처리해 오로지 사회에 긍정적인 영향만 주는 미래 기업을 그려보라.

더 훌륭한 기업을 만드는 일은 그 기업의 내부에서 일하거나 그 기업과 함께 일하는 모두에게 기회다. 세상을 위해서 뭔가 더 훌륭한 일을 하는 것은 단지 숭고한 소명이 아니다. 이것은 오늘날 우리가 마주하는 수많은 한계를 극복하고 당신과 당신의 기업을 위해 미래의 성공을 확보하는 실질적인 소명이다. 우리는 이것을 새로운 자본주의의 소명이라고 부를 수 있다.

새로운 기업 DNA

어떻게 더 훌륭한 기업, 더 좋은 미래를 창조할 수 있을까?

훌륭한 미래를 창조하려면 사고방식과 행동방식이 변해야 한다. 다시 말해서 조직을 설계하고 관리하며 이끄는 방식을 혁신해야 한다. 마음가짐을 바꾼다는 것은 대단히 어려운 일이다. 그러나 리더는 오래된 믿음을 버리고 새로운 패러다임과 가능성을 받아들여야 한다. 또한, 훌륭한 기업으로 변화하려면 종합적으로 요구되는 변화의 7단계 SHIFT를 넘어서야 한다. 그리고 리더에게는 이러한 변화를 끌어내는

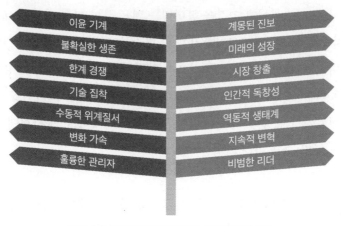

그림 0.1 더 좋은 미래를 위한 기업의 7가지 변화

구체적인 행동들이 뒷받침되어야 한다. 조직을 위해 구체적으로 행동하는 데 도움이 될 코드Code에는 49가지가 있다.

코딩Coding은 주로 기술과 연관되어 사용되는 용어다. 컴퓨터 코드는 컴퓨터가 실행할 프로그램을 형성하는 언어와 상징으로 이뤄진 일련의 명령어들이다. 코드는 언어로 표준화되고 시스템으로 기계화되면 순식간에 많은 양의 연산이 가능해진다. 이런 과정을 거쳐 나온 혁신적인 결과물이 우리 주변 곳곳에 존재한다. 이와 유사하게 유전 코드는 생물이 DNA 안에 코드화된 정보를 단백질로 전환하여 생명으로 바꾸는 데 사용하는 일련의 규칙이다. 프랜시스 크릭 경Sir. Francis Crick과 동료들의 발견은 의료계를 완전히 바꿔놓았고 맞춤 의료와 같은 돌파구를 만들었으며, 23앤드미23andMe와 같은 경이로운 기업의 등장으로 이어졌다.

이를 일반적으로 말하면, 일하고 살아가는 방식의 지침으로 삼을

미래 코드를 혁신하라	성장 코드를 혁신하라	시장 코드를 혁신하라	혁신 코드를 혁신하라	조직 코드를 혁신하라	전환 코드를 혁신하라	리더십 코드를 혁신하라
미래 잠재력은 무엇인가	메가트렌드에 편승하라	시장 매트릭스를 탐구하라	독창성을 발휘하라	인간적이고 영감을 주는 일을 하라	조직을 전환하라	미래를 이끌 준비를 하라
미래 사고방식을 갖춰라	새로운 성장 독력을 찾아라	파괴자들을 파괴하라	더 좋은 아이디어를 찾아라	살아있는 유기체처럼 일하라	핵심을 활용하고 변두리를 탐구하라	더 많은 일을 해낼 용기를 가져라
더 훌륭한 기업을 상상하라	아시아 시대를 받아들여라	고객 아젠다를 파악하라	디자인 사고를 하라	초고속 프로젝트로 협업하라	안에서 밖으로, 밖에서 안으로 변화하라	자신만의 리더십을 개발하라
영감을 불어주는 목적을 찾아라	기술과 인간성을 받아들여라	새로운 시장 영역을 구축하라	비범한 연결고리를 만들라	개인과 조직의 가치를 조화시켜라	사람들을 변화시켜 참여시켜라	최고의 능력을 발휘하라
당신의 미래 이야기를 창조하라	미래에서 출발하라	진실로 신뢰를 쌓아라	새로운 비즈니스 모델을 개발하라	에너지와 리듬을 창조하라	미래로 가는 우주선을 개발하라	인내력과 회복력을 길러라
더 긍정적인 영향력을 행사하라	네트워크 효과를 활용하라	목적을 찾고 브랜드를 개발하라	빠르고 민첩하게 실험하라	극단적인 팀이 되어라	순환 생태계를 조성하라	더 훌륭한 유산을 창조하라
과격한 낙관주의자가 되어라	성장 포트폴리오를 작성하라	고객이 더 많은 것을 이루도록 도와라	미친 듯이 꿈꿔라	나비처럼 움직이는 기업을 만들라	전략적 민첩성을 갖춰라	비범한 사람이 되어라

그림 0.2 새로운 기업 DNA, 49가지 코드

코드들이 주변에 존재한다는 말과 같다. 예를 들면, 행동 수칙이 그것이다. 이는 무언가를 더 잘 해내기 위한 원칙들이고 비규범적이지만 확정적이다. 그리고 포괄적이고 유연하여 개인도 활용할 수 있다.

새로운 리더십 DNA

당신은 어떤 미래를 창조해 이끌고 싶은가? 미래 기업은 당신의 리더십과 함께 부상할 것이다. 리더는 주저하지 않으며, 새로운 미래를 상상하고 현실로 만들어낼 용기를 지녀야 한다. 나는 수많은 리더를 만났고 그들의 팀과 많은 시간을 보냈다. 나는 그들에게 전략과 도전에 대해 알려주고 조언했다. 그러면서 내게 가장 커다란 영감을 주는 리더로부터 얻은 통찰이 무엇인지 살폈다. 그들에게는 몇 가지 공통된 자질이 관찰됐다. 그것은 매슬로Abraham Harold Maslow의 욕구 위계와

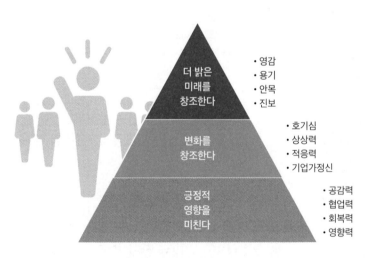

그림 0.3 새로운 리더십 DNA

유사한 피라미드를 형성한다. 조직을 운영하고 성과를 내는 데 필요한 필수 요소가 피라미드의 바닥에 존재한다.

위 그림에 리더에 공통으로 존재하는 진보를 위한 자질이 적혀있다. 이것은 변화를 이해하고 새로운 성장 동력을 찾고 혁신을 주도하는 능력이다. 피라미드의 꼭대기는 조직을 혁신할 리더에 요구되는 자질이다. 이윤을 초월하여 목적을 위해 행동하고, 더 훌륭한 기업을 만들어내고, 나아가 더 밝은 세상을 만들어내는 능력이다. 이 12가지 자질이 모여서 3단계로 구성된 '새로운 리더십 DNA'를 형성한다.

더 밝은 미래를 창조해내는 자질
• 목적과 열정으로 움직이는 "영감"
• 하지 않던 일에 과감히 도전하는 "용기"
• 비전과 직관으로 멀리 보는 "안목"
• 도전하고 개척하고 기회를 잡는 "진보"

변화를 만들어내는 자질
• 새롭고 복잡하며 불확실한 환경을 이해하는 "호기심"
• 더 밝은 미래를 그려내는 "상상력"
• 변화를 견디고 변화를 주도하는 민첩한 "적응력"
• 아이디어를 탐구하고 다르게 생각하는 "기업가정신"

긍정적인 영향을 미치는 자질
• 사람을 끌어들이고 재능을 활용하는 "공감력"
• 함께 일하고 다양성을 받아들이는 "협업력"

- 변화를 견뎌내고 위기에서도 긍정적인 "회복력"
- 세상에 긍정적인 차이를 만들어내는 "영향력"

미래를 이끌 용기

리더의 DNA가 기업에 미치는 영향은 폭넓고 지대하다. 리더의 DNA는 구성원과 그들이 하는 일, 즉 조직에서 사람들이 일하는 방식을 이해하는 데 아주 훌륭한 접근법을 제공한다. 전략적인 발전과 혁신, 브랜드를 개발하고 고객들을 끌어들이는 데에도 색다른 접근법을 제시한다. 가치를 창조하고 형성하고 기업을 성장시키는 데는 더욱 깨어있는 접근법을 제공한다.

또한, 새로운 비즈니스 코드는 사람들의 머릿속에 깊이 박힌 가정과 관행에 도전한다. 일부는 기존 방식을 확장하여 강화하고, 나머지는 오래된 방식을 대체한다. 비즈니스 성공에 도움이 되는 콘셉트와 모델, 틀과 도구는 많다. 하지만 비즈니스 성공을 보장하는 마법과 같은 공식은 없다. 그보다 비즈니스 리더로 성장하는 데는 사고방식인 마음가짐이 매우 중요하다. 가능성으로 가득한 세계에 마음을 열고 그 세계에서 성공할 수많은 방법을 찾아내려 노력해야 한다. 무엇보다 중요한 것은 그렇게 하고자 하는 '영감'이다.

나는 사람들에게서 영감을 받는다. 꿈을 실현하는 데 전념하고, 도전을 기회로 바꾸고, 다른 이들을 한데 모아 놀라운 결과를 내는 평범한 사람들 말이다. 나는 전 세계 모든 사람에게서 영감을 받는다. 특히 지금 이 순간에도 미래의 기업을 이끌고 만들어가고 창조하고 있는 사람들이 나에게 가장 큰 영감을 준다. 나는 7명으로부터 내 세계를 바꿀 영감을 받았다.

영감을 주는 사람들

1) 엘리우드 킵초게

"이 검소한 케냐인은 '사람에게 한계는 없다'라고 말한다. 그는 올림픽 금메달리스트이자 세계 기록 보유자다. 하지만 여기에 만족하지 않고 훨씬 더 대담한 목표를 세웠다."

빈의 다뉴브강 위로 동이 틀 무렵, "한계가 어디인지 모르겠다. 하지만 그 한계까지 한번 가보고 싶다."라고 엘리우드 킵초게Eliud Kipchoge가 말했다. 그로부터 두 시간 뒤에 그는 양쪽으로 나무가 늘어선 하우프트알레 산책로 한가운데에 서 있었다. 그는 비공식 마라톤 경주인 '이노에스 1:59 챌린지'에서 결승선을 향해 전력 질주했고, 마라톤 역사상 인류 최초로 2시간 장벽을 깨뜨렸다. "내 인생 최고의 순간이다."라고 그는 외쳤다. 마라톤 전 구간을 완주하여 기진맥진한 상태였지만, 그는 결승선을 바라보며 여전히 미소를 지었다. 결승선 위 시계는 1시간 59분 40초에 멈춰있었다.

20년 경력의 마라톤 선수 이야기를 들었을 때, 나는 마라톤 구간을 2시간 안에 주파하겠다는 그의 대담한 도전에 경외심마저 들었다. 올림픽 육상 남자 1,500m 금메달리스트 매튜 센트로위츠Matt Centrowitz로부터 떠오르는 신예 제이콥 잉게브릭센Jakob Ingebrigtsen과 노련한 버나드라가트_{Bernard Lagat} 등 세계적으로 위대한 선수들이 그를 둘러싸고 환호했고 그와 함께 셀카를 찍었다. 그들은 이 위대한 남자의 페이스메이커로 이 역사적인 순간을 함께했다.

"오늘 우리는 달에 갔다가 지구로 돌아왔다."라고 엘리우드 킵초게가 말했다. 그의 고향인 케냐에서 사람들은 텔레비전 주위에 옹기종기 모여 그를 응원했다. 하지만 이렇게 엄청난 업적을 이룬 엘리우드 킵초게는 지금도 분명한 목적의식을 갖고 소박하게 살고 있다. 케냐 서부의 작은 마을인 캅타갓_{Kaptagat}에서 그는 매일 아침 새벽 5시쯤 일어나 졸린 눈을 비비며 뛸 준비를 한다. 동아프리카 지구대의 먼지 가득한 황톳길 위쪽으로 해가 떠오를 무렵이면 그는 본격적으로 달리기 시작한다. 그는 의욕이 넘치는 젊은 육상선수들 수십 명과 함께 밭으로 향하는 농부들과 통학버스를 기다리는 어린 학생들을 지나쳐 성큼성큼 나아간다.

그는 이렇게 20km를 달린다. 이것이 하루 첫 번째 달리기인 셈이다. 그는 매일 아침 이것을 반복한다. 훈련소로 돌아온 그는 아침 식사를 준비한다. 아마도 그가 아침 식사 당번이었을 수도 있다. 대체로 아침에는 간단하게 우갈리와 제철 과일을 먹는다. 우갈리는 커다란 팬에 옥수숫가루와 끓는 물을 넣어 반죽해 만든 케냐 주식이다. 아침 식사를 마친 뒤에는 오후 훈련에 대비해 자신의 장비를 손수 세탁하고 눈을 붙인다. 다른 날에는 식량을 마련하기 위해 농가로 향하거나 공동 화장실을 청소할지도 모른다.

놀랍게도 이것이 자수성가한 백만장자이자 마라톤 금메달리스트인 그의 소박한 삶이다. 하지만 이것이 올림픽 금메달리스트이자 세계

기록 보유자인 엘리우드 킵초게가 아는 유일한 삶의 방식이기도 하다. 그의 아내와 어린 자녀들은 훈련소에서 40km 떨어진 엘도레트에 있는 훨씬 더 넓은 집에서 생활한다. 그는 훈련 기간에는 검소하고 엄격하게 돌아가는 훈련소의 단순한 생활을 선호한다.

15년 동안 엘리우드 킵초게는 꿈을 좇고 있었다. 내가 그를 처음 봤을 때 십 대였던 그는, 툭 튀어나온 눈을 길에 고정한 채 항상 얼굴에 미소를 머금고 달리고 있었다. 그에게선 일찍부터 가능성이 보였다. 그는 1983년에 세계 기록 보유자인 케네니사 베켈레Kenenisa Bekele와 히샴 엘 게루주Hicham El Guerrouj를 꺾고 5,000m 세계 챔피언이 됐다. 당시 그는 겨우 18살이었다. 그 후 10년 동안 수많은 메달을 땄지만, 자신을 최고라고 부를 수는 없었다. 30번째 생일이 다가왔을 때, 그는 마라톤으로 종목을 변경하기로 했다. 결과는 놀라웠다. 그야말로 그는 마라톤에서 천하무적이었다.

마라톤 2시간 벽을 깨려는 그의 첫 번째 시도는 실패했다. 2017년, 그의 후원자인 나이키는 인간이 마라톤 코스를 2시간 안에 주파할 수 있는지를 확인하는 프로젝트를 준비했다. 그들은 전 세계를 물색해 완벽한 장소를 찾았는데, 그곳은 이탈리아 몬차 포뮬러원 경기장이었다. 그리고 마라톤을 위한 완벽한 조건을 조성하고 테슬라 자동차로 정확하게 시간을 쟀으며, 그를 위한 맞춤 신발도 마련했다. 그런데 아쉽게도 그는 2시간 25초로 결승선을 통과했다. 하지만, 그는 전혀 기죽지 않고 기뻐하며 다음 기회에 더 잘 해내리라 다짐했다. 케냐로 돌아와서는 자신을 단련하기 위해 훈련에 매진했다.

이듬해, 그는 검은 정장을 입고 넥타이를 맨 채로 옥스퍼드 유니언Oxford Union에서 연설했다. 나는 그의 연설을 들으면서 그는 앞으로 내가 만나게 될 가장 사려 깊고 지적인 운동선수 중 한 사람이 될 것으로 생각했다. 그는 현재에 만족하지 않고 앞으로 나아가는 방법을 찾아 자신의 한계에 끊임없이 도전한다. 그는 항상 호기심을 갖고 사람들의 말에 귀를 기울인다. 그리고 누구보다 많이 읽고 다른 사람으로부터 배우기를 원한다.

엘리우드 킵초게는 동기 부여를 목적으로 하는 경영 서적 애독자다. 그는 스티븐 코비Stephen Covey의 《성공하는 사람들의 7가지 습관》을 주기적으로 다시 읽는다. 그는 이 책을 통해 열심히 일하는 것의 중요성을 배웠고, 자신이 하는 일에 최대한 진지한 태도로 접근해야 한다는 것을 배웠고, 다른 사람과 어울려 사는 방법을 배웠다고 말한다. 그는 존 맥스웰John Maxwell의 《사람은 무엇으로 성장하는가》도 애독한다.

그는 자신이 최고가 된 이유를 무엇이라고 생각할까? 그는 '강한 정신력' 때문이라고 말한다. "많은 동료가 나만큼 열심히 훈련한다. 하지만 올바른 자세만으로는 성공할 수 없다." 뜻밖에도 그는 아리스토텔레스를 인용했다. "어느 직업이든 긍정적으로 생각해야 한다. 긍정적인 생각이 마음의 동력이다. 긍정적인 생각으로 가득하다면, 목표를 향해 제대로 나아가는 것이다. '그대가 하는 일에서 느끼는 기쁨이 그 일을 완벽하게 만들지니.'"

엘리우드 킵초게는 때때로 철학자로 불리고, 가끔은 심지어 부처로도 불린다. 그는 '인간에게 한계는 없다'라는 문구가 적힌 고무 밴드를 손목에 차고 다닌다. "마음이 인간을 움직이게 만드는 동력이다. 그런 믿음이 있으면, 그러니까 성공할 수 있다는 믿음이 있으면 마음에 대고 이야기해라. 내 마음은 항상 자유롭다. 내 마음은 유연하다. 나는 세상 누구나 자기 생각을 뛰어넘을 수 있다는 사실을 보여주고 싶다. 인간은 자기가 생각했던 것보다 더 많은 것을 해낼 수 있다."

무엇이 올림픽 금메달을 따고 세계 기록을 달성한 그에게 계속 동기를 부여할까? 그는 로저 베니스터Roger Bannister가 1954년 1마일을 4분 안에 주파했던 옥스퍼드 대학교의 작은 육상경기장인 이플리 로드Iffley Road를 찾았다. 바로 그곳에서 엘리우드 킵초게는 마라톤 전 구간을 2시간 안에 주파하겠다고 결심했다. 그것은 그의 도전이자 유산이었다. 그는 "세계는 도전으로 가득하다. 우리는 자신에게 도전해야 한다. 나에게 도전은 역사상 그 누구보다 빨리 달리는 것이다."라고 말했다.

엘리우드 킵초게는 성공 공식을 찾아냈고, 그것을 계속 반복했을 뿐이라고 생각할 수도 있다. 그러나 그는 그렇게 하지 않는다. 놀랍게도 빈Vienna 도전을 앞두고 그는 에어로빅과 필라테스를 훈련 루틴에 추가했다. 다부진 몸매의 운동선수들이 퍼렐 윌리엄스Pharrell Williams의 해피Happy에 맞춰 몸을 흔드는 광경은 비현실적으로 보일지 모른다. "끊임없이 변화를 추구하고 받아들여야 한다. 변화는 불편하다. 나도 안다. 하지만 일상생활에서의 변화나 직장생활에서의 변화는 정말 중요하다."

그는 거듭해서 자신에게 묻는다. '더 잘할 수 있었던 것은 무엇인가? 앞으로 할 수 있는 것은 무엇인가?' 엘리우드 킵초게는 집 근처에 있는 나무에 관해 이렇게 이야기했다. "그 나무 옆에 '나무를 심기에 가장 좋은 시기는 25년 전'이라고 적힌 푯말이 있다. 그런데 두 번째로 좋은 시기는 바로 오늘이다."

그는 빈 마라톤에서 2시간 벽을 깬 뒤에 "사람들이 이 순간을 단지 마라톤 2시간 장벽을 깬 순간이 아니라, 인간 정신을 믿고 갈등과 의심을 극복한 순간으로도 기억하길 바란다."라고 말했다. "우리는 이 세상을 아름다운 세상, 평화로운 세상, 미래를 향해 달리는 세상으로 만들수 있다."

2) 딥마인드

"우리는 그동안 인류가 쌓아 올린 엄청난 업적에 놀라움을 금치 못한다. 하지만 우리는 '기술'에 인류를 뛰어넘을 잠재력이 있다는 사실도 알고 있다."

체스 게임은 인공지능Artificial Intelligence 연구자들에게 오랫동안 하나의 기준점이었다. 존 매카시John McCarthy는 1950년대 초 '인공지능'이란 용어를 만들어냈고 유전자 연구에 주로 사용하는 초파리에 비유했다. 1996년, IBM 슈퍼컴퓨터 딥블루DeepBlue는 세계 체스 챔피언 가리 카스파로프Garry Kasparov와 체스 게임을 벌였다. 딥블루는 가리 카스파로프를 꺾었다. 이는 기계가 최초로 세계 체스 챔피언을 이긴 사건이었다.

이후 불과 몇 년 사이에 컴퓨터가 체스 그랜드마스터들을 상대로 계속해서 승리했다. 인공지능 개발자들은 더 큰 도전을 해야 했다. 그들은 갈수록 복잡해지는 알고리즘을 테스트하기 위해 더욱 복잡한 게임이 필요하다는 사실을 알았다. 그들은 바둑으로 눈을 돌리기 시작했다. 바둑은 믿을 수 없을 정도로 단순하지만, 완전히 익히기에는 너무나 복잡한 게임이었다.

바둑은 2500년 전에 중국에서 개발됐고 현재까지 이어지는 보드 게임 중에서 가장 오랜 역사를 지녔다. 바둑은 세련된 중국 귀족이 즐기는 필수 예술 4가지 중 하나로 여겨졌다. 바둑판은 체스판보다 넓고, 가로·세로 19줄씩 361개의 점으로 이루어져 있다. 그래서 바둑알을 움직일 때마다 더 많은 경우의 수를 생각해내야 한다. 이후 기계학습Machine Learning 개발에 10년을 더 쏟아붓고 나서야 과학자들은 경쟁력 있는 인공지능 바둑기사를 만들어낼 수 있었다.

2014년, 런던에 소재한 딥마인드 테크놀로지DeepMind Technologies는 딥러닝 뉴럴 네트워크 '알파고AlphaGo'를 개발하는 데 착수했다. 그로부터 2년 뒤, '마스터Master'란 이름의 이상한 온라인 바둑기사가 유명한 아시아 게임 플랫폼 타이젬Tygem에 등장했다. 이 정체를 알 수 없는 바둑기사는 많은 세계 챔피언과 바둑을 둬 승리했다. 마침내 마스터의 정체가 밝혀졌다. 마스터는 현재 알파벳Alphabet의 자회사인 딥마인드 테크놀로지가 구글에 인수된 후 개발한 인공지능 프로그램이었다. 마스터는 2017년 그랜드마스터로 대체됐다.

알파제로AlphaZero는 더욱 개선된 인공지능으로, 게임을 하면서 학습하도록 설계된 알고리즘이 탑재되었다. 알파제로는 상대 없이 단독으로 게임을 수행했다. 이렇게 알파제로는 프로그램으로 입력된 게임을 반복하면서 홀로 모든 게임을 독파해갔다. 체스 게임에서 말을 옮길 80,000개의 위치만을 학습하고도 알파제로는 인공지능의 직관으로 24시간 만에 체스 게임을 완전히 익혔다. 이는 다른 예측 소프트웨어들의 학습량과 비교하면 극히 적은 양이다.

알파제로는 인간으로부터 자율성과 초인적 능력을 얻었다. 과학자이자 미래학자인 제임스 러브록James Lovelock은 이를 '노바세Novacene'라고 칭한다. 이것은 라틴어와 그리스어를 합친 단어로 '새로운 새로움'으로 해석된다. 인간이 만들어낸 인공지능에 기반을 둔 기계가 이제는 인간의 간섭이 필요 없는 새로운 유형의 지적 생명체로 진화하는 것이다.

그는 알파제로와 같은 존재들을 '사이보그Cyborg라고 부른다. 저서 《노바세: 초지능의 도래Novacene: The Coming Age of Hyperintelligence》에서 제임스 러브록은 인공지능이 탑재된 존재는 인간보다 10,000배 빨리 생각하고 행동할 수 있다고 했다. 이것은 인간이 식물보다 10,000배 빨리 생각하고 행동할 수 있는 것과 같다. 제임스 러브록은 현재 물리적인 교통수단으로 호주까지 비행하는 데 걸리는 시간이 인공지능에는 3,000년처럼 느껴질 수 있다고 말한다. 이를 고려하면 인공지능에 기반을 둔 생명체는 다소 지루한 존재일지도 모른다.

오스트리아의 맨프레드 클라인즈Manfred Clynes는 인간처럼 자급자족하지만, 조작된 물질로 구성된 생물을 설명하기 위해 사이보그란 용어를 처음 사용했다. 이 사이보그의 핵심은 스스로 개선하고 대체할 수 있는 능력이다. 물론 지속해서 학습하고 개선하는 기계는 이미 곳곳에 존재한다. 예를 들어, 구글 맵스Google Maps는 이용자들로부터 실시간 교통상황을 파악해 배우고, 이용자가 증가할수록 구글 맵스가 제공하는 정보의 질도 개선된다. 또 지능형 온도조절장치 구글 네스트Google Nest는 집 안의 온도를 조절한다. 지금도 이러한 기기들은 유용하고 생활을 더욱 편리하게 만든다.

헝가리인 존 폰 노이만John Von Neumann은 지능형 기술의 성장을 통제하고 되돌릴 수 없는 순간을 '특이점Singularity'이라고 명명했다. 물리학자 스티븐 호킹Stephen Hawking과 기업가 일론 머스크Elon Musk는 자율적인 인공지능이 우리 사회에 미칠 엄청난 영향을 경고했다.

3) 탕 르

"베트남 보트 난민 출신인 탕 르Tan Le는 호주에서 새로운 기회를 얻었다. 변호사 자격을 갖춘 그녀는 세계적인 신경과학 기업인 이모티브Emotiv를 세웠다."

어머니, 언니와 함께 베트남에서 도망쳤을 때 탕 르는 겨우 4살이었다. 그녀는 162명의 베트남인과 함께 작은 고깃배를 타고 더 나은 삶을 위해 베트남을 탈출했다. 아버지를 내버려 두고 망망대해로 향하는 것은 어려운 선택이었다. 그들은 실은 고깃배는 5일 동안 망망대해를 달렸고 엔진이 고장 나자 남중국해를 표류했다. 그녀는 길고 긴 어두운 밤과 거친 바다를 여전히 기억하고 있다. 식량과 물이 바닥나 모두가 절망에 빠졌던 순간도 그녀는 생생하게 기억한다.

행운은 영국 유조선과 함께 찾아왔다. 남중국해를 표류하던 그들은 영국 유조선에 의해 구조됐다. 난민 수용소에서 3개월을 보낸 뒤, 그녀의 가족은 호주행 비행기에 몸을 실었다. 비행기가 한 번도 본 적 없는 대륙 위를 날자, 그녀는 광활한 대륙이 주는 공허감에 압도됐다. 나중에 그녀는 그 순간을, 상상할 수 없었던 새로운 기회로 가득한 새 출발의 신호였다고 생각했다.

탕 르의 어머니는 그녀가 8살 때에도 몽상가 같았다고 말했다. 어린 탕 르는 여느 영화에서 본 텔레파시 능력이 자신에게도 있는 것처럼 행동했다. 실제로 그녀는 자신을 호기심 많은 괴짜라고 불렀다. 그녀는 열심히 공부했고 기회를 잡으려고 애썼다. 동시에 그녀는 남들과 다른 자기 자신을 확실히 자각해갔다. 그녀의 외모, 억양 그리고 출신 배경은 호주 사람들과는 확연히 달랐다.

20살에 탕 르는 이민자들이 현지에 안착하고 영어를 배우고 일자리를 찾을 수 있도록 돕는 일을 한 공로로 '올해의 청년 호주인 상'을 받았다. 그녀는 자기 같은 사람이 그런 상을 탈 수 있다는 사실에 놀랐다. 이 경험으로 그녀는 자신이 뭐든지 할 수 있다는 생각을 하는 계기가 됐다. 그리고 그녀는 어머니가 바라던 의사나 변호사가 되는 것 그 이상의 것들을 꿈꾸기 시작했다.

이후 그녀는 어엿한 변호사가 되었지만, 소프트웨어 공학에 관심을 기울이기 시작했다. 그녀는 뇌파로 디지털 기기를 제어할 방법을 탐구하기 시작했다. 여기서 핵심은 뇌를 이해하는 것이었다. 뇌파를 이용하면 사람들이 더 생산적으로 일하도록 할 수 있고, 소비자들이 브랜드와 깊은 관계를 맺게 할 수 있고, 장애가 있는 사람들을 돕는 방법을 찾을 수 있다고 생각했다. 그녀는 뇌파검사 헤드셋을 개발했다. 이 헤드셋을 쓴 사람은 마음으로 자동차나 드론을 움직이고 게임을 할 수 있다.

"뇌의 신경세포들이 상호작용할 때, 전기 자극이 발생한다. 우리는 기계학습을 이용하여 이 전기 자극을 패턴으로 변환하고 명령어를 만들어낸다." 그녀는 신경과학 정보처리 회사인 이모티브를 설립했다. 이모티브는 특정 상황에서 두뇌가 어떻게 반응하는지를 분석한다. 업무 생산성을 개선하고 소비자의 브랜드 충성도를 높이고 장애를 지닌 사람을 돕는 데 신경과학 정보처리 분석 결과를 활용한다.

2009년 세계경제포럼에서 젊은 비즈니스 리더로 선발된 탕 르는 부에노스아이레스에서 열린 만찬에 참석했다. 로드리고 후브너 멘데스 Rodrigo Hubner Mendes란 휠체어를 탄 브라질 남성이 그녀의 맞은편에 앉았다. 그는 자신을 특수 개발된 뇌 인터페이스로 자동차를 제어하는 포뮬러원 선수라고 소개했다. 로드리고 후브너 멘데스는 자신이 어떻게 맛있는 음식을 먹는 상상을 해서 좌회전하고, 자전거를 타는 상상을 해서 우회전하고, 브라질 월드컵에서 골을 넣는 상상을 해서 속도를 높이는지 설명했다. 그리고 그는 이모티브란 작은 혁신 기업이 어떻게 이 기술을 개발했는지도 설명했다. 탕 르는 그의 이야기를 들으며 미소지었고 깊은 감명을 받았다.

현재 이모티브는 뇌 인터페이스 소프트웨어 분야의 선두 기업이다. 이모티브는 게임기보다 저렴하지만, 우리의 삶을 근본적으로 바꿔 개선할 수 있는 능력을 지닌 기술을 보유하고 있다. 전 세계에 사무실을 두고 있는 탕 르는 주로 하노이에서 많은 시간을 보낸다. 그곳에서 젊은 베트남 기술자들이 그녀의 혁신적인 기술을 개발하고 있다. 탕 르는 자신의 인생 여정을 되돌아보며 "나도 어머니처럼 그저 믿음 하나로 기술 세계에 뛰어들었다. 자격이나 경험이 전혀 없는 완전히 새로운 분야로 말이다."라고 말했다.

그녀는 자신이 모든 답을 갖고 있지 않다고 거리낌 없이 인정했다. "나는 옳은 선택을 하려고 노력한다. 하지만 그 선택이 어디로 이어질지, 최선을 다하고 있는지는 잘 모르겠다." 하지만 그녀는 전염될 정도로 낙관적인 생각을 하고 있었다. "미래는 아직 오지 않았다. 그러니 우리에게는 미래를 창조할, 함께 창조할 기회가 분명히 있다."

최근에 로드리고 후브너 멘데스는 두바이에서 열린 콘퍼런스에서 F1 세계 챔피언 루이스 해밀턴Lewis Hamilton의 연설을 듣고 있었다. 질의 응답 시간이 되자, 로드리고 후브너 멘데스가 손을 번쩍 들었다. 그는 세계 챔피언에게 뇌파로 조종하는 차로 경주하자고 제안했다. 신기술에 열렬한 팬인 루이스 해밀턴은 그의 도전을 흔쾌히 받아들였다. 지금 세기의 대결이 기다리고 있다.

4) 사티아 나델라

"인도 출신 CEO는 자신은 멋져지고 싶지 않지만, 다른 사람들은 멋지게 만들고 싶다고 말한다. 그는 마이크로소프트에 영감을 불어넣어 또다시 세계에서 가장 가치 있는 기업으로 만들었다."

기술이 우리의 삶에 미치는 영향은 아직 유아기 수준이다. 새로운 연결성과 즉각적인 만족감을 제공하는 스마트폰부터 소셜 네트워크 그리고 모든 산업의 혁신에 이르기까지 기술은 우리의 삶에 영향을 미친다. 마이크로소프트Microsoft는 바로 이 부분에서 미래를 본다. 빌 게이츠Bill Gates는 새로운 기술 세계에서 '모두의 책상 위에 컴퓨터를 놓겠다'라는 강한 비전으로 리더십을 발휘했다. 그로부터 15년 뒤에 마이크로소프트는 스티브 발머Steve Ballmer의 냉정한 리더십 아래 쇠락했다. 사티아 나델라Satya Nadella가 마이크로소프트를 넘겨받은 2014년, 사티아 나델라는 말 그대로 '새로 고침' 버튼을 눌렀다.

CEO로서 한 첫 번째 연설에서 사티아 나델라는 마이크로소프트의 특허 운영 시스템이자 현금 줄인 '윈도Windows'를 단 한 번도 언급하지 않았다. 그 대신에 '클라우드가 우선이고 모바일이 우선'이라고 말하면서 성장의 새로운 우선순위를 제시했다. 5년 만에 마이크로소프트의 가치는 4배 이상 커졌다. 그리고 마이크로소프트의 도움을 받은 많은 기업이 차세대 기술, 특히 인공지능 기술을 통해 스스로 변혁을 시도하는 데 집중하고 있다.

"우리는 기술 분야에서 멋진 기업이 되고 싶지 않다. 다른 사람들을 멋지게 만드는 기업이 되고 싶다."라고 그는 말했다. 이것은 한 마디로 마이크로소프트를 오늘날의 비즈니스 세계가 돌아가도록 만드는 에너지로 만들겠다는 것이다. 전임자들은 노키아의 모바일 사업부를 인수하는 등 소프트웨어를 만드는 데 매진했지만, 사티아 나델라는 다른 사람들이 내놓은 솔루션의 내부에 들어가는 작은 부분을 창조하는 데 더 만족해했다. 파트너, 즉 조력자가 되는 것은 다른 사람들에게 위대해질 에너지를 주는 것이다.

시애틀 외곽 레드몬드Redmond에 있는 마이크로소프트 본사에는 태도와 관행에 혁명이 일어나고 있다. 오랫동안 계속돼 온 자기중심적이며 배타적인 사고는 사라졌다. 전략은 이사회가 아니라 누구나 빛을 발할 수 있는 해커톤에서 논의된다. 엘리트 개발자들은 어디에서 등장할지 모르는 아이디어에 왕좌를 빼앗겼다. 파트너, 심지어 애플Apple과 아마존Amazon과의 협업이 새로운 일상이 되었다. 그리고 지능형 기계를 어떻게 통제할 것인지, 세계 보건과 불평등 문제를 어떻게 해결할 것인지와 같은 거대하고 인간적이고 윤리적인 딜레마를 매우 중요하게 다룬다.

하지만 이런 혁명이 리더십에 대한 맹목적인 추종이나 위계질서 때문에 일어나고 있는 것은 아니다. 사티아 나델라는 아주 세련된 리더다. 그는 전문가나 영웅 혹은 의사결정자가 되는 것이 자신의 역할이 아니라는 사실을 잘 알고 있다. 그는 촉매제, 연결자 그리고 조력자가 되고자 한다. 여기에는 '성장형 마음가짐'에 대한 그의 믿음이 있다. 마이크로소프트보다 이러한 관점을 리더십에 더 확실하고 강력하게 적용하는 곳은 그 어디에도 없다.

'성장형 마음가짐'은 간단하지만 강력한 콘셉트다. 그리고 나는 이 콘셉트를 비즈니스 리더들과 일할 때 항상 사용한다. 기업이 마주하는 심각한 문제 중 하나는 자신들의 세계를 완벽하게 만들려고 계속 노력한다는 것이다. 성공한 기업은 이 문제와 더 자주 마주한다. 이제 놓아줄 때인지도 모른다. 세상이 훨씬 더 극적으로 변하고 있다. 그러니 리더 역시 변해야 한다. 뒤돌아보지 않고 앞을 보고 나아가야 하고, 낡은 것을 최적화하려고 애쓰는 대신 새로운 아이디어를 실험해야 한다. 효율성과 절약으로는 미래를 창조할 수 없다. 하지만 새로운 아이디어와 상상력은 미래를 창조할 수 있을지도 모른다. 계속 줄어드는 보상에서 폭발적인 기회로 눈을 돌려라.

"뭐든 다 아는 사람이 아니라 뭐든 배우는 사람이 돼라." 사티아 나델라가 즐겨 하는 말이다. "2014년, 임원이 직원에게 무엇이 중요한지를 이야기하는 회의를 취소했다. 대신, 직원들이 그들에게 뭐가 중요한지를 이야기하는 해커톤을 열었다."라고 마이크로소프트 거라지 Microsoft Garage를 이끄는 제프 로모스Jeff Ramos가 말했다. 마이크로소프트 거라지는 참신한 아이디어를 지닌 직원들이 자기 아이디어가 실현 가능한지를 자유롭게 실험할 수 있는 곳이다.

나는 최근에 사티아 나델라가 마이크로소프트 인비전Microsoft Envision의 무대에 오른 것을 봤다. 마이크로소프트는 마이크로소프트 인비전에 세계적인 CEO들을 한자리에 불러 모아 미래를 탐구한다. 포럼은 열기로 가득했다. 사티아 나델라는 환한 미소를 머금고 희망찬 연설을 했고 그의 태도는 긍정적인 에너지를 뿜어냈다. 그의 팀도 마찬가지였다. 그는 팀이 위계질서를 부수고, 협업이 경쟁을 이기고, 인간성이 기술보다 항상 우위에 있고, 꿈이 숫자를 능가하는 새로운 비즈니스 세계를 믿는다.

2018년 11월, 마이크로소프트는 다시 한번 세계에서 가장 가치 있는 기업이 됐다. 16년 만이었다. 그로부터 7개월 뒤에 마이크로소프트의 시가총액은 1조 달러를 넘어섰다. 2019년 말에 사티아 나델라는 파이낸셜 타임스Financial Times의 올해의 인물로 선정됐다. 파이낸셜 타임스는 사티아 나델라가 '충격적으로 엄청난 부를 창출하는 시대'를 주도했다고 말했다.

5) 메리 바라

"그녀는 GM의 전통적인 문화에 적극적으로 도전했다. 그녀는 자동차 산업의 다른 모습을 보여주겠다는 사명으로 안주를 거부하고 새로운 기술을 받아들였다."

자동차 산업은 호화로운 산업 분야가 아니다. 특히 몰락한 미국의 자동차 산업 중심지는 더욱 그렇다. 더 성능이 좋고 저렴한 일본의 도

요타Toyota는 물론, 최근에는 중국과 한국 자동차가 미국에 들어오면서, 미국 자동차 제조업체들은 근본적인 도전을 받았다. 세계화가 미국의 자동차 산업을 죽이고 있다.

메리 바라Mary Barra는 미국의 자동차 산업이 호황이던 시기에 디트로이트 외곽에서 자랐다. 그녀의 아버지 레이 마켈라Ray Makela는 폰티악Pontiac 자동차 공장에서 염료 제조업자로 39년 동안 일했다. 메리 바라는 18살에 자동차 산업에 뛰어들었다. 그녀는 펜더 패널과 후드를 검수하는 일을 하며 대학 등록금을 마련했다. "나의 부모님은 경제 공황에 나고 자랐다. 두 분은 청렴과 근면의 가치에 대해 가르쳐주셨다. 나는 무슨 일이든지 청렴하고 근면하게 해왔다."라고 그녀는 말했다.

그녀의 개인 교사는 그녀가 제너럴 모터스 인스티튜트에서 공부할 때, 자동차 앞 유리 와이퍼가 어떻게 작동하는지와 같은 자동차 구조를 가르쳤던 일을 회상했다. 그는 메리 바라가 항상 리더였고 대부분 남성으로 구성된 집단을 이끌었다고 말했다. 그리고 기술에 대한 풍부한 지식을 갖추고 있으면서도 아무나 쉽게 소통하는 털털한 성격의 균형을 잘 유지했다고 덧붙였다.

그녀는 GM 정직원으로 입사했고 차근차근 승진했다. 2008년에는 글로벌 제조 담당 부사장이 됐고 이어서 인사 담당 부사장에 올랐다. 자동차 업계가 생존을 위해 고군분투하고 전기 자동차와 무인 자동차의 미래가 불투명하던 2014년, 그녀는 CEO가 됐다. 메리 바라는 'GM을 구하고 자동차 산업을 일신하는 것'이 자신의 사명이라고 밝혔다.

그녀가 CEO가 된 첫 1년 동안 GM은 124명의 사망자를 낸 안전 문제로 3,000만 대를 리콜해야 했다. 그녀는 대량 리콜 사태로 청문회에 불려 나갔고 상원의원들 앞에서 해명해야 했다. GM의 명성은 바닥으로 곤두박질쳤다. 대량 리콜 사태는 GM의 업무 관행에 엄청난 변화를 요구했다. 그녀는 직원들이 문제를 인지했을 때 즉각 보고하도록 하는 새로운 정책들을 도입했다. 이때부터 반격을 위한 개방과 투지라는 새로운 문화가 GM에 탄생했다.

그로부터 5년 동안 메리 바라는 GM을 뼛속부터 완전히 바꾸기 위해 밀어붙였다. 특히 그녀는 하이브리드Hybrid 엔진과 자율주행 같은 새로운 기술 분야에서 GM이 선두권을 움켜쥐길 원했다. 전통적인 자동차 기업을 혁신하는 데 무엇이 필요하냐는 CNN 기자의 질문에, 그녀는 "많은 것들이 필요하다! 우선 정확한 사람들, 정확한 문화 그리고 정확한 전략이 필요하다. 진정으로 위대해지려면 모두가 다양한 사고 방식을 받아들이고 건설적으로 협업할 수 있어야 한다."라고 했다.

"기업 문화는 직원들에게 조직의 비전을 확고하고 끈질기게 추구할 힘과 영감을 줄 수 있어야 한다. 강력한 전략은 비전 달성으로 가는 로드맵이다. 하지만 향후 5년, 10년 그리고 20년의 전략뿐만 아니라 올해의 전략도 필요하다. 그리고 이 모든 전략이 서로 조화롭게 움직여야한다. GM의 비전은 충돌 사고 없고, 탄소 배출 없고, 교통체증 없는 세상을 만드는 것이다. 모든 GM 구성원은 무엇보다 고객의 안전을 최우선시해야 한다는 것을 잘 알고 있다. 따라서 GM은 행동 수칙 7가지에 따라 생활하고 일한다. 그중 하나가 '지금 당장 혁신하라'이다. 이것은 '상황이 어떻게 돌아가고 있는지가 아니라, 어떻게 돌아가야 하는지를 생각한다'라는 뜻이다. 그래서 우리는 거대한 트렌드를 읽어내면서 직원들에게 혁신하고 창조할 힘을 주고 있다."

2016년 메리 바라는 무려 10억 달러 이상의 거금을 투자하여 무인 자동차 소프트웨어 개발업체인 크루즈Cruise를 인수했다. 크루즈는 그녀가 이끄는 혁명의 핵심이다. 그녀가 크루즈를 인수하면서 GM에 새로운 혁신역량들이 추가됐고, 새로운 용기와 창의성도 수혈됐다. "나는 고객에게 가치를 제공하는 것이 '혁신'이라고 생각한다."라고 그녀는 말했다.

그녀의 행보는 '투자가 신뢰 지수'만으로 200억 달러의 시장가치가 있는 것이었다. 곧 GM의 영업이익이 반등하기 시작했고, 직원과 고객은 GM의 새로운 미래에 대해 믿음을 갖기 시작했다. 스티어링 휠이 없는 자동차 쉐보레 볼트Chevy Bolt가 갑자기 자율주행을 현실로 만들었고 GM 자동차는 다시 사람들로부터 호감을 얻게 됐다.

6) 마윈

"12달러의 월급을 받던 항저우의 평범한 교사는 20년 만에 알리바바를 4,000억 달러의 세계적인 기술 기업으로 키워냈고, 은퇴한 뒤에는 다시 교편을 잡았다."

물론 기술이 전부는 아니다. 기계의 등장으로 이미 사람들 일자리의 30%가 사라졌는지도 모른다. 따라서 속도와 효율보다는 이를 넘어서는 것을 해낼 필요가 있다. 이것은 우리 인간만의 독특한 자산을 활용하고 창의력과 직관을 발휘해야 해낼 수 있다. 그리고 무엇보다 기술을 넘어서야 한다.

마윈Jack Ma은 어렸을 때부터 영어를 공부하기 시작했다. 그는 자신의 집 근처에 있는 항저우 국제 호텔에 묵는 영어권 방문객들과 이야기하며 시간을 보냈다. 그리고 영어를 연습하기 위해 자전거로 70마일을 돌아다니며 영어권 방문객들에게 항저우 주변을 구경시켜줬다. 외국인들은 그를 '잭'이라고 불렀다. 그들에게 마윈의 중국 이름은 발음하기에 너무나 어려웠기 때문이다. 1988년에 마윈은 영어 교사가 됐다. 교사 월급은 고작 12달러였다. 2018년 세계경제포럼World Economic Forum에서 그는 12달러를 받고 교사로 일할 때가 "자신의 인생에서 가장 행복했던 시간이었다."라고 했다.

아이들을 가르치면서 그는 곧 '더 많을 일을 하고 싶다는 꿈'을 갖게 됐다. 그래서 이력서를 30곳에 보냈지만 모두 퇴짜를 맞았다. 경찰이 되고 싶었지만, 경찰이 되기에는 너무 키가 작다는 말도 들었다. 중국에 최초로 문을 연 KFC가 직원 채용 공고를 내자 마윈도 지원했다. "24명이 지원했고, 23명이 채용됐다. 채용되지 않은 단 한 명이 바로 나였다." 그는 하버드 경영대학원에 지원해서 10번이나 퇴짜를 맞았다. 숱한 거절에도 그는 전혀 굴하지 않았다.

1994년, 그는 처음으로 인터넷을 알게 됐다. 어느 날 인터넷으로 세계 맥주를 검색하던 마윈은 중국 맥주가 검색 결과에 나오지 않는다는 사실에 놀랐다. 세계에서 가장 많이 소비되는 설화맥주Snow Beer는 중국 맥주다. 이 일로 마윈은 친구와 함께 차이나 페이지China Pages를 개설했다. 차이나 페이지는 중국어로 된 단순한 웹사이트였다. 하지만 몇 시간 만에 투자자들이 그에게 전화를 걸어왔고, 3년 동안 투자자들로부터 500만 위안₩ 850,000,000이 넘는 자금을 조달했다.

"제 꿈은 전자상거래 회사를 세우는 것이었습니다. 1999년, 저는 아파트에 18명을 불러 모았고 2시간 동안 제가 이루고자 하는 비전을 이야기했습니다. 모두 투자하기로 했습니다. 그렇게 모은 6만 달러로 알리바바를 시작했습니다. 저는 세계적인 회사를 이뤄내고 싶었습니다. 그래서 이름도 알리바바라고 지은 거죠."

세계경제포럼에서 인터뷰하면서 마윈은 "나는 알리바바를 '1,001가지 실수'라고 부릅니다. 너무 빨리 확장했고, 닷컴 버블이 터지자 대량 해고를 감행할 수밖에 없었습니다. 2002년엔 겨우 18개월밖에 견딜 수 없는 현금만이 회사에 남아 있었습니다. 무료 회원이 너무 많았던 게 이유였습니다. 돈을 어떻게 버는지 전혀 몰랐던 겁니다. 그래서 중국 수출업자들이 온라인에서 해외 구매자들을 만나도록 하는 시스템을 개발했습니다. 그런데 이것이 우릴 살렸습니다."라고 말했다.

20년 동안 마윈은 알리바바를 4,000억 달러의 기업으로 키워냈다. 2017년 창립 18주년 기념행사에서 그는 마이클 잭슨Michael Jackson처럼 차려입고 무대에 서서 스릴러를 불렀다. 알리바바와 알리바바 구성원들에 대한 그의 열정이 눈부시게 빛났다. 과거를 회상하며 마윈은 이렇게 말했다. "알리바바가 암흑기에 배운 것은 팀원들이 가치, 혁신 그리고 비전을 갖도록 해야 한다는 것이다. 당신이 포기하지 않는 한, 기회는 있다. 그리고 규모가 작을 때에는 힘이 아니라 두뇌에 집중하고 의지해야 한다."

마윈은 '996 근무제아침 9시부터 밤 9시까지, 주 6일 근무'를 적극적으로 옹호했다. 그는 996 근무제를 옹호하면서 "나는 내가 일 중독자라고는 생각하진 않는다. 주말마다 나는 동료와 친구들을 집으로 초대해서 카드게임을 한다. 그러면 이웃들은 아파트 현관에 40켤레나 되는 신발이 놓여있는 것을 보고 항상 놀란다. 우린 정말 즐겁게 시간을 보낸다."라고 덧붙였다.

54살에 400억 달러 이상의 자산을 보유하게 된 마윈은 알리바바 창립 20주년 행사에서 은퇴를 선언했다. "교사는 학생들이 자신을 뛰어넘길 항상 바란다. 내가 회사를 위해서 할 책임감 있는 행동은, 더 젊고 유능한 사람들이 알리바바를 이끌고 '어디서든 사업하기 쉬운 환경을 만들자'라는 우리의 사명을 이어가도록 하는 것이다." 마윈은 동료와 주주들에게 글을 썼다. "교사였던 내가 해낸 일들이 너무나 자랑스럽다. 그러나 나는 아직 이루고 싶은 꿈이 많다. 나는 학교로 되돌아가고 싶다. 아이들을 가르치는 일은 내가 무엇보다 사랑하는 일이기에 무척 기대된다. 은퇴한 뒤에는 대부분 시간을 아이들을 가르치는 일에 쏟고 싶다."

그는 미래 교육이 안고 있는 과제에 대하여 열정적으로 이야기했다. "교사는 항상 배워야 한다. 교사는 항상 공유해야 한다. 교육은 지금 우리가 마주한 큰 산이다. 교육이 변하지 않는다면, 30년 뒤에 우리는 모두 큰 곤경에 처하게 될 것이다. 우리는 더욱 똑똑해지는 기계들과 경쟁하라고 아이들을 가르칠 수는 없다. 아이들에게 유일무이한 무언가를 가르쳐야 한다. 이렇게 해야 30년 뒤에 우리 아이들이 기회를 얻게 될 것이다."

7) J. K. 롤링

"해리포터 Harry Potter 시리즈는 그녀가 만든 최고의 작품이었다. 가난에 찌들고 반항심으로 가득했던 그녀에게 부와 명예를 안겨준 작품이었다. '무엇으로 태어났느냐는 중요치 않단다. 무엇으로 성장하느냐가 중요할 뿐이지.'"

상상력은 창의력과 혁신의 원동력이다. 상상력은 공감을 통해 사람들과 소통하고 사람들에게 영감을 불어넣어 꿈을 갖도록 한다. 이러한 상상력의 힘이 조앤 롤링Joan Rowling의 2008년 하버드 대학교 졸업식 축사의 주제였다. J. K. 롤링으로 더 잘 알려진 조앤 롤링은 베스트셀러 작가다. 그녀는 국제앰네스티Amnesty International에서 연구원으로, 한편으로는 통역담당 비서로 일하면서 어떻게 이 이야기를 구상하고 상상할 수 있었는지를 이야기했다. 이 이야기는 후에 많은 이의 사랑을 받는 소설이 됐다.

1990년, 그녀는 맨체스터에서 런던으로 가는 기차 안에서 해리포터에 관한 아이디어를 떠올렸다. 그곳에서 그녀는 마법 학교에 가는 어린 마법사에 관한 이야기를 상상하기 시작했다. 그러나 아이디어를 적어둘 곳이 마땅치 않자, 머릿속으로 모든 줄거리를 구상해야 했다. 그리고는 집에 도착하자마자 머릿속에 있던 줄거리를 모두 종이에 옮겨 적었다. 그로부터 7년은 고난의 세월이었다. 그녀의 어머니가 세상을 떠났고, 첫 아이가 태어났으며, 첫 번째 남편과 이혼했다. 줄거리를 상상하기 시작하면 멍하게 앉아있던 탓에 일자리마저 잃었다. 결국, 그녀는 포르투갈 포르투로 떠났고, 그곳에서 현지 방송 기자와 결혼했다. 그 후 여동생과 함께 지내기 위해 영국 에든버러로 돌아왔다.

1995년, 그녀는 원고를 자신이 아는 모든 출판사에 보냈지만, 모두 출판하길 거절했다. 이야기가 너무 길고 지나치게 엘리트주의적이며, 너무 복잡하다는 것이 거절의 이유였다. 그러던 중 그녀의 원고를 우연히 읽게 된 출판사 블룸스버리Bloomsbury CEO의 딸은 이야기에 푹 빠져들게 됐다. 그 덕에 조앤 롤링은 블룸스버리로부터 계약금으로 4,000파운드를 받고 출판 계약을 체결했다. 그녀는 뭔가 세련된 필명이 필요하다고 생각했고 외할머니의 가운데 이름인 캐서린Kathleen의 첫 글자를 따서 J. K. 롤링으로 필명을 결정했다. 이렇게 해리포터의 J. K. 롤링이 탄생했다.

《해리 포터와 마법사의 돌》이 1997년 출간됐고, 후기에 극찬이 쏟아졌다. 당시 미국 출판사 스콜라스틱Scholastic이 무려 105,000달러에 해리포터 시리즈의 미국 판권을 사들였을 때, 그녀의 인생은 정말로 바뀌었다. 책은 첫해 8만 부가 팔렸고 뉴욕타임스 베스트셀러 1위에 올랐다. 그로부터 오랫동안 해리포터 시리즈는 역사상 상업적으로 가장 성공한 소설이 됐다. 독자가 4억 명에 달했고 100억 달러의 매출을 기록했다.

알리바바의 마윈처럼 그녀 역시 무일푼에서 엄청난 부자가 됐다. 정부 보조금으로 하루하루 힘겹게 살던 그녀가 해리포터 시리즈로 세계 최초의 억만장자 작가가 된 것이다. 그녀는 재산의 상당 부분을 자선단체에 기부한 덕에 억만장자라는 지위를 잃게 됐지만, 여전히 세계에서 가장 부유한 사람 중 한 사람이다. 롤링은 6살 때《래빗Rabbit》을 썼다. 그것이 그녀의 첫 번째 소설이다. 글로스터셔의 작은 마을에 사는 토끼 래빗이 병들자 호박벌 미스 비Miss Bee가 래빗을 보살피는 내용이다. 그녀는 자신감은 없었지만, 작가가 될 수 있다고 확신했다.

학창 시절에 부모님은 그녀가 작가가 되는 것을 원치 않았다. 그녀가 가난한 작가가 되면 주택담보대출금을 갚지 못할까 봐 걱정했다.

하지만 그녀는 그런 부모님을 무시했다. 그녀는 당시를 회상하며 "친구들, 가족 그리고 당신을 사랑하는 사람들의 말에 귀를 기울여라. 하지만 당신의 인생은 당신의 인생이다."라고 말했다. "재능, 능력 그리고 꿈이 있다면, 그 꿈을 좇아라. 어떤 일이 펼쳐질지는 그 누구도 알수 없다. 하지만 당신이 그 일을 사랑하고 모든 에너지를 쏟는다면, 성공할 가능성은 커진다." 롤링을 담당하는 블룸스버리 편집자는 그녀의 가장 큰 강점이 '미시적이면서도 거시적인 세계관'이라고 말한다. 그 때문에 흡입력 있게 상상 속의 이야기를 풀어나갈 수 있다는 것이다.

롤링은 하버드 졸업생들에게 "시험을 통과하는 것이 당신의 성공을 결정하진 않는다."라고 했다. 자신 역시 시험에 강하지만, 자신을 더욱 멀리 나아갈 수 있게 한 것은 실패의 경험이었다고 말했다. "차라리 살지 않는 게 나을지도 모르겠다 싶을 정도로 조심스럽게 살지 않는다면, 어떤 것에 실패하지 않고 사는 것은 불가능하다." 그러니 실패를 피하려고만 해서는 안 된다. 누구나 실패한다는 사실을 받아들이고 그 실패의 경험으로 인생을 단단하게 만들어나가야 한다.

그녀는 "실패하지 않고 사는 인생은 살아갈 의미가 있는 인생은 아닐 것이다."라고 말했다. 그리고 "상상력은 우리가 알지 못하는 경험을 한 사람들과 공감하는 힘이다."라고 덧붙였다. 롤링은 상상력이 인생에서 가장 중요하다고 말했다. 상상력이 없다면 우리 인간을 다른 생물과 다른 존재로 만들고, 사실상 인간을 인간이라고 말할 수 있는, 인간만이 가진 유일한 자격을 잃는 것이나 다름없다. 호그와트 마법 학교 교장 덤블도어Dumbledore는 말했다. "무엇으로 태어났느냐는 중요치 않단다. 무엇으로 성장하느냐가 중요할 뿐이지." 우리는 이 위대한 마법사의 말을 가슴 깊이 새겨야 한다.

엘리우드 킵초게와 같은 믿음이 있는가? 알파고와 같은 상상 이상의 기술을 활용하고, 사티아 나델라처럼 기업을 혁신할 준비가 되었는가? 메리 바라처럼 과거의 영예를 뒤로하고, 마윈처럼 위대한 유산을 만들어내고, 롤링처럼 꿈을 좇을 준비가 되었는가?

그렇다면 그대만의 방법으로 혁신을 이루어내는 것은 어떤가?

AURORA

미래 코드를
혁신하라

"더 좋은 미래를 위해 어떻게 기업을 혁신할 것인가?"

이윤을 창출하는 기계에서 진보를 추구하는 계몽 기업이 돼라. 오로라 Aurora는 '새벽'이란 뜻의 라틴어로, 로마신화에 등장하는 여명의 여신 이름에서 유래했다. 기상학적으로 오로라는 태양에서 방출된 대전입자가 지구 자기장에 이끌려 대기로 진입하면서 공기분자와 반응하여 대기 상층부에서 가끔 나타나는 발광 현상을 뜻한다.

지금부터 오로라처럼 널리 뻗어 나가는 기업의 포부를 살펴보자.

- 아디다스Adidas는 세계적 스포츠 브랜드다. 아디다스는 '고객이 스포츠를 통해서 자신의 삶을 바꿀 수 있도록' 한다.
- 불렛프루프Bulletproof는 '방탄커피'를 만들어낸 혁신적인 식품업체다. 블렛프루프는 '고객이 더 높은 성과를 올리고, 머리가 더 빨리 돌아가고, 더 잘 살도록 돕고자' 한다.
- 구글은 '세계 정보를 수집하고 체계적으로 정리하고 정보에 대한 보편적 접근성을 강화하여 유용하게 쓰일 수 있도록' 노력한다.
- 이케아IKEA는 단순히 조립식 가구를 판매하는 데만 목적을 두지 않는다. 이케아는 '많은 사람을 위해서 더 나은 일상을 창조'하고자 한다.
- 나이키Nike는 '세상의 모든 운동선수에게 영감과 혁신을 선사'하고자 한다. 나이키는 '신체를 지닌 모두를 운동선수'라고 말한다.
- 쇼피파이Shopify는 '상업 환경을 개선하여 기업이 생산이나 판매 등 자신이 가장 잘할 수 있는 영역에 집중하도록' 돕고자 한다.
- 테슬라Tesla는 '세계가 지속가능한 에너지로 더 빠르게 전환할 수 있도록' 오로지 빠르고 세련된 자동차를 개발하는 데 집중한다.
- 홀푸드Whole Foods는 '개인, 공동체 그리고 지구가 번창할 수 있는 세상을 용기, 진심 그리고 사랑으로 함께 창조하길' 원한다.

그렇다면 당신의 기업이 추구하는 목표는 무엇인가?

미래 잠재력은
무엇인가

"혼란스럽고 복잡한 오늘에 굴하지 말라. 지금 소유한 것에 대한 집착을 버리고, 대담하고 용감하게 눈부신 미래를 창조하는 데 집중하라."

1999년이 저물 때, 세상은 다가오는 새천년이 숱한 가능성을 열어 줄 것이란 기대로 가득했다. 그야말로 다가오는 새해에 대한 낙관적인 전망이 하늘 높이 치솟았다. 특히 그 당시 누구보다 나는 희망과 기대에 부풀어 있었다. 2000년을 불과 몇 주 앞두고 첫째 딸 안나가 태어났다. 새천년을 알리는 시계 종소리가 울려 퍼지는 순간, 아내와 나는 집 밖에 서 있었고, 안나는 내 팔에 안겨 곤히 잠들어 있었다. 새해를 축하하는 폭죽이 아름답게 밤하늘을 수놓았다.

하지만 그 순간에도 경제는 경기에 따라 움직이고 있었다. 새해를 맞이하고 3개월 만에 닷컴 버블이 터졌다. 나는 그 순간을 아주 생생하게 기억하고 있다. 수많은 온라인 기업가의 별처럼 빛나던 꿈이 산산이 부서졌다. 몇몇은 살아남았지만, 나를 포함해서 대부분이 닷컴 버블의 붕괴를 견뎌내지 못했다. 나는 어린아이를 둔 한 가정의 가장으로서 더 현명하게 사업을 준비하고 미래를 예측해야 한다는 사실을 깨달았다.

많은 사람이 시애틀의 아마존을 보면서 꿈을 키웠다. 이보다 몇 년 전인 1993년, 제프 베저스Jeff Bezos는 월가에 몸담고 있었다. 당시 30살이었던 그는 헤지펀드 업계에서 떠오르는 신예였다. 그의 책상 위에는 이제 막 생겨난 인터넷 시장이 국경과 시장 경계를 넘나들 수 있는 거대한 가상 시장으로 성장할 수 있다는 분석 보고서 한 권이 놓여있었다. 그해 초, 유럽원자핵공동연구소CERN의 팀 버너스-리Tim Berners-Lee가 월드와이드웹World Wide Web을 세상에 공개했다. 이로부터 누구나 월드와이드웹을 통해서 간단하고 저렴하게 온라인 비즈니스를 시작할 수 있게 됐다.

그로부터 몇 주 뒤에 제프 베저스는 잘 나가던 직장을 그만뒀다. 그는 무슨 영문인지 몰라 어안이 벙벙하던 어린 아내와 함께 캠퍼 밴을 타고 서쪽으로 이동했다. 당시에는 많은 엔지니어가 마이크로소프트를 중심으로 무리를 이뤄 시애틀에서 활동하고 있었다. 그는 시애틀에 세계에서 가장 큰 서점을 만들겠다고 결심했다. 그는 온라인 서점 이름을 카다브라Cadabra라고 지으려고 했다. 그러다가 '가차 없다'라는 뜻의 리렌트리스Relentless가 어떨까 고심하다가, 결국에는 '아마존Amazon'으로 결정했다. 설립된 지 3년 만에 아마존은 IPO를 단행했다. 당시 아마존에 5,000달러를 투자했다면, 지금 대략 500만 달러의 이익을 얻었을 것이다.

아마존이 세상에 공개된 때에 25살의 주니어 투자 애널리스트였던 앤 워치츠키Anne Wojcicki는 제프 베저스가 다니던 월가 직장에서 멀지 않은 곳에 있던 자기 사무실에 앉아있었다. 그녀는 헬스케어의 미래가 데이터, 즉 개인에 맞춰서 의약품을 처방하고 의료서비스를 제공할 수 있는 개인의 유전자 프로파일링에 달려있다는 신문기사를 읽고 있었다. '사람들은 이미 악화할 대로 악화한 병을 치료하기 위해 제한된 효능의 표준화된 의약품에 더는 의존하지 않을 것'이라고 적혀있었다. 이 신문은 헬스케어가 개인적이고 실증적이고 예방적인 서비스로 변화할 것으로 예상했다.

제프 베저스처럼, 그녀의 마음속에도 더 멋진 미래를 창조하고 싶은 열망이 불타고 있었다. 그로부터 몇 주 뒤, 그녀는 다니던 직장을 그만두고 샌프란시스코로 향했다. 그곳에서 그녀는 DNA 프로파일링 업체 23앤드미23andMe를 설립했다. 당시에는 인간 게놈의 염기서열을 완전히 분석하는 데 대략 30만 달러가 들었다. 앤 워치츠키는 지노타이핑Genotyping을 활용해서 비용을 파격적으로 낮추려고 했다. 지노타이핑은 유전자의 모든 염기서열을 분석하는 대신, 특정 질병과 연관된 것으로 알려진 유전자 변이만을 선택적으로 분석하는 기술이다.

23앤드미는 2007년에 일반인용 유전자 검사기를 출시했다. 처음에는 999달러에 유전자 검사기를 우편 판매했지만, 나중에는 약국에서 쉽게 검사기를 살 수 있도록 했다. 이 혁명적인 유전자 검사업체는 새로운 유전자 기술을 활용한 비즈니스 아이디어와 크라우드 소싱을 결합하여 DNA 염기서열 분석비용을 99달러로 낮추는 비즈니스 모델을 탄생시켰다. 앞으로 DNA 분석비용은 더 떨어질 것이다. 앤 워치츠키는 지금 이 순간에도 미래를 완전히 바꿀 헬스케어 혁명을 이끌고 있다.

되돌아보지 말고 앞만 보고 나아가라

사람들은 과거를 되돌아보는 데 너무 많은 시간을 쓴다. 반면 앞날을 생각하는 데는 충분한 시간을 투자하지 않는다. 그래서 사람들은 할 수 있는 일이 아니라 해왔던 일을 근거로 미래를 추론한다. 격변의 시기에 과거에 기반을 둔 미래는 굉장히 제한적일 수밖에 없다. 그리고 그러한 미래가 우리에게 주는 보상도 적을 수밖에 없다. 물론 우리는 과거를 되돌아보길 좋아한다. 이미 지나간 일은 정의하고 평가하기 훨씬 쉽기 때문이다.

마지막으로 이직이나 구직활동을 했던 때가 언제인가? 구직활동을 하는 동안, 자신이 그동안 어떤 일을 해왔는지를 효과적으로 설명하면서 자신의 잠재력을 보여주려고 애썼을 것이다. 아마도 경력, 차별화된 자격 그리고 이전의 성과가 빼곡하게 적힌 이력서를 일하고 싶은 기업에 자랑스럽게 제출했을 것이다. 물론 그것이 인상적일 수는 있지만, 이미 지나간 옛이야기일 뿐이다.

기업도 마찬가지다. 그들은 과거의 실적을 분석하려고 매일 회의하고 수천 장의 보고서를 쓴다. 그들에게는 지난 분기 혹은 지난해에 무엇을 했고, 지난해 같은 기간보다 실적이 얼마나 좋아졌는지가 중요하다. 전략도 과거 활동과 이미 갖추고 있는 역량과 자산을 바탕으로 수립된다. 그리고 미래는 현재 하는 일에 의해 제한된다. 하지만 지금 여기까지 성장하는 데 도움이 됐던 것들이 앞으로 기업이 원하는 미래로 가는 데도 도움이 되리란 보장은 없다. 모두가 이 사실을 잘 알고 있다.

개인 관점과 조직 관점에서 중요한 것은 지금까지 무엇을 했느냐가 아니고 무엇을 할 수 있느냐다. 모두가 이 사실을 알고 있다. 하지만 무언가를 바꾸지 않는다면, 과거의 행동을 계속 반복할 가능성이 크다. 그렇다면 이전보다 더 큰 가능성을 열게 될 변화는 과연 무엇일까? 도대체 미래 잠재력을 발휘시킬 열쇠는 무엇이란 말인가? 기억해라. 앞날을 생각해내는 것은 누구나 쉽게 할 수 있는 일이 아니다.

새해가 시작되면 몇 주 동안 기업은 한 해 계획을 세우느라 분주하다. 며칠, 아마도 몇 시간은 미래 가능성을 탐구하고, 그에 맞춰 비전을 세우고, 새로운 방향을 설정하는 데 쓸 것이다. 슬라이드와 도표에 새로운 미래를 위한 아이디어들이 빼곡히 적힌다. 하지만 새로운 수입원을 창출하는 것보다 지출을 줄이는 데만 집중하는 예산 회의를 몇 차례 거치고 나면, 아이디어들은 금세 마법을 상실하고 만다. 야심 찬 내일의 아이디어는 지금 잘 굴러가는 사업에 자리를 내준다.

절대 이래서는 안 된다. 가차 없이 변화가 일어나는 격변의 세상에서 이래선 안 된다. 비즈니스 리더들은 고개를 숙이기보다는 고개를 꼿꼿이 들고 당당해져야 한다. 물론 내일을 창조하기 위해서는 오늘의 성공이 필요하다. 하지만 미래를 창조하는 것이 더 중요한 일이다. 대부분 비즈니스 리더가 오늘이라는 쳇바퀴에서 빠져나와 앞날을 생각하는 데 시간을 쏟기에는 스스로 너무 무기력하다고 말한다. 그들은 투자자들이 분기마다 요구하는 실적 보고서와 애널리스트의 단기적인 사고방식에 묶인 노예들이다. 하지만 이 모든 것은 한낱 핑계에 불과하다.

폴 폴먼Paul Polman은 영국과 네덜란드의 다국적 기업인 유니레버 Unilever의 CEO였을 때 분기별 전망 발표를 중단하는 대담한 결정을 내렸다. 그는 투자자들에게 분기별로 전망을 발표하는 관행 때문에 아무것도 할 수가 없다고 말했다. 지금 당장 보기 좋은 전망을 만들어내야 한다는 압박감 때문에 미래 먹거리를 찾아 투자하는 일이 항상 뒷전으로 밀려난다는 것이었다. 그는 투자자들에게 단기적인 영광보다 장기적인 성장에 훨씬 더 관심을 가져야 한다고 단호하게 말했다. 그는 투자자들을 설득해냈고, 유니레버는 다시 승승장구했다.

미래에 집중하고 미래 잠재력을 탐구하고 수익원을 창출하는 데 모든 이해관계자를 끌어들이는 것은 어려운 일이다. 기업의 경제적 가치는 과거의 수익이 아니라 미래 현금흐름의 총합으로 평가된다. 미래 현금흐름은 오직 미래 지향적 리더십을 통해서만 확보될 수 있다. 하지만 기업은 현금흐름을 증가시키기 위해 수익성이 감소하고 있는 기존 사업에 들어가는 비용을 줄이고 매출을 쥐어짜는 데 집중한다. 하지만 이런 일이 즐거울 리가 없고, 더 좋은 미래로 가는 길도 분명히 아니다.

기업에서 제공한 정보를 자세히 검토하고 충분한 대화를 통해 장기적인 미래 잠재력을 이해하게 된 투자자들은 신뢰로 기업에 보상할 것이다. 투자자들의 신뢰는 주식 시장과 시가총액에 영향을 준다. 브랜드와 특허부터 계약과 고객에 이르기까지 무형의 자산들은 혁신과 미래성과를 구성하는 필수적인 요소들이다. 상장 기업들의 누적 기업 가치의 약 52%는 무형이다. 브랜드 파이낸스Brand Finance의 글로벌 무형 자산 지표Global Intangible Finance Tracker에 따르면, 그 가치는 57조 3,000억 달러에 이른다. 그러므로 대다수의 기업 가치는 미래 잠재력과 관련 있다고 할 수 있다.

비즈니스 리더들이 격변하는 시장에 대응하기 위해 미래 전략을 정확히 수립하고, 고객 충성도를 높이는 새로운 비즈니스 모델을 개발하고, 새로운 아이디어를 사업화하는 혁신적인 비즈니스 포트폴리오를 작성할 수 있다면, 미래 잠재력의 훨씬 더 많은 부분이 그들의 기업 가치에 포함될 수 있을 것이다.

당신의 미래 잠재력은 무엇인가

잠재력은 앞으로 발휘될 능력이다. 잠재력은 더 의미 있는 존재가 되고, 더 많은 일을 해내고, 더 많은 것을 이뤄내는 능력이다. 자신의 잠재력을 깨닫기 위해 스스로 변화를 추구했던 위대한 사람들을 살펴보자. J. K. 롤링은 출판사에서 비서로 일했다. 하지만 그녀는 통근시간에도 소설가가 되는 꿈을 꿨고, 머릿속으로는 소설의 줄거리를 구상했다. 그녀가 비서로서 하는 일이라고는 행정 업무 지원이 전부였다. 결국, 그녀는 다니던 직장을 과감하게 그만두고 첫 원고를 썼다. 그렇게 그녀의 잠재력은 훨씬 더 좋은 쪽으로 발휘됐다.

엘리우드 킵초게는 아주 훌륭한 육상선수였다. 하지만 그도 세계 육상경기에 참여하여 메달을 목에 거는 수백 명의 인내력 강한 아프리카 육상선수의 한 명일 뿐이었다. 육상선수로서 수명이 거의 다했다는 사실을 깨달은 그는 뭔가 더 의미 있는 유산을 남기고 싶었다. 그래서 그는 마라톤으로 종목을 바꿨다. 그는 이렇게 올림픽 금메달리스트이자 세계기록 보유자가 됐고, 마라톤 전 구간을 2시간 이내에 돌파한 최초의 인간이 됐다.

'미래 잠재력'은 더 의미 있는 존재가 되고자 하는 욕구이자 능력이다. 개인적으로 그리고 조직적으로 미래 잠재력은 주로 다음 3가지 요인에 의해 발휘된다.

- 미래 용기 ─ 지금 현재보다 더 의미 있는 존재가 될 용기가 있는가? 미래 잠재력은 현재 세계를 뛰어넘고, 지금 알고 있는 것을 포기하고, 앞으로 나아가 미지의 영역으로 뛰어들 수 있는 포부와

의지를 개인에게 요구한다.

- 미래 비전 — 어디를 향하고 있는가, 그리고 올바른 방향으로 나아가고 있는가? 미래 잠재력은 더 멀리 그리고 더 넓게 뻗어가는 새로운 성장의 버팀목을 세우기 위해 더 넓은 영역과 더 많은 기회를 탐구하고 더 비옥한 기반을 마련할 것을 요구한다.
- 미래 역량 — 원하는 그곳으로 갈 수 있는 재능과 창의력, 자원이 있는가? 미래 잠재력은 새로운 사고방식은 물론, 미래와 관련 있는 역량을 개발하기 위해 자신을 더욱 깊이 탐구할 것을 요구한다.

어떤 의미에서 미래 잠재력은 불가능해 보이는 일을 가능한 일로 바라보고, 과감히 도전할 용기를 내서 자기 역량을 발휘하고, 불가능한 것처럼 보이던 일을 그럴듯한 현실로 만들어내는 능력이다. 나는 많은 조직과 일한다. 그들과 일하다 보면, 어떤 조직이 거대한 '미래 잠재력'을 지녔는지 곧 분명해진다. 일반적으로 오늘이라는 틀에서 벗어나 미래를 바라보는 조직이 그들이다. 그들은 자신의 영역을 넘어서려 하고, 새로운 비즈니스 모델을 혁신하고자 하며, 현재 존재하는 게임의 법칙을 파괴한다.

2017년, 테슬라는 에너지 기업으로 재편됐다. 이제 테슬라는 단지 자동차 제조업체가 아니다. 이렇게 구조를 재편한 덕에 테슬라는 훨씬 더 많은 잠재력을 지니게 됐다. 투자자들도 테슬라의 성장 잠재력이 훨씬 크다고 판단했고, 테슬라 주가도 상승했다. 외르스테드Orsted는 덴마크의 화력 발전소에 불과했지만, 10년 만에 청정에너지 기업으로 변신했다. 이제 외르스테드는 거대한 성장 잠재력을 지닌 재생에너지 기업으로 변신했다.

미래 잠재력이 없는 기업은 기존 분야에서 경쟁하면서 기존 제품으로 경영 효율을 개선해서 이기려고 한다. 기본적으로 그들은 해오던 게임을 계속 이어서 하는 데 만족한다. 예를 들어, 보다폰Vodafone은 전화기와 요금제에 집중하며 이동통신 사업자로 남아 있으려고 통신사업에 집착하고 있다. 하지만 세계는 하나로 수렴하는 플랫폼과 그러한 플랫폼 위에서 작동하는 콘텐츠에 더 관심이 있다. 포드Ford는 새로운 형태의 모빌리티로 빠르게 이동하는 자동차 업계에서 살아남기 위해 고군분투하고 있다.

개인도 마찬가지다. 누가 거대한 '미래 잠재력'을 지녔는지는 금방 알 수 있다. 현재에 안주하지 않고 너 많은 일에 도전하는 사람들이 그들이다. 그들은 대기업에서 승진해서 더 큰 권력을 얻겠다는 야심에 집착하지 않는다. 끊임없이 배우고 호기심과 창의력을 발휘하고자 한다. 그들은 앞으로 나아가기 위해서 새로운 아이디어와 새로운 권력을 찾으며 스스로 개선하고자 한다.

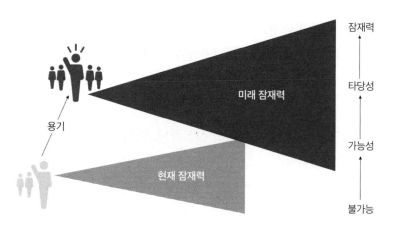

그림 1.1 당신의 미래 잠재력을 깨달아라

미래 잠재력은 변화와 성장과 연관되어 있다. 구성원들이 변화할 준비를 하지 않는다면 조직은 의미심장한 변화를 이뤄낼 수 없다. 리더들의 미래 잠재력은 그들이 이끄는 조직의 미래 잠재력에 엄청난 영향을 준다. 제대로 된 리더가 없다면 조직은 오늘이라는 틀에 갇혀 영영 벗어나지 못한다. 따라서 사고방식, 행동방식 그리고 역량에서 변화를 추구해야 한다. 개인의 성장을 기업의 변화와 성장의 전제 조건으로 생각하지 않는 조직은 열심히 일해서 얻어낸 성장을 넘어서는 더 큰 의미의 성장을 이뤄낼 수 없다.

당신은 '미래 잠재력'을 얼마나 가졌나?

- 당신은 오늘이라는 지평선 너머 저 멀리까지 내다볼 용기가 있는가?
- 당신은 과거를 회상하는 것과 비교해 미래에 대해 고민하는 데 얼마의 시간을 투자하는가?
- 당신의 비즈니스 목표가 당신의 존재 이유를 제한하는가, 아니면 자유롭게 하는가?
- 당신의 혁신은 핵심을 겨냥하는가, 아니면 주변부를 겨냥하는가?
- 당신의 비즈니스는 현재의 제품이나 기존의 경쟁자에 의해 정의되는가?
- 당신은 개연성의 관점에서 사고하나, 아니면 가능성의 관점에서 사고하나?
- 조직의 성과는 했던 일로 평가되나, 아니면 할 수 있었던 일로 평가되나?
- 시장가치가 잠재력을 나타내나, 아니면 단순히 실적만을 나타내나?
- 당신의 미래 잠재력을 발휘하도록 도와줄 리더가 있는가?

기업이 미래 잠재력을 찾으려면 기업 자체가 변해야 하고, 미래 지향적으로 사고해야 하고, 성장형 사고를 해야 하고, 목표와 역량을 재편해야 한다. 그리고 정신적 변화와 육체적 변화를 위한 시간도 필요하다. 마음을 열 촉매제가 필요하고, 오늘이란 틀에서 벗어날 에너지가 필요하며, 미지의 영역으로 조직을 이끌 용감한 리더십도 필요하다. '미래 잠재력' 없이 당신과 기업은 더 좋은 미래를 발견할 수 없다.

리더는 미래를 볼 줄 알아야 한다

예전에 SAP 공동 CEO였던 짐 스나베Jim Snabe는 현재 지멘스Siemens와 머스크Maersk의 회장이다. 나는 그에게 비즈니스 세계를 어떻게 이해하는지 물었다. 그는 내 질문에 잠시 말을 멈추더니 곧 말을 이어갔다. 너무도 당연한 일이지만, 그는 제일 먼저 산업군, 고객, 경쟁자를 언급했다. 그리고 나서 오늘만을 놓고 고민하는 근시안적 시각만으로 비즈니스 세계를 이해하는 것은 불가능하다고 말했다. 그리고 미래에는 현재와 다른 일이 벌어지므로, 미래를 다르게 볼 수 있어야 한다고 말했다.

큰 그림을 보는 것은 관점을 바꾸는 방법의 하나다. 하지만 이것만으로는 충분하지 않다. 사람들은 여전히 자신을 중심에 두고 주변에 선명하게 눈에 보이는 것들만 탐구한다. 그러므로 새로운 관점이 필요한 것이다. 떠오르는 변화의 패턴과 그 속에서 나타나는 유사성과 가능성을 찾아내고 가장 먼저 새로운 기회를 움켜쥐는 대응 전략이 필요하다. 간단하게 말하면, 먼 미래를 내다보는 장기적인 안목이 중요하다.

GE에서 마케팅과 영업 총괄 책임자였던 베스 콤스탁Beth Comstock은 빠르게 변화하는 시장으로 인해 숱한 도전에 직면했던 자신의 경험담을 책으로 냈다. 저서 《앞서 상상하라: 용기, 창의성 그리고 변화의 힘 Imagine it Forward: Courage, Creativity and the Power of Change》에서 그녀는 지금까지 해오던 대로 해도 자기 조직은 괜찮을 것으로 생각하는 모든 경영진에게 혁신을 촉구했다. 베스 콤스탁은 "변화의 속도는 갈수록 빨라질 것"이라고 지적했다. 그녀는 50년 전에는 포천 500 기업의 수명이 대략 50년이었지만, 지금은 고작 15년이라고 강조했다.

미래학자 레이 커즈와일Ray Kurzweil은 '수확 가속의 법칙The Law of Accelerating Returns'이란 기사에서 "21세기에 우리는 100년의 진보가 아닌, 20,000년이 지나야 가능할 것 같은 진보를 경험하게 될 것"이라고 말했다. 앞날을 내다보고 미래에 집중하는 능력, 즉 미래의 가능성을 상상하고 선명하게 파악해내는 능력이 위대한 리더를 만들어낸다. 다른 기업이 단기적인 성과에 집중하는 동안, 위대한 리더는 현재 사업을 미래 관점에서 분석하고 미래 목표를 달성하려면 어떻게 해야 하는지를 고민한다.

전략형 리더들은 변화하는 세계를 이해하기 위해 자신이 이끄는 조직과 조직이 속한 산업의 틀을 넘어선 영역을 예의주시하며 미래의 변화에 강렬한 호기심을 느낀다. 그들은 시장과 경쟁 방식의 변화를 경계한다. 이뿐만 아니라 거시 경제적 변화, 정치적 변화와 사회적 변화에도 주목한다. 실제로 변화의 진짜 촉매제는 조직 내부가 아닌 외부에 있다.

베리 포스너Barry Posner와 짐 쿠제스Jim Kouzes는 저서 《리더십 챌린지》에서 '앞날을 내다보는 능력'은 가장 존경받는 리더의 덕목 중에서 정직에 버금간다고 했다. 직원의 70%가 선견지명을 리더가 갖춰야 할 가장 중요한 덕목이라고 생각했다. 선견지명은 단지 강렬한 비전을 제시하는 능력이 아니다. 복잡성을 이해하고 흩어진 점들을 연결하여 더 큰 그림을 그려내고 미리 어떤 일이 일어날지를 파악하는 능력이다.

나는 IE 경영대학원에서 리더십 개발 연구소장으로서 선견지명이 있는 리더들을 연구했다. 리더들은 직급이 높아질수록 훨씬 먼 미래를 고민하고 계획을 수립해야 했다. 현장 관리자는 몇 달 앞을 내다보면 됐지만, 복잡한 프로젝트를 이끄는 중간급 관리자는 길게는 3년 앞을 내다봐야 했다. 최고 경영자는 단기적으로 계획을 수립하더라도 10년 앞을 내다봐야 했다. 하지만 최고 경영자들은 미래에 대해 고민하는 데 겨우 5%의 시간만을 할애하고 있었다. 다시 말해서 그들이 미래를 고민하는 데 쓰는 시간은 매주 몇 시간 또는 매년 1~2주에 불과했다.

그렇다면 과연 위대한 비즈니스 리더들은 어떨까? 네브래스카 오마하의 버크서 해서웨이Berkshire Hathaway 연차총회에서 워런 버핏Warren Buffett은 80%의 시간을 책을 읽고 생각하는 데 쓴다고 말했다. 이것은 좀 극단적인 경우이지만, 이것이 워런 버핏이 세계적으로 위대한 투자자인 이유다. 리처드 브랜슨Richard Branson은 일과를 시작하기 전에 생각할 시간을 갖기 위해 매일 아침 한 시간씩 수영한다. 그는 매일 차 20잔을 마시는 것으로도 유명하다. 정신없이 흘러가는 일과에서 한숨 돌리기 위해 차를 마시는데, 이것 역시 잠깐이라도 생각할 시간을 갖기 위한 습관이다. 제프 베저스는 매일 아침 10시에 미래에 관한 아이디어를 공유하기 위해 '생각하는' 회의를 연다. 그가 오전에 회의를 여는 이유는 정신이 맑고 머리가 잘 돌아가는 시간이기 때문이다. 그래서 절대로 오후에 회의를 잡지 않는다.

미래는 무한한 가능성의 집합이다. 나는 '선택지'와 '선택'으로 미래의 가능성을 이해한다. 우선 주어진 선택지를 이해하고, 그것들이 무엇을 의미하는지 분석하고 나서, 어떻게 올바른 선택을 내릴지 결정해야 한다. 선견지명이 있는 리더에게는 4가지 신조가 있다.

- 미래는 빠르다 ─ 세상은 숨 돌릴 틈 없이 빠르게 변화하고 있다. 그리고 변화의 속도는 갈수록 빨라진다. 그렇다고 겁에 질리거나 당황하여 순간의 위기를 모면하려고 반사적으로 행동해선 안 된다. 장기적으로 어떻게 앞으로 나아갈지 생각할 시간을 가져야 한다.
- 미래는 복잡하다 ─ 단순성을 추구하는 것은 칭찬할 만한 전략이다. 하지만 이것이 항상 가능하다거나 변화에 대한 최고의 전략은 아니다. 오늘날의 세계를 2×2 행렬로 정리하거나 양자택일하는 것으로는 미래를 창조할 수 없다는 사실을 알아야 한다.
- 미래는 예측 불가능하다 ─ 사람들은 완전하고 옳은 것을 원하지만, 미래는 그러한 정확성을 제시하지 않는다. 그러므로 미래로 가는 길잡이가 되어줄 자신의 북극성을 정의하고, 그것을 보며 미래로의 여정을 이해해야 하며, 불확실성조차 긍정적 요소로 받아들여야 한다.
- 미래는 창조되길 기다린다 ─ 사람들은 대체로 자신이 알고 있는 것이나 몸담은 시장과 영역을 벗어나려 하지 않는다. 하지만 이 세상에 경계나 규칙과 같은 것은 없다. 우리는 어디든 갈 수 있다. 상상력이 우리가 원하는 미래를 그리는 데 길잡이가 되어줄 것이다.

스티븐 존슨Steven Johnson은 저서 《선견지명: 중요한 결정을 내리는 방법Farsighted: How to Make Decisions that Matter》에서 가장 중요한 결과로 이어지는 선택을 하는 것이 가장 어렵다고 하면서 왜 사람들은 그것을 생각하는 데 좀처럼 시간을 투자하지 않느냐고 반문했다. 그는 이 질문에 스스로 신속한 사고와 빠른 행동이 요구되는 단기 주의지속시간의 시대를 살기 때문이라고 세련되게 답할 수도 있지만, 사람들이 종합적인 사고력을 점점 더 발달시키고 있다는 말을 덧붙였다. 종합적인 사고력은 다양한 아이디어를 하나로 연결하고 흩어진 점들을 이어서 큰 그림을 그리는 시스템적 사고방식이라고 그는 주장했다. 그는 빠르게 변하는 세상에서 큰 그림을 보거나 그릴 수 있는 폭넓은 사고가 필요하다고 말했다.

와튼 경영대학원Wharton Business School 심리학 교수인 애덤 그랜트Adam Grant는 스티븐 존슨이 던진 과제에 대해 고심했다. 그는 폭넓은 사고를 위해서 공상과학소설처럼 미래 사회를 다루는 소설을 읽는 것이 좋다고 했다. 이런 소설을 읽으면 인간의 뇌는 새로운 공간으로 이동하여 새로운 시각을 얻게 된다. 제프 베저스는 '스타트랙Star Trek'의 평생 열혈 팬이다.

IE 경영대학원 연구에서 다수의 리더가 결정의 근거로 삼을만한 절대적 사실이나 세부적인 분석결과가 없어서 미래 사고를 싫어한다는 사실이 밝혀졌다. 사실 지난 10년 동안 과학적 방법론이 빠르게 확산했다. 그래서 이제는 과학적 방법론이 없으면 뭔가 발가벗겨진 것 같은 느낌이 들 정도다. 하지만 미래 선택을 하려면 직관과 상상력 그리고 용기가 필요하다.

심리학자 엘렌 랭어Ellen Langer는 예측할 수 없는 미래를 두고 어려운 선택을 하는 일에 관해 이렇게 조언했다. "옳은 결정을 내리려고 하지 마라. 결정을 올바르게 만들어라." 그녀가 하려는 말은 주어진 기회와 그것이 초래할 수 있는 영향을 분석할 방법에 대하여 생각해보라는 것이다. 우리가 원하는 정보를 모두 손에 넣을 수는 없다. 그러므로 완벽한 답을 찾으려고 해서는 안 된다. 따라서 지금 알고 있는 것을 바탕으로 최고의 선택을 내리는 방법을 고민해야 한다.

미래 사고방식을 갖춰라

"새로운 가능성에 마음을 열고, 호기심과 용기로 미지의 영역에 나아가, 자신만의 방식으로 미래를 창조해내라."

'초심'은 불교 선종에서 '초보자의 마음가짐'을 뜻한다. 이 용어에는 개방적 태도, 열의 그리고 선입견의 부재라는 의미가 담겨있다. 스즈키 순류Shunryu Suzuki는 저서 《초보자의 마음가짐, 선심Zen Mind, Beginner's Mind》에서 초심을 "초보자의 마음에는 수많은 가능성이 존재하지만, 전문가의 마음에는 가능성이 거의 없다."라고 설명했다.

나는 두 딸을 둔 아버지다. 아이들은 어렸을 때부터 너무나도 명확한 것을 물어봐서 나를 당황하게 했다. 그들은 눈에 보이는 모든 것에 관해 물었다. 아이들의 질문은 내가 교육을 통해서 배운 자연의 법칙을 넘어 심지어 사람에 관한 지식을 시험하는 것만 같았다. 어렸을 때, 아이들은 '왜 그래요?'라는 말을 입에 달고 살았다. 하지만 성장하면서 그들의 질문은 더 까다로워졌고, '왜 안 되는지'를 묻기 시작했다.

아이들이 질문할 때면 나는 말문이 턱턱 막혔다. 그제야 나는 내가 학교에서 배운 것들을 무조건 받아들이며 성장했다는 것을 깨달았다. 다시 말해서, 나는 전통적인 교육 시스템과 개인적인 경험에 근거를 두고 만들어진 사고방식을 아무 의심 없이 받아들였다. 하지만 나는 아이들이 던지는 아주 단순한 질문에 답하면서도 그 녀석들의 예리한 호기심을 공유할 준비가 되어있지 않았다.

새로움에 마음을 열어라

엘렌 랭어Ellen Langer는 "한계를 정하는 것은 우리의 육체가 아니다. 물리적 한계에 대한 우리의 마음가짐이다."라고 했다. 마음가짐은 자신이 누구인지, 세상이 어떻게 돌아가는지, 우리가 어떻게 앞으로 나아가는지에 대한 우리의 믿음, 사고방식 그리고 가정Assumptions이다. 마하트마 간디Mahatma Gandhi는 "네 믿음은 네 생각이 된다. 네 생각은 네 말이 된다. 네 말은 네 행동이 된다. 네 행동은 네 습관이 된다. 네 습관은 네 가치가 된다. 네 가치는 네 운명이 된다."라고 했다.

마음가짐Mindsets을 마음챙김Mindfulness과 혼동해선 안 된다. 마음챙김은 주의를 집중하여 대상을 있는 그대로 관찰하는 것이다. 마음챙김은 불교의 명상에 뿌리를 두고 있으며, 판단을 배제한 수용과 미래나 과거가 아닌 현재를 사는 것에 관한 것이다. 마음챙김은 현재 상황을 예민하게 인식하고 자신과 자신의 관점을 연결하는 데 유용하다. 하지만 사람들을 앞으로 나아가게 하는 것은 마음챙김이 아니라 마음가짐이다.

코카콜라Coca-Cola CEO를 지낸 로베르토 고이주에타Roberto Goizueta는 리더들의 마음가짐을 경쟁 우위로 설명했다. 마음가짐의 경쟁력은 '다른 사람은 볼 수 없는 기회를 발견해 낼 때' 뚜렷해진다고 말했다. 그의 임기 16년 동안 코카콜라의 기업 가치는 40억 달러에서 1,450억 달러로 36배 이상 증가했다. 그는 혁신과 성장을 위해 새로운 기회를 탐구하는 리더의 능력을 결정짓는 4가지 마음가짐 유형을 설명했다.

• 제로 마음가짐 ― 변화를 보지 못한다.

- 소극적 마음가짐 — 변화를 보지만, 변화를 두려워한다.
- 능동적 마음가짐 — 변화를 받아들이고 변화를 만들어낸다.
- 창의적 마음가짐 — 변화를 보고 다른 사람들이 하지 못 하는 일
  을 해낸다.

제임스 퀸시James Quincey는 2016년 로베르토 고이주에타의 뒤를 이어 코카콜라 CEO가 됐다. 그는 로베르토 고이주에타로부터 한 걸음 더 나아가 '성장형 마음가짐'을 추구하였다. 성장형 마음가짐에는 새로운 사고방식이 추가된다. 따라서 외골수적으로 똑같은 음료를 더 많은 사람에게 팔겠다는 목표와 같은 것은 배제된다.

제임스 퀸시는 직원들이 책임감 있고 지속가능한 문화를 유지하면서 동시에 건강과 웰빙Well-being처럼 새로운 과제를 받아들이길 원했다. 그는 '긴박감, 속도, 민첩성, 책임감과 기업가정신'에 가치를 두는 '성과형 문화'를 중요하게 여기지만, 소비자들은 코카콜라가 '사려 깊고 빠른 기업'이길 기대한다고 주장했다. 하지만 '사려 깊고 빠른 기업이 되는 것'은 '더 적은 것들을 더 잘 해내고', 심지어 '더 좋은 상품을 더 적게 판다'는 의미일 수도 있다.

나는 최근에 마이크로소프트 경영진과 만남에서 비슷한 경험을 했다. 시애틀 외곽 레드몬드 본사에 있는 그들의 사무실로 걸어가면서, 나는 오래된 기술 기업의 본사에서 어린아이와 같은 호기심을 느꼈다. 예전이라면 마이크로소프트는 신기술을 적극적으로 받아들이고 판매하는 데만 집중했을 것이다. 하지만 요즘의 마이크로소프트는 '왜 그렇게 했는지' 그리고 '어떻게 하면 더 잘할 수 있는지' 끊임없이 고민하고 있다.

문화적으로도 마이크로소프트는 더는 기술 기업이 아니었다. 훨씬 더 넓은 상상력과 더 깊은 사회적 책임을 지닌 기업이 됐다. 최근 마이크로소프트는 인공지능에 기반을 둔 혁신을 이끌면서, 성과를 높이는 실질적인 방법만큼이나 인공지능의 발전에 따라 인간을 재정의해야 하는 '혁신의 윤리적 영향력'에 대하여도 고민하고 있다.

마이크로소프트가 세계에서 가장 가치 있는 기업이 된 지 벌써 30년이 지났다. 현재 마이크로소프트를 이끄는 사티아 나델라는 새로운 마음가짐을 조직에 주입했다. 나는 마이크로소프트 경영진과 대화를 시작하자마자, 사티아 나델라의 '성장형 마음가짐'이 개인으로서의 그들은 물론 사업 방식에도 지대한 영향을 미쳤다는 사실을 확실하게 느낄 수 있었다.

스티브 발머Steve Ballmer가 CEO였을 때, 무슨 수를 써서라도 매출을 올려야 한다는 매출에 대한 노골적인 집착이 이제는 마이크로소프트에서 사라졌다. 그들은 옳은 일을 하고 고객과 사회를 위해 앞으로 나아가는 데 훨씬 더 관심이 있었다. 그들은 새로운 아이디어를 탐구하고 실험하기를 원했다. 그리고 잠시 멈춰 대안을 고민하고 다양성, 윤리 그리고 지속가능성을 받아들이길 원했다. 마이크로소프트가 놀라운 깨달음을 얻은 듯한 느낌이었다.

사티아 나델라는 '뭐든 다 아는 전문가'가 되려고 하기보다는 '뭐든 배우려는 학생'이 되어야 한다고 말했다. 과거는 우리에게 유용한 통찰력을 제공할 수 있지만, 중요한 것은 미래에 집중하는 일이라고 그는 말했다. "백미러만 보고 운전하면, 사고가 난다. 운전할 땐 앞만 봐야 한다."

자신과 자신의 기업을 성장시켜라

캐럴 드웩Carol Dweck은 1970년대 초반 대학원생이었을 때, 아이들이 실패에 대처하는 방법을 연구하기 시작했다. 그녀는 빠르게 '실패에 대처'한다는 것은 잘못된 표현이라는 사실을 깨달았다. 스탠퍼드대학교 심리학 교수인 캐럴 드웩은 이 이분법을 연구하는 데 수십 년을 쏟았고 최초로 '점증적 이론'이란 용어를 만들어냈다. 그리고 마침내 더욱 적절한 용어를 찾아냈다. 그것은 '고정형 마음가짐'과 '성장형 마음가짐'이다. 그녀의 저서《마인드셋》은 세계적 베스트셀러가 됐다.

캐럴 드웩은 자녀 양육부터 스포츠 코칭, 정신력에 이르기까지 일상의 모든 곳에 이 개념들을 적용한다. 고정형 마음가짐은 개인의 진보를 정체기에 접어들게 하지만, 성장형 마음가짐은 더 높은 성취로 이어진다고 주장한다. 그녀는 이러한 개념을 팀과 조직에도 적용한다. 예를 들어, 우수 인재를 선발하는 사람들의 사고방식은 한쪽으로 고착된다. 그들은 시간이 갈수록 조직에 남다르게 기여할 다양한 사람들을 포용하려고 하지 않는다.

'고정형 마음가짐'은 어떤 사람들은 창의적이지만 어떤 사람들은 그렇지 않고, 어떤 사람들은 지적이지만 어떤 사람들은 지적이지 않다고 암시한다. 그래서 '고정형 마음가짐'을 지닌 사람들은 타인을 의식하고, 스스로가 노출될까 두려워 실패를 피하려고 갖은 애를 쓴다. 그리고 안전을 추구하고, 위험을 회피하고, 타인의 성공으로부터 위협을 느낀다. 이뿐만 아니라, 고정형 마음가짐을 지닌 사람들은 깨지기 쉬운 평판에 집착한다. 다음은 '고정형 마음가짐'을 지닌 사람들에게서 나타나는 특징이다.

- 성공과 실패라는 이분법적 세상에 갇히게 된다.
- 실패가 두려워 쉬운 선택지를 찾는다.
- 평범함에 만족하고 변화를 거부한다.
- 타인을 비난하고 책임을 외면한다.
- 안전을 추구한다.

이와 대조적으로 '성장형 마음가짐'을 가진 사람은 개인과 집단의 진보는 발전과 학습을 통해 달성된다는 사실을 인정한다. 그래서 성장형 마음가짐을 지닌 사람은 변화를 기회로 받아들이고, 잠재력을 발휘할 수 있는 도전에 응한다. 그리고 새로운 해답을 찾기 위해 장애를 극복하고, 대안과 비판에 기꺼이 귀를 기울인다. 이뿐만 아니라, 그들은 앞으로 나아가는 여정의 일부로 두려움과 위험을 포용하고, 목표를 달성해나가는 여정의 중요한 일부로 실패와 성공을 받아들인다. 그리고 성취뿐만 아니라 쏟은 노력도 귀중하게 여긴다.

다음은 '성장형 마음가짐'을 지닌 사람에게서 나타나는 특징이다.

- 잠재력, 새로운 기회, 가능성으로 가득한 세상을 살아간다.
- 실패를 두려워하지 않고 과감히 도전한다.
- 변화를 받아들이고 평범함을 거부한다.
- 책임을 지고 다른 의견에 귀를 기울인다.
- 진보를 추구한다.

물론 마음가짐을 흑과 백처럼 이분법적으로 나눌 수는 없다. 일상 생활 속에서도 상황에 따라서 마음은 이리저리 오락가락할 것이다. 모두가 다르고, 모든 사람은 나름의 강점과 능력을 갖추고 있으며, 서로 다른 방식으로 자신을 표현한다는 사실도 인정해야 한다. 그래서 팀의 역할이 중요하다. 팀은 서로 다른 요소들을 결합하는 장점이 있다. 하지만 리더의 역할은 훨씬 더 중요하다. 리더는 조직원들이 성장형 마음가짐을 발휘할 수 있는 환경을 조성해야 하기 때문이다.

자신만의 비전으로 미래를 창조하라

사람들은 미래, 특히 새로운 기술의 영향에 관해서 이야기할 때 '기하급수적'이란 표현을 자주 사용한다. 기업은 자신의 영향력과 자산을 점진적으로 증가시키는 대신 연결된 시장의 네트워크 효과를 적극적으로 활용하여 그 증가 속도를 배가시킨다. 알파벳Alphabet의 이노베이션 랩Innovation Lab인 엑스X는 '10%가 아닌 10배' 더 훌륭한 해결책을 찾고자 한다. 엑스 책임자인 아스트로 텔레Astro Teller는 이렇게 말한다.

"기하급수적인 가치를 창출하기 위해서, 먼저 기하급수적인 성장을 지향하는 마음가짐을 지니는 것이 필수다. 기하급수적인 성장을 지향하면 무언가를 남들과 다르게 만들어낼 수 있다. 점진적인 성장을 추구하는 사람은 10% 개선에 만족한다. 하지만 기하급수적인 성장을 지향하는 사람은 10배 개선된 결과를 내놓으려고 노력한다."

개인적으로 나는 무언가를 '10배' 개선한다는 것이 지극히 단순하지만, 놀라울 정도로 효과적인 전략이라고 생각한다. 예를 들어, 성능 좋은 자동차를 개발한다고 가정하자. 여기에 갤런 당 50마일을 달리는 자동차가 있다. 대부분 자동차 회사들은 연비를 10% 높여서 갤런 당

55마일을 달리는 자동차를 개발하는 것에 만족할 것이다. 하지만 기하급수적인 성장을 지향하는 기업은 연비를 10배 높이는 해법, 다시 말해서 갤런 당 500마일을 달리는 자동차를 만들려고 노력할 것이다. 그러려면 남들과 다르게 생각하고 자신의 관점을 바꾸고 새로운 방법을 시도해야 한다. 설령 실패해서 갤런 당 200마일을 달리는 자동차를 만들어냈다고 하더라도, 이것은 갤런 당 500마일을 달리는 자동차를 만들어내는 데 엄청난 돌파구가 될 것이다.

아스트로 텔레는 기하급수적인 성장을 지향하지 않는 조직은 극적인 약진을 이뤄낼 수 없으며, 새로움을 창조하며 앞으로 나아갈 수 없다고 주장했다. 기하급수적 성장형 마음가짐이 없었다면, 구글은 '세계의 정보를 관리한다'라는 야심에 찬 비전을 만들어낼 수 없었을 것이고, 에어비앤비Airbnb는 '70억 명의 사람들이 어디서든지 소속감을 느끼는' 세상을 꿈꿀 수 없었을 것이라고 그는 말했다. 새로운 가설을 증명하려 애쓰는 과학자처럼, 기하급수적인 성장형 마음가짐은 비약적인 상상력에서 시작한다.

'미래형 마음가짐'은 미래지향적인 성장형 마음가짐이다. 리더는 미래학자의 마음가짐을 지녀야 한다. 리더는 선지자여야 하며, 변화를 이해하고 명확하지 않은 것을 정의할 수 있는 능력을 갖추고 있어야 한다. 미래는 예전 같지 않다. 과거에는 미래가 안전하고 예측할 수 있고 확실한 대상이었다. 하지만 이제는 아니다. 지금 이 자리까지 오를 수 있도록 도움이 됐던 모든 것이 미래의 목표를 달성하는 데도 도움이 될 것이란 보장은 없다. 과거의 성공 모델을 계속 활용하거나 확장하다 보면 수확 체감 효과가 발생하게 된다. 그러므로 우리는 새로운 미래를 받아들이고 그곳으로 가는 새로운 방법을 찾아내야 한다. 그래서 미래형 마음가짐은 비약적인 상상력을 발휘하게 한다. 이것은 또한 비즈니스 리더가 남들이 보지 못하는 영역에서 미래 비즈니스를 그릴 수 있도록 돕는다.

CODE

코드 3

더 훌륭한 기업을
상상하라

"변화 플랫폼으로서 기업을 활용하라. 커다란 난관을 해결하는 데
동료와 사회를 참여시키고, 성장과 선을 동시에 추구하는 기업을
창조하라."

지난 30년 동안 세상은 사회적으로 그리고 기술적으로 엄청난 개선과 발전을 거듭했다. 수억 명의 사람이 가난에서 탈출했고, 인류는 역사상 유례없는 경제성장을 경험했다.

사람들은 디지털 혁명으로부터 많은 혜택을 받고 있다. 디지털 혁명은 삶을 완전히 바꾸고, 예전에는 상상할 수 없는 방식으로 교육과 헬스케어에 접근하도록 해준다. 또한, 촌각을 다투는 사회 문제와 환경 문제를 해결하기 위해 전 세계의 다양한 문화를 받아들이는 것은 물론 창의력과 역량도 동원할 수 있게 되었다. 하지만 이러한 발전에도 불구하고, 현재의 발전 모델에는 여전히 심각한 결함이 있다.

자본주의의 결함은 깊다

자본주의는 실패했고 불완전한 시스템이라는 증거가 곳곳에 존재한다. 기후변화로 인한 자연재해의 빈도가 1980년대 이후 2배 증가했다. 기상이변은 세계 곳곳에 영향을 미치고 있다. 숲이 불타고, 괴물 같은 토네이도가 발생한다. 사막화가 심각해지고, 농경지가 줄어든다. 만년설이 녹아내리고, 해수면이 상승한다. 폭력과 무력 충돌의 비용은 세계 GDP의 10%에 달한다. 이런 와중에 생물 다양성의 상실과 생태계 파괴로 발생한 비용은 세계 GDP의 약 3%로 추정되며, 갈수록 증가하고 있다.

그런데도 인류는 탄소 배출량이 높은 인프라에 계속 투자한다. 그래서 기후변화는 되돌릴 수 없는 수준에 이르렀고, 인간의 삶에 악영향을 주고 있다. 경기침체는 기업이 새로운 방식을 받아들이기보다 낡은 방식을 고수하도록 만든다. 2020년 코로나-19 팬데믹의 직접적인 의료비용과 연관 경제비용은 재생에너지 사회로의 완전한 전환을 몇 차례나 거듭할 수 있는 비용을 충당할 수 있는 규모다. 사회 불평등과 청년실업은 전 세계적으로 심각해지고 있다. 그리고 같은 일을 하고 받는 평균임금이 여성이 남성보다 25% 적다.

나의 예전 동료인 영국 경제학자 마크 토마스Mark Thomas는 99% 기구99% Organisation를 설립했다. 그는 저서《99%: 대량빈곤과 퇴치방법99%: Mass Impoverishment and How we can end it》에서 중위 소득자는 2007년과 비교해 더 가난해졌다고 했다. 그는 이것을 대량빈곤이라고 불렀다. 그는 '99%에 속하는 누군가는 경제가 계속 성장하는데도 살면 살수록 가난해지는 경험을 하는 1세대가 될 것'이라고 말했다. 참고로 그 누군가가 당신일 가능성은 99%다. 다시 말해서 누구나 지금보다 훨씬 더 가난해질 수도 있다는 말이다. 마크 토마스는 "지금 방식대로 살아가면, 오늘날 문명은 2050년이 되면 사라질 것이다. 이미 대부분 젊은이에게는 자기 집을 사는 일이 요원한 꿈이 되었다. 임금은 인플레이션에 맞춰 하락하고, 점점 더 많은 사람이 푸드 뱅크에 의존하고 있다."라고 했다.

또한, 공장 노동자부터 콜 센터 직원에 이르기까지 모든 직업에 세계화와 자동화가 어떻게 충격을 주었는지 불평등에 대한 깊은 우려를 낳았다. 그리고 불평등은 정치적으로도 직접적인 영향을 미쳤다. 국가주의, 보호주의 그리고 무역 전쟁이 심화했다. 많은 선진국의 실질금리는 역대 최저치를 넘어 마이너스로 조정되었다. 반면에 부채는 심각할 정도로 높아졌다.

경제적인 관점은 낙관주의와 정치적 비관주의로 갈라지고, 주식 시장은 갈수록 불안정해진다. 그 결과 발생한 불확실성은 미래 예측을 훨씬 더 어렵게 만든다. 그러니 많은 기업이 불확실성을 목격하고 그 자리에 얼어붙어 버리는 이유를 쉽게 이해할 수 있다. 불확실성에 직면한 기업은 장기적인 관점에서 투자하기보다는 현금을 깔고 앉아 쓰려고 하지 않고 주식을 되사거나 높은 배당금을 지급한다.

2020년 에델만 신뢰도 지표Edelman Trust Barometer에 따르면, 선진국에 사는 모든 응답자 대다수가 5년 뒤에 지금보다 더 나은 삶을 살 것으로 생각하지 않았다. 그리고 응답자의 56%가 현재의 자본주의는 세계에 유익하기는커녕 유해하다고 생각했다.

기업은 변화의 플랫폼이다

"기업이 이윤을 추구할 것이냐, 아니면 변화의 플랫폼이 될 것이냐를 선택해야 한다는 것은 가장 큰 오산이다. 실상은 전혀 그렇지 않다." 세일즈포스Salesforce CEO 마크 베니오프Marc Benioff가 저서 《트레일 블레이저Trailblazer》에서 한 말이다. 그는 기업이 모든 사람의 일상생활에 깊이 관여한다고 말하고 있다. 다시 말해서 기업은 우리가 먹고, 마시고, 말하고, 관계를 맺고, 이동하고, 일하고, 웃고, 사랑하는 등 모든 일상생활에 깊이 관여한다.

우리는 모두 소비자다. 감정적으로 애정을 갖고 신뢰하는 브랜드, 필요하고 원하는 상품과 서비스, 그리고 대규모로 가동할 수 있는 비즈니스 모델을 추구한다. 일상의 거래와 그것을 가능하게 하는 모든 활동은 수많은 사회 문제와 환경 문제를 해결하는 데 활용될 수 있다. 그리고 그것은 이런 문제를 해결하는 데 놀라울 정도로 효과적일 수 있다. 자원과 기반시설이 부족한 비영리 조직보다 더 효과적으로 사회 문제와 환경 문제를 해설할 수 있다.

그러므로 기업은 변화를 위한 위대한 플랫폼이 될 힘이 있다. 기업이 변화의 플랫폼이 된다는 것은 말도 안 되는 이상향이 아니다. 스타벅스Starbucks에서 매일 마시는 커피 한 잔은 콜롬비아의 자급자족 농민들이 가난에서 벗어나는 데 큰 도움이 된다. 아디다스의 스니커즈 신상품을 사면, 조깅할 수 있는 아름다운 환경이 훼손되는 것을 막을 수 있다. 프랑스 유제품 기업 다농Danone과 빈민층 소액대출로 유명한 그라민은행Grameen이 손잡고 만든 작은 유제품 공장은 아시아 빈민들이 스스로 더 나은 삶을 살도록 돕는다.

더 좋은 기업을 추구하는 독립 자선단체 더블루프린트트러스트The Blueprint Trust는 '더 좋은 기업을 위한 청사진Blueprint for Better Business'을 개발했다. 그들은 '더 좋은 기업'으로 아래와 같은 청사진을 제시한다.

- 이윤을 초월한 목적을 지닌 기업 — 더 좋은 기업은 이윤 추구만

이 기업의 목적이라고 생각하지 않는다. 더 좋은 기업은 사회에 도움이 되는 더욱 의미 있는 목적을 달성하는 효율적인 기업이 되고자 노력한다.

- 사회를 위해 행동하는 기업 — 더 좋은 기업은 이기심을 초월하여 행동한다. 사람들에게 존경을 표하고 사회와 이로운 관계를 형성한다.
- 선한 힘이 발휘되도록 돕는 기업 — 더 좋은 기업은 변화를 위한 플랫폼과 선을 위한 힘이 된다. 사회에 분명한 혜택을 제공하고 장기적으로 지속가능한 성과를 낸다.
- 더 나은 기업을 위한 청사진은 '목적 지향적인 기업의 5가지 원칙'을 바탕으로 수립된다. 이 청사진은 사회에 도움이 되기 위해서 목적을 설정하고 영감을 발휘하는 기업의 모습을 제시한다.

케링Kering의 요헨 자이츠Jochen Zeitz, 유니레버Unilever의 폴 폴만Paul Polman, 버진Virgin의 리처드 브랜슨Richard Branson, 다농의 에마누엘 파베르

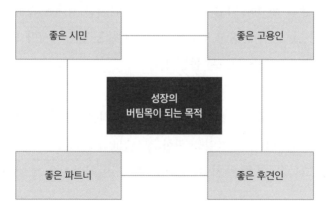

그림 1.2 더 좋은 기업을 위한 청사진

Emmanuel Faber, 그라민의 무하마드 유누스Muhammad Yunus 그리고 초바니 Chobani의 함디 율라카야Hamdi Ulakaya 등 비즈니스 리더들이 2013년 '더비 팀The B Team'을 세웠다. 그들은 단체 편지에서 "지역사회, 기업 그리고 지구를 위한 더 좋은 미래를 위해서 우리에게는 지금 대담한 리더십이 필요하다."라고 했다. 그리고 그들은 투명성, 협업, 자연, 지역사회, 회계, 인센티브, 공정성, 보상, 다양성, 장기적인 관점 등 10가지 분야에서 커다란 도전을 하자고 제안했다.

> "현재의 경제 모델은 망가졌다. 하지만 저절로 망가진 것은 아니다. 그러니 저절로 고쳐지지도 않을 것이다. 민간분야와 시민사회의 리더로서 우리는 더 좋은 경영방식을 성공이라고 생각한다. 그래서 우리는 기업의 사회적 책임을 숫자와 성과만이 아니라 사람과 지구도 책임지는 문화로 바꿔나가고 있다. 우리는 우리가 현재 인류가 직면한 문제를 만든 원인의 하나라는 사실을 인정한다. 따라서 이러한 문제를 해결할 방법을 찾을 책임, 그리고 그것을 해결할 힘도 우리에게 있다. 우리는 비즈니스 리더십의 새로운 기준을 마련할 것이다. 더 좋은 미래를 위해 헌신할 뿐만 아니라, 나아가 오늘 당장 근본적인 변혁을 시도할 것이다."

P&G 최고 마케팅 책임자 마크 프리차드Marc Pritchard는 세계 최대 소비재 기업이 브랜드 혁신을 위해서 지속가능성을 기업 문화로 받아들인 방법을 몇 가지 소개했다. 그는 P&G가 선을 위한 힘과 성장을 위한 힘으로 조직을 성장시키기 위해 지속가능성을 조직문화로 받아들였다고 했다. P&G는 '앰비션 2030Ambition 2030'의 하나로 모든 포장재를 재활용할 수 있거나 재사용할 수 있는 포장재로 완전히 대체하겠다고 선언

했다. 그리고 재생에너지만을 사용하고 쓰레기를 전혀 배출하지 않겠다고 선언했다. 그리고 P&G는 '선을 위한 브랜드Brands for Good' 연합과 손잡고, 연간 홍보비로 70억 달러를 '지속가능한 생활방식이 바람직하다는 사실을 소비자에게 알리고 지속가능한 생활방식이 일상에 자리 잡도록 영감을 주는 데 사용'한다고 했다.

P&G는 스스로 지속가능한 기업이 되려고 노력하면서, 소비자가 지속가능한 생활방식을 스스로 받아들일 수 있도록 돕는다. P&G는 해양에서 수거한 폐플라스틱으로 헤드앤숄더Head & Shoulders 샴푸 통을 만든다. 이렇게 하면 연간 2,600톤의 폐플라스틱이 처리된다. 세제 타이드Tide에 들어가는 계면활성제는 찬물 세탁을 가능하게 해 가정의 에너지 소비량을 줄인다. P&G는 액상 세제 보태니컬Gain Botanicals과 섬유 유연제 다우니 네이처Downy Nature처럼 친환경적인 성분으로 신제품을 출시거나 기존 제품을 개선하고 있다. 이런 제품은 환경에도 좋지만, 빠르게 변화하는 소비자의 관심사에도 딱 들어맞는다.

지속가능 개발 목표는 12조 달러의 기회를 창출한다

유엔의 지속가능 개발 목표Sustainable Development Goals, SDGs는 더 좋은 비즈니스 전략을 수립하고 시장을 혁신하는 데 필요한 틀을 제공한다. 유엔은 2015년 모든 회원국이 만장일치로 선정한 17가지 목표가 달성된다면, 완전히 지속가능한 세상이 만들어질 것이라고 했다. 완전히 지속가능한 세상은 사회적으로 공정하고, 환경적으로 안전하고 포용적이며, 경제적으로 번창하고, 예측 가능한 세상이다. 우리가 사는 이 세상처럼 목표는 서로 연결되어 있다. 그래서 일부만 달성하는 것보다 17개 목표를 달성하려는 노력을 동시에 진행하면 훨씬 더 큰 효과가 발휘될 것이다.

기업은 지속가능 개발 목표를 달성하는 데 분명히 중요하다. 그리고 지속가능 개발 목표가 기업에는 긍정적으로 성장하는 새로운 기회를 제공할 수 있다. 그러므로 기업은 17가지 목표를 좋은 경영방식뿐만 아니라 전략 개발을 위한 기본 틀로 받아들여야 한다. 2017년, 유엔 '기업과 지속가능개발위원회Business and Sustainable Development Commissions'는 지속가능 개발 목표가 비용 절감과 새로운 이윤창출을 통하여 12조 달러에 달하는 기회를 창출할 것이라고 밝혔다. 기업과 지속가능개발위원회는 특히 세계 경제의 60%를 대변하는 식품과 농업, 도시, 에너지와 자재 그리고 보건과 웰빙 분야에서 창출될 새로운 기회를 강조했다.

기업과 지속가능개발위원회는 "이 기회를 전부 잡기 위해서 기업은 시장 점유율과 주주 가치를 추구하듯, 열정적으로 사회적이고 환경적인 지속가능성을 추구해야 한다. 우리와 함께하는 기업의 수가 임계질량에 도달하면, 우리는 막을 수 없는 힘이 될 것이다. 그렇지 않으면, 지속 불가능한 개발 비용과 불확실성이 커져서 기업이 활동하고 생존할 수 있는 세상이 사라질 수 있다."라고 경고했다.

기업과 지속가능개발위원회는 지속가능 개발 목표를 실행하면, 경제보상이 전체적으로 2~3배 커질 수 있다고 덧붙였다. 그리고 여기에 노동과 자원의 생산성이 커져서 경제 전반에서 가치가 창출되리라고 가정했다. 이러한 가정은 타당하다. 예측에 따르면, 양성평등 하나만 달성되더라도 2025년까지 전 세계 GDP는 28조 달러 증가할 수 있다.

1 빈곤 퇴치

2 기아 종식

3 건강과 웰빙

4 양질의 교육

5 양성평등

6 깨끗한 물과 위생

7 저렴하고 깨끗한 에너지

8 양질의 일자리와 경제성장

9 산업, 혁신, 사회기반시설

10 불평등 완화

11 지속가능한 도시와 공동체

12 책임감 있는 소비와 생산

13 기후변화 대응

14 해양 생태계

15 육상 생태계

16 평화, 정의, 제도

17 지속가능 개발 목표를 위한 파트너십

그림 1.3 유엔의 지속가능 개발 목표 17가지

그러므로 17개 목표를 모두 달성했을 때 발생하는 경제적 가치는 실로 어마어마할 것이다.

2019년 ARM, 코카콜라, 알파벳, 마스터카드Mastercard, 나이키, 마이크로소프트, SAP, 세일즈포스, 유니레버 등 세계적인 기업들이 지속가능 개발 목표를 달성하는 데 기업이 할 수 있는 역할을 더욱 명확하게 정의하기 위해 '비즈니스 어벤져스Business Avengers'로 힘을 합쳤다.

그들은 더 빨리 앞으로 나아가기 위해 지속가능 개발 목표를 핵심 사업, 재무목표, 사내 네트워크, 소비자 활동과 사회 영향력에 적용하기로 동의했고, 세계 지속가능개발기업위원회World Business Council for Sustainable Development도 설립했다. 세계 지속가능개발기업위원회는 지속가능 개발 목표를 일상생활에 녹여내기 위해서 개인적으로 더 의미 있고 실질적으로 다가오는 '좋은 삶 목표Good Life Goals'라는 체계를 마련했다.

영감을 불어넣는
목적을 찾아라

"이 세상을 더 살기 좋은 곳으로 만드는 방법을 찾아내려는 열정이
있다면 제품과 수익을 초월해야 하는 이유를 먼저 찾아내라."

파타고니아Patagonia를 설립한 이본 쉬나드Yves Chouinard는 위대한 목표 지향적 리더다. 또한, 그는 헌신적인 자연 애호가다. 1950년대 후반, 그는 요세미티를 등반하는 몇 안 되는 사람들을 위해서 산악 장비를 만들기 시작했다. 파타고니아는 기업 가치가 2억 달러에 달하는 내 기업이고, 환경적 지속가능성의 선두주자로 널리 인정받는 대기업이다. 파타고니아의 성공은 이본 쉬나드의 목표 지향적인 수많은 결정 때문이라고 할 수 있다. 그는 환경을 훼손한다는 이유로 가장 잘 팔리는 산악 장비의 하나인 피톤의 생산을 중단하기로 했다. 피톤은 등반가들이 안전을 확보하기 위해 바위틈에 박는 금속조각이다.

그로부터 몇 년 뒤에 이본 쉬나드는 엄청난 위험을 감수했다. 파타고니아가 유기농 원단만을 활용해 옷을 만들겠다고 선언한 것이다. 이 때문에 파타고니아는 새로운 공급업자를 확보하고, 새로운 공급망을 만들어야 했다. 이것은 자연스럽게 생산비용의 증가로 이어졌다. 하지만 두 결정 모두 자연을 위한 것이었다. 마침내 파타고니아의 모든 활동이 이본 쉬나드의 목표와 조화를 이루기 시작했다. 만약 그가 이윤만을 추구했다면, 절대 그런 선택을 하지 않았을 것이다. 물론 그의 선택은 단기적으로는 큰 비용을 발생시켰다. 하지만 장기적으로는 환경을 생각한 그의 과감한 결정이 파타고니아를 오랫동안 승승장구할 수 있게 해주었다.

파타고니아는 오랫동안 기업 목표를 '최고의 제품을 생산하고, 자연을 불필요하게 훼손하지 않으며, 기업 활동을 통해 환경 위기에 대한 해결책을 구상하고 실행하는 것'으로 정의해왔다. 하지만 이본 쉬나드에게 이것만으로는 충분하지 않았다. 2018년 그는 기업의 존재 이유를 다시 정의했다. "파타고니아는 우리의 터전인 지구를 살리기 위해 사업한다."

이것이 말만 그럴싸하게 바꾼 사업 목적에 지나지 않는다고 생각할 수도 있다. 하지만 절대 그렇지 않다고 이본 쉬나드는 말했다. 그는 조직원과 사회 전체에 절박함을 전하고 싶다고 말했다. 본질적인 문제는 기후변화가 아니라 기후위기다. "우리는 기후변화 때문에 우리의 터전을 잃는 기후위기에 직면했다. 이것은 누구나 다 아는 문제지만, 선뜻 입 밖에 내려 하지 않는다. 사회는 본질을 외면한 대증요법Symptomatic Treatment만을 시도하고 있을 뿐이다. 북극곰을 구하자고? 정말 북극곰을 구하고 싶다면, 우선 지구부터 구해야 한다."

기업이 존재하는 목적은 무엇인가

그렇다면 당신의 기업이 존재하는 목적은 무엇인가? 기업의 목적은 기업이 이 세상에 어떻게 기여하는지 혹은 기업이 없다면 이 세상이 왜 더 살기 좋은 곳이 될 수 없는지를 분명히 규정한다. 이처럼 목적은 기업에 대의명분을 만들어준다. 그리고 기업은 대의명분을 이루고자 최선을 다한다. 어떤 기업에 목적은 긴박한 행동 촉구일 수 있고, 어떤 기업에는 개인적인 영감을 주는 일일 수도 있다.

테슬라Tesla는 '지속가능한 에너지로의 전환을 가속하기 위해서' 존재한다. 스타벅스Starbucks는 '인간의 정신에 영감을 불어넣기 위해서' 존재하고, 도브Dove는 '다음 세대 여성들이 잠재력을 발휘하도록 돕기 위해서' 존재한다. 마이크로소프트Microsoft는 '사람들이 더 많은 것을 성취할 수 있도록 힘이 되어주기 위해서' 존재하고, 스와로브스키Swarovski는 '사람들의 일상생활에 반짝이는 생기를 불어넣기 위해서' 존재한다.

목적은 기업 활동에 의미를 부여한다. 목적은 직원들에게 상황을 개선하도록 노력하게 하고, 자신과 조직을 혁신하고 성장시키도록 영감을 불어넣는다. 목적은 전략적인 집중을 유도한다. 목적은 집중을 방해하는 요인에 굴하지 않고 더 큰 목표를 달성하기 위해 노력하고 더 급진적으로 혁신을 추구하도록 한다. 그러면 기업의 생산성과 성과는 자연스럽게 개선된다. 그리고 목적은 대내외적으로 공유된 대의명분이다. 투자자는 기업이 추구하는 목적 일부가 되기를 원하고, 파트너는 목적과 조화를 이루길 바란다. 그리고 고객은 기업의 제품이나 서비스를 소비하는 충성스러운 지지자가 되어 기업의 목적을 지원한다.

목적 선언은 낡은 미션Mission 선언과 비전 선언을 초월한다. 대체로 기업은 미션 선언이나 비전 선언을 통해 '최고'나 '업계 리더'가 되고 싶다거나, '성과를 극대화'하고 싶다는 포부를 밝힌다. 하지만 목적 선언은 훨씬 더 이타적이고 포용적이다. 목적 선언은 기업이 외부 세계를 위해서 무엇을 하려고 하는지를 명확하게 보여준다. 목적은 미션이나 비전보다 높은 수준의 가치로, 영감을 준다. 그리고 맹목적으로 추구하던 가치인 미션과 비전을 대체할 것이다. 만약 목적이 '우리는 왜 존재하는가?'라면, 미션은 '우리는 무엇을 하는가?'이고 비전은 '우리는 어디로 가는가?'이다.

하버드 대학교를 중퇴한 마크 저커버그Mark Zuckerberg는 여학생들의 외모를 비교하는 웹사이트 '페이스매쉬FaceMash'를 만들면서 학창시절을 보냈다. 그랬던 그가 최근에 새로운 목적을 갖고 하버드 대학교로 돌아갔다.

"오늘 저는 목적에 관하여 이야기하려고 합니다. 그러나 목적을 이렇게 찾으라고 거창하게 말하려는 것은 아닙니다. 우리는 밀레니얼 세대 Millennials죠. 우리는 본능적으로 목적을 찾으려고 노력하게 되어있습니다. 그러나 저는 목적을 찾는 것만으론 충분하지 않다고 말하려고 합니다. 우리는 모두가 목적의식을 갖는 세상을 만들어야 합니다. 존 F. 케네디John F. Kennedy 대통령이 미국 항공우주국을 방문했던 일화를 들려드리죠. 그는 거기서 빗자루를 들고 있는 수위와 마주쳤습니다. 케네디 대통령은 수위에게 무엇을 하고 있느냐고 물었죠. 질문을 받은 수위는 망설임 없이 대답했습니다. '각하, 저는 인간을 달로 보내는 일을 돕고 있습니다.' 목적은 자신을 거대한 무언가 일부라고 생각하는 것이죠. 스스로 쓸모 있다고 느끼고, 해야 할 더 중요한 일이 있다고 생각하는 겁니다. 목적은 진정한 행복감을 만들어냅니다."

목적 지향적인 기업이 이긴다

하버드의 비컨 연구소Harvard's Beacon Institute가 비즈니스 리더들을 대상으로 설문조사를 했다. 조사 대상자 중 90%가 조직의 목적이 사업 성공의 핵심이라고 믿고 있었다. 하지만 겨우 46%만이 조직의 목적을 근거로 전략과 경영에 관한 결정을 내린다고 말했다. 목적은 기업에 지대한 영향을 미친다. 목적의식이 있는 기업이 수익성이 더 높고 기업 가치가 높다. 고객은 더 비싼 값을 치르더라도 목적의식이 있는 기업이 제공하는 제품이나 서비스를 활용하고 충성스러운 고객으로 남는다. 열의로 가득한 최고의 인재와 장기적인 투자자는 목적의식이 있는 기업에 끌린다.

코퍼레이트 보드Corporate Board가 분석한 결과에 따르면, 목적의식이 있는 기업은 주식 시장에서 평균 수익률을 46% 웃돌았다. 반면에 목적 선언은 했지만 실천하지 않는 기업은 평균 수익률을 기록했고, 목적의식이 없는 기업은 40%를 밑돌았다. 에델만Edelman의 조사 결과로는 소비자의 80%가 기업이 사회문제를 해결하는 데 일조해야 한다고 생각했다. 또한, 액센추어Accenture 조사로는 소비자의 62%가 기업이 '지속 가능성, 투명성과 공정한 고용'과 같은 문제에 명확한 견해를 밝히길 원했다.

콘포터노벨리Cone Porter Novelli의 조사로는 소비자의 66%가 목적 지향적인 브랜드를 적극적으로 선택한다고 했으며, 밀레니얼 세대는 이 비율이 91%로 증가했다. 소비자의 67%는 더 잘하려고 노력하는 기업이 잘못을 저질렀을 때 용서할 의향이 있다고 답했으며, 53%는 기업이 사회문제에 무관심하면 적극적으로 항의할 것이라고 답했고, 심지어 17%는 기업 활동을 제지하겠다고 응답했다. IBM이 조사한 결과에 따르면, 소비자의 70%는 목적 지향적인 브랜드에 대략 30% 더 웃돈을 낼 생각이 있었다. 비컨 연구소는 목적 지향적인 기업은 혁신과 변혁에 2.5배 더 능하다고 발표했다. 딜로이트Deloitte는 2020년에 목적 지향적인 기업이 혁신적인 시도를 통해 평균 30% 더 많은 수익을 올렸다고 발표했다.

갤럽Gallup은 미국 노동자의 34%만이 일에 열정을 쏟거나 전념한다는 사실을 찾아냈다. 특히 밀레니얼 세대는 목적의식이 있는 기업을 선호했다. 콘포터노벨리는 젊은 층의 83%가 사회나 환경에 이로운 기업에 충성한다고 했다. 딜로이트는 목적의식이 있는 기업의 직원 유지 비율이 그렇지 않은 기업보다 40% 높다는 사실을 찾아냈다. 뱅크오브 아메리카Bank of America는 윤리적 투자 붐으로 '자본 쓰나미'가 '좋은' 주식에 덮칠 것으로 예측했다. 또한, 앞으로 20년 동안 20조 달러의 자산이 지속가능한 펀드로 흘러 들어갈 것으로 예측했다. 이것은 S&P500 기업의 현재 가치와 유사하다.

콜드웰뱅커Coldwell Banker는 앞으로 30년 동안 부모세대로부터 밀레니얼 세대로 '부의 대이동'이 일어날 것이고, 그 규모가 68조 달러에 육박할 것이라고 추산했다. 2030년이 되면 밀레니얼 세대가 보유한 부는 현재 자신들이 보유한 부의 5배에 이를지도 모른다. 그들의 77%가 '지속가능성'이 투자 결정에 가장 중요한 요소라고 답했다.

영감을 불어넣는 목적을 실천하고 달성하라

사이먼 사이넥Simon Sinek은 저서 《나는 왜 이 일을 하는가》에서 목적을 훌륭하게 정의했다. 그는 '왜'를 중심에 두고 '골든 서클Golden Circle'을 설명했다. "애플이든 마틴 루서 킹Martin Luther King이든 라이트 형제Wright brothers든, 세상에서 사람들에게 영감을 불어넣는 위대한 모든 리더와 조직은 정확하게 같은 방식으로 생각하고, 행동하고, 소통한다. 그 방식은 다른 사람들과 완전히 대조적이다. 그 방식은 아마도 세상에서 가장 단순한 것인지도 모른다. 나는 그 방식을 '왜, 어떻게, 무엇'으로 구성된 '골든 서클'이라 부른다."

사이먼 사이넥은 조직의 목적인 '왜Why'를 갖춘 기업과 리더가 사람들에게 영감을 불어넣을 수 있는 이유를 잘 설명한다고 주장했다. 모두가 자신이 '무엇'을 하는지 알고, 대부분 사람은 그 일을 '어떻게' 하는지도 안다. 하지만 놀랍게도 '왜' 그 일을 하는지 설명할 수 있는 사람은 거의 없다. '왜'는 모든 조직과 활동에 스며들어야 한다. 그것은 모든 것을 연결하는 '황금 실'이 되어야 한다. 그리고 가치와 목표, 전략과 의사결정, 문화와 소통의 동력이 되어야 한다.

하지만 문제는 한 문장으로 표현된 목적은 지나치게 단순하게 들리기 쉽다는 것이다. 이것이 영감을 줄 수는 있지만, 한낱 구호에 그칠 수도 있다. 그러므로 목적이 개개인에게도 의미가 있도록 만들어야 한다. 목적은 더 좋은 전략 결정을 내리도록 돕는다. 우리가 사는 세상은 원한다면 뭐든지 할 수 있는 무한한 가능성으로 가득하다. 이러한 세상에서 선택은 그 어느 때보다 중요해졌다. 하지만 복잡성과 불확실성이 선택을 더 어렵게 만들고 있다. 이런 세상에서 목적은 유용한 중재자다.

성공하는 비결은 '왜'를 더 구체적으로 설정하고, 높은 단계의 목적과 실질적 행동을 위한 전략들을 연결하는 것이다. 여기에는 그림 1.4가 보여주듯 3단계가 있다.

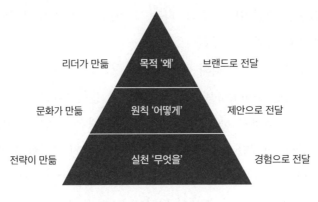

리더가 만듦   목적 '왜'   브랜드로 전달

문화가 만듦   원칙 '어떻게'   제안으로 전달

전략이 만듦   실천 '무엇을'   경험으로 전달

그림 1.4 기업 목적 피라미드

1) 목적 - 왜

지속적이고 정확한 방향성을 제시하고, 영감과 의미를 두고 행하는 모든 행위를 조화시킬 이유를 찾아라. 그것은 정확하고 분명하며 일관성 있고 지속하여야 한다. 이유의 중심에는 고객이 있다. 그들의 삶과 그들을 둘러싼 세상을 어떻게 더 좋게 만들 것인지를 설명하고 브랜드의 정체성으로 표현해라. 예를 들어보자.

- 나이키Nike: 인간 잠재력을 확장한다.
- 켈로그Kellogg's: 가정에 영양을 공급하고 성장을 돕는다.
- 스타벅스Starbucks: 인간의 정신에 영감을 불어넣는다.

2) 원칙 - 어떻게

이것은 목적에 접근하는 방법을 분명하게 규명한다. 원칙은 조직이 따르는 높은 단계의 개념들로 조직의 내부 문화를 관통하고, 리더십, 조직 문화와 구조에 지대한 영향을 미친다. 원칙이 목적을 더욱 명확하게 만든다. 그리고 원칙은 오랫동안 유지될 수 있다. 원칙은 차별화와 소통을 위한 개념적 플랫폼이다.

- 나이키는 성과 향상에 도움이 되는 다양한 서비스와 기술적으로 우월한 스포츠용품을 제공하여 '사람들이 최고의 기량을 발휘할 수 있도록' 돕고자 한다.
- 켈로그는 '건강한 아침 식사용 시리얼로 구성된 포트폴리오'를 구성하고, 모든 가족 구성원의 요구를 충족시키기 위해서 다양한 브랜드와 제품을 제공한다.
- 스타벅스는 커피와 일상의 '제3의 공간'이 되는 카페를 통해 '사람과 사람의 연결'을 추구한다.

3] 실천 - 무엇을

목적에 맞춰 전략적으로 선택한다. 이렇게 전략적으로 만들어진 선택은 계획과 프로세스를 움직이고, 혁신과 경험을 촉진하고, 제품과 서비스를 만들어낸다. 목적과 조화를 이루는 전략적 선택은 현실적이고, 시간이 흐르면서 진화하며, 목적의식이 있는 개념들을 전달한다. 그 전달방식은 독특하지만 명확하고 결국에는 수익으로 연결된다.

- 나이키는 디지털 애플리케이션 나이키 플러스Nike+와 온라인 피트니스 클럽부터 새로운 원단이나 신발 디자인까지, 다양한 전략으로 사람들이 최고의 기량을 발휘하도록 돕는다.
- 켈로그는 바쁘게 움직이는 생활방식에 맞춘 새로운 제품군부터 더욱 지속가능한 재료 조달, 생산이나 포장에 이르기까지 다양한 전략을 활용한다.
- 스타벅스는 온라인 음악 공유 플랫폼부터 지역사회를 위한 행동에 이르기까지 다양한 전략을 활용한다.

효과적인 목적은 이렇게 탄탄하고 명확한 기반 위에 세워진다. 이것은 지나치게 추상적이고 겉만 번지르르한 한 줄 슬로건이 아니다. 조직과 사회가 목적을 받아들이면, 목적은 의지가 아닌 궁극적인 대의명분이 되고, 발전을 위한 집단 운동이 된다. 미국의 편의점형 약국 체인인 CVS는 담배를 판매하지 않겠다고 선언했고, 유니레버는 지속가능한 삶을 추구하겠다고 결심했다. 프리드리히 니체Friedrich Nietzsche는 이렇게 말했다. "왜 살아야 하는지 그 이유를 아는 사람은 어떻게 살든지 그 삶의 방식을 견뎌낼 수 있다."

당신의 미래 이야기를 창조하라

"사람들의 심금을 울리는 서사로 주변 사람을 미래 비전으로 끌어 들여라. 그리고 진보로 향하는 길을 분명히 정의해라."

비즈니스 리더는 이야기꾼이다. 비즈니스 리더는 소설처럼 꾸며낸 이야기가 아닌, 지향점과 미래모습과 같은 미래 비전에 관한 이야기를 들려준다. 비즈니스 리더가 들려주는 이야기는 사람들의 심금을 울리고, 그들에게 인간적으로 다가가 영감을 불어넣는다. 비즈니스 리더는 단순화된 목적 선언에 관심을 두게 하여 사람들을 참여시킨다. 스티브 잡스Steve Jobs는 타고난 이야기꾼이다. 기술 업계가 닷컴 버블 붕괴의 충격에서 벗어나지 못했던 2001년, 그는 애플의 연례행사 무대에 올랐다. 당시는 그의 전성기였다. 새롭게 출시한 아이맥iMac이 성공했고, 애플은 그의 리더십 아래서 완전히 변신했다.

스티브 잡스는 음악에 대한 자신의 열정에 관해 이야기했다. 그리고 음악이 자신을 포함한 모두에게 어떻게 영감을 주는지 이야기했다. 그는 음악이 위대한 순간을 기념하고, 사람들은 음악을 들으며 인생의 순간순간을 기억하고, 음악이 세상을 바꿀 수 있다고 말했다. 그는 비틀스The Beatles, 밥 딜런Bob Dylan 등 위대한 음악가들에 관해 이야기했다. 그의 말을 듣던 사람들이 '애플이 음반회사가 된 것은 아닌가?' 하는 생각을 할 무렵, 그는 청바지 주머니에서 작은 하얀색 기기를 꺼내 들었다.

"여러분의 주머니에 1,000곡의 노래를 담을 수 있어요!"

당신의 미래 이야기는 무엇인가

전략과 슬로건으로는 부족하다. 더욱 인간적이고 개인적인 무언가가 필요하다. 이야기는 사람들의 심금을 울리고, 어떻게 오늘보다 더 좋은 내일을 만들 수 있는지를 설명해야 한다. 이야기는 사람들이 미래를 상상하도록 만들고, 그들이 더 좋은 미래에 무엇을 누리게 될지를 들려줘야 한다. 이야기는 일상 속에 미래 비전을 심고 진화한다. 이야기는 현재 위치에서 지향점으로 나아가는 길을 보여준다. 이야기는 기억에 더 잘 남고, 사람에서 사람으로 회자한다. 사람들은 희망을 찾고 더 좋아질 것이라고 믿어야 할 이유를 원한다.

일론 머스크Elon Musk는 스티브 잡스처럼 극적인 상황을 연출하거나 말솜씨가 좋지도 않다. 하지만 그는 분명히 미래에 대한 최고의 이야기를 들려주는 이야기꾼 중 한 명이다. 그는 미래 아이디어들을 토대로 기업을 세우고, 미래 가능성을 현실로 만들고 있다. 그의 미래 아이디어들은 영감을 주는 목적에서 출발한다. 스페이스엑스SpaceX는 지구 밖에 새로운 문명을 세워 생명을 유지하고자 하고, 테슬라는 청정에너지로의 전환 속도를 높이고자 한다.

스페이스엑스는 미국 항공우주국NASA보다 대략 1/10의 비용으로 위성을 우주로 보내는 사업으로 돈을 벌 수도 있었을 것이다. 하지만 일론 머스크는 이 기술을 활용하는 훨씬 더 원대한 이야기를 들려준다. 그는 더욱 원대한 임무를 갖고 화성으로 가게 될 로켓을 발사했다. 그가 쏘아 올린 팰컨 9Falcon 9 로켓이 망망대해 한 곳에 있는 아주 작은 바지선 플랫폼으로 되돌아온 기적 같은 순간을 어떻게 잊을 수 있을까? 데이비드 보위David Bowie의 노래 '라이프 온 마스Life on Mars'가 울려 퍼지는 가운데 테슬라 자동차를 실은 훨씬 더 힘이 좋은 팰컨 헤비 Falcon Heavy가 우주 공간에 진입하던 순간을 어떻게 잊을 수 있을까?

일론 머스크는 기업의 미래 계획을 작성하고 블로그에 공개한다. 그리고 틈만 나면 계획을 업데이트한다. 그는 과학적 논리와 기술적 사실을 결합하여 형식에 얽매이지 않으면서도 유익하고, 공상적이지만 실용적인 미래 계획을 제시한다. 그는 2006년 테슬라의 미래 계획을 처음 세웠다.

- 소형 자동차를 개발한다. 분명히 가격대는 높을 것이다.
- 고급 소형 자동차를 팔아 확보한 자금으로 상대적으로 저렴한 가격대의 중형 자동차를 개발한다.
- 중형 자동차를 팔아서 확보한 자금으로 적당한 가격대의 대형 자동차를 개발한다.
- 소형, 중형 그리고 대형의 탄소를 배출하지 않는 전기차도 출시한다.

2016년 그는 미래 계획 '파트 듀Part Deux'로 미래 이야기를 이어갔다.

- 매끄럽게 통합된 배터리 저장장치가 달린 멋진 솔라 루프Solar Roof를 만든다.
- 전기차 라인을 확대한다.
- 수동 주행보다 10배 안전한 자율주행 기술을 개발한다.
- 사용하지 않는 동안에도 주인에게 돈을 벌어주는 차를 개발한다.

대중 앞에 선 일론 머스크는 초라하고 꽤 초조해 보일 수 있다. 하지만 그의 대담한 아이디어는 커다란 자신감을 보여준다. 맨 처음 일론 머스크는 도쿄와 오사카를 오가는 초고속 자기부상열차와 비교하며 하이퍼루프Hyperloop를 설명했다. 하지만 그가 말한 하이퍼루프는 초고속 자기부상열차에서 몇 걸음 더 나간 개념이었다. 하이퍼루프는 샌프란시스코 시내에서 로스앤젤레스까지 단 12분이면 이동하는, 시속 750마일1,200km/hr의 속도로 달리는 마찰 없는 커다란 튜브였다. 그는 사람들에게 비디오 시뮬레이션을 보여줬고, 하이퍼루프는 현실처럼 다가왔다. 그렇게 사람들은 그가 제시한 가능성을 믿었으며, 앞으로 현실이 되리라 믿었다.

전략은 이야기다. 브랜드도 이야기다. 기업이 추구하는 대의명분 역시 이야기다. 사업 계획도 이야기다. 사람들이 '당신의 이야기를 들려주세요'라고 말할 때, 그들이 궁금한 것은 당신이나 당신 기업의 과거 이야기라기보다는 앞으로 어디로 나아갈 것인가에 대한 미래 이야기일 것이다.

픽사와 영웅의 여정

"스토리텔링은 인류가 지금껏 창조해낸 가장 위대한 기술이다."라고 픽사Pixar의 전 크리에이티브 총책임자 존 레세터Jon Lesseter가 내 책 《크리에이티브 지니어스Creative Genius》에서 말했다. 그는 스토리텔링으로 청중을 감동하게 하려면 인간 감정, 동기 그리고 심리에 대한 깊은 이해가 필요하다고 말했다. 다행히 스토리텔링은 우리 모두 자연스럽게 하는 일이다. 아주 어릴 때부터 스토리텔링이 시작된다. 하지만 좋은 스토리텔링과 위대한 스토리텔링에는 차이가 있다. 위대한 이야기는 인간적인 경험, 다시 말해서 사람들이 공감할 수 있는 감정에서 시작된다. 이야기에는 구조와 과정이 있다. 일반적으로 이야기는 진행되면서 캐릭터를 만든다. 이야기에는 기쁨과 절망의 순간이 있고, 그 속에는 놀라운 일과 예상치 못한 일이 존재한다. 이것들이 우리의 깊은 감정을 자극하고 호소한다.

이야기는 말과 그림으로 생명을 얻는다. 이 생명은 영화 속에서 빛이 나거나, 한 사람에게서 다른 사람에게로 회자하게 된다. 하지만 이야기 자체는 믿기 어려울 정도로 단순하고 무언가에 집중된다. 픽사의 전 스토리 아티스트 엠마 코티스Emma Coates는 스토리텔링의 22가지 법칙을 정의했다. 이 법칙은 애니메이션 '토이 스토리Toy Story'의 주요 캐릭터인 버즈 라이트이어Buzz Lightyear와 그의 수백만 명의 팬들은 물론 기업과 리더에게도 의미가 있다.

픽사는 항상 캐릭터에서 출발한다. 사람들이 감탄하며 바라보고 뭔가 대단한 일을 해내길 바라는 그 캐릭터 말이다. 픽사의 캐릭터는 역경을 극복하여 세상을 어떤 식으로든 더 살기 좋은 곳으로 만들어낸다. 픽사는 주로 다음의 방식으로 이야기를 풀어나간다. "옛날 옛적에 ___이 있었다. 매일 ___. 어느 날 ___. 그것 때문에 ___. 그것 때문에 ___. 마침내 ___." 이것이 이야기를 풀어가는 방식이다.

'모험형' 서사는 '오즈의 마법사The Wizard of Oz'부터 '스타워즈Star Wars'까지 많은 이야기에서 사용되는 단골 소재다. '영웅의 여정'이라는 콘셉트는 조지프 캠벨Joseph Campbell의 《천의 얼굴A Thousand Faces》에서 나왔다. 이 책은 영웅이 위기에 맞닥뜨리고 위대한 승리를 거두고 완전히 새로운 사람이 되어 고향으로 돌아온다는 이야기다. 조지프 캠벨은 여정의 17가지 단계를 설명했다. 이것들은 출발, 입문 그리고 귀환의 3단계로 요약될 수 있다.

당신 기업의 미래 이야기를 들려줘라

기업에 '영웅'은 대개 고객이다. 비즈니스 리더가 들려주는 미래 이야기에는 어떻게 고객이 오늘의 난관을 극복하도록 도울 것인지에 관한 내용이 담겨있어야 한다. 이야기의 목적은 악에 맞서 승리하면 얼마나 좋을지 그리고 어떻게 해야 고객이 더 나은 삶을 살 수 있을지 등의 대의명분이다. 이야기는 단순할 수도 있지만, 그 속에는 반드시 사상이 담겨있어야 한다. 프레이밍, 즉 전체적인 틀이 앞으로의 상황을 설정하고 펼쳐질 난관을 설명하는 초반부의 핵심이다. 이와 마찬가지로 일부 소소한 세부사항도 중요하다. 이야기에는 감정, 희망과 꿈, 사랑과 우정, 공포와 희열 등도 중요하다. 다시 말해서 이야기는 사람들의 심금을 울리고 공감을 얻어내야 한다.

이야기를 전달하는 방식은 다양하다. 일부는 업계의 미래에 관한 보고서를 작성하기도 하고 블랙록 CEO 래리 핑크Larry Fink처럼 모든 이해관계자에게 매년 편지를 보내기도 하면서 미래에 관해 '생각하는 리더십'에 기댄다. 일론 머스크는 특히 시각과 영상을 좋아한다. 그래서 그는 자신의 비전을 사람들에게 보여주기 위해 공상과학영화 같은 영상을 제작한다. 이것은 마이크로소프트의 유명한 광고 '우리는 상상합니다'와 같은 콘셉트 광고나 교육 혹은 미래 이동수단의 모습을 그리는 광고로 진화하기도 한다. 다른 방식으로는 파타고니아와 룰루레몬 Lululemon처럼 성명서를 작성하기도 한다.

그러나 이야기를 전달하는 가장 좋은 방법은 직접 말하는 것이다. 정확하게, 개인적으로, 자연스럽게 이야기를 전달하는 것이다. 그러니 어디서든지 사람들이 당신의 미래를 믿고, 그 미래의 일부가 되길 원하고, 여정에 함께 하도록 영감을 주는 '미래 이야기'를 준비해야 한다.

CODE

코드 6

더 긍정적인
영향력을 행사하라

"가치를 만들고 공유하며 성과와 진보의 경제적, 사회적 혜택을 제
공할 수 있도록 성공의 의미와 기준을 다시 정의하라."

킥스타터Kickstarter를 설립한 얀시 스트리클러Yancey Strickler는 우리가 지금보다 더 좋은 사회를 원한다면 성공의 지표를 다시 정의할 수 있고, 정의해야 한다고 열변을 토했다. 그는 오늘날의 재계를 '허물어지는 기반시설, 대형 기업의 지배 그리고 해외 조세 회피처의 부상'으로 요약한다. 그는 돈이나 부의 축적을 반대하진 않는다. 오히려 그는 "기업이 공동체를 위하거나 지속가능성을 추구하는 데 최적화된다면, 절대다수의 사람이 더 부유해지고 행복해질 동안에 부자는 그냥 부자가 아니라 더욱 부유해질 것이다."라고 말했다.

2020년, 전 세계적으로 코로나-19 팬데믹이 창궐했다. 많은 기업이 멈춰섰고 많은 사람이 일자리를 잃었다. 무엇보다, 오로지 이윤만을 추구하는 행위의 영향력이 극명하게 드러났다. 헬스케어 시스템과 사회안전망의 부재는 거의 모든 노동자를 혼란에 빠뜨렸다. 병원은 무자비할 정도로 효율만을 추구해온 나머지, 사람을 치료하는 데 필요한 필수 장비마저도 부족했다. 주식 시장은 폭락하고 수조 달러에 이르는 자산이 순식간에 사라지자, 기업은 절약이라고 믿었던 어리석은 행동과 열정의 부족을 깨닫기 시작했다. 기업은 너무 오랫동안 재무성과를 극대화하는 데만 전념했다. 그 세월이 너무 길었던 나머지, 기업은 이윤추구 이외의 존재 이유를 상상해내기 어려운 지경에 이르렀다.

수익성과 가치 창출

이윤은 성공을 평가하는 대표적인 지표가 됐다. 크거나 많다고 해서 항상 좋지만은 않다는 것을 증명하는 사건이 연이어 발생했지만, 여전히 많은 기업이 시장 점유율과 매출액을 자신들의 목표라고 생각한다. 하지만 더 많은 것보다 더 적은 것에 집중하는 것이 더 높은 수익성으로 이어지는 경우가 있다. 이는 효율이 다른 여러 영업 채널에서 노골적인 할인 정책을 펼치면서 매출을 증가시켜도 항상 이윤 증가로 이어지지는 않는다는 의미다.

'가치'라는 개념은 중요하다. 기업 활동은 주로 가치 교환으로 정의된다. 기업은 고객을 위한 가치를 창출하고 사업의 존속을 위해 가치를 획득한다. 경제학자들은 미래 수익이 어떻게 발생할지에 초점을 맞춰 계산된 미래 수익의 합을 근거로 기업을 평가한다. 강한 브랜드, 관계, 혁신 파이프라인은 미래 수익을 더욱 확실하게 만든다. 미래 수익의 합은 시장가치로서 '기업 가치'로 알려진다. 기업 가치는 외부적으로 주식 시장에 반영되고 애널리스트의 평가와 투자자의 행동을 근거로 평가된다. 경영진은 수익을 창출하면 인센티브를 받는다. 하지만 이렇게 도입된 인센티브 때문에 그들은 주로 총주주 수익률, 배당률, 시장가치의 성장을 근거로 기업의 수익성을 유지하려고 노력한다.

경영진은 가치 창출 체계를 어떻게 설계할지, 특히 오랫동안 모든 이해관계자와 가치를 어떻게 공유할지 결정할 수 있다. 매년 수익이 발생하면, 경영진은 그중에서 얼마를 직원들에게 임금과 보너스로 줄지 결정한다. 재정 여건이 개선되면 고객에게 제공할 혁신적인 제품과 서비스에 얼마를 투자할지 혹은 가격을 낮출지를 결정하고, 배당금을 주주들에게 얼마나 줄지, 사회적 기여나 납세를 통해 사회와 수익을 어떻게 나눌지를 결정한다. 이들의 상대적 할당량과 경영진의 목적이 계속 가치를 창출하기 위해서, 다시 말해 모두에게 더 많은 몫이 돌아갈 수 있는 더 큰 '가치 파이'를 만들어내기 위해서 조직의 미래에 얼마나 효율적으로 투자할지를 결정한다. 하지만 이러한 이념은 장기적으로 지속가능한 기업보다 눈앞의 이윤에 더 관심이 있는 소유주에 의해 좌절된다.

제임스 오툴James O'Toole은 저서《깨어있는 자본주의자들The Enlightened Capitalists》에서 청바지를 만든 리바이 스트라우스Levi Strauss와 더바디샵 The Body Shop의 아티나 로딕Anita Roddick처럼 비즈니스 이윤추구에 도덕적인 기업 활동을 결합하려 시도했던 리더들을 살폈다. 그는 선라이트 비누를 발명한 윌리엄 레버William Lever에 관해 이야기했다. 윌리엄 레버는 영국에서 가장 수익성 높은 기업을 설립했다. 그가 설립한 기업은 오늘날 유니레버Unilever의 모체다. 윌리엄 레버는 수익을 노동자들의 삶을 개선하는 데 썼다. 1884년, 그는 리버풀 인근 위럴에 56에이커 226,624㎡의 용지를 매입했고 직원들을 위해서 뉴타운 '포트 선라이트Port Sunlight'를 세웠다. 그곳에서 직원들은 가족과 함께 더욱 건강하고 행복한 생활을 할 수 있었다. 하지만 그가 경영권을 채권자들에게 상실하자, 채권자들은 그의 복지정책을 즉시 중단했다. 애석하게도 이것이 수많은 이상적인 자본가들의 운명이다.

주주에서 이해관계자로 이동하라

최근 몇 년 동안 기업과 사회의 관계가 단절되어 갔다. 주주의 잘못도, 수익의 잘못도 아니다. 자본주의 문화가 갈수록 세상과 화합하지 못하는 듯하다. 연이은 경제, 사회 그리고 환경 위기로 인해 단절된 관계가 더욱 명확해졌다. 물론 최근 몇 년간 대부분 기업이 지속가능성과 관련된 과제의 중요성, 그리고 사회에 대한 자신들의 책임을 이해하기 시작했다. 하지만 그들은 그것 대부분을 자본주의의 새로운 요소로만 바라봤다.

10년 전 나는 《인간, 지구, 이윤: 혁신과 성장을 위해 지속가능성을 받아들이는 법People Planet Profit: How to embrace sustainability for innovation and growth》을 썼다. 꽤 많이 팔린 책이지만, 그 이후로 변한 것은 거의 없다. 그렇다. 한 가지 있다면 기업은 핵심사업 실적과 함께 지속가능성 보고서를 기업 활동의 근간으로 연간 보고서에 부록으로 추가했다. 그리고 탄소 배출량과 폐기물을 줄이기 위한 노력도 연례 보고서에 추가했다. 그와 동시에 사회적 기업들이 등장했다. 실제로 나 역시 5,000만 달러의 가치를 지닌 비영리 기업의 CEO다. 하지만 이런 기업들은 여전히 이윤을 추구하는 기업과는 다른 부류로 취급된다. 핵심은 변하지 않았다.

그리고 3가지 사건이 일어났다.

- 2018년, 블랙록의 래리 핑크가 자신이 투자한 모든 기업의 CEO에게 편지를 썼다. 편지에서 그는 그들이 '이윤보다 의미 있는 목적'을 추구하고 있음을 보여주지 않는다면 투자를 중단할 것이라고

했다. 블랙록은 6조 달러의 자산을 관리하는 세계 최대 투자회사
다. 그 영향은 실로 엄청났다.

- 2019년 8월, 미국 비즈니스 리더로 구성된 가장 영향력 있는 단체
인 '더 비즈니스 라운드테이블The Business Roundtable'이 '이해관계자
자본주의Stakeholder Capitalism'를 받아들이겠노라고 공식 선언했다.
이해관계자 자본주의는 기업 목적에 대하여 더욱 폭넓고 완전한
관점에 기반을 둔다. 이해관계자 자본주의에서 이사회는 투자자,
직원, 지역사회, 공급업체와 고객 등 모든 이해관계자의 이익을
위해 노력하며 장기적 가치에 집중한다.

- 2020년 1월, 세계경제포럼World Economic Forum, WEF은 '더 좋은 자본
주의'를 위한 다보스 성명을 발표했다. '기업의 목적은 기업의 장
기적인 번영을 강화하는 정책과 결정에 함께 전념하여 모든 이해
관계자와 공유하고 지속해서 가치 창출에 개입시키는 것'이라고
선언했다.

세계경제포럼의 창립자 클라우스 슈바프Klaus Schwab는 이것을 '주주
자본주의의 장례식'이자 '이해관계자 자본주의의 대담하고 용감한 탄
생'이라고 불렀다. 세일즈포스Salesforce의 마크 베니오프Marc Benioff는 "우
리가 알던 자본주의는 죽었다. 주주만을 위한 맹목적인 이윤추구는 효
과가 없다."라고 덧붙였다. IBM의 지나 로메티Gina Rometty는 이 세상에
는 '좋은 기업'과 '나쁜 기업'이라는 두 종류의 기업만이 존재한다고 했
다. 머스크Maersk의 짐 스나베Jim Snabe는 "기업은 지금 당장 변화를 만들
어내야 한다. 일하는 방식, 자원을 활용하는 방식, 그들이 내는 세금 그
리고 그들이 내리는 결정에서 변화를 추구해야 한다."라고 했다.

더 현명한 선택과 긍정적인 영향력을 추구하라

이념은 항상 강렬하고 매력적으로 들린다. 하지만 넘어야 할 산이 눈앞에 버티고 있다. 이제 경영방식에 선택과 영향의 변화가 수반되어야 한다. '더 현명한 선택'이 첫 번째로 넘어야 할 산이다. 비즈니스 리더의 핵심 역할은 의사결정이다. 하지만 하나를 선택하면 다른 하나를 내줘야 하는 트레이드오프Trade-offs가 난무한 세상에서 결정을 내리는 일은 갈수록 어려워진다. 선택, 방향, 우선순위 등에 관하여 단기 전략과 장기 전략도 결정해야 한다. '더 현명한 선택'은 기업의 목적을 모든 이해관계자와 공유하고 계몽직 가치를 계속 창출할 수 있는 효과적인 방법을 찾아내는 능력에서 나온다.

'긍정적인 영향력'이 두 번째로 넘어야 할 산이다. 오랫동안 '평가했으면 그것으로 끝'이란 신조가 재계를 지배해왔다. 그래서 경영진은 행동의 동력이 되고 진보와 보상을 정의하는 새로운 성과지표를 제시하여 이해관계자 자본주의를 보강해야 한다. '긍정적 영향력'은 기업이 세상에 '순 긍정 기여Net positive contribution'를 만들어내는 능력에서 나온다. 이러한 순 긍정 기여에는 재정적인 기여와 비 재정적인 기여가 공존한다.

이해관계자 자본주의는 지속가능한 가치 창출을 위해 지표가 필요하다. 세계경제포럼은 딜로이트, EY, KPMG 그리고 PwC, 4대 회계법인의 지지를 받으며 재계와 투자업계 전반에 일관적으로 적용할 수 있는 모델을 구축하기 위해 140여 개의 세계적인 기업을 한데 모았다. 출발점은 환경, 사회 그리고 거버넌스ESG와 관련된 성과를 측정하는 기존 지표를 지속가능 개발 목표SDGs와 일치시키는 것이었다. 그들은 온실가스 배출량, 전략, 다양성, 직원 건강, 웰빙에 대한 공동 지표를 재무 지표와 함께 연례 보고서에 추가하는 데 동의했다.

세계경제포럼은 지속가능 개발 목표와 환경, 사회 그리고 거버넌스 성과를 적절하게 결합하여 4개의 기준을 마련했다.

- 거버넌스의 원칙은 지속가능 개발 목표 12, 16, 17에 맞추고, 기업이 윤리적 가치와 사회적 이익을 얼마나 열심히 추구했는지 평가한다.
- 지구는 지속가능 개발 목표 6, 7, 12, 13, 14, 15에 맞추고 기후 지속가능성과 환경적 책임에 주목한다.
- 인간은 지속가능 개발 목표 1, 3, 4, 5, 10에 맞추고 기업에서 인적 자본과 사회적 자본의 역할에 집중한다.
- 번영은 지속가능 개발 목표 1, 8, 9, 10에 맞추고 공정하고 혁신적인 성장에 대한 기업의 기여를 평가한다.

재정적 지표와 비 재정적 지표를 결합한 '통합 보고서'를 작성하고 조직의 장기적인 건전성을 판단하는 방법이 있다. 통합 보고서를 작성하면 하나를 얻고 다른 하나를 포기해야 하는 어려운 의사결정이 가능해진다. 보스턴 컨설팅 그룹Boston Consulting Group은 '총 사회적 영향Total Societal Impact, TSI' 지표를 개발했다. 이 지표는 재정적 지표와 비 재정적 지표를 종합 평가하여 총점을 매긴다. 이렇게 하면 경영진은 다른 전략의 상대적 영향력이 어느 정도인지 전반적으로 판단할 수 있다. 하지만 사람들이 어떤 기업이 제공하는 제품이나 서비스를 이용하기 위해 치른 값을 기준으로 기업 가치를 평가한다면, 기업의 전체 가치는 재정적인 요소로 제한될 수밖에 없다.

CODE

코드 7

과격한
낙관주의자가 되어라

"변화의 촉매가 돼라. 사람들이 미래로 가는 여정에 함께하고 싶어 하는 리더가 돼라. 상상력을 발휘하고 사람들에게 영감을 불어넣고 더 나아질 것을 믿어라."

베스 콤스탁Beth Comstock은 "세상은 오늘 보다 절대 느려지지 않을 것이다. 번영하기 위해서 모두가 변화를 만들어내야 한다."라고 저서 《진보를 꿈꿔라Imagine It Forward》에서 말했다. GE의 임원이었던 그녀는 모든 비즈니스 리더는 관습을 거부할 용기, 실패를 극복할 회복력, 가능성을 재창조할 창의력을 지녀야 한다고 믿는다. 베스 콤스탁은 "우리의 발목을 잡는 것은 낡은 가치와 지식에 대한 믿음이다. 우리는 기꺼이 위험을 감수하고 미래를 위해 투쟁할 상상력과 용기가 있는 사람이 더 많이 필요하다."라고 말했다.

이미 변화가 시장, 사회 그리고 환경 전반으로 급속히 퍼져나가고 있는지도 모른다. 하지만 기업의 변화는 비즈니스 리더인 경영진에게서 시작된다. 기업의 변화는 미래를 항상 생각하고, 현재보다 더 많은 것이 가능할 것이라 믿고, 다음에 무슨 일이 기다리고 있는지 찾아내고자 하는 호기심을 발휘하는 데서 시작된다. 그러므로 비즈니스 리더는 다른 사람들이 아직 볼 수 없는 미래를 상상해야 한다. 그리고 그 상상을 현실로 만들어낼 용기를 지녀야 한다.

더 좋아질 것이라고 믿어라

고인이 된 위대한 스웨덴 의사 한스 로슬링Hans Rosling은 온라인 강연 플랫폼 테드TED 강연으로 사람들의 마음을 사로잡았다. 그는 변하는 세상을 설명하기 위해서 빠르고 간단한 통계 분석을 활용했다. 그는 '세상은 사람들이 생각하는 것보다 더 좋은 곳'이라는 메시지를 전달했다. 그리고 사람들이 그동안의 진보를 계속해서 과소평가한다고 말했다. 그는 언어에 뿌리내린 일부 편견에 대하여 이의를 제기했다.

예를 들면, '선진국Developed markets'과 '개발도상국Developing markets'이 그것이다. 두 용어는 시대에 뒤져진다. 선진국에서 나타나는 성숙한 시장은 대체로 침체했지만, 개발도상국인 소위 신흥시장은 세계 경제 성장을 이끌고 있다. 그리고 혁신적인 아이디어가 어디서 등장하는지 살펴봐라. 과학과 기술 영역이 가장 빠르게 발전하는 곳이 어디인지 살펴봐라. 이런 변화는 점점 서쪽이 아닌 동쪽에서 일어나고 있음을 알게 될 것이다.

카토연구소Cato Institute의 요한 노르베리Johan Norberg에 따르면, 실제로 세상은 매일 좋아지고 있다. 경제 불확실성, 기후위기, 정치 과격주의, 세계적 유행병 등으로 머리가 어지럽지만, 데이터는 지난 10년을 인류 번영과 진보의 시기라고 보여준다. 2010년부터 2019년까지 인류가 진보했음을 보여주는 사실 8가지를 살펴보자. 이것이 우리 앞에 펼쳐진 여정을 낙관적으로 바라보는 이유다.

- 세계은행World Bank의 분석으로는 1인당 GDP로 측정되는, 그동안 인류가 창출한 부의 28%가 지난 10년 동안 형성됐다.

- 유엔의 분석으로 기대수명이 69.5년에서 72.6년으로 증가했다. 이것은 지난 10년 동안 매일 인간의 평균 수명이 거의 8시간 늘어난 셈이다.
- 하루에 1달러 90센트도 안 되는 돈으로 생활하는 상태를 의미하는 '극빈층'이 지난 10년간 18.2%에서 8.6%로 절반 줄어들었다. 이것은 매일 15만8천 명이 극빈층에서 벗어난다는 의미다.
- 개발도상국의 교육과 보건수준이 향상하면서 아동 사망률이 1/3 줄어들었다. 매년 210만 명의 아동 사망이 줄었다.
- 민주주의는 취약해졌는지 모르나 성장하고 있다. 프리덤 하우스 Freedom House에 따르면 '자유롭지 않은' 국가에서 사는 사람의 비중이 34%에서 26%로 줄었다.
- 세계은행의 분석결과로는 폭력적인 배우자로부터 여성을 적극적으로 법으로 보호하는 국가가 53%에서 78%로 증가했다.
- 지구온난화, 이상기후와 통제 불가능한 산불 등에도 불구하고 기후와 관련된 재해로 사망한 사람 수가 10만 명 당 0.35명으로, 비율로는 1/3 정도 줄었다.
- 미국 지질조사국US Geological Survey에 따르면 많은 선진국이 '물질적 풍요의 정점Peak stuff'에 도달했다. 추적 자원 72개 중 66개의 소비가 줄고 있다.

실제로 우리는 믿기 어려운 시대를 살고 있다. 앞으로 10년간 인류는 지난 250년 동안 목격한 것보다 더 많은 변화를 목격하고 경험하게 될 것이다. 변화는 정신적 스트레스를 발생시킨다. 하지만 변화는 이전에는 상상할 수도 없던 기회를 제공한다. 사람들의 창의력에 더해 급진전하는 기술적 역량으로 인류는 지금 말도 안 되는 꿈을 훨씬 초월한 미래를 상상하며 그 미래를 현실로 만들어가고 있다.

호기심을 가진 낙관주의자가 되어라

세상은 호기심으로 전진한다. 페니실린에서 자율주행차까지, 세상을 바꾼 수많은 돌파구는 새로운 질문을 던지고 새로운 가능성을 보고 새로운 아이디어를 시도하려는 충동의 결과물이었다. 호기심은 더 깊게 그리고 논리적으로 생각하고, 왜 그런 일이 일어나는지 이해하고, 창의적으로 문제를 해결하며 새로운 해결책을 찾는 동력이다. 답을 찾는 대신 질문을 던지며, 알고 있는 것에 만족하기보다 계속 무언가를 탐구하면 열린 사고를 갖게 된다.

하버드 대학교 행동과학자 프란체스카 지나Francesca Gina는 호기심이 더 좋은 의사결정으로 이어진다고 말한다. 호기심은 확증 편향처럼 틀렸을지도 모르는 기존의 믿음을 계속 대입하는 성향을 피하고 사람들을 정형화하는 것을 막는다. 우리는 사람들과의 관계 때문에 사람에 대해서 폭넓고 광범위한 판단을 거의 하지 않는다. 호기심은 타인의 말에 귀를 기울이게 해서 협업과 소통도 돕는다. 그리고 새로운 통찰과 영감을 추구하기 때문에 창의성과 혁신을 촉진한다.

호기심은 자기 세상과 주변 세상에 관한 관심으로 강화된다. 이것은 고객과 더 많은 시간을 보내고 제품과 서비스에 대한 요구를 넘어 고객이 보는 더 넓은 세상을 이해해야 한다는 뜻일 것이다. 다른 분야에서 활동하는 동료들, 특히 같은 도전과제를 지닌 사람들과 통찰을 공유하면 서로 영감을 주고받을 수 있다. 조직은 기존 구성원과는 뭔가 다른 차별화된 인재를 고용하려고 노력해야 한다. 새로운 경험과 시각을 조직으로 들여오고, 더욱 다양한 흥미를 탐구하도록 자극하고, '왜?', '만약에?' 그리고 '어쩌면?'과 같은 열린 질문을 계속 던질 수 있는 인재를 수혈해야 한다.

반면, 낙관주의는 호기심과 비교해 타고난 자질에 가깝다. 세상을 바라보고 그에 대응하는 방식에서 누구나 낙관주의를 선택할 수 있다. 낙관주의는 전염된다. 그래서 낙관주의는 리더의 강력한 자질이 될 수 있다. 하지만 비관주의도 똑같이 전염될 수 있다. 심리학자 마틴 셀리그먼Martin Seligman은 가장 성공한 비즈니스 리더들은 낙관주의에서 영감을 얻는다고 생각했다. 그는 삶과 일을 긍정적으로 바라보는 사람이 성공할 가능성도 훨씬 크다고 했다.

낙관적인 것은 개선이 필요한 사항이나 도전과제를 무시한다는 뜻이 아니다. 낙관주의는 앞으로 나아가지 말아야 할 모든 이유와 부정적 에너지 속에서 길을 잃지 않도록 중심이 되어준다. 낙관적인 리더는 가능성에서 출발한다. 그리고 그 가능성을 실현하는 데 방해가 되는 가장 큰 장애물을 넘어서는 방법을 찾아낸다. 그들은 에너지와 영감과 함께 긍정적인 비전을 전달한다. 그리고 사람들과 더 잘 공감하고 제약보다 혜택을, 위험보다 보상을 위해 싸운다. 낙관적인 리더는 오랫동안 집요하게 매달려 더 좋은 곳에 도달하는 데 필요한 회복력을 갖추고 있다.

내가 만났던 가장 낙관적인 사람 중에 버진그룹Virgin Group을 세운 리처드 브랜슨Richard Branson이 있다. 회사에서 그는 '닥터 예스Dr. Yes'로 알려져 있다. 그는 새로운 아이디어에 한없이 긍정적인 태도를 보인다. 그는 "에라 모르겠다! 그냥 해보자고!"라는 말을 입에 달고 산다.

이것은 그가 가장 좋아하는 말일뿐만 아니라, 심지어 자서전의 제목으로 삼기도 했다. 나는 인터뷰에서 그에게 추진력을 어디서 찾느냐고 물었다. 그는 "용감한 사람은 영원히 살 수 없지만, 신중하기만 한 사람은 절대로 살 수 없다."라고 대답했다.

스스로 변화의 촉매가 되어라

요나 버거Jonah Berger는 저서 《촉매: 사람의 마음을 바꾸는 법The Catalyst: How to change anyone's mind》에서 '성공적으로 변화를 이끄는 사람들은 막무가내로 밀어붙인다거나 더 많은 정보를 주입하여 변화를 일으키는 것이 아니라 스스로 변화의 촉매가 되는 것이 중요하다'라는 사실을 알고 있다고 말했다. 변화의 촉매자는 장애물을 제거하고 장벽을 낮춘다. 그들은 '어떻게 누군가의 마음을 바꿀 수 있을까'보다 '무엇이 그들을 막아서나'라는 질문을 던진다.

마하트마 간디Mahatma Gandhi는 남아프리카와 인도에서 인권과 인간의 존엄성을 위해 평생 투쟁했다. 그는 사람들의 마음과 생각을 바꾸기 위해 비폭력 저항을 선택했고, 그것은 이 세상에 영원한 흔적을 남겼다. 그는 "자신이 스스로 세상에서 보길 원하는 변화가 되어라."라고 말했다. 아마도 이것이 핵심인지도 모른다. 변화는 다른 사람들을 바꾸는 것이 아니다. 다른 누군가의 생각을 바꾼다는 것은 절대 쉽지 않다. 변화는 자기 자신을 바꾸는 것이다.

누구에게나 자기 자신을 바꿀 힘은 있다. 스스로 변하면 사람들이 그 뒤를 따를지도 모른다. 그 사람의 리더십, 믿음과 낙관주의에 영감을 받은 사람들이 자신도 변하고 싶다고 느끼게 될 것이다. 마하트마 간디는 "우기가 스스로 변할 수 있다면, 세상도 변할 것이다. 자신의 본성을 바꾸면, 그를 바라보는 세상의 시각도 바뀐다. 다른 사람들이 변하기를 바라며 기다릴 필요가 없다."라고 이어서 말했다.

자신들의 세상에서 변화를 추구하는 비즈니스 리더들을 생각해보자. 여기에 초인적인 능력을 지닌 위대한 영웅은 없다. 더 잘할 수 있다는 믿음과 더 잘하겠다는 열정을 지닌 진심 어린 사람들이 변화를 이끈다. 믿기 어려운 변화가 일어나는 세상에서 당당하게 앞으로 나아가는 리더가 그들이다. 이 세상은 때론 불타는 것처럼 느껴지지만, 기회로 가득한 세상이기도 하다. 세상은 평범한 사람들이 비범한 일을 해내길 기다리고 있다.

어떻게 미래 코드를
혁신할 것인가?

◇ 생각해볼 **문제 5가지**

- 뒤돌아보지 말고 앞을 보고 나아가라 — 무엇이 당신의 미래 잠재력인가?
- 선견지명을 지녀라 — 미래를 바꾸는 데 얼마나 많은 시간을 쓰나?
- 영감을 얻을 수 있는 목적을 찾아라 — 당신의 기업은 왜 존재하나?
- 더 좋은 비전을 만들라 — 무엇이 당신의 미래 이야기인가?
- 긍정적인 영향을 미쳐라 — 성공을 어떻게 측정할 것인가?

◇ 영감을 주는 **리더 5명** (http://www.businessrecoded.com 참조)

- 23앤드미의 앤 워치츠키 — 개인성과 예측성을 지닌 헬스케어를 이끌고 있다.
- 스페이스엑스의 일론 머스크 — 미래 비전을 대담한 현실로 바꾸고 있다.
- 임파서블 푸드Impossible Foods의 패트릭 브라운Patrick Brown — 더 맛있는 식물 기반 식품을 개발하고 있다.

- 블랙록의 래리 핑크 — 목적으로 이윤을 추구하라고 요구하는 투자자다.
- 파타고니아의 이본 쉬나드 — 열정적인 등반가에서 사회적 기업을 이끄는 리더로 변신했다.

◇ 읽을 만한 **책 5권**

- 사티나 나델라의 《히트 리프레시Hit Refresh》
- 사이먼 사이넥의 《나는 왜 이 일을 하는가》
- 마크 베니오프의 《트레일블레이저》
- 레베카 헨더슨Rebecca Henderson의 《촉매Catalyst》
- 요나 버거의 《촉매: 사람의 마음을 바꾸는 법》

◇ 더 살펴볼 **기관 5개**

- 퓨처리즘Futurism
- 미래 연구소Institute for the Future
- 퓨처 타임라인Future Timeline
- 비코퍼레이션B Corporation
- 세계경제포럼World Economic Forum

KOMOREBI

성장 코드를
혁신하라

"더 멀리 그리고 더 빨리 성장할 최고의 기회는 어디에 있을까?"

불확실한 생존을 넘어 미래지향적인 성장을 추구하라. '코모레비Komorebi'는 '나뭇잎 사이로 비치는 햇빛'이란 뜻의 일본어다. 한낮의 해는 눈이 부셔서 직접 바라볼 수 없지만, 다른 각도에서 바라보면 그 눈부신 한낮의 해는 아름답고 영감을 주는 존재가 될 수 있다.

시장을 재편하는 혁신이 있다.

- 중국 상해 경찰은 증강현실 안경을 착용한다. 인공지능 기반 안면인
식 소프트웨어가 탑재되어 모든 시민과 그들의 사회적 신용도를 확
인할 수 있다.
- 인공지능 기반 소프트웨어 퓨즈Fuse는 월가에서 위험을 최소화하고
수익률을 최대화하여 씨티은행Citibank 투자자들이 더 좋은 투자 결정
을 내리도록 돕는다.
- 드비어스DeBeers의 요하네스버그 본사에서 사용하는 트레이서Tracr는
다이아몬드의 수명주기를 추적하는 새로운 블록체인 기반 추적 시스
템이다. 이것이 진품을 보증하고 윤리적 거래를 보장한다.
- 런던의 메디컬체인MedicalChain은 블록체인을 활용하여 모든 환자의 의
료기록을 만들고 보관한다. 이렇게 하면 환자는 모든 의사에게서 더
좋은 의료서비스를 받을 수 있다.
- 인도네시아의 노숙자들을 위한 자선단체인 뉴스토리New Story는 자연
재해 이후 아이콘Icon과 협업하여 수천 개의 주택을 건설하고 있다.
두 기관은 3D 프린팅 기술을 활용하여 4,000달러의 비용으로 24시간
동안 집 한 채를 만들어낸다.
- 샌디에이고의 오가노보Organovo는 3D프린팅 기술로 인간 장기를 만
들어낸다. 3D 프린팅 기술로 만들어낸 인공 피부가 가장 사랑받지
만, 머지않아 3D 프린팅 기술로 만든 인공심장과 인공장기들이 사람
들의 삶을 180도 바꿔놓을 것이다.
- 오덴세의 사우스 덴마크 대학교에는 언덕과 소용돌이가 있는 육상

트랙이 있다. 이 육상 트랙은 장애인 올림픽 선수와 극한 직업 종사자를 위한 로봇 외골격을 테스트하는 데 사용된다.

• 시애틀의 아마존 물류창고에서 1만 개의 물류 로봇 '키바Kiva'는 사람보다 더 빨리 물품보관소에서 배송지로 택배 물품을 옮긴다.

그렇다면 과연 당신의 기업을 위한 최고의 기회는 어디에 있을까?

메가트렌드에
편승하라

"무엇이 당신의 미래를 만들까? 변화의 물결에 올라타서 멀리 내다보며 파괴와 단절을 혁신으로 바꿔 세상에 긍정적인 영향력을 펼칠 수 있을까?"

세계에서 서핑하기 가장 좋은 지역은 포르투갈 리스본을 따라 펼쳐진 해안이다. 아름다운 어촌 카스카이스Cascais는 변화의 풍랑이 몰아치는 세상에서 멀리 떨어져 있는 듯하다. 하지만 짜릿함을 즐기는 서핑 애호가들이 최고의 파도를 타고자 이곳을 즐겨 찾는다. 해산물 레스토랑에서 비뉴 베르드 와인 한 잔에 오징어와 농어 요리를 먹으며 나는 작은 항구 위로 높이 솟아 있는 요새를 인상적으로 바라봤다. 이 요새는 건축된 이후 그곳에서 묵묵히 많은 변화를 목격했을 것이다. 신항로를 개척하고자 항해에 나선 크리스토퍼 콜럼버스Christopher Columbus가 도착하기 몇 년 전, 이 요새가 세워졌다. 세상은 빠르게 변했지만, 요새는 변함없이 그대로다.

사람들은 변하는 세상을 둘러볼 시간적 여유가 거의 없다. 하지만 현재 일어나고 있는 수많은 변화가 앞으로 이 세상을 완전히 바꿔놓을 것은 분명하다. 그런데도 사람들은 위협이나 기회일지도 모르는 이 변화를 위험을 각오하면서까지 못 본 척 외면한다. 이 세상에는 변화의 파도가 끊임없이 일렁이고 있다. 우리는 이 변화의 파도에 올라타서 변화에 몸을 맡겨야 한다. 그리고 그 파도 위에서 어떤 기회가 기다리고 있는지 살피고, 그 기회를 잡아 손에 넣을 준비를 해야 한다.

존 나이스비트John Naisbitt는 1982년 최초로 '메가트렌드Megatrends'라는 용어를 사용했다. 메가트렌드는 '거대한 사회적, 경제적, 정치적, 환경적 또는 기술적 변화들'을 뜻한다. 메가트렌드는 서서히 형성되지만, 일단 자리 잡으면 각종 활동, 프로세스, 사고방식 등에 수십 년 동안 광범위하게 영향을 줄 수 있다.

메가트렌드는 세계시장과 일상생활에서 변화를 주도하는 기저 세력들이다. 요즘 새로운 기술적 진전과 새로운 기기에 관한 기사가 헤드라인을 장식하고 있다. 그래서 기술이 주요한 메가트렌드로 느껴지기 쉽다. 하지만 메가트렌드는 기술이 아니라 수많은 변화를 만들어내는 기술의 광범위한 영향력이다. 맥킨지McKinsey 분석 보고서에 따르면, 업계의 변화와 트렌드로 인해 생긴 지리적 변화의 파도를 제대로 타는 것이 비즈니스 성공에 가장 중요한 요소였다. 맥킨지는 메가트렌드에 편승한 기업이 미래를 선도할 기업이 될 가능성이 그렇지 않은 기업보다 4~8배 크다고 했다.

사람들이 살아가고 일하는 방식을 바꾸는, 미래를 바꾸는 메가트렌드는 5가지로 요약할 수 있다.

그림 2.1 잠재적 미래를 형성하는 5가지 메가트렌드

1. 고령화 세계 — 젊은층에서 고령층으로의 인구통계학적 변화
   헬스케어 산업, 교육, 생활방식이 발전하고 개선되면서, 전 세계
   적으로 사람들이 더 오래 그리고 더 건강하게 살게 됐다. 그 결과
   사회적 변화가 일어나고 있다.
2. 급속히 발전하는 아시아 — 서쪽에서 동쪽으로의 경제적 변화
   특히 아시아에서 소비력이 향상하고 있다. 2050년이 되면 7대 경
   제 대국 중 6곳이 신흥국일 것이다.
3. 인지 기술 — 자동화에서 지능형으로의 기술적 변화
   기술적 혁신이 새로운 가능성을 열고 기하급수적 진보를 가능케
   한다. 2030년까지 연결된 기기가 1,250억 개에 이를 것이다.
4. 인구 밀도 — 마을에서 메가시티로의 도시적 변화
   도시화가 빠르게 진행되고 있다. 2050년이 되면 세계 인구의
   65%가 도시에 집중될 것이다. 현재는 아시아에 메가시티가 계속
   등장하고 있지만, 머지않아 아프리카에 이보다 더 큰 도시들이
   등장할 것이다.
5. 친환경 재생에너지 — 위기에서 순환으로의 지속가능한 변화
   인류가 기후변화를 막고 천연자원에 대한 부담을 줄이는 방법을
   찾고 있으므로 2050년이 되면 세계 에너지의 50%가 지속가능한
   에너지가 될 것이다.

50년 전 앨빈 토플러Alvin Toffler는 저서 《미래의 충격》에서 새로운 후
기 산업화 시대의 분수령을 설명했다. 그는 세계 경제에서 거대한 구
조적 변화가 진행되고 있고, 정보화 시대에서 기술적 진보가 '초산업화
사회Super-industrial society'를 향해 빠르게 진전되고 있다고 지적했다. 실제
로 그가 예언했던 많은 일이 현실이 됐다. 불과 10~20년 사이에 인류

는 새로운 메가트렌드가 이 세상에 실제로 어떤 영향을 미쳤는지 확인하게 될 것이다.

유엔 경제협력개발기구OECD를 비롯한 다양한 기관들, 특히 맥스 로저Max Roser의 웹사이트OurWorldinData.org에서 얻어낸 유용한 데이터를 활용하여 5가지 메가트렌드를 확인했다. 지금부터 5가지 메가트렌드와 그것이 기업에 어떤 영향을 미치게 될지 살펴보자.

□ 메가트렌드 1. 고령화 세계 ― 젊은층에서 고령층으로의 인구통계학적 변화

사회·인구통계학적 변화가 일어나고 있다. 세계적인 인구 고령화는 모든 국가에 지대한 영향을 미칠 것이다.

- 아시아 인구의 증가 ― 세계 인구는 2020년 72억 명에서 2030년 85억 명으로 증가할 것이다. 아시아 인구는 50억 명이고, 아프리카 인구는 15억 명이 될 것이다. 유럽과 남미 인구는 7.5억 명이고 북미 인구는 4억 명에 이를 것으로 예상하며, 오세아니아 인구는 5천만 명에 이를 것이다.
- 청년 감소 ― 출생률이 떨어지고 있다. 특히 선진국에서 출생률이 급격하게 떨어지고 있다. 그 결과 청년 인구가 감소했다. 30세 미만인 세계 인구의 90%가 신흥국에 살고 있다.
- 수명 증가 ― 세계 60세 이상 고령 인구가 2030년까지 45% 증가할 것이다. 2050년이 되면 세계 고령 인구의 80%가 아시아에서 살고 있을 것이다. 아시아의 60세 이상 고령 인구는 이미

미국 전체 인구를 넘어섰다.

- 세계 시민 — 세계 인구의 4%가 자신이 태어난 국가를 떠나 다른 국가에서 사는 이민자들이다. 이민자 비율을 국가별로 살펴보자. 이주 노동자가 많은 아랍에미리트의 경우, 전체 인구에서 이민자가 차지하는 비중이 무려 85%이다. 이외에 이민자가 많은 나라는 호주29%, 캐나다22%, 미국14%이다.

그렇다면 이러한 사회·인구통계학적 변화가 어떤 변화를 촉발할까?

- 헬스케어 — 인구가 노령화하면서 헬스케어와 주거 지원에 대한 수요가 빠르게 증가할 것이다. 미국의 헬스케어 관련 지출은 지난 20년 동안 매년 GDP의 8%, 약 3.4조 달러씩 증가하는 추세다.
- 연금 — 2050년이 되면 연금은 무려 400조 달러가 부족할 것이다. 사람들이 예상보다 오래 살고 사회 지원에 대한 수요가 증가하면서 연금이 부족한 것으로 확인됐다. 젊은층은 이 부족분을 채워야 해 가난하게 살게 될 것이다.
- 로봇 노동력 — 생산가능인구가 감소하면서, 생산성을 높이기 위해 기업과 사회는 자동화 시스템에 의지하게 될 것이다. 인간이 더 많은 부가가치를 창출하는 동안, 로봇은 사람들의 일자리를 빼앗는 반갑지 않은 손님이 아니라 필수 노동력이 되고 수작업을 도맡게 될 것이다.
- 소비 — 고령화와 건강이 부각하면서 여행부터 엔터테인먼트, 식품과 패션에 이르기까지 많은 소비 시장을 형성할 것이다. 식품은 신선한 유기농 식품, 기능성 식품과 의료용 식품, 조리

하기 편리하고 배달이 편한 간편식을 선호하게 될 것이다.

□ 메가트렌드 2. 급속히 발전하는 아시아 — 서쪽에서 동쪽으로의 경제적 변화

서쪽에서 동쪽으로 경제의 축이 이동하고 있다. 인구의 증가는 경제력의 세계적 변화를 이끄는 주요 요인이다. 아시아에서 소비자가 될 거대한 중산층이 새롭게 부상하고 있다.

- 아시아를 위해 아시아에서 만든 상품과 서비스 — '신흥국'은 선진국을 위한 생산자에서 이제 세계의 주요 소비자가 되었다. 그들은 세계 성장의 80%와 소비 증가의 85%를 차지한다.
- 중국의 부상 — 15년 전 중국의 경제 규모는 미국의 10%에 불과했다. 하지만 2020년대 후반이면 미국을 앞지를 것이다. 2025년이 되면 중국에 인구 100만 명 이상인 도시가 200여 개에 이를 것이다.
- 아세안 호랑이 — 동남아시아 경제 성장률이 중국 경제 성장률을 앞지를 것이다. 특히 베트남과 태국이 빠르게 성장할 것이다. 인도에는 세계에서 가장 빠르게 성장하는 10개의 도시가 있다. 델리는 세계에서 가장 큰 도시가 되어 도쿄를 대체할 것이다. 그리고 항구 도시 수라트가 빠르게 성장하고 있다.
- 새로운 소비자 — 아시아의 새로운 중산층이 최근 몇 배로 증가했고, 2030년이면 세계 중산층 소비자 53억 명의 66%를 차지할 것이다. 중국 인구의 77%가 이 그룹에 속하게 될 것이고 10조 달러의 소비 시장을 형성할 것이다.

그렇다면 이런 변화가 시장에 어떻게 영향을 미칠까?

- 높은 부채와 부동산 가격 수준에도 불구하고 경제 대국으로서 중국의 지위는 앞으로 더욱 공고하게 다져질 것이다. 중국은 세계적 영향력을 행사하기 위해 문화와 기업을 이용하여 영악하게 '연성력Soft power'도 키우고 있다.

- 중국 기업들이 거침없이 성장한다. 중국에는 매년 100개 이상의 유니콘과 7,500개 이상의 새로운 기업이 등장하고 있다. 그리고 중국은 다른 어느 국가보다 많은 특허를 신청한다. 그리고 중국 정부는 신생기업이 생존하여 어엿한 중견기업으로 성장하도록 돕는다.

- 아시아 내부 시장이 세계 경제를 지배할 것이다. 20개의 세계 항공노선 중에서 15개가 아시아에 있다. 매년 3만 명의 여행객이 말레이시아와 싱가포르를 잇는 항공노선을 이용한다. 런던과 뉴욕을 잇는 항공노선을 이용하는 여행객의 수는 많아야 말레이시아와 싱가포르 항공노선 이용자의 절반 수준이다.

- 2040년이 되면 E7이 G7보다 커지고, 2050년이 되면 그 규모가 두 배 커질 것이다. 이미 구매력평가지수에서 E7은 G7을 앞질렀다. 골드만삭스Goldman Sachs는 신흥국인 중국, 인도, 브라질, 멕시코, 러시아, 인도네시아 그리고 터키를 하나로 묶어서 E7이라 명명했다.

□ 메가트렌드 3. 인지 기술 — 자동화에서 지능형으로의 기술적 변화
4차 산업혁명이 다른 모든 트렌드를 움직이는 지능형 연결기술로의 변화를 이끌고 있다.

- 기하급수적 변화 — 변화가 기하급수적으로 발생할 것이다. 디지털 플랫폼이 시장을 연결하고, 사물인터넷이 모든 것을 연결한다. 네트워크 효과가 변화의 영향력을 배가시키고, 로봇이 육체 노동자를 대체하고, 인공지능이 인간보다 더 빨리 사고할 것이다.
- 리퀴드 미디어 — 디지털 개념과 물리적 개념이 융합되어 새로운 진화가 일어나고 있다. 이로 인해 모든 경험은 생생하고 기술적으로 강화된다. 게임과 영화에서처럼 증강현실과 홀로그램 3D 디스플레이가 이 변화를 가속한다.
- 새로운 석유, 데이터 — 지난 2년 동안 세계 데이터의 90%가 연결됐다. 2025년이 되면 1조 개의 사물이 연결될 것이다. 현재 주식 거래의 90% 이상이 알고리즘에 의해 이뤄지고, 세계 인구의 66%가 아무 때나 온라인에 접속한다.
- 지능적인 삶 — 모든 직업의 60%에서 업무의 30% 이상이 자동화될 것이다. 로봇공학과 인공지능이 인간 역량을 더욱 키울 것이다. 사람들은 반복적인 업무에서 벗어나고, 운동 역량이 향상되고, 창의력이 발휘될 것이다.

이러한 급속한 기술적 진보는 다음의 함의를 지닌다.

- 무제한 아이디어 — 기술 발전 속도가 가속된다. 기술이 소비자의 행동이나 기업의 요구를 바꿔가며 아주 빠르게 발전한다. 창의력을 요구하는 분야는 기술개발이 아니라 개발된 기

술을 어떻게 유용하게 활용하느냐다.

- 특이점 초월 — 레이 커즈와일Raymond Kurzweil은 가상의 미래 시점을 설명했다. 그는 대략 2045년이 되면 더는 인간이 지능형 기계를 통제할 수 없게 된다고 말했다. 일론 머스크는 그와 함께 고도로 발달하게 될 지능형 기계들을 두려워하며 알파벳의 딥마인드DeepMind를 비판했다.

- 지속가능한 기술 — 오늘날의 수많은 환경 문제는 결국 적층 가공3D Printing과 자원재생, 탄소 포집과 폐기물 전환과 같은 기술에 의해 해결될 것이다.

- 윤리와 보안 — 기계의 지능 향상은 기업과 사회에 많은 윤리적 딜레마를 낳을 것이다. 보안과 사생활에 관한 문제는 진실성과 규제에 새로운 접근방식을 고민해야 해결할 수 있다.

□ **메가트렌드 4. 인구 밀도 — 마을에서 메가시티로의 도시적 변화**

현재 세계 인구의 절반 이상이 도시에서 살고 있다. 하지만 2030년이 되면 그 수는 대략 50억 명에 이르게 되고, 대부분 아시아와 아프리카에서 살 것이다.

- 인구 1,000만의 메가시티 — 1990년에 메가시티는 겨우 10개였다. 하지만 2025년이 되면 메가시티는 45개에 이를 것이고, 그중에서 33개가 아시아에 존재할 것이다. 북경에서 100km 떨어진 중국 슝안Xiongan 신도시처럼, 많은 대도시가 넘쳐나는 인구를 감당하기 위해 새로운 도시를 만들어내고 있다.

- 도시로의 이주 — 세계적으로 농촌보다 도시에 더 많은 사람

이 살고 있다. 1950년에는 세계 인구의 30%가 도시에서 살았다. 하지만 현재 55%가 도시에 살고, 2050년이 되면 66%가 도시에서 살 것이다. 도시는 일자리를 찾고 부자가 되길 바라는 청년들을 무자비하게 끌어들인다.

- 더 좋은 도시의 삶 ― 일반적으로 도시에서는 좋은 서비스가 제공되고, 학교와 병원이 많고, 스포츠와 문화를 즐길 기회가 많다. 따라서 사람들의 건강 수준, 교육 수준 그리고 부의 수준이 점점 높아진다. 중국에서 도시의 1인당 소득은 시골의 3배에 달한다.
- 스마트시티 ― 도시는 무료 와이파이부터 자율주행차, 지능형 주거와 재생에너지에 이르기까지 새로운 기술로 만들어진 기반시설을 받아들이고 있다. 이처럼 스마트시티 시장은 10년 동안 3배 성장하여 2030년이 되면 1조2,000억 달러에 이를 것이다.

이런 도시화가 기업에는 어떤 의미가 있는지 살펴보자.

- 현대의 도시인구는 선진화된 기반시설을 요구하고 기술과 혁신을 빠르게 받아들인다. 그들이 도시의 변화를 주도하고 있다. 구도시는 예로부터 전해지는 유산을 변화에 맞게 수정해야 한다. 하지만 처음부터 계획해서 신도시를 건설할 수도 있다.
- 공중보건과 안전을 위한 새로운 수준의 감시 시스템이 만들어질 것이다. 당국은 범죄를 막고 교통을 개선하고 위생시설과 응급시스템을 개선하려고 노력한다. 알리바바의 '시티브레인CityBrain'은 이미 중국 도시 전역에 설치됐다.

- 예로부터 소비자의 요구는 진보의 상징이었다. 이러한 소비자의 요구가 변하고 있다. 과거에는 차와 큰 집이 부의 상징이었지만, 이제는 아니다. 패션과 엔터테인먼트, 제품 소형화, 서비스 개인화 등 새로운 우선순위가 생겨났다.
- 가상 공동체가 위치와 이웃을 기반으로 형성된 전통적 공동체를 대체하고 있다. 에너지 충전부터 이동수단에 이르기까지 많은 자원이 공유되고 있다. 그리고 가상공간에서 이뤄지는 집단행동이 새롭게 사회를 지배하기 시작했다.

□ 메가트렌드 5. 친환경 재생에너지 — 위기에서 순환으로의 지속가능한 변화

기후변화가 전 세계에서 영향력을 키우고 있다. 기온과 해수면이 상승하고, 산불이 빈번하게 발생하고, 이에 따라 식량 가격이 오른다.

- 인구 압박 — 인구가 증가하면서 에너지, 물 그리고 식량에 대한 수요가 급증하고 있다. 이로 인해 지구의 유한한 자원이 큰 압박을 받기 시작했다. 2030년에는 지금보다 식량 35%, 물 40%, 에너지 50%를 더 쓸 것이다.
- 탄소 배출량 — 화석연료에서 나오는 이산화탄소가 주범인 온실가스가 지구온난화를 일으키고 있다. 지금의 증가 속도라면 2036년에는 기온이 2도 오를 것이다. 이로 인해 2100년에는 해수면이 2m 상승하여 2억5,000만 명의 집이 수몰될 것이다.
- 기상이변 — 지구온난화로 인해 예측 불가능한 기상이변이 더 빈번하게 발생할 것이다. 한여름 폭염이 증가하고, 사막화가

빠르게 진행되고, 농경지가 상실되고, 폭풍우로 도시가 파괴
될 것이다. 2018년 기상이변으로 1,480억 달러의 비용이 발생
했다.

- 산업 압박 — 식량 생산으로 육지와 해양 자원을 고갈시켰으
며, 생태계를 파괴하고 생물 다양성을 훼손했다. 기술 제품을
생산하는 데 너무 많은 천연자원이 사용되고, 갈수록 석유는
줄고 있다.

이런 환경적 영향이 시사하는 바는 다음과 같다.

- 덜 써서 더 얻는다 — 증가하는 인구의 수요를 맞추려면, 더 적
은 자원을 투입해 더 많은 생산량을 얻도록 생산방식을 혁신
해야 한다. 센서로 잡초를 찾아내 그곳에만 제초제를 뿌리면
사용량을 최대 95%까지 줄일 수 있다.
- 석유에서 재생에너지로 전환한다 — 지속가능한 에너지, 특히
태양광과 풍력으로의 전환 속도가 빨라질 것이다. 이를 위한
에너지 저장 기술이 빠르게 발전하고 있다. 정부 정책과 에너
지 과세가 소비자 수요 변화와 함께 연관 산업을 성장시키는
핵심 동력이 될 것이다.
- 전기를 동력으로 활용한다 — 육상 이동수단의 에너지원이 빠
르게 화석연료에서 벗어날 것이다. 2040년이면 화석연료를 사
용하는 이동수단은 완전히 사라질 것이다. 이런 변화가 모든
수송방식에 도입되고 있다. 현재 육상 이동수단은 탄소 배출
량 비중이 70%, 항공과 해상 이동수단은 각각 14%다.
- 소비자 수요가 변한다 — 소비자의 66%가 친환경 제품에 더

큰 비용을 지급할 것이다. 이 비율은 밀레니얼 세대로 넘어가면 73%로 증가한다. 이것은 기업들이 지속가능한 순환경제모델을 받아들이는 주요 동력이 될 것이다.

새로운
성장 동력을 찾아라

"시장은 말도 안 될 정도로 다양하고 역동적이다. 성장하려는 영역에서 꿈을 가로막는 경계를 넘어서면 더 많은 기회가 기다리고 있다."

시장은 말도 안 될 정도로 다양하고 역동적이다. 성장하려는 꿈을 가로막는 불편한 경계를 넘어서면 더 많은 기회가 기다리고 있다. 2019년 여름, 화마가 아마존 열대우림을 덮치면서 전 세계에 경고음이 울렸다. 세계 최대 화장품 기업 나투라Natura의 CEO 주앙 파울로 페레이라Joao Paulo Ferreira에게는 큰 재앙이었다. 그는 지속가능성에 대하여 뜨거운 열정을 품고 있다.

나투라는 4,300개 이상의 가구가 포함된 35개 아마존 지역사회와 손잡고 열대우림과 원주민에게 유익한 제품과 지속가능한 비즈니스 모델을 개발하기로 했다. 나투라는 전 세계에서 성장할 방법을 찾아내며 빠르게 성장하고 있다. 나투라는 호주의 화장품 명품 업체 이숍Aesop, 영국의 보디숍Body Shop, 전 세계 600만 명의 외판원을 둔 네트워크 마케팅 업체 에이본Avon을 인수했다.

주앙 파울로 페레이라의 성장 모델은 시장의 중요한 3가지 변화를 결합한 것이다. 지속가능한 제품에 대한 수요가 증가하고, 특히 웰빙 분야에 명품 브랜드가 성장하고, 개인 간 상거래가 급부상하고 있다. 그는 매출 증가를 성장이라고 생각하지 않는다. 생활터전을 되살리기 위해 도움이 절실한 아마존 원주민과 나투라의 모든 이해관계자에 대한 긍정적 영향력이 커지는 것을 진정한 성장이라고 생각한다.

어떤 미래를 꿈꾸는가

공상과학 소설가 윌리엄 깁슨William Gibson은 "미래는 여기 있다. 단지 널리 고르게 퍼져 있지 않을 뿐이다."라고 말했다. 미래를 맞추는데 필요한 거의 모든 퍼즐 조각은 이미 우리 눈앞에 있다. 우리가 해야할 일은 퍼즐 조각을 이해하고, 그것들을 이리저리 맞춰보며, 퍼즐 조각을 어떻게 맞췄을 때 더 의미 있는 미래가 완성되는지를 상상하는것이다.

새로운 무언가는 주류가 아닌 비주류에서 탄생한다. 그러므로 시장에 나타니는 새로운 행동 양상을 파악하기 위해서는 비주류, 얼리어답터 그리고 극단적 사용자에 눈을 돌려야 한다. 소수의 혁신가가 새로운 해결책을 제시할 수도 있다. 그러니 그들에게 주목해야 한다. 새로운 무언가를 찾는 것은 퀀텀 컴퓨팅처럼 완전히 새로운 기술을 기다리는 것이 아니다. 이것은 이미 존재하는 점들을 연결하고 창의적으로 융합하여 다수를 위한 새로운 미래를 어떻게 창조할지 이해하는 것이다.

새로운 아이디어는 서서히 인기를 얻기 시작한다. 하지만 일단 인기를 얻으면, 새로운 아이디어는 아주 빠르게 퍼져나간다. 이것은 빙하가 녹는 것과 같은 이치다. 빙하는 모서리부터 아주 서서히 녹아내리기 시작한다. 하지만 일단 녹기 시작하면 걷잡을 수 없을 정도로 빨리 녹아서 없어져 버린다. 때때로 새로운 아이디어가 괴짜들의 눈에는 너무나 멋져 보이지만, 주류에겐 실용적이거나 바람직해 보이지 않아서 외면당하기도 한다. 제프리 무어Geoffrey Moore는 그 틈을 골이란 뜻의 '캐즘Chasm'이라 부른다. 그러므로 새로운 아이디어가 대다수에게 닿으려면 이 골을 훌쩍 뛰어넘어야 한다.

　그렇다면 어떻게 해야 메가트렌드를 빨리 이해하고, 이것이 주류가 되기 전에 기업과 고객에게 미칠 영향을 파악할 수 있을까? 리타 맥그 래스Rita McGrath는 저서《구석구석 둘러보라Seeing around Corners》에서 변화 하는 시장의 변곡점에 주목했다. 시장이 S-곡선을 그리며 진화한다고 가정해봐라. 그러면 시장은 서서히 성장하다가 굴곡의 방향이 바뀌는 지점에서 성장 속도가 가속된다. 말콤 그래드웰Malcolm Gladwell은 이러한 변곡점을 '티핑 포인트Tipping point'라고 불렀다. 변곡점은 일반적으로 새 로운 역량이나 태도, 경제 변화나 규제 변화처럼 외부 요소에 의해 발 생한다.

　이러한 변곡점에 대비하기는 쉽지 않다. 실제로 미래 사고는 확신 하고 미래를 예측하는 것이라기보다, 불확실성에 대비하는 것이다. 다 행히 변곡점이 임박했는지 또는 도달했는지를 알려주는 실마리가 존 재한다. 일단 소비자들이 아주 비슷하게 행동하는 '인접 시장'에 주목 하자. 대체로 식품 트렌드는 음료 트렌드를 이끌고, 스포츠용품 트렌 드는 고급 패션 트렌드를 이끌며, 게임 트렌드는 엔터테인먼트 트렌드 를 이끈다. 리타 맥그래스는 변곡점은 아주 짧은 순간에 생기는 것이 아니라고 했다. 변곡점이 생기려면 꽤 긴 시간이 필요하다.

　그녀는 자신의 책 원제목을 어니스트 헤밍웨이Ernest Hemingway의《해 는 또다시 떠오른다》에서 가져왔다. 소설 속 등장인물이 누군가에게 묻는다. "어쩌다 파산하셨어요?" 이에 상대방은 "글쎄요. 서서히 기울 어지더니 갑자기 꼬꾸라지더군요."라고 답했다. 변곡점이 이렇다. 변 곡점은 난데없이 나타난다. 변곡점은 난데없이 나타나서 파괴적인 힘 을 발휘하는 이해하기 어려운 대상일 뿐이다. 하지만 변곡점의 뿌리를 찬찬히 들여다보면, 이것이 서서히 그리고 정말 오랫동안 다가오고 있었다는 것을 알게 된다.

나이키는 가격 경쟁력을 높이기 위해 불필요한 유통 단계를 없애고 자신의 온라인 쇼핑몰에서 소비자에게 직접 제품을 판매하는 DTCDirect-To Consumer 유통채널을 개발했다. 하지만 이제는 이것이 표준이 됐다. 매트리스를 판매하는 캐스퍼Casper와 면도 용품을 판매하는 해리Harry처럼 소비자와 직접 관계를 맺는 신생기업들을 보면서, 나이키는 전통적인 유통채널에서 벗어나 체험 판매장과 온라인 스토어에서 더 좋은 쇼핑경험을 소비자에게 직접 제공히는 것이 훨씬 효과적일 것이란 확신을 얻었다.

나이키는 나이키 플러스와 회원제를 기반으로 맺은 고객과의 관계를 활용하여 직접 소통하고 개인 맞춤형 혜택과 경험을 제공한다. 경쟁업체들은 이런 유통채널을 활용할 기회조차 얻지 못한다. 나이키는 데이터 분석업체 조디악Zodiac과 인버텍스Invertex를 인수했다. 그리고 소비자들이 온라인 스토어에서 자신의 발 치수에 꼭 맞는 운동화를 찾을 수 있도록 신발을 3차원으로 스캔하는 3D 스캐닝 시스템 나이키핏Nike Fit을 개발했다. 2019년, 나이키는 DTC 유통채널로 무려 160억 달러의 매출을 올렸다.

하지만 너무나 많은 리더가 변화에 저항한다. 너무나 많은 리더가 현재 상황에 만족한다. 안정감은 확실성과 효율성을 가져온다. 하지만 끊임없는 변화는 더 큰 노력을 요구하고 격변을 일으킨다. 그래서 변하는 시장에서 생존하기 위해서는 신중하게 계획을 세우고, 생산설비를 확충하고, 새로운 상품과 패키징을 개발하고, 새로운 인재를 고용하고, 새로운 파트너십을 형성하고, 새로운 광고를 만들어내야 한다. 하지만, 리타 맥그래스는 이렇게 진단한다. "리더들은 의도적으로 변화를 보고도 못 본 체한다. 그렇게 하는 편이 변하고 있는 새로운 무언가를 받아들이는 것보다 훨씬 더 편하기 때문이다."

주변을 다르게 바라보라

항공업계는 일하기로는 최악의 업계 중 하나다. 매번 항공업계는 경기침체의 직격탄을 맞는다. 나는 경기침체기에 브리티시 에어웨이즈British Airways와 일했다. 침체기에 들어서자 단 며칠 만에 항공권 예매가 증발해 버렸고, 비행기는 공항에 발이 묶였다. 브리티시 에어웨이즈는 자신을 항공기를 운영하는 항공업체로만 바라봤다. 이것이 문제였다.

브리티시 에어웨이즈는 자신들을 사람을 연결하는 기업으로 바라볼 수도 있다. 브리티시 에어웨이즈는 휴가를 떠나는 여행객들이 세상을 둘러보고, 가족과 친구들을 만나도록 도울 수 있다. 그리고 출장 여행객들에게는 거래를 촉진하고, 새로운 파트너를 찾고, 새로운 시장을 발굴하고, 새로운 거래를 뚫도록 도와줄 수도 있다. 만약 브리티시 에어웨이즈가 고객과 그들의 요구를 중심으로 자신을 규정했다면, 경기침체 속에서도 조직을 탄탄히 받쳐줄 많은 대안을 찾아낼 수 있었을 것이다.

에이드리언 슬라이워츠키Adrian Slywotzky는 저서《시장이 성장하지 않을 때의 성장전략How to Grow When Markets Don't》에서 지난 10년간 많은 기업이 성장하는 방법을 잊어버려서 부진을 면치 못하고 있다고 말했다. 이 기업들은 초기에 빠르게 성장하면서 기존의 제품과 서비스에 안주했고, 이미 성숙하고 침체한 시장을 기준으로 자신들을 정의하게 됐다. 그는 대부분 기업이 전통적인 '제품 중심'의 성장전략에 기대고 있다고 말했다.

재구성 전략, 즉 '리프레이밍Reframing'은 눈앞에 놓인 기회를 색다른 시각에서 바라보는 매우 효과적인 전략이다. 시장의 경계를 다시 정의하면, 기업은 오래된 사고의 제약에서 즉시 벗어날 수 있다. 그리고 경쟁업체가 존재하지 않는 무경쟁 영역으로 뛰어들어 잠재 고객에게 영감을 주고 그들과 가치 있게 소통할 수 있다.

CVSConsumer Value Store는 기존의 '제약'을 '건강'으로 성공적으로 재구성했다. 약국이라고 하면 '몸이 아플 때 약을 사러 가는 곳'이라는 생각이 먼저 떠오른다. 이렇게 약국은 다소 부정적인 이미지를 안고 있다. 반면에 건강은 약국보다 더 긍정적으로 다가온다. 사람들은 다양한 건강 보조 제품과 서비스를 이용하기 위해 CVS를 더 자주 찾고 심지어 더 큰 비용을 지급한다. 재구성 전략의 효과는 이렇게 나타나기도 한다. 통신업종에서 방송업종으로 전환하면 애널리스트들은 다른 주가 수익비율을 적용하게 되고 이 때문에 주가도 크게 변한다.

이처럼 시장을 재구성할 수도 있지만, 고객에게 부가가치를 제공하고 경쟁업체와 차별화할 수 있는 기업의 내부 요인을 이해하는 것도 또 다른 성장전략이 될 수 있다. 에이드리언 슬라이워츠키와《멈추지 않는 기업Unstoppable》을 집필한 크리스 주크Chris Zook는 기업에 숨겨진 자산을 파악하고 그것을 활용하여 수익성 있는 성장을 위한 새로운 기회를 창출할 방법을 찾으라고 조언했다. 숨겨진 자산은 저평가된 비즈니스 플랫폼, 미활용된 고객 자산이나 덜 사용한 역량 등이다.

새로운 12가지 성장 영역

성장은 여전히 기업이 대단히 중요하게 생각하고 추구하는 목적이
다. 설령 그들이 모든 이해관계자와 동등하게 가치를 공유하기보다 사
회적 경제모델을 받아들였다고 할지라도 말이다. 성장은 모두가 함께
나눌 수 있는 더 큰 파이를 만들어낸다. 더 큰 파이를 만들어내는 성장
은 효율적이고 더 긍정적인 영향력을 사회 전반에 미칠 수 있다. 이를
긍정적인 성장이라고 부르자.

이고르 앤소프$_{\text{Igor Ansoff}}$가 성장에 대한 해답을 내놨다. 그는 1950년
대 '제품/시장 확장 그리드$_{\text{Product/Market Expansion Grid}}$'를 통해 성장의 기회
와 위험을 탐구했다. 이것은 단순한 2×2 매트릭스로 새로운 시장과 기
존 시장, 새로운 제품 및 서비스와 기존 제품 및 서비스를 탐구한다. 물
론 '제품/시장 확장 그리드'는 제품과 기존의 시장 틀에 기반을 둔 사고
라는 한계가 있다.

성장 동력을 찾는 것은 변화하는 태도와 행동, 새로운 역량과 요구
를 찾아내고 그것들을 체계적으로 정리하고 연결하고 정의하는 창의
적인 방법을 통하여 새로운 기회를 찾아내는 굉장히 창의적이고 다차
원적인 프로세스다. 이에 따라 새로운 성장 동력을 찾고자 한다면, 최
소한 다음의 12가지 영역을 살펴봐야 한다.

- 새로운 소비자 — 새로운 고객군이나 과거에 분명하게 공략하지

않았던 고객군에 같은 제품이나 그들의 요구에 맞춰 변형된 제품과 서비스로 접근한다.

　# 사례. 니베아Nivea의 남성용 화장품

- 새로운 가치제안 － 고객의 새로운 요구나 달라진 요구가 무엇인지 탐구한다. 제품군을 확장하여 새로운 가격정책을 펼치거나, 하나의 제품군을 고가 라인과 저가 라인으로 구분하여 판매한다.

　# 사례. BMW의 미니Mini, 미니쿠퍼Mini Cooper, 미니 클럽맨Mini Clubman, 미니 컨트리맨Mini Countryman

- 새로운 채널 － 제품이나 서비스를 충분히 제공하지 않았거나 접근할 수 없었던 고객에 직접 유통채널이나 새로운 유형의 중개망을 통하여 접근한다.

　# 사례. 스낵 자판기를 통해 당근을 판매하는 볼트하우스팜Bolthouse Farms

- 새로운 지리 － 새로운 위치, 도시, 국가 등 지리적으로 새로운 영역에 기존 사업을 있는 그대로 혹은 그곳에 맞게 조정하여 확장한다.

　# 사례. 지역에 따라 5가지 가공법으로 초콜릿 제품을 생산하는 허쉬Hershey's

- 새로운 제품 － 고객의 새로운 요구와 기존의 요구를 더 잘 충족시키려고 노력하면 새로운 제품이 개발될 수 있다. 그리고 새로운 종류와 형태를 개발하는 시도를 하고 새로운 영역에 적용하다 보면 새로운 제품이 개발될 수도 있다.

　# 사례. 이노센트Innocent의 스무디, 주스, 스낵, 물

- 새로운 서비스 － 고객에게 비용을 부가할 수 있는 서비스를 만든다. 고객이 제품을 더 쉽고 편리하게 이용할 수 있도록 돕는 지원 서비스를 개발하거나, 제품 대신 서비스로서의 소프트웨어Software as a Service, SaaS처럼 무언가에 대한 접근성에 비용을 부과하는 서비스를 제공할 수도 있다.

　# 사례. 이탈리Eataly의 요리 강좌, 비욘드Beyond 매장과 레스토랑

- 새로운 경험 — 기존 제품과 서비스를 결합하고, 가능하다면 파트너의 제품과 서비스와도 연결하여 고객에 더 풍부한 부가가치를 제공할 수 있다.

　# 사례. 항공권, 차량, 예약 서비스를 일괄 제공하는 에어비앤비 트립

　　Airbnb Trips

- 새로운 영역 — 새로운 시장 영역에서 새로운 요구와 기존 요구가 융합해 만들어진 또 다른 요구를 해결하는 독특한 제품이 서비스와 함께 탄생할 수도 있다.

　# 사례. 레드불Red Bull의 에너지 음료

- 새로운 파트너 — 친밀도가 높은 브랜드로부터 경쟁업체, 보완재 제공업체까지 다양한 파트너와 협업한다.

　# 사례. 브랜드 평판을 높이기 위해서 루이비통Louis Vuitton과 협업하는
　　의류업체 슈프림Supreme

- 새로운 비즈니스 모델 — 구독 서비스처럼 기본적인 기능은 무료로 제공하고 고급 기능은 돈을 받고 판매하는 '무료 프리미엄Freemium' 1대1 모델, 1대다 모델 등 새로운 경영 모델이나 영업 모델을 개발한다.

　# 사례. 마이크로소프트 365 클라우드 기반 구독 서비스

- 새로운 인수 — 기존 사업을 보완하는 새로운 사업을 인수하여 포트폴리오, 역량, 사업영역을 확대한다.

　# 사례. 인스타그램Instagram을 인수하여 더 적극적으로 친밀하게 사용자
　　들에게 접근한 페이스북Facebook

- 새로운 가능성 — 선례가 없는 새로운 역량과 솔루션을 기반으로 완전히 새로운 시장을 개발한다.

  # 사례. 우주 관광 사업을 개발하는 버진 갤럭틱Virgin Galactic

물론 매출을 기준으로만 평가한다면 성장은 쉽다. 어떤 바보라도 제품이나 서비스의 가격을 낮추면 매출을 올릴 수 있다. 하지만 지속 가능하고 수익성 있는 성장전략을 찾아내는 것은 어렵다. 앞서 살펴본 12가지 영역은 완전하지도 않고 상호배타적으로 접근할 영역도 아니다. 많은 성장전략이 위에 열거된 영역을 결합하여 새로운 성장 동력을 찾는 것만큼 기존의 성장 동력을 가속하는 데 집중한다. 성장 속도를 높이는 요소는 새로운 브랜드와 가치를 창출하는 것부터 고객에 대한 영향력을 배가하는 소셜미디어와 유통플랫폼과 같은 네트워크 효과를 활용하는 것까지 다양하다.

CODE

코드 10

아시아 시대를
받아들여라

"21세기는 아시아의 것이다. 경제력이 서쪽에서 동쪽으로, 국가에
서 도시로, 새로운 중산층으로 이동하고 있다. 이에 따라 정치적
힘과 문화적 힘도 이동하고 있다."

■

　나의 장인은 홍콩 북부에서 태어나 중국 본토로 넘어왔다. 그는 몇 년 전에 자신이 태어났던 마을로 되돌아갔다. 장인은 나에게 벼농사를 지으며 소박하게 살던 어린 시절 이야기를 자주 들려줬다. 장인이 꺼낸 빛바랜 사진 속에는 물소를 타고 있는 어린 소년이 있었다. 장인은 유럽으로 이주한 뒤에 자신이 자랐던 그 작은 마을에 작게나마 흔적을 남기고 싶었다. 그래서 그는 작은 땅을 매입했고, 가치가 상승해서 자신과 가족의 노후생활에 도움이 되기를 바라며 그 땅에 소형 아파트를 지었다. 지난 30년 동안 장인이 태어났던 어촌마을 선전Shenzhen은 공장이 돌아가는 소리로 들썩이는 미래지향적 메트로폴리스로 재탄생했다. 선전은 소위 '하드웨어 실리콘밸리'로 불리는 중국의 기술 혁신 중심지다.

　1979년, 중국 정부는 선전을 자본주의 성장의 실험실로 삼아 중국 최초의 특별경제구역Special Economic Zone으로 지정했다. 선전은 시골로부터 유입된 노동력 덕에 빠르게 성장하고 있다. 1987년, 런정페이Ren Zhengfei는 선전에 화웨이Huawei를 세웠다. 화웨이는 삼성Samsung 다음으로 애플과 세계 2위를 다투는 스마트폰 제조업체로 성장했다. 선전에는 최대 디지털 플랫폼 텐센트Tencent, 세계 최대 전기차 제조업체 비야디BYD, 세계 최대 드론업체 DJI가 있다.

선전과 그 주변의 주강삼각주Pearl River Delta는 현재 세계의 공장 지대로 알려져 있다. 이 지역은 인구 1,200만 명의 메가시티로 성장했다. 그리고 최첨단 설계의 인큐베이터이자 미래지향적 도시의 중심이고 중국 경제 성장의 상징이 됐다. 중국 정부는 선전을 활용해 '메이드 인 차이나Made in China'에서 '디자인드 인 차이나Designed in China'로 홍보하며 변신을 시도하고 있다. 이렇게 중국은 다른 나라에서 설계한 제품을 모방해 대량생산하는 것이 아니라, 창의적으로 제품을 설계할 수 있는 나라로 이미지를 쇄신하고 있다.

경이로운 아시아를 읽어라

19세기가 유럽의 시대였고 20세기가 미국의 시대였다면, 21세기는 아시아의 시대다. 아시아에는 50억 명이 살고 있고, 세계 메가시티의 2/3가 아시아에 존재한다. 그리고 아시아는 세계 경제의 1/3을 차지하고, 세계 경제 성장의 2/3가 아시아에서 이뤄진다. 이뿐만 아니라 포천 100 기업 중에서 30개 기업이 아시아에 있고, 세계 10대 은행의 6개가 아시아에 존재한다. 세계 10대 군사강대국 중 8개국이 아시아 국가이고, 5개의 핵보유국이 아시아에 있다. 그리고 아시아는 거대한 기술 혁신의 중심지이고, 새로운 세계적 대학이 아시아에 존재한다.

아시아는 세계에서 민족적으로, 언어적으로 그리고 문화적으로 가장 다양한 지역이다. 지리적 경계를 넘어서면 뭐라고 분명하게 일반화하는 것이 거의 불가능한 지역으로 변한다. 그리고 심지어 아시아인에게도 아시아는 돌아보기에 아찔할 정도로 다양성이 풍부한 지역이다.

중국은 세계 2위 경제 대국이다. 중국에는 새롭게 성장하는 거대한 소비 시장이 존재한다. 그리고 알리바바, 바이두Baidu, BYD, 바이트댄스Bytedance, 차이나 모바일China Mobile, 디디추싱Didi Chuxing, 하이얼Haier, 화웨이, SAIC, 텐센트, 달리안 완다Dalian Wanda, 샤오미Xiaomi 등 세계에서 가장 빠르게 성장하는 수많은 기업이 대부분 중국기업이다. 중국은 모방 국가에서 혁신국가로 변신했다. 중국은 새로운 기술, 새로운 응용프로그램 그리고 새로운 비즈니스 모델을 만들어내고 있다.

중국의 성장은 다소 부진하지만, 인도, 방글라데시, 베트남, 말레이시아, 필리핀 등 다른 아시아 국가는 앞으로 10년 동안 훨씬 더 빠르게 성장할 것이다. 이 아시아 국가들을 묶어서 7% 클럽으로 부른다. 위대한 아시아 기업에는 앞서 살펴본 중국기업뿐만 아니라 싱가포르의 DBS와 그랩Grab, 한국의 삼성과 LG, 일본의 유니클로Uniqlo와 소프트뱅크Softbank 그리고 인도의 릴라이언스Reliance와 타타Tata도 있다.

새로운 초강대국 중국이 저무는 강대국 미국과 티격태격하는 동안, 유럽과 아시아를 잇는 '유라시아' 시장의 중심축이 빠르게 성장하기 시작했다. 포르투갈 정치학자 브루누 마상이스Bruno Macaes는 저서 《유라시아의 여명The Dawn of Eurasia》에서 유럽과 아시아의 구분이 사라졌고, 중국의 새로운 '실크로드Silk Road' 프로젝트는 G20보다 더 중요한데도 유럽은 이 새로운 기회를 놓치고 있다고 주장했다.

아시아에는 세계에서 가장 빠르게 성장하는 시장이 여럿 존재한다. 그리고 지역에 상관없이 모든 비즈니스 리더가 활용할 수 있는 최고의 비즈니스 아이디어가 탄생하는 곳도 아시아다. 그러므로 새로운 영감을 찾는 서양의 비즈니스 리더는 수 세기 전처럼 서쪽이 아닌 동쪽으로 눈을 돌려야 한다.

인공지능이나 로봇공학과 같은 새로운 기술은 어떻게 받아들여야 할까? 이 질문에 대한 해답을 알리바바나 삼성과 같은 기업이 해줄 수 있다. 새롭고 더 빠르게 고객과 소통하는 방법은 무엇일까? 믿기 어려울 정도로 대단한 인기를 누리고 있는 지오폰Jio Phone이나 위챗WeChat을 살펴봐라. 어떻게 해야 더 현명하고 더 민첩한 혁신기업으로 인정받을까? 하이얼이나 화웨이와 같은 기업에서 영감을 얻어라.

상해에서는 현금이나 카드로 쇼핑할 수가 없다. 스마트폰에 탑재된 QR코드로만 결제할 수 있다. 달리안 완다Dalian Wanda의 극장에서는 VR 헤드셋을 끼면 영화에 완전히 몰입할 수 있다. 상해에서는 메이투안뎬핑Meituan Dianping이 몇 분 안에 생활용품을 집으로 배달해줄 것이다. 게다가 메이투안뎬핑은 위챗으로 배송 주문을 하기도 전에 고객이 무엇을 필요로 하는지 거의 정확하게 예측할 수 있다.

새로운 실크로드를 개척하라

실크로드Silk Roads는 2세기부터 18세기까지 세계를 이어주던 무역 항로였다. 실크로드를 통해서 상거래뿐만 아니라 문화적, 정치적, 종교적 교류도 이뤄졌다. 실크로드라는 이름은 해당 경로를 따라 주로 거래되던 교역 상품이 실크였던 데서 유래한 것으로 여겨진다. 중국의 한 왕조도 실크로드를 따라 실크를 들여왔다. 하지만 이 무역 항로에 '실크'란 이름은 최근에 와서야 붙여졌다. 초기에는 이 경로를 따라 주로 향신료가 거래됐기 때문이다.

2013년, 중국 국가주석 시진핑Xi Jingping은 '일대일로 이니셔티브Belt and Road Initiative, BRI'를 발표했다. 이것은 아시아, 유럽, 아프리카 3대륙의 70개국을 아우르는 고대 실크로드를 따라서 철도와 육로를 해로와 연결하는 거대한 기반시설 개발 프로젝트다. 중국 정부는 '통합된 거대 시장의 형성과 국제 시장과 국내 시장의 완전한 활용'을 일대일로의 목적이라고 밝혔다. 중국 정부는 문화적 교류와 통합을 통해 회원국의 상호 이해와 신뢰를 고양하고, 자본을 유입하고, 인재 집단을 형성하고, 기술 데이터베이스를 구축함으로써 혁신적인 결과를 만들어 이 목적을 달성하겠다고 말했다.

일대일로 이니셔티브의 첫 번째 단계는 운송뿐만 아니라 통신과 전력을 위한 기반시설을 개발하는 것이다. 많은 사람이 일대일로 이니셔티브 개발 계획을 구상하는 데만 30년 이상이 소요되는 역사상 최대 규모의 기반시설 개발 프로젝트라고 생각한다. 실제로 일대일로 이니셔티브는 도로와 다리부터 항구와 철도에 이르는 많은 기반시설 개발 프로젝트의 집합체다. 일대일로 이니셔티브의 두 번째 단계는 헬스케어, 교육, 금융서비스와 관련된 기반시설을 구축하는 훨씬 '연성적인' 프로젝트다.

해당 경로를 통해 발생하는 3조 달러에 이르는 중국의 연간 잠재 교역량과 비교하여, 일대일로 이니셔티브의 총비용은 대략 4~8조 달러에 육박할 것으로 추산된다. 하지만 일대일로 이니셔티브에 비난도 쏟아지고 있다. 그중 일부는 중국이 개발 사업에 동참하는 약소국에 엄청난 대출을 해주고, 대출을 상환하지 못하는 약소국들을 정치적 영향권에 둘 것이라고 비난한다.

중국의 일대일로 이니셔티브에 따라 육로와 해로가 연결되면, 런던의 세인트 판크라스St. Pancras 역에서 아시아의 주요 도시까지 기차를 타고 이동할 수 있게 된다. 2017년, '동풍East Wind' 화물열차가 섬유와 전자기기를 싣고 중국 항저우로부터 12,000km를 달려 카자흐스탄, 러시아, 벨라루스, 폴란드, 독일로 이어지는 옛 실크로드를 지나 마침내 영국 런던에 도착했다. 한편 해상경로는 인도, 중동, 동아프리카 등 세계적인 항구와 국가를 연결한다.

성장하는 시장에서 배워라

중국의 고전《역경易經》은 불확실성에 대처하는 방법에 관한 현존하는 가장 오래된 문헌일 것이다. 영어로 '변화에 관한 책The Book of Changes'이란 제목으로 번역된《역경》은 4,500년 전까지 거슬러 올라가며, 중국의 문화, 과학, 의학의 원천으로 여겨진다.

《역경》은 변화의 3가지 원리, 즉 '삼역三易'에 대해 말한다.

- 모든 것은 변한다는 '변역變易'은 세상은 끊임없이 변한다는 뜻이다.
- 변화는 단순화될 수 있다는 '간역簡易'은 모든 것은 연결되어 있다는 뜻이다.
- 모든 것 그리고 그 무엇도 변하지 않는다는 '불역不易'은 균형이 존재한다는 뜻이다.

이러한 개념들은 아시아 문화가 변화에 기반을 두고 있음을 보여준다.《역경》은 문제를 해결할 새로운 방법을 끊임없이 찾고, 정상적인 틀을 벗어난 것들을 연결할 방법을 탐구하고, 세상과 사회 그리고 기업을 하나의 시스템으로 간주하라고 말한다. 아시아의 리더십은 이러한 철학에 기반을 두고 있다. 나는 서양에서는 찾아볼 수 없는 완전히 새로운 리더십을 아시아에서 발견했다.

알리바바의 마윈이나 달리안 완다의 창립자 왕젠린Wang Jianlin을 보자. 왕젠린은 '중국의 월트 디즈니'로 불리는 인물이다. 그는 대형 쇼핑 업체와 엔터테인먼트 업체를 결합하여 달리안 완다를 설립했다. 다른 비즈니스 리더와 비교하여 그들은 확연히 다른 융합적 사고방식을 지니고 있다. 그들은 연결성을 보고 시스템적 사고를 통해 놀라운 파트너 생태계를 만들어냈다.

아시아 기업은 지난 30년 동안 서양 기업으로부터 경영 방식을 배웠다. 하지만 이제 서양 기업이 아시아 기업으로부터 훨씬 더 많은 것을 배울 수 있을 것이다. 왜 그럴까? 그것은 아시아 기업이 활동하고 있는 환경 때문이다.

- 문화 — 고속 성장, 도시 집중화, 대가족, 거대한 욕구, 통제된 시장과 통제되지 않는 시장 등 아시아 시장과 소비자는 독특한 특징이 있다.
- 경쟁 — 아시아 기업으로부터의 치열한 도전이 전 세계 모든 시장을 뒤흔들고 있다. 그들은 기술에 목말라 있고, 기하급수적으로 기반시설을 개발하고 있으며, 놀라운 직업정신을 갖추고 있으며, 성공 지향적이다.
- 통제 — 많은 기업이 사주 형태의 소유구조로 되어있다. 따라서 기업가는 조직과 함께 성장한다. 이와 함께 장기적인 안목으로 사업이 가능한 가족 소유구조도 아시아 기업의 특징이다.

- 협업 — 아시아 기업은 현지뿐만 아니라 전 세계에서 새로운 투자자나 파트너를 찾는다. 생태계와 플랫폼 모델은 평범하지만, 협업의 힘을 알며, 더 세계적인 기업이 되고자 한다.

인도의 무케시 암바니Mukesh Ambani나 라타 타타Rata Tata를 생각해보자. 그들은 목적의식이 강한 리더다. 실제로 철강부터 트럭, 테틀리 차Tetley Tea, 레인지로버Range Rovers에 이르기까지, 모든 것을 생산하는 라타 타타의 최대 소유주는 비영리 사회단체다. 이뿐만 아니라 아시아인들은 서양의 유명한 기업을 이끌고 있다. 마이크로소프트의 사티아 나델라, 알파벳의 순다르 피차이Sundar Pichai가 대표적이다. 두 사람 모두 전임자였던 스티브 발머Steve Ballmer나 세르게이 브린Sergei Brin과는 완전히 다른 리더십 스타일과 우선순위를 조직에 들여왔다.

그렇다면 우리는 아시아 기업으로부터 무엇을 배울 수 있을까?

- 가치 — 중국 국가주석 시진핑은 유교 경전을 자주 인용한다. 유교는 사회 조화와 협업, 절약과 근면 그리고 교육에 기반을 둔 철학으로 아시아 대부분 지역에서 공유되는 가치다.
- 명민함 — 도교는 자연스러운 흐름에 몸을 맡기고 변화에 순응하라는 가르침을 주는 철학사상이다. 음양 원리는 공산주의와 자본주의, 중앙집권과 지방분권, 빠름과 느림 등 반대로 작용하는 힘이 긍정적으로 공존하는 능력을 상징한다.
- 장기전 — 사유권은 아시아 기업에 장기적인 관점에서 일을 진행할 수 있는 안정성을 제공한다. 소프트뱅크는 30년 투자원칙을 고수한다. 아시아 정부들은 국가 번영을 위한 전략이 담긴 5개년

계획을 세운다.

- 국가 ─ 정부는 장기 대출을 통해 기업이 성장할 수 있도록 돕는다. 그리고 공업단지와 같은 구역을 지정하여 기업이 함께 새로운 역량을 개발할 수 있도록 하며, 항구와 철도처럼 모두 함께 사용하는 공용 기반시설을 개발한다.

- 디지털 우선주의 ─ 미래를 창조하고자 하는 욕구가 과거를 털어버리려는 의지와 결합한다. 그리고 과거 유산의 방해를 받지 않고 디지털 세상으로 뛰어든다. 가장 느린 은행에서 세계 최고의 디지털 은행으로 변신한 싱가포르의 DBS를 봐라.

- 신속과 직관 ─ 빠른 의사결정은 알리바바와 같은 기업의 전형적인 특징이다. 일반적으로 작은 조직의 리더들은 덜 민주적으로 행동하고 수치와 비즈니스 사례에 얽매이기보다 훨씬 더 직관적으로 행동한다.

- 연구 ─ 국가의 예산이 새로운 과학과 기술 분야로 일부분 흘러 들어간다. 특히 인공지능, 로봇공학, 재생에너지 분야에 대한 투자가 활발하다. 비야디BYD를 필두로 중국 전기차 업체 3곳이 테슬라를 앞질렀다.

- 실험 ─ 신속하고 직관적인 접근법은 지속적인 실험에 적합하다. 샤오미Xiaomi와 같은 기업은 소비자에게 어떤 것이 큰 인기를 얻게 될지를 파악하기 위해 계속 새로운 아이디어를 시도한다.

- 규모 ─ 아시아 시장은 거대하다. 다른 대륙에는 10억 명이 있지만, 아시아 인구는 50억 명이다. 그래서 틈새 아이디어도 아시아에서는 엄청난 소비자를 확보할 수 있고, 네트워크를 통해 효율적으로 빠르게 규모를 키울 수 있다.

- 기업가정신 ─ 많은 서양 기업이 신생기업처럼 움직이는 방법을

익히려고 애쓴다. 하이얼은 '인단합일人單合一' 모델로 하나의 사업을 1만 개의 세부 사업으로 바꿨다.

- 모방 — 이것은 금기시되는 주제다. 하지만 여전히 중국기업이 잘하는 분야다. 물론 애플도 마찬가지다. 메이투안뎬핑Meituan Dianping은 세계에서 가장 혁신적인 기업이지만, 여전히 다른 기업의 비즈니스 모델을 모방하고 조금씩 수정하여 활용한다.

- 생태계 — 아시아 기업은 공개적으로 함께 일하는 것을 두려워하지 않는다. 알리바바와 텐센트는 '구글 + 아마존 + 페이스북 + 이베이eBay + 결제 + 물류 + 도매'가 모두 합쳐진 비즈니스 모델을 갖고 있다.

- 관계 — '관시關係'는 여러모로 많은 역할을 한다. 관시는 인맥과 신뢰에 기반을 둔 관계다. 관시를 지닌 기업이나 개인은 복잡하게 일을 벌이지 않고도, 강압적인 계약이 없어도 다른 기관과 쉽게 협업할 수 있다.

- 리더십 — 사람들은 아마도 서양 기업보다 아시아 기업 CEO를 더 많이 알고 있을 것이다. 왜 그럴까? 기업에 대한 신뢰가 사람, 특히 직원, 파트너, 고객으로 구성된 생태계를 통해 생기기 때문이다.

- 세계관 — 많은 아시아 기업이 현지 시장 대신, 세계를 자신들의 활동 무대로 생각한다. 예를 들어, 샤오미는 인도에서 브라질과 멕시코에 이르기까지 유사한 신흥시장에 들어가 자연스러운 친밀감과 빠른 성장 잠재력을 보여준다.

- 교육 — 유교 사상으로 되돌아가자. 교육은 미래 성공의 핵심이다. 중국은 미국보다 과학, 기술, 엔지니어링, 수학을 공부하는 학생이 4배 많다. 미국에서 엔지니어링을 공부하는 학생은 7%에 불과하지만, 중국은 33%가 공부한다.

- 절약 — 부유한 젊은 아시아인들은 파티나 디자이너 브랜드에 돈을 흥청망청 쓰지만, 전반적으로 아시아인들은 검소하고 대부분 열심히 절약한다. 중국의 가계저축률은 미국의 5%, 유럽의 4%와 비교해 38% 수준이다.
- 근면 — 마윈은 '996 근무제'에 따라 피땀 흘려 열심히 일한다. 996 근무제는 아침 9시부터 밤 9시까지, 일주일에 6일 동안 근무하는 것이다. 서양인이 인생을 설렁설렁 사는 동안, 아시아인은 열심히 일한다.

기술과 인간성을 받아들여라

"디지털 기술은 세상을 자동화하는 것을 넘어 더 많은 일을 해낼 수 있다. 디지털 기술은 인공지능부터 스마트시티 그리고 증강현실부터 영원한 삶에 이르기까지 일상과 직장의 면면을 바꿀 것이다."

■

피터 디아만디스Peter Diamandis는 엑스프라이즈 재단X-Prize Foundation
의 설립자다. 엑스프라이즈 재단은 인류가 직면한 심각한 문제를 해결
하는 기술을 발명한 사람에게 억대 포상금을 지급한다. 최근에는 주로
물 진량, 게놈 시퀀싱, 여성의 안전과 성인의 읽기 쓰기 능력에 관한 분
야에 집중하여 경연대회를 열었다. 그는 신간《미래는 생각보다 빨리
다가오고 있다The Future is Faster than you Think》에서 이미 빨라진 기술 혁신
의 속도가 훨씬 더 빨라지고 있다고 주장했다. 그는 향후 10년 간 인류
는 이 지구상에 존재하는 모든 산업을 재창조할 것이고, 그 변화는 오
직 인류에게 이로울 것이라고 말했다.

'연산력Computing power'은 지난 30년 동안 진보의 근간이었고, 훨씬 더
빠르고 저렴해지고 다른 기술과 만나며 퀀텀 컴퓨팅Quantum computing으
로 진화하여 앞으로도 진보를 이끌 것이다. 기계가 더욱 지능적으로
변하고 네트워크가 증식하면서, 센서와 로봇공학 그리고 가상현실과
인공지능은 기하급수적으로 발전할 것이다. 교육과 헬스케어와 같은
분야의 비용이 하락하고 접근성이 확대되면서 더 많은 사람이 기술을
받아들여 기술은 일상의 핵심이 될 것이다. 그리고 더 많은 자본이 투
자되고 더욱 급진적인 실험이 진행되면서 더 빠르고 더 극적인 돌파구
가 마련될 것이다.

10년간 세상을 바꿀 6가지 기술

기술은 교육과 헬스케어, 농업과 숙박업을 바꾸고 있다. 무엇보다 기술은 통신과 엔터테인먼트, 소매업과 금융업을 완전히 바꿔놓을 것이다. 기술은 오로지 기술 전문가의 몫으로 남겨둘 수도 있다. 하지만 기술이란 언어가 지니는 엄청난 복잡성과 위협감에도 불구하고, 모든 비즈니스 리더들은 항상 새로운 기술을 고민하고 관심을 둔다.

영국 슈롭셔의 세계 최초 철교 '아이언브리지Ironbridge'를 만든 용광로부터 미국 실리콘밸리와 중국 선전의 디지털 기업에 이르기까지, 인류를 오늘날로 이끈 산업혁명을 다시 살펴보자. 각 사건에서 새로운 혁명을 촉발한 변곡점은 무엇일까? 제조부터 헬스케어는 물론, 사회와 환경에 이르기까지 세상의 핵심을 완전히 바꾼 것은 '새로운 기술'의 등장이었다.

- 1차 산업혁명1760~1840 — 수증기를 활용한 기계식 생산
- 2차 산업혁명1870~1940 — 전력을 활용한 대량생산
- 3차 산업혁명1940~2000 — 전자 기술과 정보 기술을 활용한 생산 자동화
- 4차 산업혁명2000~ — 물리적, 생물학적 세계를 융합한 디지털 기술의 활용

현재 기술 혁명은 변곡점에 도달했다. 새로운 기술과 그 기술이 적용되는 영역은 과거 산업혁명을 낳은 기술과 다르고, 더 발전했고, 이 세상에 더 큰 영향을 미칠 수 있는 3가지 특성을 갖추고 있다.

- 지능형 — 새로운 기술에는 지능이 있다. 환경이나 상황을 인지하거나 예측하여 그 지식을 기반으로 판단하고 행동할 수 있다. 지능형 기술은 인간의 지식을 초월하고 주변 사물을 이해할 수 있다.
- 통합형 — 기술이 직접 인간과 연결된다. 기술은 인간의 육체적, 정신적 역량 그리고 자연환경에 맞춰 조정된다. 기술은 인간의 음성과 몸짓을 인식하고 역량을 강화할 수 있다.
- 몰입형 — 사람과 기계, 물리적 환경과 자연환경까지, 기술은 모든 것과 모든 곳에 탑재된다. 이것은 독립적이지만 협력적으로 운영되는 지능형 연결 세상을 만든다.

MIT는 최근 향후 10년 동안 세상을 근본적으로 바꿀 중요한 기술 6가지를 발표했다. 각각의 기술은 독자적으로 이미 강력한 기술로 인식되고 있다. 하지만 이들이 서로 결합하면 훨씬 더 강력한 힘이 발휘될 것이다. 기술의 개발과 결합이 지속하면 상상하지 못한 방식으로 사업 환경을 바꿀 차세대 첨단 기술들이 등장할 것이다. 한편으로는 이것이 우리에게 두려움을 주지만, 동시에 인간 역량을 강화하고 일상을 개선하여 오늘날 인류가 직면한 심각한 사회 문제와 환경 문제를 해결할 수 있으리란 희망도 준다.

- 구석구석 스며든 컴퓨팅 기술 — 컴퓨터가 곳곳에 내장되고 쉽게 접속할 수 있다. 우리는 장소에 구애받지 않고 곳곳에 존재하는 컴퓨터로 정보를 공유하고 처리하며 미디어를 활용한다. 사물인터넷, 즉 일상 사물에 내장된 초소형 프로세서들이 서로 연결되어 정보를 주고받는다. 데이터는 중앙 시스템에 저장되지 않고 오픈

네트워크나 블록체인에서 계속 업데이트된다. 덕분에 데이터에 더 안전하고 쉽게 접근할 수 있다.

> # 사례. 바이탈 패치Vital Patch는 팔에 부착하는 바이오센서다. 심박 수, 체온, 호흡 등을 감지하고 실시간으로 전문 의료진에게 해당 데이터를 전달한다.

- 생명공학 — 생물 형태와 시스템을 강화한다. 생명공학은 제품을 개발하기 위해 생명체와 유기체를 활용한다. 인간이 최초로 땅에 씨앗을 심은 순간부터 인간은 생명공학자였다. 여기에 유전공학, 정보과학, 화학이 생명공학기술을 강화했다. 유전학자들은 유전자 가위 'CRISPR'로 유전자를 편집한다. 이로 인해 유방암과 같은 병이 발병하기 전에 선제적으로 대응할 수 있게 됐다. 하지만 생명공학이 인간이나 동식물의 살아있는 세포를 조작하면서 새로운 윤리적 딜레마가 생겼다.

> # 사례. 생물통계학은 망막이나 지문을 사용하지만, 곧 체취와 정맥 패턴을 사용하여 보안과 접근성을 새로운 수준으로 올려놓을 것이다.

- 3D 프린팅 — 디지털로 설계하고 화학적으로 제조한다. 3D 프린팅 또는 적층제조는 세계의 공장과 공급망을 완전히 바꿀 화학에 기반을 둔 혁명이다. 이제는 차량 부품을 주문하는 대신 집에서 디지털 설계도를 내려받고 네덜란드의 '3D 허브3D Hubs'와 같은 3D 프린팅 점포를 통해서 출력하여 사용하면 된다. 3D프린터로 출력할 수 있는 재료는 인간 세포에 이르기까지 다양하다. 그래서 주문만 하면 언제든지 새로운 인공 장기를 만들어낼 수도 있다. 결국, 3D 프린팅은 생명 자체도 완전히 바꿔놓을 것이다.

> # 사례. 고객은 패션 브랜드의 디지털 디자인 카탈로그를 구독하게 될

지도 모른다. 그들은 카탈로그에 실린 디자인 중에서 마음에 드는 것을 자신에게 맞춰 수정하고 3D프린터로 출력하여 입을 수도 있다. 며칠 뒤에는 소재를 바꾸고 다른 디자인을 적용하고 출력해서 입을 수 있게 될 것이다.

- 기계학습 ─ 빠르고 자동화된 지능적 분석이 가능하다. 기계학습을 단순하게 '학습하는' 컴퓨터 프로그램으로 생각한다. 하지만 기계학습에는 패턴인지, 통계적 모형제작과 의사결정용 분석정보Analytics도 포함된다. 3가지 기술이 기계학습을 지탱한다. 저장 공간과 처리공간을 기기에서 분리한 클라우드 컴퓨팅은 언제 어디서든 소프트웨어와 데이터에 접속하고 협업할 수 있다. 포켓몬 고Pokemon Go와 같은 게임이 그것이다. 빅데이터는 엄청난 양의 데이터를 통합하고 분석하여 새로운 통찰을 제시하고 의사결정을 돕는다. 인공지능 기반 알고리즘은 데이터를 학습하고 학습결과를 바탕으로 기계를 작동시킨다.

    # 사례. 회원 카드로 구동되는 고객 분석정보는 목표 고객과 그들의 영향, 행동을 깊이 분석한다. 공급업자와 소매업자는 분석 결과를 바탕으로 공급물량을 조절하고 구매 고객에게 포인트를 제공한다.

- 나노기술 ─ 나노기술은 분자 크기의 아주 작은 장치를 만드는 분자 공학에 기반을 둔다. 그 크기는 일반적으로 1~10nm 정도다 1m=100,000,000nm. 고도로 조작된 소재는 나이키의 드라이핏Dri-Fit 스포츠 의류, 무취 양말, 방수 신발, 금연 패치 등 다양한 혁신 상품의 근간이다.

    # 사례. 나노기술은 살아있는 세포를 복제한 분자 구조를 조립할 수 있게 한다. 그래서 의사들은 나노기술을 활용하여 감염, 사고, 질

병으로 잃은 신체 부위를 재생해낼 수 있을 것으로 전망한다.

- 로봇공학 — 정밀하고 민첩하며 지능적인 기계를 만들어낸다. 로봇공학은 기본적으로 프레임, 전자부품, 소프트웨어 코드 등 자율적 혹은 반 자율적으로 움직일 수 있는 기계 시스템을 발전시킨다. 공장에서 사용되는 간단한 로봇은 최근 들어 정확도, 민첩성, 지능이 개선되면서 첨단 로봇으로 변신했다.

  \# 사례. 인튜이티브 서지컬Intuitive Surgical이 개발한 수술용 로봇인 다빈치 Da Vinci가 있다. 외과 의사들은 조종간으로 다빈치를 조종한다. 그들이 조종간을 움직이면 다빈치가 매우 정밀하게 움직인다. 다빈치 로봇의 강화된 시력과 통제력으로 의사들은 절개 부위를 최소화하여 수술할 수 있다. 이는 환자의 위험과 손상을 줄이고 회복과 성공 가능성을 높일 수 있다.

인공지능은 성장을 위한 로켓 연료다

최근에 나는 아랍에미리트 정부 관계자와 미래 트렌드에 파급될 기술의 영향력을 토론하는 자리를 가졌다. 내가 두바이의 가능성부 Ministry of Possibilities 청사에 도착하자 로봇이 나를 맞이했다. 청사에 발을 들여놓자마자 나는 다양한 혁신 프로젝트와 기술 교육을 융합해 만들어낸 현실 공간에 매료됐다. 인공지능을 책임지는 국무장관 오마르 술탄 알 올라마Omar Sultan Al Olama는 2031년까지 아랍에미리트를 인공지능 선두국가로 만들어 1,820억 달러의 부가가치를 창출하겠다는 야심에 찬 포부로 국가 인공지능 프로젝트인 '브레인BRAIN'을 출범시켰다. 과연 국가 차원에서 인공지능 전담 부서가 있는 나라가 얼마나 있을까?

이것은 미래로의 약진이기도 하지만, 실질적인 성장 전략이기도 하다.

시리Siri부터 자율주행차에 이르기까지 인공지능은 인간의 능력을 완전히 바꿀 잠재력이 있다. 인간은 인공지능을 통해 기술이 만들 엄청난 힘을 받아들이게 될 것이다. 인공지능으로 기후변화부터 질병 퇴치, 사이버 보안, 신경 통제에 이르기까지 인류의 최대 난제들을 해결할 수 있게 될 것이다. 인공지능이라고 하면 홍콩의 한센 로보틱스 Hansen Robotics가 개발한 소피아Sophia처럼 인간을 닮은 휴머노이드가 머릿속에 떠오를 것이다. 하지만 인공지능은 알파벳의 딥마인드부터 테슬라의 자율주행차까지 다양한 모습으로 드러난다.

엄격하게 말하면 오늘날의 인공지능은 인공특수지능이다. 오늘날 인공지능은 체스 게임이나 인터넷 검색 등 제한된 과업을 수행하도록 설계됐다. 인공지능은 제동 시 차바퀴 잠금을 방지하는 ABSAnti-lock Braking System부터 결제사기 방지시스템, 스팸메일 필터링 시스템, 자동 완성 서식에 이르기까지 일상생활 곳곳에 숨어 있다. 하지만 미래의 인공지능은 어떤 과업이든 수행할 수 있으며, 자율성이 강화된 인공일반지능으로 더욱 통합된 형태일 것이다.

이미 헬스케어 분야에 적용된 인공지능은 환자를 스캔하고 결과를 해석하고 게놈 시퀀싱을 진행하고 몇 분 안에 신약을 합성해낼 수 있다. 그리고 가상 간호사와 외과 로봇도 있다. "지난 150년 동안 개발된 모든 것이 향후 15년 동안 인공지능에 의해서 재탄생될 것"이라고 '런치패드 AILaunchpad AI'의 랜디 딘Randy Dean이 말했다. 그다지 놀랍지도 않지만, PwC는 2030년까지 인공지능이 세계적으로 15조7천억 달러의 가치를 창출할 것으로 추산했다.

하지만 인공지능에는 많은 윤리적 문제와 내재 편향과 연관된 위험이 있다. 그리고 인공지능과 관련하여 마련된 규제에도 일관성이 거의 없는 문제가 있다. 인공지능의 성별, 인종, 민족에 관한 편향은 자칫 잘못하면 형사사법 시스템에 부정적인 영향을 미칠 수 있다. 가짜 뉴스와 잘못된 정보가 로봇과 소셜미디어를 통해 빠르게 확산할 수도 있다. 그리고 인공지능은 사생활과 안보를 위협하고 사람들의 일자리를 빼앗을 수도 있다.

인공지능은 비즈니스 혁신과 성장의 새로운 추진력이다. 몇 가지 사례를 살펴보자.

- 아메리칸 익스프레스American Express ― 인공지능이 1조 달러 규모의 거래를 처리하고 1억1천만 개의 카드를 운용한다. 아메리칸 익스프레스는 거의 실시간으로 사기거래를 찾아내기 위해 인공지능 알고리즘을 활용한다. 이로 인해 수백만 달러의 손실을 예방할 수 있다. 아메리칸 익스프레스의 데이터 분석기술은 카드 소지자들에게 개인 맞춤형 서비스를 제공하고, 상인들이 거래 실적을 관리하도록 돕는 응용프로그램도 제공한다.
- 버버리Burburry ― 버버리는 위조품을 근절하고 매출과 고객 관계를 개선하기 위해 인공지능을 활용한다. 버버리의 고객 관계관리 인공지능 프로그램은 데이터를 기반으로 단순 보상을 넘어선 맞춤형 온라인 쇼핑경험을 고객에게 제공한다. 그리고 버버리는 스마트폰과 생체인증 센서와 같은 지능형 기기를 활용하여 물리적 쇼핑경험을 증강한다.
- 다크트레이스Darktrace ― 다크트레이스는 인체가 바이러스를 막

아내는 방법을 모방하여 컴퓨팅 시스템에 대한 외부 공격 속도를 늦추는 엔터프라이즈 면역 시스템Enterprise Immune System을 만들었다. 인공지능 기반 플랫폼이 네트워크에 탑재되면 정상적인 행동은 학습하고 비정상적인 행동은 검사한다. 이렇게 자동으로 추적해 훼손된 네트워크나 장치의 작동을 늦추거나 중단시킨다.

- 레모네이드Lemonade — 레모네이드는 보험업을 즉각적이고 쉽고 투명하게 재편하고 있다. 레모네이드는 인공지능과 행동경제학을 기반으로 주택보험 상품을 설계하여 제공한다. 레모네이드는 보험 중개인을 인공지능 로봇과 기계학습으로 대체하여 서류작업을 완전히 없앴으며, 보험 청구가 즉각 처리되도록 했다. 레모네이드는 비영리 단체를 대상으로 사회환원 제도도 운용한다.

- 마이크로소프트 — 이들은 인공지능을 서비스의 핵심에 뒀다. 코타나Cortana는 가상 비서이고, 챗봇이 스카이프Skype를 운영하고 질문에 답한다. 오피스Office에는 날씨, 교통 그리고 지능형 개인 일정 서비스가 탑재되어 있고, 기업 고객은 마이크로소프트 인공지능 플랫폼Microsoft AI Platform으로 자신만의 지능형 도구를 개발할 수 있다.

- 넷플릭스Netflix — 이들은 인공지능에 기반을 둔 개인화 서비스 덕분에 눈부시게 성장했다. 넷플릭스는 시청 기록, 검색 명세와 시청자 평점을 통합적으로 분석하여 회원에게 콘텐츠를 추천한다. 그리고 '하우스 오브 카드House of Cards'처럼 회원이 좋아할 만한 새로운 콘텐츠도 직접 개발한다.

- 레어 캐럿Rare Carat — 이들은 다이아몬드 시장을 파괴하고 있다. 레어 캐럿의 플랫폼은 블록체인을 활용하여 다이아몬드 출처를 추적하고 인증서의 진위를 확인한다. 이렇게 레어 캐럿은 다이아

몬드 유통의 진실과 윤리를 크게 개선하고 있다. 그리고 레어 캐럿은 인공지능에 기반을 둔 분석을 통해 다이아몬드 가격을 비교하고 구매자와 적합한 소매상을 연결한다.

기술의 인간화가 미래다

스냅Snap의 에번 스피걸Evan Spiegel은 산타모니카 본사의 꼭대기 층에 있는 로프트만 한 자신의 사무실에 있었다. 사무실 밖에서는 젊은이들이 해변에서 수다를 떨고 서핑과 일광욕을 즐기면서 행복한 시간을 보내고 있었다. 사무실 안에서는 스냅의 콘텐츠 플랫폼인 스냅챗Snapchat이 밖에 있는 젊은이들과 같은 또래의 십 대와 이십 대들이 밤낮을 가리지 않고 서로 연결되어 대화를 나누도록 돕고 있었다. 20대인 에번 스피걸도 그런 젊은이 중 한 명이었다. 그러던 그는 2000년에 패스트 컴퍼니Fast Company가 '세계에서 가장 혁신적인 기업'으로 선정한 기술기업의 창립자가 되었고 억만장자가 됐다.

에번 스피걸에게 스티브 잡스는 영웅이다. 그는 자신의 영웅처럼 예술 대학교에서 디자인을 공부했고 레드불에서 인턴십을 밟았다. 그는 레드불에서 일하면서 소비자 문화에 대해 많은 것을 배웠고, 스탠퍼드 대학교에서 동급생 바비 머피Bobby Murphy와 스타트업을 세웠다. 두 사람이 시작한 피카부Picaboo는 2011년 스냅챗으로 진화했다. 1년 뒤에 이용자 수가 100만 명에 도달하자 에번 스피걸은 학업을 중단했다. 2014년, 마크 저커버그는 그에게 20억 달러에 스냅챗을 인수하겠다고 제안했지만, 에번 스피걸은 그의 인수 제안을 거절하고 2017년 기업공개를 선택했다. 당시 스냅챗은 300억 달러의 가치를 지닌 것으로 평가

받았다.

그 뒤에 일이 꼬이기 시작했다. 에번 스피걸은 직원을 수천 명으로 늘렸고 모든 기술개발 프로젝트를 직접 이끌었다. 하지만 스냅챗의 이용자는 줄어들고 있었고, 2018년에만 500만 명이 탈퇴했다. 그리고 핵심 직원들마저도 잃었다. 주가는 90% 하락했고, 대부분 사람이 스냅챗은 끝장났다고 생각했다. 하지만 에번 스피걸은 포기하지 않았다. 그는 비즈니스 모델과 내부 업무방식을 고쳐야 한다는 사실을 알고 있었다. 그래서 바비 머치와 함께 사람들이 좋아하는 것을 중심으로 스냅챗을 개편했고, 증강현실을 활용한 도구에 대대적으로 투자했다. 그리고 스냅챗에 미친 토끼 귀를 사진에 삽입할 수 있도록 하거나 멋진 배경 사진도 추가했다. 이것이 젊은이들에게 주효했다.

애플과 알파벳은 스마트폰의 미래는 결국 헤드셋 형태가 될 것이라고 봤지만, 스냅은 저렴하고 재미있는 스펙터클Spectacles에 집중했다. 스펙터클은 증강현실 카메라가 탑재된 멋진 디자인의 안경이다. 그리고 스냅은 적극적으로 새로운 유형의 콘텐츠를 개발했다. 5분짜리 십 대 전용 단편 영화를 볼 수 있는, 넷플릭스와 유사한 플랫폼도 개발했다. 그리고 비트모지Bitmoji라는 두 번째 앱을 개발하여 십 대들이 심슨처럼 자신의 캐리커처를 직접 만들고 비트모지 TV 애니메이션에 친구들과 함께 등장인물로 출현할 수 있도록 했다.

그는 기술에 매우 인간적으로 접근했다. 많은 기성세대는 토끼 귀와 같은 요소를 대수롭지 않게 취급할 것이다. 하지만 에번 스피걸은 그런 요소들이 자신의 기업을 멋지고 바람직하고 놀라울 정도로 인간적인 기업으로 만들 수 있다는 것을 알았다. 기술을 '더 인간적으로' 만드는 것은 앞으로의 진보에서 매우 중요한 요소가 될 것이다. 이것은 게임 업계에서 증강현실을 받아들인 포켓몬 고나 쇼핑과 같은 활동의 경험을 완전히 바꾸기 위해 게임을 활용하는 것과 비슷하다고 할 수 있다. 예를 들어, 알리바바는 '11:11Solo day 쇼핑 페스티벌'을 통해 쇼핑객을 유치하기 위해서 유인책을 게임화했고, 카훗Kahoot은 교육 콘텐츠를 더 재미있게 게임화했다.

'기술의 인간화'는 애플 아이폰iPhone의 인체공학적 디자인부터 더 직관적인 작동 방식, 힘이나 지능처럼 인간이 지닌 기존 역량을 통합하거나 증강하려는 능력부터 일상, 사회, 환경을 개선하는 능력에 이르기까지 다양한 양상으로 나타난다. 인터페이스는 더 개인적으로 변할 것이고, 기술적 언어가 덜 사용될 것이다. 기계가 감정을 해석하는 법을 학습하면 기술의 진실성이 강화되어 기술에 대한 신뢰도 커질 것이다. 인공지능은 진화하여 옳고 그름, 거짓과 진실, 윤리적인 것과 비윤리적인 것을 구분하고 인지하게 될 것이다. 로봇공학은 인류를 힘들고 단조로운 반복적인 작업으로부터 해방할 것이다. 그리고 인간을 더 잘 지원하기 위해 감정 지능과 공감 능력을 발전시켜갈 것이다. 인공지능은 독거 노인을 돕는 로봇이나 지능화된 개인 공간인 무인자동차를 만들어 낼 것이다.

미래에서
출발하라

"단기적인 장애 요인을 빨리 극복하고 곧장 미래로 뛰어들어라. 출발선은 당신이 원하는 미래다. 그 미래를 실현하기 위해 현재의 우선순위를 찾고 자신만의 비전으로 미래를 만들어내라."

자코Zacco는 유럽에서 가장 큰 덴마크 상장 기업의 하나로 특허, 등록상표, 디자인 등 무형 자산을 전문적으로 보호한다. 500명 이상의 기술 전문가와 변호사로 구성된 자코는 세부사항과 프로세스에 집중한다. 자코의 CEO 메츠 보스트롬Mats Bostrom은 직원들이 미래를 창의적으로 생각하도록 도와달라고 했는데, 사실 이는 쉬운 일이 아니라고 말했다. 미래는 논리적이거나 절대적이거나 분명하지도 않다. 따라서 자코 직원들조차 미래를 자유롭게 상상하는 것은 어려운 일이었다. 하지만 현실적으로 자코의 비즈니스는 미래 비즈니스에 속한다. 자코는 다른 조직이 더 좋은 미래를 상상하고 실질적이고 수익성 있게 그 미래를 현실로 만들도록 돕는다.

그래서 나는 그들과 먼저 '원하는 미래를 상상'하고 그 미래를 현실로 만들기 위해서 '오늘 해야 할 일'에 대해 논의하기 시작했다. 그들은 현재의 비즈니스에서 벗어나자 놀라울 정도로 해방감을 만끽했다. 단기적으로 성과를 내야 한다는 압박감과 당장 처리해야 할 우선순위들이 사라졌고, 옳고 그름을 판단하는 제약도 사라졌다. 모두가 자신만의 관점을 갖게 됐고, 그중에 틀린 것은 아무것도 없었다.

우리는 2030년이 되면 고객들이 어떤 환경에 노출되게 될지를 상상했다. 그들이 보호받는 자산을 활용해서 놀라운 혁신을 어떻게 만들어내고 세상을 어떻게 바꿀지도 상상했다. 그러고 나서 우리는 오늘로 되돌아왔다. 그러자 관리자들은 선지자로 변해있었다. 그들은 자신이 일을 왜 하는지 그리고 그 일을 어떻게 하면 더 잘할 수 있는지 이전과는 근본적으로 다른 생각을 하게 됐다.

미래로 뛰어들어라

미래는 예전 같지 않다. 미래는 이제 현재에서 진화하거나 과거를 근거로 추론해낼 수 없다. 다가올 미래는 단질적이고 파괴적이고 색다르다. 인류의 진보를 이끄는 것은 오로지 상상력이다. 인류는 상상력으로 기술적 가능성을 발견하고 현실적 문제에 적용함으로써 모든 산업과 일상을 혁신하고 성장시키는 기회를 만들어냈다. 가장 좋은 출발점은 미래다. 최고의 기업가들은 현재의 제약과 장애를 안고 무작정 전진하지 않는다.

그들은 우선 '미래부터' 상상한다. 일론 머스크는 '2030년, 인간을 화성으로'라는 대담한 비전으로 뉴스의 헤드라인을 장식했다. 그리고 강력한 목적의식으로 실천 가능한 일들을 실행에 옮겨 비전을 현실로 만들어가기 시작했다. 테슬라로부터 하이퍼루프Hyperloop와 스페이스엑스까지, 그의 모든 행보는 더 가능성을 키울 것이며 최종 목적지로 나아가는 더 위대한 여정의 디딤돌이 될 것이다.

'미래부터' 상상하면 현재의 역량에 구속되지 않는다. 리처드 브랜슨Richard Branson은 더 좋은 항공사, 소비자 은행, 우주여행사라는 환상적인 비전을 갖고 있었다. 하지만 그는 이 비전을 실현해낼 방법을 전혀 몰랐다. 그는 우선 비전을 현실로 만드는 데 도움이 될 파트너들을 찾았다. 그들은 언제든 활용할 수 있는 전문성을 갖추고 있었고, 그의 아이디어를 잘 이해했고, 함께 더 멀리 그리고 더 빠르게 혁신을 추구했다.

여기서 핵심은 예측이 아니라 '가능성'이다. 따라서 지적 영역 너머로 상상의 나래를 펼쳐야 한다. 또한, 포부와 용기를 갖고 미래를 향해 나아가는 미래지향적 사고가 필요하다. 일단 '미래'를 상상해서 가능성을 발견하고 이해했다면, 그 가능성을 현재의 시점에서 고민해 볼 수 있다. 새롭게 방향을 잡고 새롭게 깨달은 사실과 포부를 갖고 '이제 앞으로' 나아가기 시작하면 된다.

등정에 나선 등산가처럼 오르고 싶은 봉우리를 선택하고 정상까지 가는 경로를 모두 고려해보자. 짧은 경로, 다소 위험한 경로, 알려지지 않은 경로 등 수많은 경로가 있을 것이다. 정상을 향해서 산을 오르다 보면 야생동물, 악천후, 험한 지형 등 예상치 못한 것들과 마주하게 될 것이다. 그러면 경로를 바꾸고 그때그때 즉흥적으로 대응하고 경로를 재평가해야 한다. 그러다가 목표가 바뀔 수도 있다. 하지만 그렇게 나아가다 보면 언젠가 목적지에 도달하게 될 것이다.

미래 시나리오를 탐구하라

미래를 상상하는 것은 흥미로운 일이다. 하지만 미래는 오늘날 모든 기업이 넘어야 할 큰 산이기도 하다. 미래 시장은 어떤 모습일까, 그리고 오늘 할 수 있는 가장 현명한 선택은 무엇일까? 미래로 뛰어들어보면 극적인 변화가 목격된다. 예를 들면, 세계 인구는 2050년 정점을 찍고 서서히 감소할 것이다. 2045년 인류는 지금 가장 치열하게 논의되고 있는 '특이점Singularity'에 도달할 것이고, 어떤 기계는 인간보다 훨씬 높은 지능을 갖추게 될 것이다. 2040년에는 세계 연방 정부가 설립되어 국가와 부족을 넘어선 협업으로 세계를 이끌 수도 있다. 2035년 인류는 스페이스엑스가 개발한 로켓을 타고 화성에 가서 문명을 세웠을 수도 있다. 2030년 미국에서는 주당 평균 4.5개의 택배가 무인항공기로 가정에 배달될 것이다.

사람들은 무인자동차에서 자기 시간의 40%를 보내고, 개인 입맛에 쏙 맞춘 요리를 3D프린터로 프린트해서 먹고, 대부분 시간을 지금은 존재하지도 않는 활동을 하면서 보내고 있을지도 모른다. 그리고 전 세계에서 20억 개가 넘는 일자리가 사라질 것이다. 대신 대부분 일자리가 지금과는 다른 형태로 다른 산업에서 생겨날 것이다. 또한, 50% 이상이 정규직이 아닌 프리랜서로 활동하게 될 것이다. 오늘날 포천 500 기업 중에서 50% 이상이 사라질 것이고, 전통적인 대학교의 50% 이상이 문을 닫고, 인도가 중국을 제치고 세계에서 가장 인구가 많은 국가가 될 것이다. 대부분 사람이 약물 복용을 중단하고 신체가 스스로 치료 약물을 만들어내는 새로운 의료장비를 사용하게 될 것이다.

'시나리오 플래닝Scenario Planning'은 복잡하고도 쉽다. 무한한 가능성은 다양한 가능성과 선택지를 만들어낼 수 있지만, 혼란과 혼동도 낳을 수 있다. 도전은 미래 예측이 아닌 미래에 대한 대비다. 나는 세계적인 석유회사 셸Royal Dutch Shell과 함께 처음으로 시나리오를 작성했다. 셸은 이미 1971년에 시나리오 작성기법을 시도했다. 석유파동의 시사점을 바탕으로 피크오일에 도달할 때 세계가 재생에너지로 이동하는 방법을 이해하기 위해서였다. 시나리오 플래닝은 가능한 미래에 관한 매혹적인 이야기를 쏟아냈지만, 그 프로세스는 복잡하기만 했다.

그러나 사고를 확장하고 가능성을 논하는 더 간단한 방법이 있다. 미리 준비된 방대한 데이터도 필요 없다. 참가자들의 머릿속에 들어있는 통찰과 아이디어를 활용하여 몇 시간 안에 미래 시나리오를 작성할 수 있다. 여기서는 협업, 풍부한 논의, 전략적 사고가 핵심이다. 나는 이를 위해 다음의 단계를 활용한다.

- 변화를 이끌 동력을 찾는다 — 변화를 이끌 동력에 대해 생각해본다. 산업 전반에 영향을 미쳐 새로운 미래를 형성하고, 고객에게도 영향을 미치는 요소들을 고민해본다. 메가트렌드를 촉매제로 사용할 수도 있다. 혹은 사회적, 기술적, 경제적, 환경적, 정치적 변화를 중심으로 자신만의 변화의 동력을 만들어낼 수도 있다.

- 불확실성을 판단한다 — 유난히 흥미로운 동력들을 선택하고, 그것이 일반적으로 움직이는 방향과 정반대 방향으로 움직일 때 어떤 상황이 벌어질지를 생각해본다. 다시 말해서 양극성을 탐구한다. 예를 들면, 소매업계는 배달 기능을 강화하여 온라인 비즈니스로 완전히 재편될까, 아니면 시내 중심가에서 소비자들이 풍부한 경험을 즐길 수 있는 오프라인 공간으로 더욱 진화할까? 극단적인 상황이 서로 균형을 이룰 수 있을 것으로 판단되더라도, 이처럼 극단적인 상황을 동시에 고려해보자.

- 시나리오를 작성한다 — 가장 흥미롭다고 여겨지는 극단적인 상황들을 합쳐본다. 간단하게 2개의 극단적인 상황을 기준으로 '2×2표'를 그려보자. 예를 들면, 경기호황과 경기침체 또는 높을 지속가능성과 낮을 지속가능성을 기준으로 소매업계에서 나타

날 변화를 생각해본다. '2×2표'에서 각각의 사각형은 일종의 '미니 시나리오'다. 이렇게 반복적으로 표를 만들고 어떤 조합이 가능할지를 논의한다.

- 전략적으로 결합한다 — 미니 시나리오를 결합하여 더 큰 그림을 그려본다. 이 작업을 진행하는 동안 서로의 생각을 공유하고 논의한다. 모두가 함께 기간과 확실한 요인들을 평가한다. 하나의 팀으로서, 다수의 미니 시나리오를 미래에 대한 큰 그림에 두고 참여자들이 서로 아이디어를 공유하고 논의한다. 팀으로서 잠재적인 시간의 범주와 확실성을 평가한다. 미니 시나리오들은 어떻게 묶을까? 어떤 결합이 가장 위험하고, 가장 큰 보상을 가져올 조합은 무엇인가? 가장 마음에 드는 조합은 무엇인가?

앞으로 어떤 미래가 펼쳐질 수 있는지 이해하면, 최악의 시나리오에 대비할 수 있고 만들고 싶은 미래도 선택할 수 있다.

성장 지평선을 그려라

기업은 비전을 제시하고 실현하기 위해서 전략을 세워왔다. 이제 전략과 혁신은 융합됐고, 기업은 훨씬 더 적극적이고 진보적이며 새로운 발견에 기반을 두어 전략을 수립한다. 경영진이 구성원과 같은 미래를 꿈꾸고 추구하도록 만드는 최고의 방법은 모두 한자리에 모여 며칠 동안 함께 미래를 상상해보는 것이다. 하지만 이렇게 하는 기업은 거의 없다.

기업은 내일보다 오늘을 우선시한다. 그리고 미래는 불확실하므로 미래를 탐구하려고도 하지 않는다. 그래서 비전의 부재, 정확히 말하면 공유된 비전의 부재가 발생한다. 최악의 경우에는 한 기업의 리더가 서로 다른 비전을 추구하고 서로를 오해한다. 그래서 기업은 공유된 비전을 수립하기 위해 일련의 활동을 중심으로 프로세스를 체계화해야 한다.

- 미래로 뛰어든다 — 미래의 가능성을 상상해본다. 미래에 관한 다양한 아이디어와 이미지로 다채로운 그림을 그려본다. 미래지향적 사고로 뉴스 기사를 작성해보거나, 미래 소비자들이 어떤 경험을 하게 될지 생각해본다. 다른 사람과 미래 비전을 공유하고, 그것을 짜깁기하여 미래를 그려본다. 그리고 그것을 실현 가능한 시나리오로 전환한다.

- 가능성을 탐구한다 — 미래와 현재를 비교한다. 둘 사이에 어떤 차이가 있는지를 고민하고, 그 차이를 극복해 바라던 미래에 도달할 방법을 찾는다. 그 방법의 시사점에 관해 이야기하고, 목적 선언문을 고민한다. 모든 아이디어가 하나의 비전에 맞춰져 있는가, 그 비전으로 충분한가, 아니면 좀 더 대담한 목적이 필요한가? 미래에서 현재 시점으로 되돌아와 전략적 지평선을 그린다.

- 지평선을 그린다 — '5-3-1'에 집중한다. 이것은 대부분 업계에서 비전을 수립하는 데 유용한 전략이다. 먼저 5개년 비전을 명확하게 세운다. 5년 뒤에 어떤 미래가 펼쳐질까? 미래를 실현하는 데 꼭 필요한 요소는 무엇이고, 재정 규모를 포함하여 어떤 결과가 산출될까? 그리고 3개년 비전과 1개년 비전을 세운다. 이렇게 하면 종이 한 면을 채우는 미래 여정이 그려질 것이다그림 2.2 참조. 이제 뒤로 한걸음 물러서서 이 여정을 바라보자. 그리고 질문을

SHIFT II

던져보자. 이것이 정말 야심에 찬 여정인가? 실현 가능한 여정인가? 정말 그럴듯한 여정인가? 수익성은 있는가? 마음에 드는가?

이렇게 하면 바라던 미래로 가는 더 실용적인 로드맵이 나온다. 이것은 '성장 로드맵'으로도 불린다. 여기서 중요한 것은 조직을 함께 이끄는 이들과 하나의 팀으로서 로드맵을 작성했다는 것이다. 로드맵을 작성하면서 모두 주인의식을 갖게 됐고 충분한 논의가 이뤄졌을 것이다. 로드맵이 완벽하지 않아도 괜찮다. 미래가 눈앞에 선명해 지면 그 로드맵은 바뀔 수도 있을 것이다. 미래를 향해 전진하면서 이뤄지는 지속적인 학습과 적응이 새로운 여정을 만들어갈 것이다. 그 여정에서 원하는 미래를 더 빨리 만들어낼 방법을 발견해 시기가 앞당겨질 수도 있다.

이렇게 전략적인 지평선을 그릴 때 반드시 기억해야 할 것이 있다. 미래를 위해 설정한 단기 로드맵이 현재의 성과에 얽매여 계속 변하게 된다. 지금 당장 내야 할 성과 때문에 미래를 위한 단기 전략이 계속 바

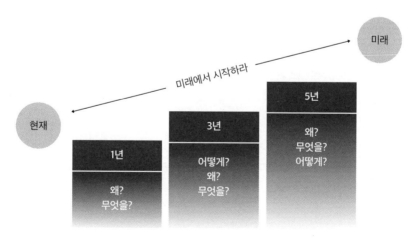

그림 2.2 미래에서 현재 시점으로 전략 세우기

뛸 수 있다. 하던 일을 계속 반복하면서 낡은 세상을 확장하고 단기적인 우선순위에 매달리게 된다. 그러니 몇 년 뒤의 미래에서 출발하고 고민하면, 지금 당장부터 달라질 것이다. 과거에서 미래를 꿈꾸지 말고 미래에서 출발해라.

네트워크 효과를 활용하라

"비즈니스에서 아이디어와 관계는 가장 중요한 자산이다. 이 둘은 기하급수적으로 네트워크 효과를 발휘하며 배가되고, 기업이 더 멀리 그리고 더 빨리 성장하도록 돕는다."

뉴욕 아서 애시 스타디움에 카일 기어스도프Kyle Giersdorf가 경기하러 나왔을 때, 그는 겨우 16살이었다. 그의 어머니는 아들이 학업에 전념해야 할 나이에 침실에서 쓸데없이 온라인 게임만 한다고 생각했다. 하지만 그는 3,000만 달러의 상금이 걸린 온라인 게임 세계 대회에 참가한 최종 100인이 됐다. 19,000명이 경기를 보기 위해 스타디움을 찾았고, 240만 명이 유튜브와 게임 채널 트위치Twitch로 경기를 지켜봤다. 몇 시간 뒤, 카일 기어스도프는 포트나이트 월드컵Fortnite World Cup의 최초 우승자가 됐다. 그는 US오픈 테니스 챔피언십 우승자보다 더 많은 상금을 청바지 주머니에 찔러 넣은 채로 당당하게 스타디움을 걸어 나왔다.

전 세계적으로 대략 22억 명의 젊은이가 온라인 게임을 한다. 이는 실제로 스포츠를 즐기는 사람보다 훨씬 많은 수치다. 2019년 e스포츠는 11억 달러의 매출을 기록했다. 글로벌 네트워크와 세계 대회가 성장하고 후원사가 더 많은 관중을 끌어들이면서, e스포츠 매출은 매년 3배씩 성장하고 있다. 이것은 어린아이가 침실에서 하는 온라인 게임과는 차원이 다르다. e스포츠는 스포츠와 엔터테인먼트 세계에 대한 정의를 다시 하고 있고, 네트워크의 엄청난 힘을 여실히 보여주고 있다.

기하급수적으로 가치를 증가시켜라

네트워크 효과는 일반적으로 디지털 기업 가치의 70%를 차지한다. 네트워크 효과는 로버트 멧칼프Robert Metcalfe 덕에 유명해졌다. 로버트 멧칼프는 3콤3Com의 공동 설립자로 컴퓨터에 끼워 넣으면 프린터, 스토리지, 인터넷 등 근거리 공유 자원 네트워크인 이더넷에 접속할 수 있는 네트워킹 카드를 개발했다. 로버트 멧칼프는 네트워크 비용은 카드 수에 비례하여 증가하지만, 네트워크 가치는 이용자 수의 제곱에 비례하여 증가한다고 말했다. 달리 말하면, 네트워크 가치는 이용자 간의 연결성 때문에 발생한다. 이용자들은 네트워크를 통해 다른 사람과 함께 더 많은 가치를 창출해낼 수 있다.

'멧칼프의 법칙'에 따르면, 네트워크 가치는 네트워크 노드 수의 제곱에 비례하여 증가한다. 최종 노드는 컴퓨터, 서버 그리고 단순하게 이용자일 수 있다. 예를 들면, 네트워크에 10개 노드가 있다면, 그 네트워크의 내재적 가치는 100이다$10^2=100$. 여기에 노드를 하나 더 추가하면 그 가치는 121$11^2$이 된다. 또 하나를 더 추가하면, 네트워크의 가치는 144$12^2$로 뛴다. 이는 선형적 증가가 아닌, 기하급수적 증가다.

네트워크 효과는 성공적인 디지털 비즈니스의 핵심 요소가 됐다. 우선, 인터넷 자체가 네트워크 효과를 촉진한다. 인터넷 접속 비용이 점점 줄면서, 기업은 이용자들을 대거 끌어들여 장기적으로 엄청난 가치를 창출할 수 있게 되었다. 그리고 네트워크 효과는 규모 확대를 촉진한다. 디지털 비즈니스와 플랫폼이 확대되면, 기업은 더 많은 시장을 지배하며 경쟁우위를 얻게 된다. 이처럼 네트워크 효과는 경쟁우위를 만들어낸다.

네트워크 효과는 기술과 직접 관련되진 않는다. 다만, 기술로 네트워크를 어떻게 형성할 것이냐가 관건이다. 다시 말해서, 기술을 활용하여 사람들을 서로 연결하여 협업을 촉진하고 상호 친밀감과 신뢰를 쌓도록 만드는 방법을 찾아내야 한다. 고객을 하나로 연결하여 공동체가 형성되면, 그들은 서로 영향을 주고받으면서 신뢰를 쌓는다. 나아가 그들은 서로에게 상품과 서비스를 추천하게 되고, 이것이 기업 매출 증가로 이어진다.

'특정한 목적이나 의도가 있는 운동Movement'은 네트워크에서 한 걸음 더 나아간 개념이다. 네트워크를 형성한 사람들에게 목적의식과 가치와 추진력을 제공하면, 그 네트워크는 하나의 운동이 된다. 이것은 너무나 뻔한 소리다. 하지만 대부분 소매업체는 고객을 하나로 연결하려고 시도하지 않는다. 심지어 고객이 비슷한 관심사를 보이더라도 하나로 연결하려는 시도조차 하지 않는다. 수십억 명의 이용자를 보유한 통신업체조차도 자신들이 제공하는 기본적인 서비스 연결망을 넘어서는 네트워크를 만들어 더 높은 부가가치를 창출할 생각을 하지 않는다.

2015년, 장Zhang, 리우Liu 그리고 수Xu란 이름을 가진 3명의 중국 교수가 텐센트와 페이스북에서 가져온 데이터를 바탕으로 멧칼프의 법칙을 실험했다. 그들에 따르면, 멧칼프의 법칙은 이용자 유형과 서비스의 차이에도 불구하고 텐센트와 페이스북 모두에 유효했다. 그들은 지난 25년 동안 성장한 10억 달러의 가치를 지닌 모든 유니콘 기업도 조사했다. 이들 중 대략 35%가 네트워크 효과를 비즈니스 전략의 핵심으로 삼고 있었지만, 네트워크 효과는 전체 기업 가치의 68%를 차지하고 있었다.

선형 기업과 네트워크형 기업

선형 기업들은 전통적으로 자산 매입, 공급망 통제, 거래량 증대 등을 통해 경쟁우위를 얻는다. 네트워크형 기업들은 증가하는 네트워크 효과를 통해 경쟁우위를 확보한다. 특히 연결망, 관계, 상호작용에서 일어나는 효과를 통해 경쟁우위를 확보해왔다. 일반적으로 네트워크형 기업들은 고객과 파트너와의 협업을 강화한다. 그리고 자신들의 전통적인 비즈니스 경계를 넘어서 더 많은 일을 해낼 수 있는 생태계로 진화해간다.

네트워크가 성장하면 네트워크 가치는 배가된다. 데이팅 앱을 생각해보자. 처음에는 아주 제한적인 수만이 데이팅 앱을 사용할 것이다. 하지만 네트워크가 성장하면, 사용자는 데이팅 앱에서 자신과 어울리는 배우자를 찾을 기회를 훨씬 더 많이 얻을 수 있다. 사용자에게 네트워크 가치는 해당 앱을 사용하는 사람 수에 달렸고, 기업에 상업적 가치는 사용자들이 상호작용하면서 생성한 데이터에 달렸다. 이 데이터를 확보하여 분석하고 상호작용을 촉진하면, 데이터는 진짜 경쟁우위가 된다.

짐 콜린스Jim Collins는 이를 '플라이휠 효과Flywheel effect'라고 불렀다. 고객의 증가는 더 좋은 경험을 낳고, 더 좋은 경험을 한 고객의 후기는 더 많은 고객을 끌어들여 광고비용을 낮추거나 광고수익을 높이고, 이것은 또 비용을 낮춰 더 많은 고객을 끌어들이는 유인책이 된다는 것이다. 네트워크 효과, 관계와 데이터는 네트워크형 기업에 귀중한 자산이다. 이들은 일반적으로 지적 재산권과 유사한 '경량' 자산이고 '무형의 자산가치'를 만들어낸다. 반면, 선형 기업들은 중량 자산을 많이 보유한다.

　네트워크 효과에도 단점이 있다. 기하급수적으로 증가하는 네트워크는 통제하거나 조율하기가 점점 어려워진다. 원치 않는 이메일, 사기, 가짜 뉴스가 증가해 네트워크 효과의 부작용을 만든다. 페이스북과 같은 네트워크형 기업들은 인력을 대거 동원하여 이런 부정적인 요소를 없애려고 시도하지만, 이것은 분명 낡은 사고방식이다. 현실적으로는 네트워크를 만들어낸 기본적인 해결책을 활용할 필요가 있다. 가령 에어비앤비, 이베이와 우버Uber와 같은 플랫폼에서 이용자들이 서로 신원을 보장해주는 '트러스트 프로파일Trust profile'처럼 P2P 승인 시스템을 활용하는 것이다.

네트워크 효과의 15가지 유형

네트워크 효과는 직접적이거나 간접적이다.

- 직접적인 — 일방적이거나 대치적인 네트워크 효과는 사용자 수가 증가해 모든 사용자에 대한 네트워크의 유용성이 증가하면 발생한다. 쉽게 말해서 사용자가 증가하면 제품이나 서비스 질이 개선되는 경우다. 예를 들면, 페이스북이나 틴더Tinder가 있다.
- 간접적인 — 교차하거나 비대칭적인 네트워크 효과는 사용자 수가 증가하면 다른 부류의 사용자에 대한 네트워크 효용성이 증가하면서 발생한다. 에어비앤비와 우버를 살펴보자. 에어비앤비의 호스트 수와 우버의 운전기사 수가 증가하면 게스트와 승객에게 해당 네트워크 효용이 증가한다.

비즈니스 전략에 따라서 발생하는 네트워크 효과도 달라진다. 예를 들어, 우버는 가변적 가격 정책을 활용하여 수요가 높을 때는 더 많은 운전자를 유인하고 수요가 낮을 때는 더 많은 승객을 끌어들인다.

비즈니스 모델에 따라 다양한 네트워크 효과가 존재한다. 각각의 네트워크 효과에는 강점과 약점이 존재한다. 지금부터 15개의 비즈니스 모델을 살펴볼 것이다. 앞서 등장하는 5개의 비즈니스 모델은 직접적인 네트워크 효과를 발생시키고, 나머지는 간접적인 네트워크 효과를 발생시킨다.

- 물리형 — 도로, 유선통신, 전기 등 유틸리티 서비스를 제공하는 비즈니스 모델
- 프로토콜형 — 이더넷, 비트코인, VHS 등 일반적인 운영 표준을 제공하는 비즈니스 모델
- 개인 유틸리티형 — 왓츠앱, 슬랙, 위챗 등 개인의 신원에 토대를 둔 비즈니스 모델
- 개인형 — 페이스북, 인스타그램Instagram, 트위터Twitter 등 개인의 평판을 활용하여 수익을 창출하는 비즈니스 모델
- 시장 네트워크형 — 하우즈Houzz, 앤젤리스트AngelList 등 목적의식을 제공하고 거래를 촉진하는 비즈니스 모델
- 마켓플레이스형 — 이베이, 비자, 엣시Etsy 등 구매자와 판매자 간 교환을 돕는 비즈니스 모델
- 플랫폼형 — iOS, 닌텐도Nintendo, 트위치 등 시장교환과 관련하여 부가가치를 창출하는 비즈니스 모델
- 점근선 마켓플레이스형 — 우버, 오픈테이블OpenTable 등 규모의

경제를 활용하는 비즈니스 모델

- 데이터형 — 구글Google, 웨이즈Waze, IMDB 등 사용자가 서비스를 이용하면서 발생시킨 데이터의 유용성을 강화하는 비즈니스 모델
- 기술형 — 비트토렌트BitTorrent, 스카이프Skype 등 사용자가 증가하면 서비스의 질이 향상되는 비즈니스 모델
- 언어형 — 구글, 우버, 제록스Xerox 등 브랜드가 시장이나 비즈니스 활동을 정의하는 비즈니스 모델
- 믿음형 — 주식시장, 종교 등 공유된 믿음을 기반으로 네트워크가 성장하는 비즈니스 모델
- 편승형 — 애플, 슬랙 등 홀로 뒤처질지 모른다는 사회적 압박감을 자극하여 성장하는 비즈니스 모델
- 공동체형 — 파크런ParkRun, 할리 오너스Harley Owners 등 공유된 열정과 활동을 바탕으로 수익을 창출하는 비즈니스 모델
- 운동형 — '월가를 점령하라', '흑인의 목숨도 소중하다' 등 공유된 목적을 추구하거나 저항하기 위해서 형성된 비즈니스 모델

대부분 아이폰 앱은 강력한 네트워크 효과에 크게 의존한다. 아주 제한적인 마케팅 활동만으로도 앱은 네트워크 효과를 통해 빠르게 인기를 얻고 널리 확산할 수 있다. '무료 프리미엄' 비즈니스 모델은 많은 사람이 앱을 사용해보도록 기본 버전을 무료로 제공하여 네트워크를 형성하고 '고급 기능'에 대해 요금을 부과하여 수익을 창출한다. 무료 프리미엄 비즈니스 모델에서 고급 기능은 주요 수입원이 된다.

경매가 치열하지 않다면, 이베이는 그렇게 유용한 웹사이트라고 할 수 없다. 이베이 이용자의 수가 증가하면서, 경매는 점점 치열해지고

입찰가는 올라간다. 입찰가가 오르면, 판매자는 다른 곳보다 이베이에서 제품을 파는 것이 더 이득이다. 그래서 자연스럽게 많은 판매자가 이베이로 몰려든다. 판매자가 많아져서 공급량이 증가하면, 입찰가가 자연스럽게 하락한다. 하지만 사람들은 이베이에 많은 제품이 판매된다는 것을 알기 때문에, 많은 구매자가 이베이로 몰려든다. 이렇게 이베이 이용자의 수가 증가하면, 가격이 하락하고 공급량이 증가한다. 그러면 점점 더 많은 사람이 이베이를 꽤 유용한 웹사이트라고 생각하게 된다.

주식시장에서도 네트워크 효과가 나타난다. 시장 유동성은 주식을 사거나 팔 때 거래비용을 결정하는 주요 요소다. 주식을 사고팔 때 매수가격과 매도가격 사이에는 차이가 존재한다. 증권거래소에서 매도자와 매수자 수가 증가하면 유동성은 증가하고 거래비용은 하락한다. 그러면 더 많은 매도자와 매수자가 증권거래소로 몰려든다.

CODE

코드 14

성장 포트폴리오를 작성하라

"가차 없는 변화 속에서의 성장은 수많은 프로젝트, 혁신, 변혁의 여정이다. 그러므로 성장은 시간이 흘러도 유지되어야 하는 균형 잡힌 포트폴리오로 여겨야 한다."

후지필름Fujifilm CEO 고모리 시게타카Shigetaka Komori에겐 '결코 변혁을 멈추지 말라'는 신조가 있다. 그래서 후지필름은 다양한 분야에서 활용될 수 있는 혁신적인 솔루션들을 개발해왔다. 현재 후지필름은 이미지 처리 기술과 정보 기술을 활용하여 헬스케어, 그래픽 시스템, 광학기기, 특수 물질 등 첨단기술 분야에서 세계적으로 존재감을 키우고 있다.

1960년대 후지필름은 사진필름 시장에서 코닥Kodak에 한참 뒤처진 만년 2위 기업이었다. 하지만 최근에는 디지털 광학기술로 사진을 찍는 방법 자체가 완전히 바뀌었다. 이런 변화 속에서 코닥은 2012년 파산해 사라졌으나, 후지필름은 새로운 영역으로 시선을 돌려 자원을 집중하기 시작했다. 2000년에는 후지필름에서 필름과 연관된 사업 매출 비중이 60%, 영업이익의 70%를 차지했다. 하지만 불과 10년 만에 그 비율은 1% 미만으로 떨어졌다. 현재 후지필름의 핵심 사업은 이미지 처리기술을 활용한 신사업 분야다. 후지필름은 이미지 처리기술을 바탕으로 헬스케어 시장에 전격 진출했다.

"코닥은 내리막길을 걷는 시장에서 살아남으려고 시도했지만, 후지필름은 새로운 미래와 가능성에 기대를 걸었다."라고 고모리 시게타카가 시장 변화에 대한 두 기업의 대응방법을 대조하면서 말했다. 이미지 처리기술은 빠르게 디지털 정보 기술로 진화했다. 그러자 의료 시스템부터 제약, 재생의학, 화장품, 평판 디스플레이, 그래픽 시스템에 이르기까지 새로운 분야에서 새로운 비즈니스 기회가 창출됐다.

예를 들어, 후지필름은 2006년 아스타리프트Astalift 스킨케어 브랜드를 출시하면서 화장품 사업을 시작했다. 이어서 색조화장품으로 사업을 확장했고, 여러 유형의 의료제품과 웰빙 제품도 출시했다. 카메라 필름과 화장품이 관련 없는 듯 보일지 모르지만, 카메라 필름과 사람의 머리카락 두께는 약 0.2mm로 같다. 콜라겐은 필름의 습도와 탄성을 조절하고 유지하는 데 사용된다. 그러므로 콜라겐을 전문적으로 생산해내는 기술은 스킨케어 제품을 생산하는 데도 똑같이 활용할 수 있다.

후지필름은 디지털카메라 기술을 활용하여 의료진단 이미징 시스템을 개발했다. 후지필름의 의료진단 이미징 시스템은 신약에 대한 기초 연구 플랫폼을 제공한다. 신약 개발에 유전자 분석과 같은 정보과학 기술Informatics이 갈수록 중요해지고 있다. 후지필름은 정보과학 기술에 자신들의 전문성을 결합하여 전통적 제약회사들에 경쟁우위를 제공한다.

무한한 게임에서 천하무적이 되어라

사이먼 사이넥은 저서 《무한한 게임The Infinite Game》에서 기업이 지속해서 성공하고 변혁과 성장을 끈질기게 추구하고 장기적인 가치를 확보하는 방법을 소개했다. "축구나 체스 게임처럼 유한한 게임에서 선수들은 이미 알려져 있고, 게임의 규칙은 이미 정해져 있으며, 게임의 종료 시점은 명확하다. 그래서 승자와 패자가 쉽게 판가름이 난다."
라고 사이먼 사이넥은 말했다. "하지만 비즈니스나 정치 또는 인생처
럼 무한한 게임에서는 선수들이 오고 가고, 규칙은 언제나 변할 수 있
으며, 게임이 언제 끝날지 아무도 모른다. 무한한 게임에선 분명한 승
자와 패자조차 없다. 오직 앞선 자와 뒤처진 자가 있을 뿐이다."라고
말했다.

많은 기업이 유한하거나 경직된 사고방식 때문에 고전한다. 그들
은 어떤 분야에서 최고가 되겠다거나 특정 제품을 출시하겠다는 내부
목표를 정한다. 하지만 그들은 결국 스스로 정한 목표의 노예가 된다.
협소하게 정의된, 매출 지향적이고 제품 중심적인 기업들은 현재의 틀
에서 벗어나는 것을 매우 어렵게 생각한다. 그들은 수익이 감소하는

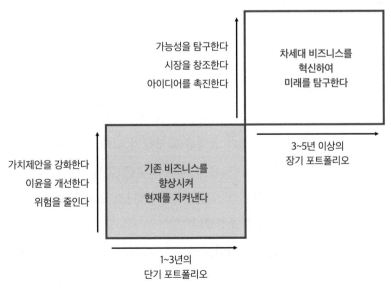

그림 2.3 성장 포트폴리오 수립하기

기존의 비즈니스를 쥐어 짜내는 방법만 안다. 그래서 매출이 부진하고 추진력은 사라지고 혁신은 더뎌지고 활력은 떨어진다. 그렇게 그들은 결국 뒤처진다.

무한한 가능성을 상상하거나 성장 지향적인 사고방식을 지닌 리더들은 무한한 게임을 훨씬 더 잘 해낸다. 그들은 새로운 돌파구를 찾으려고 실험하고, 전략과 혁신에 완전히 새롭게 접근한다. 그들은 목적 지향적이고 성장에 집중하고 고객 중심적으로 사고한다. 이것이 조직이 나아갈 방향을 제시하고 조율하며 추진력과 에너지를 만들어낸다. 이런 요소들 때문에 조직은 계속 진화하고 적응하고 혁신하며 변하는 세상과 함께 움직인다. 심지어 그들은 시장보다 앞서 변화의 리듬을 만들어낸다. 이렇게 자신들에게 유리한 세상을 만들어나간다.

현재를 활용하고 미래를 탐구하라

알렉스 오스터왈더Alex Osterwalder와 예스 피그누어Yves Pigneur는 비즈니스 모델 캔버스Business model canvas를 고안한 것으로 유명하다. 비즈니스 모델 캔버스는 비즈니스 모델의 필수 요소들을 보여주는 서로 다른 선택 사이에 존재하는 관계와 균형을 탐구하기 위해서 설계된 1쪽 분량의 다이어그램이다. 두 사람은 최고의 기업은 장시간에 걸쳐, 목적 달성에 도움이 되는 비즈니스 모델 또는 비즈니스 모델 포트폴리오를 연달아 개발한다는 사실을 발견했다.

그들은 신간《천하무적 기업The Invincible Company》에서 사고방식뿐만 아니라 위대한 아이디어, 혁신, 오늘의 성공과 내일을 보장하는 비즈니스 모델이 성장 포트폴리오를 개발한 기업들을 오랫동안 지탱한다고 말했다. 천하무적 기업들은 기존의 사업과 새로운 사업으로 구성된 역동적인 비즈니스 포트폴리오를 만들어서 관리한다. 그들은 기존의 비즈니스 모델을 가능한 오랫동안 파괴자로부터 지켜내는 동시에 내일의 비즈니스 모델을 만들어내기 위해 노력한다.

리더들은 현재를 '활용'하고 미래를 '탐구'해야 한다.

- 현재를 활용하라 ― 리더들은 기존의 사업을 관리하고 개선해야 한다. 기존 사업의 수익성에 집중하고 새로운 경쟁자, 새로운 기술, 새로운 시장, 새로운 규제가 생겨 기존 사업이 파괴될 수 있는 위험을 경계해야 한다.
- 미래를 탐구하라 ― 리더들은 조직이 성장할 수 있는 새로운 영역을 찾아내야 한다. 그들은 규모와 확장 때문에 생겨나는 새로운 아이디어의 잠재적인 수익성, 혁신과 연관된 위험, 새로운 아이디어를 더욱 명확하게 만들 방법을 평가해야 한다.

기업은 현재의 소비자 요구를 충족시키면서도 미래를 창조할 수 있는 '양손잡이형' 조직 구조를 개발해야 한다. 그래야 소비자들에게 의미 있고 번영하는 기업으로 남을 수 있다. 미래의 혁신은 오늘의 성과만큼 중요하다. 하지만 미래를 탐구하는 혁신적인 기업이 되려면 독특한 문화, 독특한 역량, 독특한 평가지표가 필요하다.

가차 없는 성장을 추구하라

리더들은 양손잡이가 되어야 한다. 그들은 현재의 결과를 내놓고 미래도 창조할 수 있어야 한다. 고모리 시케타카의 성공 비결은 단 하나의 아이디어가 아니다. 꼬리에 꼬리를 무는 비즈니스 콘셉트를 연이어 개발한 덕에 그는 성공할 수 있었다. 알파벳처럼 기업이 보유한 독특한 역량을 다른 분야에 다양한 방식으로 적용하거나, 애플처럼 같은 고객을 대상으로 더 다양한 사업을 시도하거나, 마이크로소프트처럼 같은 영역에서 여러 가지 방식으로 작업을 수행하는 등 연이은 비즈니스 콘셉트를 개발하는 방식은 다양하다.

아마존은 의도적으로 기존의 비즈니스 모델과 새로운 유망한 비즈니스 모델로 구성된 다양한 포트폴리오를 만들어서 관리한다. 아마존은 기존 비즈니스 모델인 온라인 쇼핑, AWS, 물류를 활용하여 지속적인 성장을 추구하며, 알렉사Alexa, 에코Eco, 대시 버튼Dash Button, 프라임 에어Prime Air, 아마존 프레시Amazon Fresh처럼 미래에 큰 이윤을 발생시킬 미래 성장 동력으로 구성된 포트폴리오를 개발한다.

혁신적인 단기 비즈니스 모델과 장기 비즈니스 모델로 구성된 포트폴리오가 지속적인 장기 성장을 가능하게 한다. '천하무적' 기업들은 자본과 자원을 적절하게 할당하여 비즈니스 모델을 개발할 수 있다. 새로운 아이디어와 혁신이 계속 이어지도록 하는 문화와 프로세스가 격동의 시기 속에서 그리고 불확실한 미래를 마주한 순간에 기업에 든든한 버팀목이 되어줄 것이다.

어떻게 성장 코드를
혁신할 것인가?

◇ 생각해볼 **문제 5가지**

- 메가트렌드에 편승하라 - 어떤 트렌드가 기업을 더 멀리 데려갈 것인가?

- 아시아로부터 배워라 - 아시아의 독특한 접근방식에서 무엇을 배울 수 있을까?

- 기술에 관심을 가져라 - 어떤 새로운 기술이 기업에 가장 중요할까?

- 네트워크를 잘 활용하라 - 영향을 배가하기 위해서 네트워크 효과를 어떻게 활용할 수 있을까?

- 성장 포트폴리오를 만들어라 - 현재와 미래의 비즈니스 포트폴리오는 얼마나 균형적일까?

◇ 영감을 주는 **리더 5명**(http://www.businessrecoded.com 참조)

- 마이크로소프트의 사티나 나델라 - 고객을 멋지게 만들려고 노력하는 리더

- 글로시에Glossier의 에밀리 와이즈Emily Weiss - 개인 블로그를 가장 빠르게 성장

하는 기업으로 바꾼 리더

- GM의 메리 바라 – 실패의 세월을 보낸 뒤 수습사원에서 GM을 재창조한 리더
가 된 여인
- 메이투안덴핑의 왕싱Wang Xing – 중국의 새로운 소비자에게 뭐든지 배달하는
리더
- 소프트뱅크의 손정의Masayoshi Son – 1,000억 달러의 300년 투자계획을 가진
전설적인 투자자

◇ 읽을 만한 **책 5권**

- 리타 맥그래스의《구석구석 둘러보라Seeing around Corners》
- 파라그 카나Parag Khanna의《아시아가 바꿀 미래The Future is Asian》
- 알렉스 오스터왈더와 예스 피그누어의《천하무적 기업The Invincible Company》
- 크리스 주크의《멈추지 않는 기업Unstoppable》
- 피터 디아만디스의《미래는 생각보다 빨리 다가오고 있다The Future is Faster
than you Think》

◇ 더 살펴볼 **기관 5개**

- 아워 월드 인 데이터Our World in Data
- 맥킨지 인사이트McKinsey Insights
- 딜로이트 인사이트Deloitte Insights
- 싱귤래러티 허브Singularity Hub
- 비주얼 캐피탈리스트Visual Capitalist

TRANSCENDENT

시장 코드를
혁신하라

"자신에게 유리하게 시장을 재편하는 방법은 무엇일까?"

'초월하는Transcendent'은 라틴어 'Transcendentia'에서 유래했다. 이것은 일반적인 한계를 넘어서고 보통의 상태를 뛰어넘어 한껏 고조된 관점과 목적의식을 경험하는 상태를 의미한다.

세상이 빠르게 변하면서 우리는 숱한 도전에 직면하게 된다.

- 지난 25년간 중국의 세계 제조 생산량 비중은 2%에서 25%로 증가했다. 그 기간에 중국의 GDP는 30배 증가했다.
- 지난 20년 동안 지구 전체 야생지역의 9.6%가 소실됐다. 이는 대략 330만 제곱킬로미터에 맞먹는 면적이다.
- 일의 51%가 자동화되고, 5%의 직업이 기계로 완전히 대체될 것이다. 하지만 사라진 일자리보다 너 많은 새로운 일자리가 생겨날 것이다.
- 새로운 디지털 기술이 2030년까지 탄소 배출량을 20% 줄일 것이다. 이는 중국과 인도의 탄소 배출량을 완전히 없앤 것과 같다.
- 차량 공유로 인하여 2035년에는 자동차 수요의 90%가 감소할 것이다. 따라서 오늘날과 비교해 겨우 17%의 자동차만이 필요하게 될 것이다.
- CEO 연봉은 지난 40년 동안 무려 1,000% 이상 상승했지만, 일반 직원의 연봉은 겨우 11% 상승했다. 물가상승률을 고려하면 일반 직원의 연봉은 기본적으로 정체된 것이나 다름없다.
- 72%의 사람들이 정직하지 못한 기업이 증가한다고 느낀다. CEO의 93%는 자기 회사가 옳은 일을 하고 있다고 신뢰하도록 하는 것이 중요하다고 믿는다.
- 밀레니얼 세대의 87%가 기업이 사회에 긍정적으로 영향을 미치기 위해 어떻게 노력하느냐를 기준으로 구매 결정을 내린다고 말했다.

당신은 이렇게 변하고 있는 세계에 어떻게 대응할 것인가?

시장 매트릭스를 탐구하라

"물리적 시장과 디지털 시장, 세계 시장과 현지 시장, 그리고 인간 중심적 시장과 자동화 시장이 공존한다. 시장은 경계가 모호해지고, 다차원적으로 변화하고, 서로 연결되고, 유연해지고, 개인화하며 진화하고 있다."

영화배우 키아누 리브스Keanu Reeves는 1999년 출연작인 '매트릭스The Matrix'를 '변화하는 세상에 대해 주의를 집중시키는 작품'이라고 소개했다. 그로부터 20년이 지난 현재 우리는 극도의 개인주의, 낡은 시스템에 대한 무시, 반기업 저항운동, 거짓과 진실의 모호한 경계 등 영화에 등장했던 많은 요소를 일상에서 마주하고 있다.

오늘날 시장은 가능성이 복잡하게 얽히고설킨 매트릭스다. 지난 20년 동안 혹자는 거의 아무것도 변하지 않았다고 말하고, 혹자는 오히려 모든 것이 변했다고 말한다. 시장을 어떻게 바라보느냐에 따라 업무 영역, 전략과 혁신, 업무 방식, 조직과 구성원에 관한 모든 것의 결정이 달라진다. 이제 리더들이 깨어날 시간이다.

산업과 시장의 경계가 사라지고 있다

우리는 시장을 '명확한 기준으로 분명하게 정의된 영역'인 산업이라고 생각했다. 경계가 명확하고 명확하게 분류되고 산업 표준이 정해져 있고 경쟁자를 예측할 수 있는 곳이라고 여겼다. 하지만 시장은 경계가 모호해지고 해체되기 시작했다. 아마존은 패션 업계를 파괴하고, 알파벳Google은 여행 업계를 파괴한다. 애플은 헬스케어 업계를 파괴하고, 테슬라는 에너지 업계를 파괴한다. 알리바바는 금융 업계를 파괴하고, 스냅Snap은 영화 업계를 파괴한다.

통신과 기술, 커뮤니케이션과 미디어, 데이터와 정보, 엔터테인먼트와 게임과 같은 분야들은 서로 수렴한다. 또한, 제약과 헬스케어, 웰니스Wellness와 식품, 패션과 스포츠와 같은 분야는 경계가 사라지고 서로 연결되어 하나의 연속체가 된다. 지금은 사업을 얼마든지 자유롭게 정의할 수 있는 시대다. 어떤 종류의 기업인지 그리고 어느 시장에서 활동할지를 원하는 대로 정의할 수 있다. 누구나 새로운 시장 매트릭스로 자신의 '시장 영역'을 규정할 수 있다.

시장의 경계가 모호해지면서, 시장은 다차원적으로 진화했다.

- 디지털 시장과 물리적 시장의 경계가 모호해졌다.
  포트나이트Fortnite의 온라인 게임은 대형 스타디움에서 진행되고, 나이키의 플래그십 스토어에서는 스마트폰으로 매장을 둘러보고, 로레알L'Oreal의 매직 미러Magic mirror는 고객의 요구에 맞춰 화장품을 제작하고 집으로 배달해준다.
- 제품과 서비스의 경계가 모호해졌다.
  할리데이비슨Harley Davidson은 '할리데이즈Holidays' 행사를 준비하며 오토바이 대여뿐만 아니라 항공권과 호텔 예약 서비스도 제공한다. 어도비Adobe의 소프트웨어는 '서비스로서' 제공되고, 디즈니랜드Disneyland는 집에서 온라인으로 관람 계획을 짜고 미리 놀이기구를 체험할 수 있다.
- 범주와 영역의 경계가 모호해졌다.
  그랩Grab은 비즈니스 모델에서 데이터와 금융이 핵심인 배송업체다. CVS는 건강과 웰니스 분야로 비즈니스 영역을 확장한 제약회사다. 애슬레저Athleisure 의류는 일상에서도 입을 수 있는 세련된 스포츠 의류다.

- 산업과 기능적 역할의 경계가 모호해졌다.

IBM은 컴퓨터 제조사였지만 신뢰할 수 있는 컨설팅업체로 변신했고, 아마존은 소매업체이지만 자체 브랜드 상품과 서비스도 보유하고 있다. 캐스퍼Casper 매트리스는 중간 단계 없이 소비자에게 직접 판매된다.

- 기업과 소비자의 경계가 모호해졌다.

글로시에Glossier는 화장품 브랜드지만, 소비사들이 공유하고 함께 만들어가는 커뮤니티 공간이다. 에이본Avon은 '소비자-판매자' 브랜드다. 라파Rapha는 자신들의 매장을 만남의 장소이자 물건을 파는 장소로 '사이클 클럽Cycle Clubs'이라 부른다.

제조업체들은 비선형적 가치사슬과 제품의 한계를 넘어 진화하는 브랜드를 활용하여 소매업체처럼 생각하고 행동할 수 있게 되었다. 그들은 소비자 직거래 채널Direct To Consumer, DTC을 만들어서 상품 중개인보다 소비자들에게 더 믿음이 가고 맵시 있는 상품을 직접 제공할 수 있다. 애플, 올버즈Allbirds, 달러쉐이브클럽Dollar Shave Club, 와비파커Warby Parker를 생각해봐라.

제조업체들과 똑같이 까르푸Carrefour와 타겟Target과 같은 소매업체도 하인즈Heinz, P&G 등 대형 소비재 제조업체의 제품에 버금가는 양질의 제품을 직접 생산할 수 있다는 사실을 깨닫기 시작했다. 소매업체는 많은 장점을 갖고 있다. 그들은 제조업체보다 소비자와 친밀한 관계를 맺을 기회가 더 많다. 그리고 구매 제안과 같은 인접 서비스를 추

가하고 고객을 개인적으로 이해할 기회도 많다. 이런 점에서 타겟은
P&G보다 더 강한 브랜드가 될 수도 있다.

다차원 시장은 산업을 어떻게 바꾸나

그렇다면 오늘날 시장이 직면한 도전과제는 무엇일까? 그리고 어떤 비즈니스 모델이 새롭게 등장했을까? 지속가능한 영향력은 무엇이고, 이해관계자의 빠르게 변하는 요구는 무엇일까?

- 자동차 산업 — 자동차 산업은 100년 만에 자율주행, 전동화, 새로운 연료, 새로운 차량 소유 방식, 연결된 생태계 등으로 엄청난 변화를 맞고 있다. 여기에 인공지능, 스마트 도로, 연결, 엔터테인먼트까지 더해져 자동차 산업은 변화의 바람이 거세다. 안전과 같은 문제는 앞으로도 계속 중요한 화두가 될 것이다. 예를 들어, 볼보Volvo는 운전을 제대로 못 하거나, 음주 상태이거나, 과속하는 것을 감지하고 자동으로 조처하는 새로운 센서를 차량에 탑재한다.
- 미용 산업 — 개인화와 친환경은 피부관리 제품과 색조화장품 개발에 중요하다. 여기에 새로운 과학적 발견이 고도화된 기능성 제품을 만들어낸다. 미셸 판Michelle Phan과 같은 인플루언서는 광고보다 소비자에게 더 크게 영향을 미친다. 버치박스Birchbox의 구독 모델과 뷰티파이Beauty Pie의 DTC 모델은 소비자가 매장이 아닌 욕실처럼 편안한 장소에서도 화장품을 구매할 수 있도록 만들었다.
- 에너지 산업 — 탈 탄소화, 탈 중앙집권화와 디지털화는 모든 발

전회사와 에너지 공급회사가 풀어야 할 숙제다. 채굴과 프래킹 Hydraulic fracturing 기술로 생산하는 석유와 가스는 태양광과 풍력으로 대체되고 있다. 그리고 도시와 가정은 에너지를 직접 관리하거나, 현지에서 자동으로 에너지를 만들어 관리하는 방식으로 변화하고 있다. 에너지 산업을 해체하는 파괴자로는 쓰레기를 청정에너지로 바꾸는 란자테크Lanzatech와 지멘스에서 분사한 대형 배터리 업체인 플루언스Fluence와 와티Watty가 대표적이다.

- 패션 산업 ─ 새로운 소재, 새로운 비즈니스 모델, 새로운 기술이 패션 산업을 완전히 바꾸고 있다. 아구아벤디타Agua Bendita는 재활용 폐품으로 아름다운 비키니를 만들어내고, 볼트스레드Bolt Thread는 인조 명주실을 생산한다. 그리고 언스펀Unspun은 20초 '3D핏 3DFit' 바디 스캔을 사용해 맞춤형 청바지를 생산한다. 그리고 스레드업ThredUP은 중고거래 플랫폼을 만들었다. 이처럼 환경에 대한 영향은 환경오염의 주범 중 하나인 패션 산업의 최대 관심사가 됐다.

- 금융 산업 ─ 디지털 기업의 진입과 새로운 기술의 등장으로 금융 산업이 완전히 변하고 있다. DBS는 '보이지 않게' 다른 서비스 영역으로까지 사업을 확장했고, 아톰Atom과 넘버26Number26은 속도와 단순함을 추구한다. 레모네이드Lemonade는 인공지능을 받아들여 보험 산업을 완전히 바꿨고, 악사AXA는 블록체인을 새롭게 활용할 방법을 모색하고 있으며, 암호화폐는 계속 진화하고 있다.

- 식음료 산업 ─ 웰니스와 지속가능성은 다농Danone, 네슬레Nestle, 유니레버 같은 대기업의 핵심 과제였다. 육가공품과 유제품을 주로 생산하는 기업들은 임파서블Impossible과 비욘드미트Beyond Meat 처럼 식물을 원료로 하는 대체식품 생산기업의 강한 도전을 받고

있다. 가정배달, 밀키트Meal kit, 스낵, 이동하면서 간편하게 먹을 수 있는 식품이 증가하면서 새로운 유통채널과 비즈니스 모델이 등장하고 있다.

- 헬스케어 산업 — '적극적인 건강Positive health'부터 개인 맞춤형 제약까지, 사람들은 새로운 방식으로 건강을 관리하고자 한다. 23앤드미의 유전자 프로파일링, 페이션트라이크미Patients Like Me의 개인 간 건강 조언 시스템, 바빌론Babylon의 인공지능 기반 진단시스템과 착용 가능한 건강 추적기, 마이뉴트클리닉Minute Clinic의 간편 컨설팅 시스템, 집라인Zipline의 무인항공 배달시스템, 오가노보Organovo의 3D 프린팅 인공 장기, 여기에 유전자 편집 기술과 개인 맞춤형 의약이 결합하고 있다.

- 미디어 산업 — 게임에서 TV 스트리밍 서비스, 가상현실에서 인스턴트 메신저까지, 다양한 미디어의 등장으로 콘텐츠를 소비하는 방식이 완전히 바뀌고 있다. 사용자 생성 콘텐츠와 상호작용 콘텐츠가 증가하는 가운데 새로운 비즈니스 모델, 특히 구독 모델은 다양한 플랫폼에 적용되고 있다. 트위치Twitch와 스포티파이Spotify와 같은 플랫폼 업체가 콘텐츠를 큐레이팅하고 커뮤니티를 형성하는 데 더 중요한 역할을 할 것이다.

- 소매업 — 아마존과 쇼피파이Shopify와 같은 혁신기업은 단일 브랜드 제품과 서비스가 더 빨리 판매되고 유통되도록 했다. 글로시에Glossier는 커뮤니티와 팝업 스토어의 힘을 보여준다. 엣시Etsy는 공예가들이 세상에 자신의 제품을 선보일 기회를 제공한다. 알리바바는 게임화를 수용하여 소비자와 더욱 깊이 소통한다. 메이투안덴핑Meituan Dianping과 같은 지능형 유통업체들은 소비자의 가장 개인적인 요구를 알고 있다.

- 기술 산업 — 인공지능과 클라우드가 기술과 융합하여 일상 깊이 파고들어서 더 지능적이고 개인적인 선택과 행동을 가능하게 해 주고 있다. 통신 산업에서 5G로의 이동은 이전과는 완전히 다른 차원의 실시간 소통을 가능하게 할 것이다. 영상 기반 콘텐츠는 교육은 물론 일과 접목되어 빠르게 발전할 것이다. 일차적인 사용자인터페이스는 음성, 시선 추적을 거쳐 궁극적으로는 뇌로 이동할 것이다.

- 여행 산업 — 인공지능은 이동수단의 자동화, 지능화, 효율화를 촉진할 것이다. 그리고 건강과 환경에 관한 문제가 계속해서 항공, 숙박, 관광 산업에 중요해질 것이다. 청정 연료 사용과 신뢰도 높은 관광 산업으로 도약하는 일은 유목민처럼 자유롭게 이동하며 머무를 공간을 제공하는 셀리나Selina, 하늘을 나는 전기차를 개발하는 릴리움Lilium, 아시아 최대 여행업체 씨트립Ctrip과 같은 혁신기업에 의해 가속화 할 것이다.

당신이 속한 산업은 무엇인가

앞으로 10년 이내에 자동차 제조업체들은 더는 자동차를 판매하지 않을 것이다. 그 대신에 사용자의 요구에 따라 이동수단을 제공하고, 차량공유 서비스와 물류 서비스를 제공할 것이다. 그리고 스쿠터와 기차, 비행기와 호텔, 에너지와 통신 등 다른 산업군에서 활동하는 기업과 손잡고 완전히 새로운 제품이나 서비스를 제공하게 될 것이다. 이뿐만이 아니다. 앞으로 10년 안에 컴퓨터가 가스, 전기, 수도 등 유틸리티 서비스를 관리하고, 쇼핑 계획을 세우고, 엔터테인먼트 스트리밍 서비스를 제공하는 스마트홈Smart home이 보편화할 것이다.

도대체 누가 이런 서비스를 제공하게 될까? 테슬라는 오래전부터 자신을 자동차 제조업체가 아닌 에너지 기업이라고 정의했다. 테슬라는 '재생에너지로의 빠른 전환'을 목표로 배터리, 에너지 시스템, 운송 수단 등 다양한 산업에 뛰어들었다. 실제로 테슬라는 자동차뿐만 아니라 충전 시스템인 파워월Powerwall과 태양광 패널도 판매한다. 이렇게 테슬라는 새로운 가치를 소비자에게 제안하는 일체형 구독 모델을 만들어냈다. 완전히 새로운 시장도 속속 등장할 것이다. 2025년이 되면 자율주행차, 사물인터넷 소프트웨어와 센서, 바이오기술, 스마트 그리드와 재생에너지 분야에서 최소한 1,000억 달러에 달하는 새로운 시장이 탄생할 것이다.

고객 중심적 사고는 '시장 영역을 설정하는 데' 최고의 방법이다. 가장 먼저 고객이 무엇을 할 수 있도록 돕고 싶은지를 고민해야 한다. 앞서 목적을 정의했던 것처럼, 하는 일이나 일하는 방식이 아니라 존재 이유를 중심으로 시장을 정의해야 한다. 그리고 '왜'에서 출발해야 한다. 이것은 기업의 행동반경도 넓혀준다. 다시 말해서, '왜'에서 출발하면 기업은 고객에게 더욱 바람직하고 가치 있는 제품이나 서비스를 제공할 수 있는 시장 기회를 더 많이 얻을 수 있다.

기업이 시장에서 자신만의 영역을 구축하면 경쟁우위를 얻게 된다. 경쟁자와 다른 자신만의 영역을 정의하고 구축하면, 기업은 더욱 매력적으로 사업과 고객에게 제공하는 가치를 정의할 수 있게 된다. 자신의 영역을 새롭게 설정하고 나면 예전과는 다른 가치와 시장 모델을 지닌 새로운 기회가 생겨난다. 여기서 이해관계자들의 의견도 들어봐야 한다. 직원에게 통신회사에서 일하고 싶은지 아니면 기술회사에서 일하고 싶은지 물어봐라. 그들에게 제약회사에서 일하고 싶은지 아니면 웰니스 회사에서 일하고 싶은지 물어봐라. 지금과는 다르게 설정한 시장 영역은 이전과는 전혀 다른 위험과 보상을 가져올 것이다. 또한, 이것은 당신이 추구하는 시장가치에 직접 영향을 미칠 것이다.

CODE

코드 16

파괴자들을
파괴하라

"스타트업은 그 자체로 멋지다. 그리고 빠르게 성장하는 스타트업은 크게 수익을 낸다. 이렇게 높은 수익을 내는 스타트업을 '스케일업(Scale-ups)'이라고 부른다. 하지만 스케일업보다 훨씬 더 많은 강점이 있는 기업은 이미 자리를 잡은 대기업이다. 그렇다면 지금까지 해오던 게임과 어떻게 다른 게임을 할 수 있을까?"

1960년대 초, 고급 시계를 사고 싶은 사람들은 망설임 없이 스위스 시계를 선택했다. 스위스 시계는 정확성과 장인정신으로 유명했고, 그 명성은 무려 3세기 넘도록 이어졌다. 그래서 오랫동안 스위스 시계는 고급 시계의 대명사로 여겨졌다. 그러다가 세이코Seiko와 타이맥스Timex가 등장했다. 그들은 쿼츠Quartz라는 혁신적인 기술을 활용하여 새로운 기능이 탑재된 시계를 생산했고 저렴하게 판매했다. 그 결과, 스위스의 세계 시장 점유율은 1965년 48%에서 1980년 15%로 하락했다.

스위스 시계장인들은 파괴자와 가격경쟁을 벌여 빼앗긴 시장 점유율을 되찾을 수도 있었다. 하지만 그들은 시장을 파괴한다는 것은 같은 게임을 하는 것이 아니라, 게임 자체를 바꾸는 것임을 깨달았다. 그래서 그들은 저가 정책을 택하는 대신 스타일과 패션을 추구했다. 스위스 시계는 디자인에서 대단히 밝고 현대적인 스타일로 다시 태어났고, 가격은 그날의 의상이나 기분에 맞춰 시계를 바꿔 착용할 수 있을 정도로 저렴해졌다. 스위스 시계장인들은 이렇게 파괴자들을 파괴했다.

모든 시장은 결국 파괴된다

'파괴disruption'는 클레이튼 크리스텐슨Clayton Christensen의 《혁신가의

딜레마The Innovator's Dilemma. When Technologies Cause Great Firms to Fall》를 통해서
유명해졌다. 클레이튼 크리스텐슨은 파괴를 더 단순하고 더 저렴한 제
품이나 서비스가 저가 시장에 뿌리를 내린 뒤에 무자비하게 고가 시장
으로 이동하여 기존 업체를 대체하는 프로세스로 정의했다. 넷플릭스
가 이렇게 블록버스터Blockbuster를 파괴했고, 포드의 모델 T가 말과 마
차를 파괴했다.

　파괴는 다양한 형태로 나타난다. 단지 기술과 가격에만 국한되지
않는다. 비틀스는 대중음악계를 파괴했고, 브렉시트는 유럽을 파괴했
고, 코로나-19 팬데믹은 모든 일상을 파괴했다. 일반적으로 파괴는 다
윗과 골리앗처럼 기존 체제에 저항하는 소규모 집단이 현재 시장을 지
배하는 거대한 집단과 벌이는 대결이다. 거대한 집단은 현재의 성공에
너무 익숙해진 나머지 과거의 영광에 안주하기 시작한다. 그리고 앞으
로 나아가는 법을 곧 잊어버린다. 반면에 소비자들은 익숙한 것, 특히
지루하고 트렌드에 뒤처진 것들에 싫증을 느낀다. 그런 그들에게 작은
반란군은 새롭고 흥미롭다. 그들은 변화를 추구하고 기존의 것보다 더
좋은 무언가를 내놓는다. 그리고 소비자의 편에 서서 현상에 맞서고
더 좋은 세계를 만들고자 한다.

　모든 시장에는 파괴자가 존재한다. 주로 스타트업이 시장을 파괴
한다. 그들은 색다른 아이디어를 실현하고 이 세상에 더 긍정적으로
이바지하려고 노력한다. 그들은 수십억 달러의 기업이나 '유니콘' 기업
으로 성장한다. 코카콜라와 펩시와 같은 기존 기업들이 추구하는 혁신
과 스타트업이 만들어내는 혁신의 영향력을 비교해보자. 기존 기업들
의 혁신은 겨우 1~2%의 차이만을 만들어낼 뿐이다. 하지만 스타트업
의 혁신은 무려 30~40%의 차이를 만들어낸다.

- 농업의 에어로팜Aerofarms — 도심 집약형 수직 농법
- 뷰티업계의 버치박스Birchbox — 화장품 샘플 박스 월간 구독
- 배달업계의 그랩Grap — 주문하면 뭐든지 배달해주는 배달시스템
- 제조업계의 아이콘Icon — 24시간 안에 3D프린터로 집 제작
- 온라인 결제의 클라르나Klarna — 간단한 지능형 결제시스템
- 식물성 식품업계의 임파서블Impossible — 더 맛있고 친환경적인 식품
- 피트니스 업계의 펠로톤Peloton — 궁극의 '홈 트레이닝' 콘텐츠
- 우주여행업계의 스페이스엑스SpaceX — 저렴한 위성과 화성으로의 이주
- 도시형 운송업계의 우버Uber — 저렴하고 믿을 수 있는 도시형 공유 이동수단
- 교육업계의 유다시티Udacity — 직업과 연계된 온라인 나노디그리 Nanodegree
- 스마트 디바이스 업계의 샤오미 — 신흥시장을 위한 저가 전자기기

위 기업에는 공통점이 있다. 그들은 대체로 기존 기업의 전통적인 제품이나 서비스를 '분해하여' 성공했다. 그들은 전통적인 제품이나 서비스를 낱낱이 분해하여 그중 일부만을 선택하여 개선하고 더 좋게 다시 결합했다. 동시에 그들은 디지털 기술을 도입하여 기존 활동을 재해석했다. 더 단순화하거나 더 속도를 높였고, 더 개인화하거나 더 자동화하거나 더 편리하게 만들었다.

CB인사이트CB Insights는 아난드 산왈Anand Sanwal이 세운 세계적인 시장조사기관이다. CB인사이트는 헬스케어에서 부동산에 이르기까지 수많은 산업이 어떻게 분리되고 파괴되며 재해석되고 재창조되는지를

조사했다. 그 자료는 산업의 파괴를 이해하는 데 매우 유용하다.

파괴자들을 파괴하는 법

벨기에 기술 기업가 피터 힌센Peter Hinssen은 저서《피닉스와 유니콘 The Phoenix and the Unicorn》에서 파괴에 대하여 새로운 관점을 제시했다. 시애틀에서 저녁 식사를 하면서 그는 자기 생각을 나와 공유했다. "유니콘들은 우수하다. 하지만 솔직히 말해서 기업가의 극소수만이 수십억 달러의 스타트업을 세우거나 그런 스타트업에서 일하려고 한다. 대부분은 계속 변하는 고객에게 유의미한 기업으로 남기 위해 애쓰는 대기업에서 치열하게 일한다."

피닉스는 유니콘처럼 마법의 동물이지만, 유니콘보다 훨씬 더 친근한 동물인지도 모른다. 피닉스는 신화에 등장하는 새처럼 자신을 되돌아보고 완전히 새롭게 다시 태어나는 기업을 상징한다. 그들은 거듭해서 낡은 아이디어의 잿더미를 딛고 이전보다 더 강한 기업으로 다시 태어난다. 우리가 알고 있는 월마트, 볼보, 디즈니, 애플, 마이크로소프트 그리고 AT&T가 바로 피닉스다.

거대한 기존 기업에는 친숙한 브랜드와 탄탄한 명성, 거대한 규모와 두꺼운 고객층, 상당한 자원과 풍부한 인재, 기존의 인프라와 영업권, 다양한 자산과 파트너, 재정 능력과 투자자 그리고 노련한 리더 등 많은 강점이 있다. 기존 기업이 스타트업처럼 미래를 내다보고 창의력을 발휘하고 활기차고 민첩하게 움직인다면, 그들은 거대한 철용성과 같은 존재가 될 것이다. 하지만 그들은 몇 해에 걸쳐 성공하면서 굼뜨고 게을러졌다. 그리고 자신들의 물리적 자산을 토대로 기존의 완전한 솔루션만을 고수한 채, 변화와 위험을 회피하고 혁신에 적합하지 않은 보수적인 문화가 생겨났다.

스타트업은 '쾌속정'이다. 그들은 진화하는 시장을 요리조리 누비면서 새로운 기회를 재빨리 포착하고 파트너를 쉽게 찾아낸다. 그렇게 그들은 변하는 시장에 빠르기 적응하고 진화한다. 반면에 기존 기업은 '초대형 유조선'이다. 그들은 강력한 화력과 거대한 규모를 지녔지만, 방향 전환이 어렵다.

자신에게 유리하게 게임을 바꿔라

'게임'은 시장이다. 시장은 경쟁 방식을 선택하는 틀이다. 앞서 출간한 《게임체인저Gamechanger, 인사이트앤뷰》에서는 지금까지 최고의 기업이 가진 남다른 미래관도 살펴봤다. 남과 다르게 미래를 바라보는 것 역시 독특한 우위가 된다.

- 변하는 세계를 더 잘 이해하고 오늘의 시장에서 경쟁하는 대신 내일의 시장에 대비할 수 있다.
- 오늘의 기회를 적극적으로 활용하고 내일의 기회를 탐구하여 성장을 지탱할 혁신적인 포트폴리오를 만들 수 있다.
- 성공의 정의를 새롭게 내리고, 그로부터 영감을 얻어 경쟁에서 승리할 수 있다.

게임 자체를 바꾸는 아주 간단한 방법이 있다. 다음의 4가지 전략적인 요소 중에서 어느 하나를 바꾸거나, 각 요소를 새롭게 결합하는 것이다.

- '왜'를 바꿔라 ― '왜'는 목적, 비전 그리고 브랜드다.
- '누구'를 바꿔라 ― '누구'는 고객, 지리 그리고 상황이다.
- '어떻게'를 바꿔라 ― '어떻게'는 비즈니스 모델과 조직, 프로세스와 파트너다.
- '무엇'을 바꿔라 ― '무엇'은 경험, 제품과 서비스, 비용과 가격이다.

파괴자들을 파괴한 대표적인 기업으로는 디즈니Disney가 있다. 밥 아이거Bob Iger는 시장을 파괴하는 넷플릭스에 반격하기 위해 픽사Pixar를 인수했고, 캐릭터 프랜차이즈 사업을 시작했다. 그리고 고객과의 소통을 강화하기 위해 디즈니 플러스Disney+라는 플랫폼을 출시하였다. 이렇게 디즈니는 새로운 비즈니스 모델을 기반으로 새로운 유형의 브랜드 콘텐츠를 제작하여 넷플릭스에 대응했다. 디즈니와 유사하게, 사티아 나델라의 마이크로소프트는 AT&T와 시멕스Cemex처럼 조직을 변혁하여 파괴자들에 맞섰다.

주짓수는 자신의 힘이 아닌 상대의 힘을 역으로 이용해서 상대를 굴복시키는 일본 무술이다. 파괴자와 마주하게 되면, 우선 그들의 새로운 비즈니스 모델을 학습하고, 더 우월한 비즈니스 모델을 스스로 창조하려고 애써야 한다. 다시 말하면, 기업은 주짓수의 철학을 배워야 한다. 변화하는 시장을 살펴 파괴자들을 쓰러뜨릴 가능성이 있는 모든 비즈니스 모델들을 찾아낸다. 그렇게 찾아낸 비즈니스 모델들을 철저히 분석하고 탐구하고 도전해서 더 강력한 비즈니스 모델을 만들어내면 된다.

잭 웰치Jack Welch는 '너의 비즈니스를 파괴하라Disrupt Your Business'라는 뜻의 'DYB'란 용어를 사용한 것으로 유명하다. 그는 조직 안에서 활동하는 젊은 기업가들이 조직의 역할과 활동을 분해하고 파괴하듯이 기존의 비즈니스 모델을 재해석할 것을 강력히 요구했다. 거대한 조직의 그림자 아래서 새로운 비즈니스 기회와 모델을 개발해내는 기업가와 협업하고 새로운 분야에 도전해야 한다. 이것이 보수적인 문화에 젖어 있는 기존 기업들이 시장을 파괴할 파격적인 사고방식을 익히는 최고의 전략이다.

뉴질랜드에도 기존의 게임을 혁신적으로 바꾼 기업이 있다. 뉴질랜드의 대표적인 농산물 업체인 터너스 앤드 그로워스Turners and Growers는 1950년대 중국 다래를 뉴질랜드로 들여와 개량했다. 그 전까지 다래는 중국 중부와 동부에서만 자랐다. 터너스 앤드 그로워스는 다래를 개량하고 '키위'라고 이름 짓고 비타민C와 항산화 물질이 풍부한 '슈퍼 푸드'로 광고했다. 키위는 뉴질랜드 현지에서 인기를 얻었고 제스프리 Zespri라는 브랜드로 전 세계로 빠르게 퍼져나갔다.

지금까지 기업이 어떻게 시장을 정의하고 경쟁 방식을 바꾸는지 살펴봤다. 최고의 기업이 가진 남다른 미래관도 살펴봤다. 남들과 다르게 미래를 바라보는 것 역시 독특한 경쟁우위가 된다.

CODE

코드 17

고객 아젠다를 파악하라

"고객은 갈라지고 융합한다. 이 과정에서 지리와 인구 통계는 의미를 상실했다. 그러므로 기업은 그들의 변화하는 개인적 욕구와 행동방식을 파악하기 위해 촉각을 곤두세우고 민감하게 반응해야 한다."

팻 브라운Pat Brown은 과학자이자 임파서블 푸드 설립자다. 임파서블 푸드는 식물성 버거 패티를 생산하는 식품기업이다. 팻 브라운은 식물성 버거 패티를 '대안 고기'라고 소개한다. 그는 임파서블 푸드의 주 고객층이 채식주의자가 되리라는 것을 알고 있다. 그들은 그의 제품을 비욘드미트Beyond Meat와 같은 경쟁업체의 식물성 식품과 비교할 것이다. 하지만 그는 육식주의자도 공략한다. 그들은 임파서블 푸드의 식물성 고기를 진짜 고기와 비교할 것이다. 팻 브라운은 소비자가 단지 가격과 맛을 비교하고 제품을 선택하길 원치 않는다. 그는 소비자가 열대우림 파괴로부터 소의 탄소 배출에 이르기까지 육류 생산이 환경에 미치는 영향에도 관심을 두길 바란다.

스포티파이의 다니엘 엑Daniel Ek은 소비자에게 무제한 음악 스트리밍 서비스를 제공한다. 월 구독료는 9달러 99센트다. 학생이라면 월 구독료는 4달러 99센트고, 가족이 계정을 공유하면 월 구독료는 12달러 99센트다. 와이파이를 사용하고 귀찮더라도 광고 몇 편을 봐주면 스포티파이에서 공짜로 음악 스트리밍 서비스를 이용할 수도 있다. 일반적으로 사람들은 원하는 음악을 듣기 위해 12곡이 수록된 앨범을 구매한다. 이러한 기존의 음악 소비 방식과 스포티파이를 비교해보자. 앨범을 구매하면, 그 앨범에 담긴 음악적인 이야기를 듣고 해당 앨범을 영원히 소장할 수 있다. 하지만 스포티파이에서는 앨범 한 장 구매할 돈으로 5,000만 곡을 한꺼번에 즐길 수 있다. 상대적인 음반 제작비, 아티스트에 지급하는 비용과 환경에 미치는 영향 등을 생각해보면 어느 방식이 더 혁신적이고 좋은지 감이 올 것이다.

임파서블 푸드와 스포티파이 모두 '가치'의 변하는 본질을 보여주는 좋은 사례다.

새로운 고객 아젠다를 이해해라

기업은 고객이 추구하는 장기적인 아젠다를 이해하려고 노력해야한다. 그리고 그들의 우선순위와 요구를 파악하고 통찰력을 얻어서 외부 세계에서 움직이는 '메가트렌드'와 결합해야 한다. 고객은 새로운 가치를 추구하기 시작했다. 이것은 '메타 가치'로 정의할 수 있고 8가지로 정리할 수 있다. 2030년까지 이러한 메타 가치들이 고객의 태도와 행동을 결정하는 주요 동인이 될 것이다. 여기서 '나'는 고객이다.

• 나의 정체성 — 나는 기존의 제품이나 서비스를 거부하고 나만의 방식으로 제품과 서비스를 정의하고 선택한다. 나는 소셜미디어를 통해서 나를 자유롭게 표현한다. 나는 블로거나 인플루언서이고, 아마추어 록밴드나 자가출판 작가다. 그래서 나는 겉보기에 화려한 스타보다 더 진실하고 공감할 수 있는 나만의 브랜드를 만들 수 있다. 이제 브랜드는 하나의 새로운 집단이자 플랫폼이다. 나는 브랜드를 통해서 많은 이와 열정을 공유하고 더 많은 일

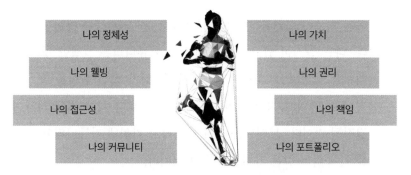

그림 3.1 새로운 고객 아젠다: 고객이 우선 추구하는 8가지 메타 가치

을 해낼 수 있다.

- 나의 웰빙 — 나는 신체적 건강과 정신직 건강에 너 개인적이고 전체적으로 접근한다. 나는 나의 건강, 체력 그리고 미래에 이로운 요소를 모두 결합한다. 그러므로 더 진정성 있고 자연스럽고 나의 요구를 직접 충족시키는 솔루션이 중요하다. 특히 헬스케어 브랜드, 영양 브랜드 그리고 스포츠 브랜드는 나의 새로운 웰빙 파트너가 될 것이다.

- 나의 접근성 — 나는 스마트폰과 그로부터 파생된 제품이나 서비스를 통해서 물리적 세계와 디지털 세계에 동시에 접근한다. 이러한 현상은 협업 기술, 지능형 기술 그리고 증강 기술에 의하여 강화될 것이다. 물리적 경험과 디지털 경험이 결합하면서, 모든 분야에서 게임화가 이루어질 것이다. 다시 말해서 더 직관적이고 더 실감 나고 더 많은 영감을 주는 제품이나 서비스가 대거 등장할 것이다. 나는 이해하기 쉽고 유의미하며 신뢰할 수 있는 브랜드를 통해서 물리적 세계와 디지털 세계로 들어갈 것이다.

- 나의 커뮤니티 — 나는 이제 국소성, 국민성, 직업이나 사회·인구통계학으로 나를 정의하는 대신에, 내가 속하고 싶고 나를 정의

하는 기준이 되기를 바라는 커뮤니티를 선택해 나를 정의할 것이다. 나는 관심이 있고 기여하고 싶은 커뮤니티를 선택할 것이다. 디지털 생활방식, 지리학적 이주, 도시화가 이런 현상을 촉진할 것이다. 나의 사회적 지위는 부라는 척도보다 삶의 질에 의하여 결정될 것이다. 브랜드는 내가 선택하고 키워낸 커뮤니티와 조화를 이뤄 나와 같은 가치를 추구할 것이다.

- 나의 가치 — 개인의 성공은 여전히 물질주의와 자기 만족적 상징과 경제적 용어에 의해 평가된다. 충분한 소득은 지속가능한 생활방식을 유지하는 데 중요하지만, 사회적 가치는 창의성을 발휘하고 협업을 통해 이뤄낸 긍정적인 기여로 평가된다. 나는 작은 친절을 베풀고 인류의 진보에 기여하는 등 이 세상을 위해 더 많은 일을 하는 이들을 존경한다.

- 나의 권리 — 나는 내 생각을 당당하게 이야기하고, 공정하고 책임감 있고 합법적인 것을 적극적으로 지지할 수 있다. 나는 존중받길 바라고 나의 권리를 옹호하기 위해 스스로 강력한 목소리를 낼 수도 있다. 여기서 개인 정보와 사생활이 중요하다. 물론 균형을 잡아야 한다는 사실도 안다. 더 많은 것을 이루기 위해서 나는 더 많은 것을 공유해야 한다. 나는 나와 나의 원칙을 지지하는 브랜드와 조직을 존경하고 지지한다.

- 나의 책임 — 나는 나 자신, 나의 커뮤니티 그리고 내가 살아가는 세상을 아낀다. 그리고 그것을 위해 더 많은 일을 기꺼이 하고자 한다. 사회적 문제와 환경적 문제는 피부에 와 닿을 정도로 심각한 문제가 되어가고 있다. 그러므로 물질주의에서 벗어나 쓰레기를 줄이고 자원을 절약하는 것은 환경적으로 중요한 일이 될 것이다. 사회적으로 나는 내가 사는 지역사회와 전 세계 다른 나라

에서 사는 사람들을 위해 일할 것이다. 나는 이 세상에 더 많이 기여하고 싶다. 그래서 나는 이러한 나의 요구를 충족하고 강화하는 데 도움이 되는 브랜드와 플랫폼을 선택할 것이다.

- 나의 포트폴리오 ― 나는 개인적인 관심사와 전문적인 활동을 중심으로 포트폴리오 생활방식을 만들 것이다. 오늘날의 평생직장은 프리랜서와 같은 더 자유로운 형태로 대체될 것이다. 그러므로 나는 개인적인 취미와 활동과 경험과 기술을 중심으로 나만의 포트폴리오를 개발할 것이다. 나는 사회와 직장에서 다른 사람과 협업하고 커뮤니티를 형성할 것이다. 이렇게 만들어진 나의 네트워크가 나의 포트폴리오를 실현하는 열쇠가 될 것이다.

새로운 고객가치 방정식을 세워라

요즘 고객은 단지 제품이나 가격만으로 브랜드를 선택하지 않는다. 제품과 가격을 넘어선 무언가가 그들에게 더 중요해졌다. 경제학자들은 고객에 대한 '가치'를 단순하게 저렴한 비용과 같은 금전적인 혜택으로 정의했다. 공정한 가격은 가격 탄력성 분석에서 나온다. 가격 탄력성 분석은 고객이 지급할 의향이 있는 합리적인 수준의 비용을 평가한다. 고객에게 가치는 아마도 직관적이고 감정적인 요소일지도 모른다. 그리고 고객은 찰나의 순간에 가치가 있고 없고를 판단할지도 모른다. 하지만 실제로 고객가치는 좀 더 복잡한 개념이다.

기업에 가치는 변하는 시장과 제품과 서비스가 구매되고 소비되는 방식, 브랜드와 경험에서 시작된다. 고객가치를 정의할 때 기업은 다음의 3가지를 명심해야 한다.

- 고객은 일반화될 수 없다 — 고객은 각기 다른 요구와 욕구가 있다. 그래서 기업은 비용을 들여서 다른 제품과 서비스를 생산하고 제공한다. 기업은 분명 모든 사람이 자신의 고객이 되기를 원하지 않는다. 대체로 소수의 충성심 높은 고객이 기업에 더 이롭다.
- 대안은 같지 않다 — 다차원적이라는 말은 경계가 여럿이라는 의미이다. 대안을 선택하기는 어렵고 비교는 쉽지 않다. 청량음료와 라이브 공연을 어떻게 비교할 수 있을까? 둘 다 '행복'을 준다?
- 제품이 핵심이 아니다 — 기업은 기능을 기준으로 고객이 가치 있게 생각하는 것을 이해하고 제품을 생산해 제공했다. 하지만 기업이 더 많은 서비스와 경험을 통해 고객 요구와 욕구를 충족시키면서, 제품의 중요성은 갈수록 떨어지고 있다.

지금까지 기업은 재화와 서비스의 교환을 중심으로 비즈니스 모델을 구축했다. 하지만 가치 교환의 새로운 방식을 중심으로 새로운 혁신적인 비즈니스 모델이 등장하고 있다. 구독 모델, 경매, 무료 프리미엄 모델, 사용량 기준 과금 모델 등 새로운 비즈니스 모델들이 고객가치에 대하여 새로운 관점을 제시하고 있다.

- 무언가를 가능하게 하는 가치 — 거래의 즉각적인 혜택보다 사람들에게 어떤 도움이 될 것인지에 주목해야 한다. '해야 할 일'은 더 큰 목표를 보여준다. 더 건강한 삶을 살도록 돕거나, 훨씬 더 많은 일을 해낼 수 있도록 도와라.
- 금전적 가치를 넘어선 가치 — 고객은 그동안 가격 대비 효용으로

가치를 평가했다. 고객은 품질과 편리성과 같은 추상적인 개념을 가격으로 수치화했다. 하지만 항상 비싼 것이 큰 효용을 제공하는 것도 아니며, 저렴해도 고객이 큰 효용을 얻는 사례가 증가하고 있다.

- 오랜 시간 제공되는 가치 — 스포티파이처럼 오랫동안 가치를 제공하는 것이 중요해졌다. 자동차를 구매할 것이냐, 아니면 장기 임대할 것이냐를 고민하는 것과 비슷하다. 패스트 패션Fast fashion처럼 하나를 얻고 하나를 포기해야 하는 트레이드오프Trade-off는 더 복잡한 개념이다.

고객이 추구하는 가치의 우선순위는 변한다. 고객은 폭넓은 사회적 가치를 우선해서 추구하기도 한다. 접근성은 편리함을 넘어선 가치이고, 형평성은 생산자만이 추구하는 가치가 아니다. 그리고 가격은 단지 생산 비용만을 의미하지 않으며, 성취는 성취 그 자체를 넘어선 가치를 제공해야 한다.

- 내가 무엇을 얻느냐만이 아니라 무엇을 주느냐도 중요하다.
  고객은 브랜드를 선을 위한 플랫폼으로 인식한다. 구매 활동은 자신과 타인에게 모두 이로울 수 있다고 믿는다. 대표적인 사례로 탐스Toms와 후안 발데즈 카페Juan Valdez가 있다. 탐스는 누군가 신발 한 켤레를 사면 가난에 고통받는 맨발의 어린아이에게 같은 신발 한 켤레를 제공하는 '원 포 원One for One' 정책을 통해 노골적으로 선을 추구하는 브랜드다. 반면에 후안 발데즈 카페는 공정 거래 커피만을 사용하여 겉으로 드러나지 않게 선을 추구하는 브랜드다.

- 세상을 어떻게 더 좋은 곳으로 만드느냐가 중요하다.

  요즘 사람들은 지속가능성을 대단히 중요하게 생각한다. 사람들은 지역사회와 세계의 대의명분을 지지하고, 사회적 문제나 환경적 문제를 해결하기 위해 노력하고, 이 세상에 자신이 혹은 모두 함께 긍정적인 영향력을 행사할 수 있기를 바란다.

- 내게 비용이면 세상에도 비용이다.

  가령 개인 소비 활동의 영향력은 탄소 발자국이란 단순한 지표로 평가된다. 하지만 이제는 낙농업에도 건강과 행복 대비 탄소 배출이 가져오는 전 세계적 영향력을 평가하는 시스템적 사고가 필요하다.

새로운 고객가치 방정식은 조직, 직원, 투자자의 새로운 가치 방정식과 긴밀하게 연관되어 설계된다. 이것은 훨씬 더 풍부하고 책임감 있는 가치 교환을 가능하게 하고 바람직하게 만든다.

새로운 시장 영역을
구축하라

"기업은 원하는 대로 자신만의 언어로 시장을 정의할 수 있다.
B2C와 B2B와 같은 낡은 비즈니스 모델을 거부하고, 고객이 더 많
은 것을 해낼 수 있도록 돕는 데 집중하라."

중동은 외국 관광객에게 매혹적이면서도 당혹스러운 지역이다. 대체로 외국인을 환영하고 안전한 지역이지만, 중동이 최근 몇 년 동안 성장하면서 현지 전통문화와 서양의 영향력이 뒤섞였다. 최근 나는 쿠웨이트에서 일했다. 하루는 큰마음을 먹고 호텔을 나섰다. 고층건물이 재래시장, 담배를 피우는 현지인으로 가득 찬 카페, 현지 별미를 판매하는 작은 상점과 뒤섞여 있었다. 나는 곧 1층짜리 초소형 유리 빌딩과 마주했다. 그것은 '%아라비카%Arabica'였다. 젊은 직장인들이 최고의 커피와 간식을 즐기기 위해 길게 줄지어 늘어서 있었다. 이곳은 사람들로 북적이는 주변 가게를 대신한 만남의 장소였다.

일본 디자이너 쇼지 켄Ken Shoji은 단지 너무나 색다르다는 이유로 아시아의 커피문화를 중동 산유국으로 가져왔다고 내게 말했다. 이것은 아시아의 농업과 아프리카의 커피 로스터리 그리고 이란의 만남의 장소라는 다양한 문화적 요인이 고무적으로 융합된 결과물이다. 설립된 지 1년 만에 '%아라비카'는 엄청난 추종 집단을 거느린 유명 브랜드가 됐다.

새로운 시장을 창조하라

김위찬과 르네 마보안Renee Mauborgne은 파리에서 남쪽으로 60km 떨어진 퐁텐블로의 아름다운 인시아드INSEAD 경영대학원 교수다. 인시아드 경영대학원은 1957년 벤처캐피탈의 아버지로 불리는 조지 도리엇Georges Doriot에 의해 설립됐다. 그러므로 어찌 보면 새로운 시장을 탐구하는 데 어울리는 곳인 것은 분명하다.

2004년에 출간된《블루오션 전략》은 우리 시대의 경영 교과서가 됐다. 나는 2004년 르네 마보안 교수를 이스탄불에서 처음 만났다. 그녀는 '블루오션Blue Ocean'이란 개념을 놀라울 정도로 간단하게 설명했다. "레드오션Red Ocean은 모두가 달려들어 경쟁하는 붐비는 시장이다. 반면 블루오션은 조용하고 경쟁이 없는 미개척 시장이다."

지난 15년 동안 그들은 동물 쇼와 고가정책을 폐지하고 전통적인 서커스에 오페라와 발레를 접목한 태양의 서커스Cirque du Soleil에 관한 이야기를 들려줬다. 또한, 제한된 서비스로 제2공항에서 셔틀버스를 제공하는 최초의 저가 항공사인 사우스웨스트 항공Southwest Airlines이나, 비디오 게임을 가족이 모두 즐길 수 있도록 여러 명이 한 번에 접속할 수 있는 시스템과 증강 현실을 결합한 닌텐도 위Nintendo Wii도 소개했다.

김위찬 교수는 줄일 것, 강화할 것, 제거할 것, 창조할 것 등을 살펴서 시장의 속성을 파악하여 배치하는 '전략 캔버스Strategy canvas'를 혁신하는 4가지 방법을 소개했다. 태양의 서커스의 기 랄리베르테Guy Laliberte, 사우스웨스트 항공의 허브 켈러허Herb Kelleher 그리고 닌텐도의 미야모토 시게루Shigeru Miyamoto는 시장에서 자신만의 새로운 시장을 개척하여 혁신적인 기업으로 탈바꿈했다.

내 경험상, 기업은 다음 3가지 전략 중 하나를 통해 시장에서 새로운 영역을 구축할 수 있다.

- 시장 형성 — 가장 과격한 방식이다. 이것은 고객의 새로운 요구와 욕구에 대응하여 완전히 새로운 비즈니스 기회를 창출하는 것이다. 레드불의 디트리히 마테쉬츠Dietrich Mateschitz는 아시아에서 돌아왔다. 그는 오랜 비행으로 몹시 피곤했지만, 피곤을 이길 '에너지 드링크Energy drink'를 만들어야겠다는 영감을 얻었다. 그 후에 게토레이Gatorade와 같은 에너지 드링크들이 출시됐다.
- 시장 융합 — 다른 두 개의 시장에서 뽑아낸 최고의 아이디어를 융합한다. 이를 통해 새로운 분야가 창출되고 기업은 잠재적으로 새로운 고객층이 확보된다. 애플은 이렇게 아이폰을 출시했다. 아이폰을 출시할 때, 스티브 잡스는 그것을 '휴대폰, 엔터테인먼트 기기 그리고 인터넷 브라우저의 결합'이라고 소개했다.
- 시장 구조화 — 시장의 경계, 영역, 설명어를 다시 정의한다. 트렌드가 변하고 범주가 진화하고 새로운 가능성이 등장하기 때문이다. 대형 석유화학기업 셸Shell은 자신을 에너지 기업으로 재정의했고, 프랑스 식품기업 다농은 건강 기업으로 탈바꿈했다.

30여 년 동안 수백 개의 기업과 일하면서 확인한 것은 마지막 두 개의 전략이 가장 오래가는 시장을 창출하는 방법이었다. 그 어떤 기발한 기법, 이름만 대면 알만한 모델이나 전문가로부터 얻은 영감보다 간단한 '융합'과 '구조화'가 시장을 창출하는 가장 생산적인 전략이었다.

고객 중심적 사고로 전환하라

지난 30년 동안 재계에 나타난 가장 의미 있는 변화는 상품 중심적 사고에서 고객 중심적 사고로의 전환이었다. 많은 기업이 여전히 상품 중심적으로 사고하지만, 최근 몇 년간 비즈니스 모델의 디지털화보다 고객 중심적 사고로의 전환에 훨씬 많은 투자가 이뤄졌다.

30년 전, 내가 일을 시작했을 때, 3만 명에 이르는 회사의 전 직원에게 '고객 마음 얻기Winning for Customers'를 주제로 이틀 동안 진행되는 프로그램에 참여하라는 지시가 내려왔다. 당시에 콜린 마샬Colin Marshall이 이끌던 인간 중심적으로 사고하고 모두에게 영감을 주는 이 기업은 오히려 급진적이고 신선한 조직처럼 느껴졌다. 그리고 항공사가 고객 중심적으로 사고하는 것은 지극히 당연한 듯 보였다. 주차, 체크인, 탑승 수속, 좌석, 엔터테인먼트, 식음료, 환승 등 당연히 업무의 기능성보다 고객 경험이 가장 중요했다. 내부 기능, 제품, 서비스를 구분하는 '수직적인' 사고를 넘어 '수평적으로' 생각하고 고객의 여정을 따라가는 일은 어려운 일이 아니었다.

고객 중심적인 기업들은 다음의 3가지 측면에서 성공했다.

• 고객 관리 — 고객은 모든 거래 활동의 출발점이다. 고객이 기업이 언제, 어떻게 업무를 진행할지를 결정한다. 불완전한 대응은 고객으로부터 곧장 도전을 받게 되지만, 기술은 고객의 선택과 우선순위에 힘을 실어준다.
• 고객 창의성 — 자신이 구매하는 제품과 서비스의 디자인과 형식

을 결정하는 데 적극적으로 참여하려는 고객이 갈수록 늘고 있다. 그들은 솔루션을 제작하는 데 참여하거나, 동반관계를 통하여 더욱 전략적으로 개입한다.

- 고객 협업 — 고객은 서로를 신뢰하고 영향을 주고받는다. 오늘날 마케팅에서 광고는 잡음일 뿐이다. 고객은 브랜드가 만들어낸 커뮤니티에서 열정과 프로젝트를 공유하며, 함께 더 많은 일을 해내려고 한다.

드디어 기술이 모든 유형의 비즈니스에서 고객 중심적 사고를 당연한 것으로 만들었다. 이제 권력은 고객의 손으로 넘어갔다. 이는 의심할 여지가 없는 사실이다. 그들은 무한한 선택권을 갖고 마우스 클릭 한 번으로 원하는 기업에 접속할 수 있다. 오늘날은 수요 과잉이 아닌 공급 과잉의 시대다. 기업은 고객 충성도를 확보하는 것은 고사하고 그들과 관계를 맺는 데조차 애를 먹는다. 고객은 그 어떤 브랜드보다 서로를 신뢰하고 그 어떤 공급자보다 자신들의 커뮤니티에 충성하기 때문이다.

모든 기업은 '소비자' 기업이다

상품에서 고객으로의 권력 이동은 기업의 마음가짐과 구조를 근본적으로 바꾼다. 기업B은 제품이나 카테고리 대신에 고객C이나 영역에 의해 구조화된다. 기업은 역량이나 기능을 고객에 대한 통찰에 맞춰 움직여야 한다. 하지만 현실적으로 기업은 이 두 가지 모두를 달성해내야 한다. 공급망이 선형적 흐름이 아닌 네트워크로 연결된 생태계가 되면서, 기업과 고객의 관계가 변했다. 기업은 중개인을 거치지 않고 직접 최종 고객에게 제품과 서비스를 제공할 수 있게 되었다. 기업은 직접 유통채널을 구축하고 완제품을 제공함으로써 고객이 직접 제품을 조립해 사용하도록 한다. 따라서 고객은 휴가를 내고 직접 집을 지을 수도 있다.

그 결과, 최종 고객인 '소비자'는 재배치된 비즈니스 환경에서 주도적인 행위자가 됐다. 그리고 오랜 시간에 걸쳐 다음과 같은 비즈니스 모델이 등장했다.

- B2C에서 C2B로의 이동 – 기술, 투명성, 선택권에 힘입어 소비자는 기업과 브랜드에 자신의 조건에 따라 행동할 것을 요구할 수 있게 됐다. 소비자는 무엇이 언제 그리고 어떻게 필요한지에 따라서 상품이나 서비스를 제공할 것을 요구한다. 소비자는 더 많은 것을 요구하고 인플루언서는 여론을 주도적으로 형성한다.
  #사례. 로레알의 개인화 서비스, 넷플릭스의 주문형 비디오 서비스
- B2B에서 B2B2C, C2B2B 그리고 C2B로의 이동 – 기업은 기술에 힘입어 더는 솔루션 제공업체나 유통 중개인을 통해 상품이나 서비스를 고객에게 제공할 필요가 없다. 이제 기업의 가장 '산업적인' 부분들이 소비자와 직접 연결된다.
  #사례. 골드만삭스Goldman Sachs의 소비자 은행, 시멕스Cemex의 고객 솔루션
- C2B에서 C2C로의 이동 – 소비자들은 기술에 힘입어 유사한 관심사를 지닌 사람들과 함께 열정을 공유한다. 브랜드도 이러한 소통을 돕는다. 브랜드가 지금까지 제공한 제품과 서비스는 소비자

가 브랜드로부터 얻고자 하는 것에 비하면 부차적인 것일 뿐이다.

사례. 글로시에의 뷰티 커뮤니티, 라파의 사이클 클럽

모든 기업은 '소비자' 기업이다.

알리바바의 C2B 모델은 고객의 빠르게 변하는 요구와 욕구에 대응하기 위해 인공지능과 기계학습의 힘을 어떻게 활용해야 하는지 잘 보여준다. 최고 전략 책임자 정밍Ming Zeng은 디지털 세상에서 모든 성공한 기업이 최신 기술을 사용하지만, 알리바바는 기계학습과 소비자 경험의 빅데이터에 기반을 둔 비즈니스 모델에 전자상거래의 기본적인 원칙들을 최대한 융합해 활용했다고 말했다.

알리바바는 첨단 기술을 활용하여 소비자를 사업의 중심에 놓는다. 알리바바는 기계학습을 구동하기 위해 피드백 루프를 사용하고 실시간으로 소비자와 구매 활동 데이터를 수집해 분석한다. 알리바바의 웹사이트에는 수백만 명의 판매자가 제공하는 수십억 개의 제품이 존재한다. 하지만 사용자들은 수십억 개의 제품을 자신의 요구에 따라 분류하여 손쉽게 원하는 제품을 찾을 수 있다.

이러한 비즈니스 모델에는 역동적으로 서비스 공급량과 품질을 조절할 수 있는 네트워크, 고객이 쉽게 자신의 요구와 사용 경험을 분명하게 표현할 수 있는 인터페이스, 최초 접점에서부터 성장하는 모듈형 구조, 민첩성과 혁신을 제공하는 구매 플랫폼 등 다수의 연결된 요소가 필요하다. 소비자가 제품이나 서비스를 구매하면, 그만큼 많은 데이터가 생성된다. 피드백 루프에는 소비자 행동과 의사결정에 관한 대량의 데이터가 필요한데, 이렇게 생성된 데이터는 기계학습에 필요한 피드백 루프에 추가된다. 이처럼 알고리즘이 시스템 효율성을 높이는 행위를 자동으로 수행한다.

로레알의 개인화 서비스 사례가 보여주듯, P&G의 경우에도 이것은 고객과의 새로운 소통 방식이다. 그리고 원자재 채굴기업, 시멘트 생산기업, 농업기업 등 어떠한 산업이든 이것은 소비자와 직접적인 관계를 맺고 새롭게 부가가치를 창출하고 생산성을 혁신할 거대한 기회다. 그리고 이것은 세상에 '제품'이란 것은 없다는 뜻이기도 하다.

CODE

코드 19

진실로
신뢰를 쌓아라

"고객은 감정적으로 소통하는 존재다. 그들은 인간적이면서도 감정적이다. 그들은 그 어떤 기업보다 서로를 신뢰하고, 서로 영향을 주고받으며, 서로에게 충성한다."

25년 전, 레이 데이비스Ray Davis는 오리건에 있는 작은 도시인 로즈 버그에 도착했다. 로즈버그는 큰 변화가 없는 조용한 소도시였다. 사람들은 그 지역을 둘러싼 거대한 숲에서 벌목하며 생계를 꾸렸다. 레이 데이비스는 직원 40명의 오래된 은행인 사우스 움프콰 스테이트 뱅크South Umpqua State Bank가 파산하기 전, 은행을 완전히 새롭게 바꾸기 위해서 그곳으로 갔다.

그는 직원과 동료에게 '세계 최고의 은행입니다'라는 말로 고객의 전화를 받으라고 지시했다. 처음에 사람들은 그의 지시를 조롱했다. 하지만 시간이 지나면서, 그 인사말은 사실이 됐다. 사우스 움프콰 스테이트 뱅크는 다른 은행을 벤치마킹한 것이 아니라, 위대한 고객 서비스 회사를 찾아 벤치마킹했다. 은행은 사랑방처럼 지역사회의 중심이 됐다. 레이 데이비스는 은행을 고객에게 개방했고 내부 인테리어를 현대적으로 바꿨다.

그리고 직원들은 고객이 인간미를 느낄 수 있는 상품을 판매했고 인간미 있는 언어를 사용했다. 그들은 은행을 찾는 사람에게 커피를 제공했고 음악을 틀었으며 지역사회에 도움이 되는 활동도 했다. 직원들은 미소 지었고, 고객들은 그런 그들을 좋아했다. 그 결과, 사우스 움프콰 스테이트 뱅크는 250억 달러 이상의 자산과 미국 전역에 350개

지점을 보유한 최고 은행 중 하나로 성장했다.

지금 사우스 움프콰 스테이트 은행은 느긋하게 삶을 즐기고 싶어 하는 고객을 두고 '크루즈' 모드라고 부른다. 이처럼 크루즈 모드로 은 퇴 생활을 즐기고 있는 레이 데이비스는 변화에 대하여 경고한다. "우 리가 로즈버그에 도착했을 때, 변화는 흥미로웠고 사람들은 진보를 사 랑했다. 그러나 오늘의 변화는 다르다. 이 변화는 가차 없고 기술에 의 해 지배된다. 이러한 오늘의 변화는 많은 사람의 간담을 서늘하게 만 든다." 변화가 가속화되고 기술이 세상을 지배하면서, 많은 사람이 진 보에 대한 신뢰를 상실해간다. 이러다 보면 신뢰에 기반을 둔 유대관 계가 사라질지도 모른다.

신뢰가 가장 중요하다

2019년 에델만 특별 보고서에 따르면, 소비자의 1/3만이 자신들이 구 매하거나 사용하는 브랜드를 대체로 신뢰하고 있었다. 8개국 16,000명 을 대상으로 한 조사에 따르면, 소비자의 81%가 브랜드 신뢰도를 구매 결정 요인이나 주요 고려 요인으로 봤다. 빨라지는 혁신과 자동화 속 도, 마케팅 활동에서의 개인 데이터 활용 그리고 상품과 생산 활동의 사회와 환경에 미치는 영향에 대한 우려 때문에 신뢰는 점점 더 중요 해지고 있다.

에델만 CEO인 리처드 에델만Richard Edelman은 "신뢰는 브랜드 구매 에서 항상 중요한 역할을 해왔다. 하지만 소비자들은 지금 브랜드에 훨씬 더 큰 기대를 건다. 그리고 그들의 신뢰는 브랜드가 상품, 고객 경험 그리고 사회에 대한 영향이란 신뢰의 세 가지 관문을 얼마나 잘 통과하느냐에 따라 결정된다."라고 말했다.

브랜드가 소비자로부터 신뢰를 얻으면, 보상이 생긴다. 소비자는 자신이 신뢰하는 브랜드의 신상품을 최초로 구매하고, 새로운 경쟁 브랜드가 등장하더라도 기존 브랜드에 대한 의리를 지키고, 문제가 생겼을 때 자신이 신뢰하는 브랜드를 옹호할 가능성이 두 배 이상이다. 폭넓은 사회 활동으로 신뢰를 받는 브랜드 역시 단지 상품 때문에 소비자로부터 신뢰를 얻은 브랜드보다 소비자로부터 위와 같은 지지를 받을 가능성이 거의 두 배 크다.

이렇게 신뢰가 중요하다는 증거에도 브랜드는 소비자로부터 신뢰를 계속 잃어간다. 대부분 소비자는 브랜드에 최소한 하나의 사회적 문제를 해결하는 데 동참할 책임이 있다고 생각한다. 설령 브랜드가 그 문제의 영향을 직접 받지 않더라도 말이다. 하지만 사회적 문제를 해결하는 데 적극적으로 나서는 브랜드는 거의 없다. 실제로 대부분 사람이 브랜드가 사회의 선을 마케팅 도구로 활용하고 있다고 생각한다. 말하자면 브랜드가 '소비자들이 자신을 신뢰하도록 세뇌Trust-washing'하고 있다는 것이다. 이로 인하여 점점 많은 브랜드가 소비자로부터 신뢰를 잃는 현상이 심각해지고 있다.

사람들은 정부와 다른 어떤 조직보다 기업을 가장 신뢰한다. 사람들은 정치인보다 사회 문제와 환경 문제를 해결하는데 기업이 더 좋은 플랫폼이라고 생각한다. 물론 이것이 사실인지에 대해서는 많은 사람이 의구심을 품고 있지만 말이다. 그리고 흥미롭게도, 사람들은 정부보다 기업에 더 많은 영향력을 행사해야 하고 사회와 환경적 문제를 더욱 심각하게 다루도록 기업을 설득할 수 있다고 믿는다.

리처드 에델만은 "이제 브랜드가 중대한 행동을 할 때다. 변화를 만들어내라고 소비자들이 브랜드에 준 책임감을 받아들이고 브랜드의 영향력에 대한 책임과 평가를 환영해야 한다."라고 말했다.

현실성, 진정성 그리고 투명성을 추구하라

레이첼 보츠만Rachel Botsman은 저서 《신뢰 이동》에서 물었다. "책임자들을 신뢰할 수 없다면 누구를 신뢰할 수 있을까? 정부에서 기업, 은행에서 미디어까지 사람들의 기관에 대한 신뢰는 역대 최저다." 하지만 그녀는 기술이 새로운 형식으로 신뢰를 쌓게 할 수 있다고 주장했다. 그리고 "기관에 대한 신뢰는 디지털 시대를 위하여 설계되지 않았다."라고 말하며 신뢰와 관련한 당면 문제는 '불일치'라고 주장했다.

본래 신뢰는 현지 커뮤니티에서 사람들 사이에 국지적으로 형성됐다. 그 후 도시와 기업이 성장하자, 그들이 우리를 대신해서 행동하리라고 신뢰하며 정부와 기업 등의 기관을 신뢰의 큐레이터처럼 따랐다. 이렇게 신뢰는 사람을 중심으로 형성됐다가 위계질서를 중심으로 다시 형성되기 시작했다. 오늘날 신뢰는 네트워크 안에서 형성되고 기술에 힘입어 사람들 사이를 흐른다. 기업에 신뢰는 다음의 3단계로 존재한다.

- 조직에 대한 신뢰 — 이것은 기업과 브랜드의 평판이다. 특히 윤리성과 책임감 그리고 개방성과 투명성을 지닌 기업과 브랜드에 대한 신뢰다.
- 콘셉트에 대한 신뢰 — 고객에게 얼마나 유의미한가와 관련된다.

진정성 있고 믿을 수 있고, 긍정적인 문제 해결방식을 제시하고, 모든 약속을 지키는 기업과 브랜드에 대한 신뢰다.

- 사람에 대한 신뢰 — 조직을 이끌고 콘셉트를 실행하는 사람에 대한 존경이다. 소비자들을 공감하고 아끼는 실존하는 진짜 사람에 대한 신뢰다.

진정성은 출처와 밀접하게 관련되어 있다. 이것은 현재 사물인터넷 센서와 블록체인을 활용하는 많은 제조업체의 투명성의 원천이다. 화장품 기업 컬트뷰티Cult Beauty는 투명성 앱을 활용하여 자사 고객들이 오일제품, 색조제품 등 모든 제품의 출처를 이해할 수 있도록 돕는다. 캐나다의 브릿지헤드 커피Bridgehead Coffee는 공정무역과 유기농 인증의 기준을 제시한 최고의 기업이다. 피쉬피플Fishpeople은 소비자가 먹는 어류를 어느 배에서 언제 잡았는지 알려준다. 티파니앤코Tiffany&Co.는 다이아몬드에 관하여 이러한 정보를 제공한다.

이 모든 것들이 중요하지만, 가장 중요한 것은 사람이 사람을 신뢰하는 것이다. 대부분 고객은 조직의 두 가지 얼굴을 본다. 어려운 시기에 기업의 대변인으로 등장하는 리더와 매장에서 전화통화로 혹은 대면으로 고객에게 제품을 판매하고 서비스를 제공하는 일선 직원이 그두 얼굴이다. 레이첼 보츠만이 말했듯이, "우리가 상호작용하는 대부분 기업은 금전적 가치를 중심으로 설립된다. 하지만 금전적 가치는 한계가 있다. 돈은 거래의 통화이고, 신뢰는 상호작용의 통화다."

사람은 사람을 신뢰한다

마이크로소프트 CEO 사티아 나델라는 기업의 사회적 책임, 인공지능 시스템에 대한 인간 감독의 시급한 필요성, 수많은 나라에서 마이크로소프트가 사회적 영업권을 얻은 방법에 관하여 이야기할 때 기업과 사회의 소통모델을 제시했다. 사티아 나델라는 지금은 모두가 기술 기업이고, 기술을 세상에 내놓으면서 다양한 분야에서 책임을 져야 한다고 말했다.

예를 들면, 사티아 나델라가 적극적으로 개입하는 인공지능 윤리와 같은 분야들이다. "기술은 우리의 일상 깊이 파고들 것이다. 그리고 모든 산업에 걸쳐 영향을 줄 것이다. 그러므로 기술을 중심으로 핵심 역량을 확보하는 편이 좋다. 그것은 바로 신뢰다. 신뢰가 없으면 우리는 장기적으로 사업을 끌고 갈 수 없다."라고 최근에 개최된 인비전 행사에서 말했다.

사생활과 가짜 뉴스와 같은 문제를 해결하길 꺼리는 페이스북과 알파벳이 '나쁜 기술 기업'으로 규제 당국과 정치인들로부터 비난을 받을 동안, 실제로 마이크로소프트는 세계의 '좋은 기술 기업'으로 받아들여졌다. 신뢰의 리더십과 리더에 대한 신뢰가 이 모든 것들의 동력이다. 어떤 형태든지, 변화는 사람들의 마음에 공포를 심는다. 일찍부터 적극적으로 직접 이러한 공포를 해결하지 않으면, 자동화나 세계화로 인한 일자리 상실에 대한 공포가 빠르게 사람들의 마음속에 자리 잡을 것이다. 위기의 시기에 리더는 긴박함과 열정을 조직에 불어넣는다. 하지만 방향성과 희망이 없다면, 사람들은 자기 행동에 대하여 자신감과 용기를 상실한다.

직원들은 자신들이 기대했던 행동을 하는 리더를 신뢰한다. 이것은 리더의 열린 자세를 요구한다. 리더가 개방적이어야 사람들이 무엇을 기대하는지 알 수 있다. 이것은 리더가 사람들이 미래를 향하도록 돕고, 변화의 필요성과 이유에 대하여 솔직해지고, 아이디어를 구하고 동시에 도전하며, 눈에 보이고 접근 가능한 인간적인 존재가 되어야 한다는 뜻이다.

비즈니스 리더들이 대외적으로 논란의 소지가 있을 만한 발언은 절대 하지 않던 시기가 있었다. 그때 기업은 사회의 논의에 대하여 불가지론자였다. 하지만 오늘날 사람들은 정치인보다 기업을 더 신뢰한다. 사람들은 기업이 앞으로 나아갈 방향을 제시할 것이라고 믿는다. 사람들은 비즈니스 리더들이 스스로 견해를 갖고 견해를 밝히길 촉구한다.

그런데 이것은 논란거리가 될 수도 있다. 모든 사람이 리더의 생각에 동의하지 않을 수 있고, 일부 고객은 소외감을 느끼거나 부정할 수도 있다. 하지만 애플은 다양성과 인권을 열렬히 옹호하고, 스타벅스는 미국의 반이민 정책에 이의를 제기했다. 이처럼 리더들은 당당하게 자신의 견해를 밝히고 스스로 옳다고 믿는 가치를 위해 싸울 필요가 있다. 이런 식으로 브랜드는 더 진정성 있는 개성을 만들어내고, 기업은 사회에서 더 의미 있는 역할을 해내고, 리더는 사람들의 존경과 신뢰를 얻는다.

목적을 갖고
브랜드를 개발하라

"고객에게 더 의미 있는 브랜드를 어떻게 개발할 수 있을까? 고객
이 브랜드의 목적을 받아들이게 하고, 고객에게 의미 있고 신뢰받
는 제품과 서비스를 제공하면 가능할까?"

에마누엘 파베르Emmanuel Faber는 사람들이 이 세상에 대한 투표권을 갖고 싶어 한다고 생각한다. "사람들이 브랜드를 선택하는 것은 투표권을 행사하는 것이다. 사람들은 브랜드가 투명하고 의미 있고 책임감 있기를 바란다. 여전히 사람들은 선택한 브랜드가 슬겁고 혁신적이고 공감할 수 있고 감성적이고 몰입할 수 있기를 바란다. 따라서 오늘날 세계에는 새로운 패러다임이 움트고 있다. 즉, 브랜드는 오직 사람들의 힘을 통해서만 존재한다."라고 그는 말했다.

에마누엘 파베르는 바르셀로나에서 설립되어 현재 파리에 본사를 두고 120여 국 시장에 제품을 판매하는 250억 달러의 가치를 지닌 식품회사 다농의 CEO다. 다농은 최근 몇 년 동안 사회적 기업인 비코퍼레이션으로 변신했다. 다농의 목적은 더 잘하도록 조직과 세상을 채찍질하는 것이다. 다농은 "우리는 우리 식품에서 더 많은 것을 기대한다."라고 말한다.

다농은 '삶에 자양분을 공급하고 더 건강한 세상을 만들기 위해서' 먹고 마시는 법, 그러니까 인간이 자양분을 섭취하는 전체 식품 시스템의 작동 방식을 바꾸길 원한다. 다농은 사람들의 건강과 지구의 건강은 서로 연결되어 있다고 믿는다. 그래서 이 프랑스 식품회사는 모든 소비자와 식품에 이해관계를 가진 모두에게 '식품 혁명'에 동참할 것을 촉구한다. 식품 혁명은 더욱 건강하고 더욱 지속가능한 식습관을 기르자는 운동이다.

브랜드는 제품보다 사람과 관계가 있다

과거에 브랜드는 소유권의 표시로 여겨졌다. 브랜드 이름과 정체성은 그것이 어디서 왔는지를 나타냈다. 이는 농부가 자신이 키우는 가축에 독특한 문양의 낙인을 찍는 행위와 유사하다. 처음에 대부분 브랜드는 가문의 이름이었고, 그 가문 사람들이 하는 일이 무엇인지를 나타내는 상징이었다.

시간이 흐르면서 소유권의 근원에 대한 소비자의 관심이 서서히 줄어들었다. 그 대신, 소비자는 자기 삶과 요구를 반영하는 브랜드에 훨씬 더 좋은 반응을 보였다. 이렇게 이름보다 콘셉트가 더 중요해지면서, 브랜드명은 점점 추상적으로 변해갔다. 브랜드 로고는 독특한 태도와 가치를 보여주는 상징으로 활용됐다. 제품이 아닌 사람을 보여주는 콘셉트는 기능성을 초월하여 브랜드가 정해진 범주를 넘어서도록 한다.

디지털 미디어는 브랜드가 고객과 소통하는 방식을 바꾸고, 궁극적으로 소비자들을 서로 연결했다. 정보에 대한 접근성이 확대되면서 소비자들은 브랜드를 자세히 조사할 수 있게 됐고, 그들에게 진정성을 요구하기 시작했다. 소비자들은 이제 진정성이 없는 브랜드를 신뢰하지 않는다. 과거 소비자들은 상업 광고의 메시지를 수동적으로 받아들였지만, 이제 친구나 자신과 같은 다른 사람의 평판을 더 신뢰하고 그들과 소통한다.

　브랜드 이야기, 그리고 궁극적으로 브랜드 평판은 더는 기업의 말에 좌우되지 않는다. 그 대신 사람들이 서로 주고받는 말에 의해 결정된다. 오늘날 브랜드 소유자들은 사람들이 자사 브랜드에 관해 이야기하고, 트위터 메시지를 보내고, 블로그에 올리고, 입소문을 내고, 마우스 클릭을 통해 자사 웹사이트를 방문하게 하려고 애쓴다. 그들은 이제 마케팅은 자신들이 통제할 수 없는 진행형 서사의 형태를 갖추기 시작했음을 인정한다. 하지만 그들은 여전히 사람들에게 영향을 미치고 자기 브랜드에 관하여 이야기하도록 만들려고 시도한다. 코카콜라는 이것을 '유동적이고 연결된' 이야기 큐레이션이라고 부른다.

　오늘날 브랜드에 모여서 공동의 욕구를 공유하는 소비자 커뮤니티는 무척 중요하다. 그렇다고 브랜드가 커뮤니티를 소유하진 않는다. 브랜드는 제품을 팔기 위해서가 아니라, 열정을 공유하도록 사람들을 효과적으로 연결한다. 다시 말해 브랜드는 커뮤니티 형성을 촉진한다. 커뮤니티를 형성한 브랜드는 소비자로부터 신뢰를 얻고 커뮤니티 활동과 조화를 이룬다.

　그 뒤에 제품과 서비스는 자연스럽게 따라온다. 브랜드는 커뮤니티를 형성하고 소비자가 서로 욕구를 공유하도록 돕는다. 이것이 브랜드의 목적이다. 그러므로 브랜드는 브랜드 자체보다 사람들이 무엇을 할 수 있도록 돕느냐에 의해 정의된다. 브랜드는 제품과 거래의 포장지가 아니라, 사람들이 무언가를 할 수 있도록 도와 지속적인 관계를 맺도록 하는 협업 체계다.

매니페스토 브랜드를 만들어라

'매니페스토 브랜드Manifesto brand'는 사람에 관한 것이다. 매니페스토 브랜드는 사람들이 브랜드를 통해서 '목적을 달성하는 수단' 대신, 사람들이 브랜드를 통해서 '달성하려는 목적'에 의해서 정의된다. 한마디로 매니페스토 브랜드들은 사람, 열정 그리고 목적에 관한 것이다.

- 사람 — 사람들은 약속을 현실로 만들겠다는 감성적인 인간 본능을 기반으로 만들어진 브랜드를 신뢰한다.
- 열정 — 매니페스토 브랜드는 고객의 관심사와 열정을 공유한다. 매니페스토 브랜드는 열정적으로 더 많은 것을 원하고 더 많이 주고자 한다.
- 목적 — 매니페스토 브랜드는 개인의 삶, 사회, 세계를 어떤 식으로든 더 좋게 만들기 위해서 대의명분을 공유한다.

모든 브랜드처럼 매니페스토 브랜드도 사람들이 신뢰하는 거대한 아이디어를 축약적으로 보여준다. 매니페스토 브랜드는 특정 가치, 브랜드가 공유하는 믿음, 브랜드가 널리 퍼트리고자 하는 아이디어, 브랜드가 지지하는 대의명분을 바탕으로 만들어진다. 어떤 의미에서 매니페스토 브랜드는 기업의 목적에 대한 소비자의 해석이다. 매니페스토 브랜드는 말 그대로 매니페스토다. 이는 변화를 위한 선언이고 진보에 대한 믿음이다.

일부 브랜드는 아주 자세하게 매니페스토를 작성한다. 매니페스토는 광고 속 서사가 아니라 공유된 의향서에 가깝다. 브랜드와 그 브랜드가 제공하는 제품, 서비스는 기업과 소비자가 선을 도모하고 선을 행하는 플랫폼 역할을 한다. 유명한 사례가 있다. 애플은 로고가 아니라 믿음으로 다음과 같이 기업의 정체성을 정의한 대표적인 매니페스토 브랜드다.

"미친 자들에게 바친다. 여기 부적응자들, 반역자들, 말썽꾸러기들이 있다. 그들은 네모난 구멍에 꽂힌 둥근 말뚝이다. 그들은 세상을 다르게 보는 이들이다. … 혹자는 그들을 미친 자들이라 생각하리라. 하지만 우리는 그들에게서 천재성을 본다. 세상을 바꿀 수 있다고 생각할 정도로 미친 자들이 진짜로 세상을 바꾼다."

그렇다. 이것은 스티브 잡스가 광고에서 직접 했던 애플에 관한 서술이다. 하지만 나는 이 서술을 듣고 가슴이 뭉클했다. 나는 미친 자중 한 사람이 되고 싶었다. 나는 정말 미친 자가 되고 싶었다. 나이키는 모두가 운동선수하고 말한다. 그리고 모두가 최고가 되기 위해, 그리고 자신의 위대함을 찾기 위해 노력한다고 말한다. 나이키는 이러한 매니페스토를 토대로 모든 신발을 생산한다. 노스페이스North Face는 '탐험'이다. 세상과 자신을 더 잘 이해하기 위해 그리고 더 큰 성취감을 얻기 위해 세상과 자신을 탐험하라고 외친다. 피아트Fiat는 '다른 사람도 전염되도록 신나게 일상의 소소한 사건들을 기념하기 위해서' 사람들이 일상을 즐기기를 바란다.

일반적으로 매니페스토 브랜드는 다음의 세 가지 요소를 중심으로 만들어진다.

- 브랜드 매니페스토와 스토리텔링 — 이것은 브랜드가 추구하는

목적을 소비자에게 유의미하게 만든다. 소비자에 대한 통찰과 그들의 욕구를 바탕으로 만들어지고, 그들에게 전달되거나 그들 사이에 회자한다.

- 브랜드 활성화와 경험 ─ 이것은 제품과 서비스는 물론, 코카콜라의 에코센터Ekocenters처럼 광범위한 주도적 행동으로 실천된다.
- 브랜드 대사와 커뮤니티 ─ 이것은 파타고니아의 기후 저항과 같은 운동으로 변해 대의명분을 공유하는 사람 사이에 매니페스토를 확산한다.

다농의 매니페스토 브랜드는 다농이 실질적으로 '식품 혁명' 운동에 참여하는 수단이다. 각각의 브랜드는 다농의 전반적인 목표와 조화를 이룬 구체적인 대의명분을 정의하고 촉진하는 시스템을 따라 움직인다. 이 시스템은 사람들에 대한 주목에서 시작한다. 이것은 사람들에 대한 통찰과 현실 사이에 존재하는 긴장감을 규정하고, 없애야 할 차별이나 해결해야 할 모순을 정의한다.

그 결과, 각각의 브랜드에 강력한 관점이 생긴다. 이것은 그 브랜드가 세상에 존재하고 사람들에게 필요한 이유를 정당화하는 목적으로 변한다. 지구 보호와 건강 향상에 도움이 되고자 하는 다농의 헌신이 또한 이 목적을 지지한다. 이렇게 다농은 매니페스토를 기반으로 40개가 넘는 브랜드를 만들어냈다. 다농은 이것이 더 넓은 사회와 환경과 조화를 이루고, 수익을 창출하는 더 매력적이고 지속가능한 모델이라고 본다.

더 좋은 가치를 제안하라

가치제안은 소비자에게 가치를 명확히 전달하는 일종의 장치다. 지금까지 새로운 고객가치 방정식과 그것이 사람들의 변화하는 요구에 어떻게 작용하는지 살펴봤다. 하지만 고객가치 방정식은 여전히 기업이 제공하는 독특한 혜택과 전체 비용, 혹은 가장 간단하게는 고객이 지급하는 가격을 중심으로 형성된다.

혹자는 가치제안을 창의적인 슬로건으로 본다. 기업이 달성하려는 가치의 트레이드오프 관계를 고민한다면, 가치제안은 창의적인 슬로건일 수도 있다. 가치제안은 제품도 아니다. 오히려 그것은 약속에 더 가깝다. 그 약속을 근거로 고객에게 제공된 제품과 서비스가 선택된다. 실제로 전혀 다른 제품으로 소비자에게 같은 가치를 제안할 수도 있다.

기업과 브랜드는 단 하나의 오래가는 가치제안만을 가질 수도 있다. 혹은 다른 고객, 다른 상황 그리고 다른 솔루션에 맞춰 많은 가치제안을 만들어낼 수도 있다. 가치제안은 오랫동안 지속하거나 변할지도 모른다. 하지만 가치제안은 목적, 브랜드와 전달 방식을 신선하고 시사적이고 흥미롭게 만든다. 단순히 제품과 서비스를 제공하는 차원을 넘어서 소비자와의 약속을 이행하는 데 도움이 되는 주도적 노력이 포함된 가치제안도 있을 수 있다.

매니페스토 브랜드는 이런 주도적 노력으로 사회와 환경에 기여한다. 소비자들은 이러한 주도적 노력으로 브랜드가 사회와 환경에 어떻게 기여하는지 알게 된다. 그리고 소비자 역시 이러한 노력에 동참하여 기업과 함께 또는 하나의 커뮤니티로서 더욱 많은 일을 해낸다. 그래서 사회적이고 환경적인 이러한 노력은 매니페스토 브랜드에 특히 중요하다.

'더 좋은' 가치제안의 대표적 사례는 1984년 뉴욕에 설립된 미국 여성 의류 브랜드 에일린 피셔Eileen Fisher다. 에일린 피셔는 "우리는 윤리적인 방법으로 시간이 지나도 변하지 않는 잘 만들어진 의류를 생산하고자 한다. 협업을 촉진하고 간단하게 입을 수 있고 모든 생애주기에서 쓸모 있는 옷을 디자인하고자 한다."라고 말했다. 이를 위해서 비코퍼레이션의 필수조건들에 맞춰 사업목표를 설정했다. 그리고 이 목표들을 달성하기 위해 다음의 3가지 캠페인을 시작했다.

- 헌 옷에 새 생명을 주자 ─ 2009년 시작된 이 캠페인은 에일린 피셔 옷에 '옷장 밖의 생명'을 불어넣자는 취지로 시행되고 있는 일종의 재활용 프로그램이다. 사람들이 제공한 에일린 피셔 옷들은 '잘 사용한' 중고품으로 재판매된다. 대체로 최신 디자인과는 다른 독특한 디자인이어서, 많은 사람이 구매하길 선호한다.
- 쓰레기를 줄이자 ─ 이것은 소비 주기를 뒤집기 위해 고안된 일종의 자원순환 시스템이다. 에일린 피셔는 손상 정도에 상관없이 모든 헌 옷을 수거한다. 그리고 손상 정도가 너무 심해서 수선할 수 없는 헌 옷은 완전히 새로운 디자인으로 재창조한다.
- 여성들이여 함께 하자 ─ 이 행사는 여성들이 내면의 강인함을 찾고 긍정적인 변화를 위해 자기 내면의 강인함을 발휘하도록 힘이 되어주는 '영감, 자아 성찰 그리고 연결'의 행사다. 에일린 피셔의 인간적인 유대를 강화하는 프로그램으로 주로 매장에서 직원과 함께 진행한다.

고객이 더 많은 것을 이루도록 도와라

"브랜드는 소유권의 표시였다. 하지만 오늘날 브랜드는 같은 생각을 지닌 소비자들이 열정을 중심으로 만들어낸 일종의 커뮤니티다. 브랜드는 소비자들이 더 많은 것을 해내고 그들의 영향력을 배가시키도록 돕는다."

사이클링은 전문 스포츠다. 사이클링을 즐기는 사람들은 커피를 사랑한다. 그들이 프랑스 사람이라면 파스티스Pastis를 즐기는 만큼 사이클과 사이클링 장비를 사랑한다. 일요일 아침, 여럿이서 사이클링을 하는 것은 육체적인 활동인 만큼 사회적인 활동이기도 하다. 라파Rapha는 고급 사이클링 장비를 출시했으며, 사이클링 애호가들이 모일 수 있는 커피숍인 '사이클 클럽'을 만들었다.

런던이나 뉴욕, 시드니나 오사카의 라파 사이클 클럽에 들어서면 사이클링에 대한 애정을 피부로 느낄 수 있다. 2004년 런던의 코벤트 가든에 사이먼 모트램Simon Mottram이 세운 라파는 사이클 클럽뿐만 아니라 사이클과 관련된 행사와 온라인 커뮤니티를 통해 소비자와 직접 관계를 맺으며 빠르게 성장했다. 라파는 디자이너이자 사이클링 애호가인 폴 스미스Paul Smith와 손잡고 공동 브랜드를 출시했고, 배낭, 스킨케어, 책, 여행 상품 등 다양한 제품을 판매하고 있다.

하지만 라파를 두고 의견은 완전히 둘로 나뉜다. 한쪽은 열정과 땀을 솟아나게 하는 스포츠만을 위한 최고의 고성능 스포츠 장비를 라파가 생산한다고 생각한다. 하지만 다른 한쪽에서는 주말 취미로 하는 사이클링을 과도하게 포장한다고 생각한다. 이들은 값비싼 라이크라 소재의 사이클링복에 몸을 욱여넣는 중년 남성들을 유혹해서 가격과 디자인이 과도한, 허영심이 가득한 의류를 생산한다고 라파를 비난한다. 무엇이든지 간에, 이것은 라파라는 브랜드에 사람들이 관심을 두고 있다는 방증이다. 아무튼, 사람들은 라파에서 450달러를 주고 야크 가죽 사이클링 신발을 구매할 수 있고, 신나게 자전거를 탄 뒤에 최고의 바리스타처럼 커피 가루를 평평하게 만들어 커피를 즐길 수 있는 글라이드 전용 커피 탬퍼를 150달러에 구매할 수도 있다.

더 많은 것을 가능하게 하라

마이크로소프트는 '이 지구상의 모든 사람과 조직이 더 많은 것을 이루도록' 힘이 되어주려고 한다. 사티아 나델라가 말했듯이, 마이크로소프트는 '자신이 아닌 다른 사람들이 멋져지도록' 그들에게 힘이 되어주고자 한다. 나는 마이크로소프트가 기업 고객을 대상으로 이 목적을 달성할 수 있도록 도왔다. 전통적으로 영업과 기술 전문가들은 물건을 팔기 위해서, 이것을 요즘 표현으로 하면 구독자를 늘리기 위해서 직접 고객을 찾아 나섰다. 이것은 대부분 '제품 밀어내기' 전략이었고, 수확체감의 법칙이 작용했다. 그래서 우리는 한걸음 물러서서 고객이 더 많은 일을 할 수 있도록 어떻게 도울 수 있을지부터 고민했다.

고객이 원하는 일을 하도록 돕는 것, 그것이 바로 혁신이었다. 예를 들어, 기업 고객이 새로운 시장에 진입하고, 새로운 솔루션을 혁신적으로 만들어내고, 자신들의 비즈니스 모델을 완전히 바꾸도록 돕는 것이었다. 고객에게 다짜고짜 제품 카탈로그를 들이미는 대신, 우리는 고객의 목소리에 귀를 기울이고 새로운 성장계획을 세우기 위해서 전문성과 가능성에 기반을 둔 아이디어들을 융합하기 시작했다. 브랜드는 스스로 무언가를 하는 것보다 고객이 무언가를 하도록 돕는 것과 관련되어 있다. 그러므로 위대한 브랜드는 고객이 생각했던 것보다 훨씬 더 많은 일을 대단히 성공적으로 해내도록 돕거나 더 잘 하도록 돕는 브랜드다. 따라서 소비자가 더 많은 일을 해내도록 돕는다는 개념이 브랜드 제작의 핵심이 되어야 한다.

브랜드는 기본적으로 다음의 3가지 방식으로 소비자를 위해 더 많은 일을 한다.

- 사람들을 교육한다 — 브랜드는 소비자들이 제품과 서비스를 최대한 활용하도록 더 효과적인 사용법을 가르친다.
- 사람들을 돕는다 — 브랜드는 더 많은 일을 해내고, 제품을 더 잘 사용하고, 노동의 방식을 바꾸고, 더 많은 일을 하기 위해 소비자와 협업한다.
- 사람들의 역량을 키운다 — 브랜드는 소비자를 위한 솔루션을 늘리고, 다른 장소에서 가져온 새로운 아이디어를 추가하여 소비자가 성과를 향상하는 데 도움을 준다.

애플 매장은 애플 기기를 구매하거나 수리하러 온 사람보다 워크숍에 참가하러 온 사람으로 더 분주하다. 애플은 더 효과적인 영업 프레젠테이션을 준비하는 법, 더 좋은 웹사이트를 만드는 법, 소득 신고를 제대로 하는 법 등 소비자를 위한 다양한 교육 프로그램을 제공한다. 요가 브랜드 룰루레몬Lululemon은 일정한 간격을 두고 하루 동안 매장을 요가 스튜디오로 변신시킨다. 사람들은 매장에서 요가용품을 구매할 뿐만 아니라 자신들이 좋아하는 요가도 할 수도 있다. 광고회사 엠

앤씨 사치M&C Saatchi는 고객을 위한 방을 별도로 마련해 뒀다. 이 방은 고객에게 브랜드와 캠페인을 설명하기 위한 방이고, 그 방에서 고객과 단일팀처럼 협업한다.

브랜드 커뮤니티를 형성하라

브랜드 커뮤니티는 단순히 브랜드의 제품과 서비스를 소비하는 사람들의 모임이 아니다. 커뮤니티는 그 브랜드에 투자하는 소비자 공동체다. 요즘에는 소비자들이 커뮤니티를 형성하여 브랜드 혹은 기업과 적극적으로 소통한다. 대표적인 브랜드 커뮤니티를 살펴보도록 하자. 브랜드 커뮤니티는 소비자들이 구매하는 것, 신뢰하는 사람, 더 많은 일을 해내는 방법 등에 영향을 미친다. 훌륭한 브랜드 커뮤니티로는 레고 아이디어Lego Ideas와 테드 강연, 엑스박스 앰베서더Xbox Ambassadors 와 나이키 런클럽Run Club, 디즈니의 D23팬D23 Fans과 바이에른 뮌헨 Bayern Munich 서포터즈 클럽이 있다.

가장 유명한 브랜드 커뮤니티들을 살펴보자.

- 할리오너스그룹Harley Owners Group — 할리데이비슨 오토바이를 소유한 사람들은 오토바이 그 자체보다 훨씬 더 사랑하는 것이 있다고 생각한다. 그래서 질주하는 자유, 함께 달리며 느끼는 스릴, 에이스카페Ace Cafe에서 동료들과 보내는 시간 그리고 삶의 열정을 공유하는 커뮤니티를 형성했다.
- 글로시에 — 세계에서 가장 빠르게 성장하는 화장품 브랜드다.

소비자들이 아이디어를 공유하고 조언을 나누던 패션잡지《보그Vogue》의 편집자 블로그가 제품 개발까지 이뤄지는 브랜드 커뮤니티로 성장하여 글로시에가 됐다.

- 레고 아이디어스Lego Ideas — 알록달록한 플라스틱 블록 그 이상의 무언가와 연결되어 있다. 레고는 '창의적인 놀이'라는 뜻의 덴마크어에서 비롯됐다. 레고 아이디어스는 창의적인 개발 및 표현에 연관되어 있다. 이 온라인 커뮤니티가 경연, 사진, 새로운 아이디어로 활기가 넘치는 이유다.

- 비핸스Behance — 대단히 창의적인 작업을 선보이고 공개하는 어도비Adobe의 플랫폼이다. 현재 전문 디자이너와 아마추어 디자이너를 포함해 1,000만 명이 넘는 사람이 참여하고 있다. 비핸스는 독점 툴을 공급받으며, 디자이너 간 프로젝트 협업이 이뤄지는 공간이다.

- 스포티파이 록스타즈Spotify Rockstars — 음악을 사랑하는 사람들의 커뮤니티다. 음악 토론과 음악 추천을 권장하고, 순위를 매겨서 가장 적극적으로 활동한 사람에게 보상해 주고, 새로운 재능을 발견하는 플랫폼이 되어준다.

브랜드 커뮤니티는 열정을 기반으로 만들어진다

브랜드 커뮤니티는 소비자의 이탈을 막고, 새로운 수입원을 창출하고, 여과되지 않은 통찰력과 예측할 수 있는 현금흐름을 가져온다. 이렇듯 브랜드 커뮤니티는 기업의 성장을 이끌 많은 기회를 제공한다.

- 소비자 경험을 향상한다 — 사람들이 더 많은 일을 해내고, 서로 협업하고 좋은 것을 추천하며, 새로운 콘텐츠를 함께 만들어갈 기회를 제공한다.
- 지속해서 소통한다 — 단지 판촉이나 구매의 순간만이 아니라 사람들이 브랜드와 지속해서 관계를 맺도록 만든다.
- 소비자를 더 잘 이해한다 — 기업의 67%가 브랜드 커뮤니티를 활용하여 집중력을 높이고 혁신을 강화해갈 더 심오한 통찰력을 얻는다.
- 브랜드 노출 빈도와 신뢰도를 높인다 — 굳이 팔려고 애쓰지 않아도 쉽게 제품과 서비스가 팔리도록 해준다. 일반적으로 브랜드 커뮤니티가 브랜드 인지도를 35% 높인다.
- 소비자 지원 비용을 줄인다 — 온라인 커뮤니티를 보유한 기업의 49%가 소비자 지원 비용에서 연간 25% 정도를 절약했다.
- 고객 유지와 후원을 개선한다 — 고객 유지율을 42% 높이고, 교차판매를 3배 높인다. 그리고 고객도 브랜드 제품과 서비스에 더 비싼 값을 치른다.

위대한 브랜드 커뮤니티는 다음의 3가지 요소를 기반을 만들어진다.

- 소비자 — 브랜드 커뮤니티는 고객에서 시작된다. 따라서 '무리'에 합류할 매력적인 이유가 있어야 한다. 힙합 음악에 대한 사랑, 공상과학소설에 대한 애정, 건강하고 싶은 욕구까지, 사람들이 공유하고 있는 대의명분이나 관심사가 브랜드 커뮤니티에 참여할 이유가 된다.
- 협업 — 브랜드와 커뮤니티 플랫폼이 토론, 공동 개발, 추천 등을

통해 고객에게 타인과 소통하고 새로운 관계를 맺을 기회를 제공한다.

- 콘텐츠 — 콘텐츠는 제품을 넘어서 브랜드 커뮤니티를 응집력 있게 만드는 일종의 접착제다. 소식지, 행사, 비디오, 신제품, 토의 게시판, 상품, 독점 서비스 등이 있다.

브랜드 커뮤니티는 일종의 비즈니스 모델이다. 고객에게는 진정한 부가가치를 제공하고, 기업에는 상업적 수익을 제공한다. 브랜드 커뮤니티는 고객에게 브랜드의 전통적인 제품과 서비스를 넘어서는 부가가치를 제공한다. 다시 말해서 커뮤니티는 브랜드 제품과 서비스를 더 잘 사용하고 그것으로부터 최대 효용을 끌어낼 수 있도록 돕는다. 브랜드 커뮤니티는 기업의 수익을 점진적으로 증대시킨다. 고객 이탈을 방지하거나, 더 많은 제품과 서비스, 다른 제품과 서비스 또는 완전히 다른 유형의 콘텐츠를 판매하거나, 고객이 제품과 서비스를 구독하도록 만든다. 이처럼 브랜드 커뮤니티는 브랜드와 기업의 기하급수적인 성장을 돕는 가장 강력한 방법의 하나다.

어떻게 시장 코드를 혁신할 것인가?

◇ 생각해볼 **문제 5가지**

- 시장 영역을 확보하라 - 어떻게 당신의 시장 영역을 다시 정의할까?
- 당신의 비즈니스를 파괴하라 - 당신이 스타트업이라면 무엇을 할 것인가?
- 새로운 고객 아젠다에 대응하라 - 당신의 고객에게 나타난 가장 큰 변화는 무엇인가?
- 매니페스토 브랜드를 만들어라 - 어떻게 다양한 목적을 당신의 가치제안에 담을 것인가?
- 고객이 더 많은 일을 해내도록 도와라 - 당신의 고객 커뮤니티는 무엇과 같은가?

◇ 영감을 주는 **리더 5명**(http://www.businessrecoded.com 참조)

- LVMH 그룹의 베르나르 아르노Bernard Arnault - 디오르Dior부터 돔 페리뇽Dom

Perignon까지 70개의 브랜드로 구성된 포트폴리오를 만든 인물

- 디팝Depop의 마리아 라가Maria Raga - '밀레니얼 세대를 위한 이베이'의 아주 인간적인 스페인 CEO
- 바빌론 헬스Babylon Health의 알리 파르사Ali Parsa - 헬스케어에 대한 접근법을 혁신한 이란 난민
- 그랩의 탄 후이 링Hooi Ling Tan - 동남아시아 슈퍼 앱을 만든 '배관공'
- 미켈러Mikkeller의 미켈 브예륵소Bjergso - 세계 최대 생맥주 기업을 일궈낸 주인공

◇ 읽을 만한 **책 5권**

- 정밍Ming Zeng의《스마트 비즈니스Smart Business》
- 피터 힌센Peter Hinssen의《피닉스와 유니콘The Phoenix and the Unicorn》
- 김위찬, 르네 마보안Renee Mauborgne의《블루오션 전략Blue Ocean Strategy》
- 레이첼 보츠만Rachel Botsman의《신뢰 이동Who Can You Trust?》
- 톰 고드윈Tom Goodwin의《디지털 다윈주의Digital Darwinism》

◇ 더 살펴볼 **기관 5개**

- CB인사이트CB Insights
- 에델만 트러스트 바로미터Edelman Trust Barometer
- 캔버스8Canvas8
- 스프링와이즈Springwise
- 트렌드헌터Trendhunter

INGENUITY

혁신 코드를
혁신하라

"무엇이 더 과격한 혁신을 이끌 동력일까?"

독창성Ingenuity은 영리하고 창의적인 능력이다. 1800년대 독창성은 인기를 얻었지만, 오늘날에는 그 인기가 조금 덜하다. 하지만 독창성에는 여전히 고귀하고 기발하다는 뜻이 담겨있다. 독창성은 지성을 의미하는 프랑스어 'Ingenieux' 혹은 라틴어 'Ingenium'에서 유래했다.

기술에 대한 집착에서 벗어나 인간의 기발함을 추구하라

- 닌텐도의 증강현실 게임인 포켓몬 고Pokemon Go는 출시된 지 2개월 만에 5억 번 다운로드됐고, 3개월 만에 6억 달러의 수익을 발생시켰다.
- 시선추적 분석기술에서 세계적 선두 기업인 토비 프로Tobii Pro는 광고 업자가 광고와 패키징 디자인 중 어느 것에 사람들의 시선이 가장 오래 머무는지 정확히 파악할 수 있도록 돕는다.
- 카네기멜런대학교에서 개발된 시험 단계의 기계학습 알고리즘은 심장마비가 발생하기 4시간 전에 80%의 정확도로 심장마비를 예측했다.
- 네코미미Necomimi는 뇌전도 센서가 부착된 고양이 귀 모양의 헤드셋이다. 뇌가 긴장하면 귀가 쫑긋 서고 뇌가 편안한 상태면 귀가 접힌다.
- 스마트 거울인 하이미러HiMirror는 통합 카메라로 사람의 피부 상태를 분석하고 피부 상태의 변화를 추적하고 피부관리 제품의 효과를 관찰한다.
- 리사LiSA는 음성으로 작동되는 사회적 웰니스 플랫폼이다. 독거 노인에게 음성 이메일, 문자 메시지, 간편 정보, 안내문 등을 보내 건강관리를 돕는다.
- 딥스페이스Deep Space는 수력을 활용하여 소형 위성을 먼 우주까지 보낼 수 있는 저압 친환경 추진체 솔루션을 개발한다.
- 셀레스티스Celestis는 지구 밖에 DNA 저장소를 세운다. 사람의 유전자를 우주선에 저장함으로써 미래에 꺼내 분석하거나 다른 행성으로

보낸다.

그렇다면 리더로서 당신은 독창성을 어떻게 강화할 것인가?

독창성을
발휘하라

"혁신은 기술에서 나오지 않는다. 혁신은 기술이 어떻게 인간을 더 훌륭한 존재가 되도록 돕느냐에서 나온다. 독창성의 원동력은 상상과 직관, 공감과 의도다."

무라카미 다카시Takashi Murakami는 차세대 앤디 워홀Andy Warhol로 불리는 인물이다. 그는 순수미술과 대중미술을 융합하고, 일본의 풍부한 예술적 유산과 활기찬 소비자 문화에서 얻은 아이디어들을 융합한다. 앤디 워홀은 수백만 달러에 이르는 예술 작품을 만들었지만, 무라카미 다카시는 풍선껌과 티셔츠에서 전화기 덮개와 한정판 루이뷔통 핸드백까지 모두를 위한 일상품을 창조하는 데 훨씬 더 관심이 있다.

그는 일본 전통문화에서 시작해 19세기 동양과 서양풍이 결합한 일본 정통회화인 '니혼가Nihonga'를 공부했다. 그는 1980년대 일본 애니메이션인 아니메Anime와 일본 만화인 망가Manga의 부상에 눈을 돌렸다. 그는 각종 이슈와 오늘날 사회적 욕구로 사람들을 연결하는 현대적인 스타일이 마음에 들었다. 그는 헬로키티Hello Kitty와 미키마우스Mickey Mouse 등 상징적인 캐릭터들을 더 대중적이고 영원하게 만드는 일에 매혹됐다.

일본은 수 세기 동안 이어진 '단조' 예술이란 전통을 갖고 있다. 단조 예술의 특징은 대담한 윤곽, 단조로운 색채 그리고 원근법과 입체감에 대한 무시다. '초단조Superflat'는 무라카미 다카시가 2001년부터 사용하기 시작한 용어다. 이 용어는 전통적인 단조 예술에 아니메와 망가를 결합하고 순수미술과 대중미술을 구성하는 요소들을 활용하여 범주화를 거부하는 현대 미술의 가장 활발한 운동 중 하나로 진화했다. 그는 자신 역시 소비자 문화의 단조로운 천박함을 표현하기 위해 초단조 양식을 활용한다고 말했다.

무라카미 다카시는 현대 예술계의 록스타다. 그는 자신의 이미지와 브랜드를 정확하게 인지하고 있다. 그리고 그는 소셜미디어의 열렬한 이용자다. 그는 명성과 상업주의를 사랑한다. 그래서 주로 유명인과 협업한다. 미국 가수 카니예 웨스트Kanye West를 위해서 애니메이션 뮤직비디오를 제작했고, 또 다른 미국 가수 퍼렐 윌리엄스Pharrell Williams와 조각상을 디자인했다.

만약 '독창성'이 사상 최초로 그리고 창의적으로 사고하고 행동하는 것이라면, 무라카미 다카시는 독창성을 보여주는 대표적인 인물일 것이다. 그는 자신만의 독특한 존재감을 만들고, 환경에 관심을 두고 자신을 둘러싼 환경에 도전한다. 그리고 전통을 거부하고, 관객의 마음을 사로잡는 개인적인 의견과 통찰력을 갖추기 위해 과거와 미래에서 영감을 얻는다.

상상력과 창의력으로 혁신을 추구하라

상상력은 인간 의식이 선물한 핵심 재능이다. 우리는 인간성에 도전하는 '유비쿼터스 기술Ubiquitous technology'의 세계에 살고 있다. 지금 우리가 사는 세계는 유비쿼터스 기술로부터 파생된 무한한 가능성과 잡음과 불확실성으로 가득하다. 이런 세계에는 인간성이란 개념은 존재하지 않는 듯하다.

상상력은 인류를 앞으로 나아가게 하는 힘이다. 상상력은 인류를 관습과 같은 한계를 뛰어넘게 만든다. 인류는 상상력으로 인공지능 로봇의 알고리즘을 초월한다. 인공지능 로봇은 설계된 알고리즘에 따라 이미 학습된 환경에서 주어진 작업만을 완벽하게 수행할 수 있다. 하지만 상상력이 없는 인공지능 로봇이 그것을 넘어선 무언가를 해낼 수는 없다. 상상력은 인류에게 새롭게 사고하고 검증할 새로운 가설과 놀라운 심미적 디자인을 만들도록 영감을 준다.

켄 로빈슨Sir. Ken Robinson은 자신을 비하하여 남을 웃기는 유머 감각을 지닌 인물로 유명하다. 그는 이러한 자기 비하적 유머를 통해 아주 중요한 메시지를 전달하려고 한다. "상상력은 인간이 이뤄낸 모든 성과의 원천이다." 일간지《더타임스The Times》는 창의력, 교육, 경제에 관한 영국 정부 보고서를 두고 "이 보고서는 21세기 기업이 직면한 가장 중요한 이슈 몇 가지를 분명히 보여준다. 모든 CEO는 책상을 박차고 행동에 나서야 한다."라고 보도했다.

켄 로빈슨은 저서《마음의 한계에서 벗어나: 창의력을 발휘하는 법 Out of Our Minds: Learning to be Creative》에서 이 세상은 인류가 몇 세기에 걸쳐 상상력을 발휘하여 제시한 아이디어, 믿음, 가치를 통해서 형성됐다고 주장했다. 그는 "인간의 마음은 뼛속 깊이 창의적이고 독특하지만, 너무나 많은 이가 자신의 진정한 재능을 이해하지 못하고 있다."라고 말했다.

- 상상력은 새로운 가능성을 자세히 살피고 새로운 아이디어로 포착해낸다.
- 창의력은 기존 아이디어들의 잠재력을 찾아내고 확장한다.

- 혁신은 기존의 아이디어들을 실용적으로 재창조한다.

말하자면 창의력은 응용 상상력이고, 혁신은 응용 창의력이다. 내 두 딸은 어렸을 때 그림을 그리고 모형을 만들면서 놀았다. 끊임없이 질문을 던졌고 사람들의 질문에 기상천외한 대답을 했다. 아이들은 경험이나 선입견 또는 순응 정신에 의해 제약받지 않는 세상을 살았다. 아이들의 붓질은 단순했고, 대담한 색깔을 사용했다. 아이들의 질문은 단순했지만, 어딘가 모르게 대답하기 어려웠다.

성인인 우리는 알지 못하는 사이에 생산성을 지향하는 사고방식을 지니게 된다. 가능성을 남구하기보다는 무언가를 끝까지 마무리하는 것을 선호한다. 우리는 복잡성을 최대한 단순화시키려고 하고, 마른걸레를 쥐어짜듯 이미 알고 있는 것에서 새로움을 짜내 아이디어를 설명하려고 애쓴다.

사람은 누구나 창의력을 갖고 태어난다. 하지만 창의력의 불꽃을 완전히 잃어버리거나 창의력을 외부로 발휘할 자신감을 잃어버리게 된다. 물론 더 창의적인 사람이 있고, 그렇지 않은 사람도 있다. 하지만 사람은 모두 창의적인 사고를 가능하게 하는 뉴런과 시냅스를 갖고 있다. 그러나 현실에서는 그 누구도 일을 시작하기만 하면 가장 우둔한 사람만큼도 창의적이지 않다. 만약 잃어버린 창의력을 되찾을 수 있다면, 우리는 살아있음을 느끼고 더 많은 일을 해내는 자신의 열정을 찾아낼 수 있을 것이다.

하버드 대학교 하워드 가드너Howard Gardner 교수는 8가지 '지능' 혹은 문제를 해결하는 8가지 방식을 발견했다. 이것은 언어의 능력을 보여주는 언어 지능, 주로 수학적 사고로 발현되는 논리 지능, 차원과 디자인적 능력을 보여주는 공간 지능, 음악적 재능을 보여주는 음악 지능, 신체 능력으로 표현되는 신체 지능, 자연과 호흡할 수 있는 자연 지능, 자신을 돌아볼 수 있는 자기성찰 지능, 타인과의 관계를 설정하는 대인관계 지능이다.

핵심은 우리에게는 창의적인 존재가 될 수 있는 많은 방법이 내재해 있다는 것이다. 그리고 정신적 능력과 신체적 능력을 결합해 더욱 창의적인 존재가 될 수도 있다. 레오나르도 다빈치Leonardo da Vinci는 예술가이자 음악가, 해부학자이자 조각가, 건축가이자 엔지니어로서 자신의 다재다능한 능력을 발휘했다. 그는 다재다능한 자기 삶에서 영감을 받아 '창의성은 궁극적으로 새로운 연결을 만들어내는 것'과 관련이 있다고 말했다.

더 멋지게 상상하라

어떤 기업이든지, 어떤 혁신이든지 간에 존재의 목적은 삶을 더 좋게 만드는 것이다. 이것은 인간의 진보와 사회의 진보를 이끈다. 이뿐만 아니라 기업의 성장을 위한 새로운 기회를 찾아낸다. 인류의 삶을 개선한다는 것은 실질적이고 기술적이며 프로세스에 근거한 도전이지만, 인간적이고 철학적이며 전략적이고 미래지향적인 사고이기도 하다.

영국왕립미술원Royal Society of Arts은《독창적인 사람이 되는 법How to be Ingenious》을 출간했다. 이 문헌은 다음의 3가지 요소로 독창성을 정의했다.

- 손만 뻗으면 쉽게 이용할 수 있는 재료를 활용하는 성향
- 흔하디흔한 재료를 놀랍도록 새롭게 결합해내는 능력
- 그렇게 해서 실질적인 문제를 해결해내는 능력

독창성을 다르게 설명하면, '예상치 못할 정도로 제한적인 자원을 활용해서 더 많은 것을 해내는 능력'이다. 오늘날 모든 기업이 마주한 사회적이고 환경적인 도전을 생각해보면, 독창성은 실로 유용한 능력이다.

롭 쇼터Rob Shorter의 '상상 해시계Imagination Sundial'는 사람들이 미래를 기준으로 무엇을 어떻게 추구할 것인가를 상상하도록 돕는 디자인 툴이다. 그는 인류가 역대 최고의 상상력을 발휘해야 할 시기에 상상력의 쇠락기를 걷고 있다고 생각한다. 그리고 자신의 목표는 더 좋은 세상을 상상하는 '집단 상상력을 키우는 것'이라고 설명했다.

환경주의자인 롭 홉킨스Rob Hopkins는 "상상력의 쇠락기 이면에는 무엇보다도 트라우마, 스트레스, 불안과 우울함이 버티고 있다. 신경과학자들은 이것들이 상상력과 가장 깊이 관련된 뇌 부위인 해마를 쪼그라들게 만든다고 주장한다."라고 말했다. 롭 홉킨스의 말에 동의하는 웬디 스즈키Wendy Suzuki는 경제지《포브스Forbes》에 "장기적인 스트레스는 말 그대로 해마 세포를 죽인다. 해마 세포가 죽으면 기억력이 심하게 감퇴하지만, 창의력도 죽는다."라는 글을 실었다.

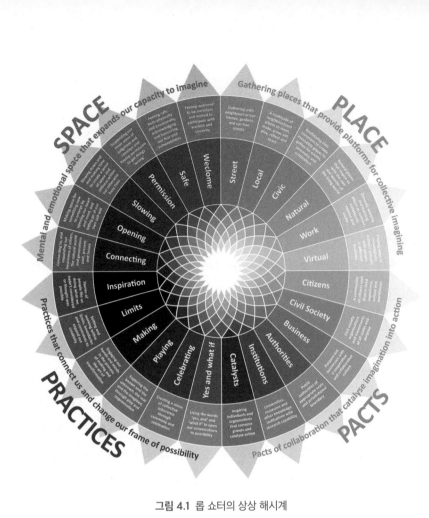

그림 4.1 롭 쇼터의 상상 해시계

상상 해시계는 다음의 4가지 요소로 구성된다.

- 공간 — 이것은 상상력을 확장하는 정신적이고 감성적인 영역이다. 바쁘고 스트레스 가득한 삶은 공포와 불안으로 가득하다. 공포와 불안은 상상력을 억제한다. 공간은 삶의 속도를 늦추고, 안전감을 느끼며, 상상력에 다시 불붙이기 위해 타인이나 자연과 교감하는 곳이다. '모닝 페이지Morning page'는 줄리아 카메론Julia

Cameron이 아이디어가 떠오르지 않아 고통스러워지는 순간인 '예술가의 장벽'과 마주한 사람들을 돕기 위해서 저서《아티스트 웨이》에서 추천한 연습이다. 이것은 매일 아침 3페이지씩 생각을 정제하지 않고 주변에 대한 감상을 의식의 흐름에 따라 글을 쓰는 것이다.

- 장소 — 집단 상상력이 모이는 지점이다. 연결성과 창조력, 협업과 기회가 만나도록 설계된 곳이다. 이곳에선 다양한 사람과 만남, 아이디어 공유가 권장된다. 포틀랜드 오리건의 인터섹션 리페어Intersection Repair는 교차로를 사용하는 주민을 초청해 원하는 도로의 모습을 함께 상상하고, 상상한 대로 노로 표면을 함께 페인트칠한다. 그러면 도로는 정말 아름다워지고 사람들이 그 도로를 바라보는 시선도 바뀌기 시작한다. 주민들은 거리에서 파티를 열고 미니 도서관을 세우고 한때 무시했던 장소에 모여 시간을 보내기 시작한다.

- 훈련 — 훈련은 사람과 사람을 연결하고 가능성의 틀을 바꾼다. 훈련은 사람들이 함께할 수 있는 것 모두다. 이것은 내부의 제약과 사회 규범을 깨 무엇이 가능한지에 대한 이해 범위를 넓힌다. 그리고 사람들이 합리적인 사고방식에서 벗어나 완전히 색다른 무언가를 상상하게 만든다. 좋은 훈련은 실재하는 것과 상상한 것, 아는 것과 모르는 것을 연결하는 다리를 만들어낸다. 예를 들어, '~라면 어떨까?'란 질문은 다양한 가능성을 여는 간단한 방법이다. 이것은 사람들이 나름의 창의적인 대답을 찾아내도록 돕는 동시에 지시적으로 느껴지지 않게 하는 개방형 질문이다.

- 협정 — 이것은 상상을 행동으로 빠르게 바꾸는 협업이다. 행동은 믿음을 만들어내고, 믿음은 다시 행동에 영감을 준다. 이것은

함께 세상이 잘 돌아가게 만들 수 있는 사람과 조직을 한데 모으는 합의다. 예를 들어, 이탈리아 볼로냐의 시민 상상 사무소Civic Imagination Office는 도시의 미래를 위한 다양한 아이디어를 떠올리는 데 도움을 주는 시각화 도구와 활동을 통해서 도시 전역에 존재하는 커뮤니티와 협업한다. 좋은 아이디어가 생기면, 지자체는 커뮤니티와 마주 앉아 협정을 만든다. 이렇게 지자체가 제공할 수 있는 지원 활동과 커뮤니티가 제공할 수 있는 지원 활동을 합친다. 지난 5년 동안 500개 이상의 협정이 체결됐다.

영감을 주는 혁신 접근법을 활용하라

혁신은 인간의 독창성을 요구한다. 혁신은 흥분되고 사람과 미래와 관련되며 무제한의 가능성을 품고 있다. 혁신은 모든 비즈니스 리더가 반드시 추구해야 한다. 그리고 모든 기업이 기능적으로 수행해야 할 역할이기도 하다. 혁신 활동은 오랫동안 실질적이고 기술적인 상징이 되는 '제품'을 중심으로 행해졌지만, 마침내 기업은 훨씬 더 다양한 형태의 혁신에 눈을 돌리기 시작했다.

혁신 활동은 오랫동안에 걸쳐 단계의 문을 하나씩 열어가며 자신을 단련하는 일종의 프로세스였다. 아이디어는 상품화됐고 시장으로 옮겨졌다. 오늘날의 크고 작은 기업에서 일하는 혁신가들은 '디자인 사고Design thinking'와 '린 개발Lean development'에 흥분한다. 디자인 사고와 린 개발은 더 통찰력 있고 더 빠른 솔루션을 창조하는 유용한 도구다.

영감을 주는 혁신 접근법에는 다음의 9가지 특성이 나타난다.

- 제품 중심적이지 않고 사람 중심적이다.
- 역량에 의해 제한은 받는 대신 문제를 해결한다.
- 현재에 초점을 맞추는 대신 미래를 만들어나간다.
- 제품이 기능적으로 고립된 대신 온전한 비즈니스가 된다.
- 더디고 완벽한 대신 빠르고 실험적이다.
- 수익에 집착하는 대신 지속가능한 영향에 집중한다.
- 상업적으로 조율되지 않은 대신 성장 주도적이다.
- 고립된 혁신 대신 포트폴리오를 만들어낸다.
- 새로운 것을 시작하고 지나간 것을 잊는 대신 적극적으로 변화에 적응한다.

혁신 활동은 기업의 일반적인 기능이나 활동과는 다르다. 그런데 도 대부분 기업에 혁신 전담 부서나 책임자가 없다. 심지어 혁신 전략 이나 혁신 예산도 마련된 경우가 드물다. 혁신과 관련하여 표준 양식, 법칙, 프로세스나 성공 여부를 측정할 일정한 기준조차도 없다. 어떤 의미에서 혁신을 이뤄낸 각각은 독특한 행동, 즉 예상할 수 없거나 재 현할 수 없는 비약적인 상상의 결과인지도 모른다. 혁신은 확실히 여 느 때와 다름없는 일반적인 상황에선 나오지 않는다.

바로 이것이 혁신의 매력이기도 하다. 혁신은 설득력이 있다. 혁신 은 기업의 모든 구성원과 기능에 대한 도전이다. 혁신은 프로세스를 만들어낼 수 있고, 기존의 모든 기능을 과감하게 부술 수도 있다. 가끔 은 기존의 법칙을 부술 필요도 생긴다. 혁신 활동은 기업의 구석구석 에서 이뤄지고, 각 부서의 예산이 종합적으로 활용된다. 그래서 혁신 활동은 더 협업적이고 통합적이며 가공할 만한 기업 전략이 될 수도 있다.

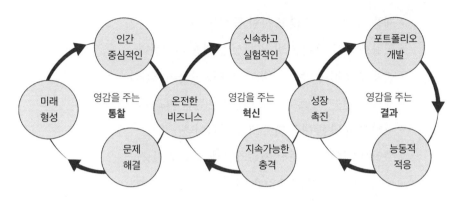

그림 4.2 영감을 주는 혁신의 9가지 특성

리더는 기업에서 궁극의 혁신가들이다. 그들이 굳이 스타트업을 세우는 기업가일 필요는 없다. 하지만 리더는 조직 안에 혁신 목표를 세우고, 충분한 자원을 확보하고 번창할 공간을 마련해야 한다. 그리고 리더는 기업이 사람들에게 오늘을 선물하고 더 좋은 미래도 창조하도록 해야 한다.

더 좋은 아이디어를 찾아라

"혁신은 옳은 질문을 찾는 데서 출발한다. 사람들을 대의를 위한 토론에 참여시키고, 더욱 능동적으로 질문에 대한 답을 찾아라."

과학을 전공한 캐나다인 크리스토퍼 찰스Christopher Charles가 캄보디아에 방문했을 때, 빈혈이 캄보디아의 공중보건을 위협하는 최대 난제임을 깨달았다. 칸다이 지방의 한 마을에서 크리스토퍼 찰스는 정서적으로 밝은 아이들 대신 정서 발달이 더딘 작고 쇠약한 아이들을 많이 봤다. 여성들은 피로감과 두통에 시달리고 있었다. 그래서 그 여성들은 일을 제대로 할 수가 없었다. 그들은 출산 전후로 심각한 합병증에 시달렸다. 그는 이 모든 것의 원인이 빈혈이라는 사실을 깨달았다. 거의 50%에 달하는 여성과 아이가 철분 부족으로 빈혈에 시달리고 있었다. 철분 보충제와 같은 영양제는 비싸고 쉽게 구할 수도 없었다. 심지어 대부분이 영양제를 신뢰하지도 않았다.

크리스토퍼 찰스는 새로운 아이디어를 냈다. 그는 주철 냄비로 요리하면 철분 함량이 증가한다는 사실을 확인했던 과거 연구에서 영감을 얻어 철분 덩어리를 냄비에 집어넣기로 했다. 하지만 그곳 사람들은 그조차도 거부했다. 그들은 거친 금속 덩어리를 음식에 넣으려 하지 않았다. 그는 현지 문화를 더 깊이 연구했고, 캄보디아 사람들이 물고기를 행운의 상징으로 여긴다는 사실을 알게 됐다. 그는 철분 덩어리를 물고기 모양으로 만들었고, 그것을 '행운의 철분 물고기'라 불렀다. 그리고 많은 캄보디아 여성과 아이의 철분 부족을 해결하기 위해 적당한 함량으로 철분 물고기를 만들어 판매했다.

과학적으로 분석해보면, 매일 철분 물고기를 사용하면 성인 일일 철분 섭취권장량의 75%를 섭취할 수 있다. 실제로 그는 이 철분 물고기를 사용한 사람의 절반가량이 12개월 안에 더는 빈혈을 앓지 않았고, 빈혈 증상 대부분이 사라졌다는 사실을 확인했다.

좋은 아이디어는 어디서 나올까

놀라울 정도로 똑똑한 사람이라도 갑자기 창의적인 아이디어를 생각해내 아르키메데스Archimedes처럼 물이 가득한 욕조를 박차고 나오는 '유레카' 순간을 맞는다는 것은 비현실적이다. 스티븐 존슨Stephen Johnson은 저서 《탁월한 아이디어는 어디서 오는가》에서 가장 새로운 아이디어는 다른 아이디어의 단편들, 즉 새로운 가능성을 만드는 새로운 환경에서 나온다고 말했다. 최고의 아이디어는 실제로 다른 아이디어가 실패하고 남긴 유용한 잔재가 모인 것이라고 할 수 있다.

빌 게이츠Bill Gates는 마이크로소프트의 설립 배경에 대해 들려줬다. 마이크로소프트는 찰나의 번뜩이는 아이디어에서 나온 것이 아니고, 그의 친구 폴 앨런Paul Allen과 고등학생 재학 시절에 컴퓨터를 만지작거리며 보냈던 긴 시간 동안 진보해가며 다듬어진 아이디어에서 나왔다고 했다. 어느 날 변화의 문화가 사회에 불어닥쳤고, 그들은 컴퓨터가 훨씬 더 작아지고 연결성이 더욱 강화될 것이라고 예상했다.

새로운 아이디어는 주로 위기, 불황 그리고 전쟁에서 탄생했다. 시장은 뒤흔들렸고, 소비자들은 다르게 생각했고, 다르고 더 저렴하고 더 빠르고 더 좋은 무언가를 만들어야 하는 긴박감이 생겨났다. 마이크로소프트는 1975년에 설립됐다. 경기침체로 인하여 전후 성장의 세월이 끝난 시기였다. 이와 유사하게, 디즈니는 1929년에 설립됐고, 맥도날드McDonalds는 1955년에 탄생했다. 그리고 CNN은 1980년에 설립됐고, 에어비앤비는 2008년에 등장했다. 모두 어려운 시기에 등장했다.

스티븐 존슨으로부터 얻은 영감을 바탕으로 더 좋은 아이디어의 9가지 원천을 살펴보자.

- 인접한 아이디어 — 대부분 혁신은 오늘날 존재하는 것들의 조각으로부터 비롯된다. 다른 아이디어, 새로운 역량, 새로운 욕구가 한데 모여 새로운 아이디어가 된다.
- 진화하는 아이디어 — 가장 새로운 콘셉트는 더디게 탄생하는 법이다. 새로운 콘셉트가 서서히 무르익고 창조자가 진화하는 과업에 자신감을 얻으면서 최신 콘셉트는 많은 사람에게 받아들여진다.
- 발전하는 아이디어 — 아이디어는 플랫폼처럼 서로 기대어 발전한다. 컴퓨팅에 대한 애플의 통찰력이 아이팟iPod, 아이튠즈iTunes, 아이폰 그리고 앱스토어로 이어졌다.
- 네트워크 아이디어 — 아이디어가 더 많은 사람에게 노출되면 더 빨리 확산하고, 더 풍요로워지고, 아이디어를 따르는 무리가 커진다.
- 협업 아이디어 — 아이디어의 개방성은 아이디어를 더 멀리 그리고 더 빨리 성장하게 만든다. 반면에 경쟁은 아이디어를 제약하고 특허는 아이디어를 숨긴다.
- 무작위 아이디어 — 때때로 새로운 가능성이 우연히 생겨나기도

한다. 혼돈이나 행운이 조합되거나, 의도치 않은 행동에서 새로운 통찰력을 만들어내는 가능성이 나오기도 한다.

- 우연의 아이디어 ─ 아이디어는 물리적으로 혹은 지적으로 공유된 장소로 수렴한다. 그래서 다양한 사람이 한 장소에 모였을 때 창의적인 아이디어가 충돌을 일으켜가며 새로운 아이디어가 탄생한다.
- 비관습적 아이디어 ─ 놀랍게도 오류가 창의적인 순간으로 이어질 수 있다. 오류는 우리가 옳다고 생각하는 것을 파괴하고 관습을 넘어서는 가능성을 보여준다.
- 재활용된 아이디어 ─ 특징 목적을 위해 개발된 무언가가 마침내 완전히 다른 방식으로 사용될 때의 아이디어.

아이디어는 오늘날 세계의 통화다. 기계는 이제 거의 모든 부문에서 인간을 앞설 수 있다. 이런 시대에 인류에게는 진보할 아이디어가 필요하다. 비즈니스 세계에서 기업은 아이디어를 특허, 디자인, 등록 상표, 브랜드와 같은 지적 재산으로 성문화한다. 아이디어는 의식, 창의력, 영감을 담는 상자다. 그래서 아이디어는 미래를 창조할 뿐만 아니라 혁신과 진보의 기본 요소이기도 하다. 아이디어는 사람들을 매료시키고 희망을 주고 꿈과 욕구를 실현할 동력이 된다. 그래서 우리는 혁신을 원한다.

말썽꾼과 규칙파괴자들

프랑스의 행동 과학자인 프란체스카 지노Francesca Gino는 "반란자들은 나쁜 평판을 얻는다. 반란자들은 파괴해야 할 규칙을 파괴하는 사람들이다. 그들은 자신과 다른 사람의 발목을 잡는 규칙을 파괴한다. 그들은 파괴적이기보다 건설적으로 규칙을 파괴한다. 이것이 긍정적인 변화를 만들어낸다."라고 말했다.

프란체스카 지노는 서점 요리책 판매대에서 범상치 않은 책을 우연히 발견했다. 그 책은 마시모 보투라Massimo Bottura의《삐쩍 마른 이탈리아 요리사를 절대 믿지 마라Never Trust a Skinny Italian Chef》였다. 그 책에는 장난스럽고 별나고 존재하지 않을 것 같지 않은 레시피가 담겨있었다. 달팽이는 커피 소스와 짝지어지고, 송아지 혀는 숯가루와 짝이 됐다. 이탈리아인인 프란체스카 지노는 이렇게 전통적인 레시피를 변형하는 것은 이탈리아 요리의 이단이라고 말했다. "우리는 오래된 것을 소중히 여기는 민족"이라고 덧붙여 말했다. 하지만 세상에서 가장 영향력 있는 요리사 중 한 명인 이 요리사는 절대적인 질문을 던지지 않을 수 없었다. 그래서 그는 '왜 우리는 이 오래된 규칙을 따라야만 하는가?'라는 질문을 던진 것이다.

"우리는 그들을 말썽꾼, 낙오자, 반항아라고 생각한다. 하지만 그들은 간단해 보이는 결정을 복잡하게 만들고 혼란을 일으키고 모두가 동의할 때 동의하지 않는 동료, 친구, 가족이다. 사실은 이 반란자들은 우리 주변에 있는 사람들이다. 그들은 자신의 비관습적인 시각으로 이 세계를 더 좋은 곳으로 바꾸는 사람들이다. 안전하고 친숙한 것에 매달리고 반복되는 일상과 전통에 기대는 대신, 반란자들은 현상을 거부한다. 그들은 혁신과 쇄신의 대가들이고, 우리에게 가르칠 것을 많이 갖고 있다."

프란체스카 지노는 미래가 반란자들에게 달려있다고 말했다. 호기심과 현상에 대하여 끈질기게 이의를 제기하는 고집스러움은 좋은 리더를 위대한 리더로부터, 일하고 싶어서 안달이 난 사람을 퇴근 시간까지 몇 분 남았는지 계산하는 사람으로부터 분리해내는 자질이라고 생각했다. 이러한 자질은 편안한 것에 대한 반항의 일부다. 그녀는 이러한 자질을 받아들이는 것이 '창의성, 생산성 그리고 일을 덜 곤욕스럽게 만드는 핵심'이라고 말했다.

가장 먼저 해야 할 일은 더 좋은 질문이다

우선 '왜?'란 질문을 던지자. 그리고 나서 계속에서 '왜?'라는 질문을 여섯 번 더 던져보자. 이렇게 연이어서 '왜?'라고 물으면, 상대방이 진짜 문제라고 생각하는 것이 무엇인지를 이해하는 데 큰 도움이 된다. 상대방의 대답에서 정보를 얻고, 그 정보를 바탕으로 또다시 '왜?'라고 묻는다. 그러면 '왜?'라고 물을 때마다 문제의 본질에 가까이 다가갈 수 있다. 문제의 본질에 도달하면, 해결책을 찾아낼 더 좋은 기회도 함께 생길 것이다.

경영학자 피터 드러커Peter Drucker는 "중요하면서 어려운 일은 옳은 답을 찾는 것이 아니라, 옳은 질문을 하는 것이다. 위험하지 않다면 잘못된 질문에 대한 옳은 답만큼 쓸모없는 것은 없다."라고 말했다. 피터 드러커의 통찰력은 오랫동안 MIT 슬론 경영대학원 교수인 할 그레거슨Hal Gregersen의 영감이 됐다. 할 그레거슨은 혁신을 위한 최고의 출발점은 아주 도발적인 질문을 던지는 것으로 생각했다. 가장 혁신적인 리더는 끊임없이 세상에 질문을 던진다. 그는 다른 사람들에게 솔직하게 그리고 다르게 생각하라고 도발했다.

여기서 옳은 질문, 이를 할 그레거슨의 말로 표현하면 '촉매 질문'을 던지는 것이 핵심이다. '~라면 어떨까?'와 '~하는 게 어때?' 등의 질문은 사람들의 현재 사고를 제약하는 한계를 부수고, 그들에게 수많은 관습에 도전하도록 만들고, 주변 상황을 다른 시각에서 바라보게 하고, 더 좋은 사고를 촉진한다. 할 그레거슨은 관습적인 브레인스토밍 접근법에 대한 대안으로 독특한 방법을 제안했다. 그것은 '질문 터뜨리기 Question Burst'다. 이 방법은 곧장 해답으로 넘어가는 대신, 신속한 협업을 통해 질문을 탐구한다. 이렇게 하면 질문에 집중할 수 있다. 그래서 틀린 질문에 대한 해답을 너무 빨리 찾아내는 어이없는 실수를 없앨 수 있다.

질문 터뜨리기는 다음의 3단계로 이뤄진다.

- 도전과제를 탐구한다 ― 마음이 많이 쓰이는 이슈를 선택한다. 새로운 시각에서 해당 이슈를 살펴볼 수 있도록 사람을 몇 명 더 불러 모은다. 해당 이슈를 직접 경험하지 않고 세계관이 자신과 완전히 다른 사람을 선택하는 것이 이상적이다. 그들에게 2분 안에 이슈가 무엇인지를 설명한다.
- 질문을 확장한다 ― 그러고 나서 4분 동안 이슈에 대하여 가능한 많은 질문을 던진다. 그 어떤 질문에도 대답하지 말고, 왜 그런 질문을 던지는지도 설명하지 않는다. 4분 동안 최소한 15~20개의 질문을 찾아내고 하나하나 적어둔다.
- 질문을 선별한다 ― 질문을 찬찬히 살펴보면서 '촉매 질문' 몇 가

지를 선택한다. 여기서 '촉매 질문'이란 현상을 파괴할 잠재력이 가장 큰 질문이다. 최소한 한 가지의 새로운 경로로 질문에 접근한다. 그리고 그 경로를 질문에 대한 해결 기반으로 사용한다.

조직의 리더로 성장하면서, 사람들은 모든 문제에 대하여 답을 갖고 있을 것으로 기대되는 '기능적 전문가'에서 더 좋은 질문을 던질 수 있는 폭넓은 시야를 지닌 존재로 진화한다. 동시에 리더로 성장하는 사람은 수년간 많은 경험을 하면서 자신이 다른 누구보다 훨씬 더 많이 안다고 느끼게 된다. 그래서 남의 말에 귀를 기울이기보다 폐쇄적이고 방어적으로 변한다. 전 우버 CEO 트래비스 캘러닉Travis Kalanik을 태운 우버 운전사가 우버를 비난했다. 그 운전기사는 자신이 누구를 태우고 있는지 전혀 몰랐다. 트래비스 캘러닉은 그 운전사에게 공격적으로 대응했고, 그런 그의 모습이 담긴 영상이 빠르게 퍼져나갔다. 결국, 트래비스 캘러닉은 해고됐다.

CODE

코드 24

디자인
사고를 하라

"디자인의 목적은 문제 해결이다. 디자인은 더 좋은 제품이나 경험을 만들어내고, 심지어 혁신을 낳는다. 디자인에는 통찰력과 자신만의 관점, 엔지니어링과 기교가 필요하다."

데이비드 켈리David Kelley는 성난 과학자 같다. 그는 영민하고 부산스럽고, 우리가 만날 수 있는 가장 창의적인 사람 중 하나일 것이다. 그는 최초의 애플 마우스부터 티보TiVo 리모컨의 '추천과 비추천 버튼'까지, 디지털 시대에 수많은 아이콘을 만들어낸 디자이너다. 데이비드 켈리는 보잉Boeing과 NCR에서 엔지니어로 경력을 시작했다. 하지만 그는 보잉과 NCR이 정체됐다고 생각했고, 거기서 일하는 것이 불만스러웠다. 그래서 그는 디자인의 교차 기능적 힘을 배우기 시작했다. 1978년, 그는 중국에 IDEO의 전신을 공동 설립했다. IDEO는 전 세계적으로 혁신적인 디자인, 더 정확하게 말하면 혁신에 대한 디자인 중심적 접근법으로 유명하다.

데이비드 켈리는 '인간 중심적 디자인'이란 방법론도 만들어냈다. 이것은 최근에 '디자인 사고Design Thinking'로 알려지게 됐다. 그는 스탠퍼드 대학교에 '디스쿨D.school'인 하소 플래트너 디자인연구소Hasso Plattner Institute of Design를 설립했다. 이곳에서 학생들은 복잡한 문제를 창의적으로 해결하기 위해 협업 경영, 공학, 의학, 법학 등 다양한 학문을 배운다.

데이비드 켈리는 '디자인 사고방식Design Mindset'은 새로운 방법으로 문제를 해결하고 개선된 미래를 만들어낸다고 주장했다. 디자인 사고방식은 분석력과 상상력이 결합한 사고방식이다. 디자인 사고방식은 아이디어를 분해하는 비판적 사고와 달리 어떤 아이디어를 근거로 또 다른 아이디어를 생각해낸다.

디자인은 창의적 문제 해결 방법이다

데이비드 켈리는 디자인 단계를 '해결해야 할 문제를 찾는 혁신 프로젝트의 지저분한 전단부'라고 불렀다. 이 단계에서 팀원들은 다람쥐 쳇바퀴 돌 듯 수없이 많은 헛수고를 하게 될지도 모른다. 하지만 팀원들은 '지저분한 전단부'에서 문제를 꼼꼼하게 살피고, 도전과제를 곰곰이 생각하고, 더 많은 질문을 던지고, 다른 관점을 취하고, 생각할 시간을 갖게 된다. 이것이 중요하다.

여기 데이비드 켈리가 위대한 디자인의 핵심으로 여기는 몇 가지 원칙이 있다.

- 모호함 속에서 길을 찾는다 — 새로운 곳에 도달하려면, 모호한 여정에서도 편안함을 느껴야 한다. 미해결의 역설적인 상황과 여전히 불확실한 방향을 불편하게 여겨선 안 된다.
- 다른 사람에게서 배운다 — 팀은 항상 외로운 천재를 이긴다. 근면한 천재는 창의적인 다양성을 당할 수 없다. 그러므로 배움, 관계, 개선에 대하여 개방적인 태도를 지녀야 한다.
- 신속하게 실험한다 — 아이디어는 추진력으로 번창한다. 수많은 아이디어를 신속하게 검증해가며, 무언가에 관해 배우거나 배우

지 않는 과정을 반복한다. 아이디어를 확장하고 형성하기 위해서 계속 실험한다. 어쨌든 여기서 뭔가 진전이 있다는 느낌을 유지하는 것이 중요하다.

- 의도적으로 무언가를 만든다 — 누군가의 관심을 끄는 최고의 방법은 그에게 무언가를 보여주는 것이다. 그것은 그림, 다이어그램, 시제품일지도 모른다. 이것은 사람들이 만지작거리고 이의를 제기하며 개선할 무언가를 제공한다.

- 신중하게 의사소통한다 — 의사결정자가 아닌, 사용자에 주목한다. 그들에게 어떤 미래가 펼쳐질지를 보여준다. 그리고 그 미래가 더욱 진짜 같고 인간적으로 느껴지도록 스토리텔링과 실화를 활용한다.

올바른 질문을 던지고 올바르게 문제를 정의하면 나중에는 모든 것이 달라질 것이다. 우리는 빠르고 실험적이고 반복적인 온갖 방법으로 혁신에 접근할 수 있지만, 우리가 잘못된 문제에서 시작한다면 최고의 솔루션은 만들 수 없다. 데이비드 켈리는 이것을 무지의 상태라고 불렀다. "아무것도 모르는 상태에서 무언가를 한다는 것은 쉽지 않지만, 그래도 필요하다."라고 그는 덧붙였다.

디자인 사고는 인간 중심적 사고다

'디자인 사고'는 문제 해결 방법론이다. 이 방법은 일반적으로 당신이 해결하고자 하는 문제를 가진 사용자들과 시간을 보내며 시작된다. 그들이 일상적으로 어떤 경험을 하는지 파악하고, 그 정보들을 분석하여 진짜 이슈는 무엇이고 그것을 어떻게 해결할 것인지에 대한 통찰을 얻는다. 디자인 사고는 상품 개발의 디자인 단계인 초기 스케치, 그래픽 디자인, 시제품 개발 등과는 관련이 없다. 디자인 사고는 깊은 통찰 위에 만들어진 더욱 전체적인 접근법이고, 여기서 창의성은 해결책을 찾는 것만큼이나 문제를 해석하는 데도 유용하다.

디자인 사고의 주요 단계를 살펴보자.

- 이해 — 문제를 이해하고 더욱 깊이 탐구한다.
- 공감 — 사용자의 요구와 욕구를 더욱 깊이 이해한다.
- 정의 — 처리할 소비자의 요구를 정하기 위해서 분석 결과를 모은다.
- 관념화 — 해결책으로 진화할 수 있는 아이디어를 다양하게 만들어낸다.
- 시제품 — 몇몇 아이디어를 개발하고 더욱 가시적으로 만든다.
- 테스트 — 콘셉트를 평가하고 사용자의 피드백을 구하고 개선 방안을 탐구한다.

디자인 사고는 선형 프로세스가 아니다. 이것은 반복의 과정이다. 특히 아이디어를 개선하기 위해서 테스트와 관념화 단계를 반복적으로 오간다. 그리고 질문을 더 잘 구성하기 위해서 정의 단계까지 거슬러 올라가기도 한다. 동시에 디자인 사고에는 최고의 성과를 얻기 위해 창의력과 탐구 활동을 촉진하기 위한 시간 압박이 활용되기도 한다.

HPI-스탠퍼드 디자인 사고 프로그램HPI-Stanford Design Thinking Program

의 크리스토프 메이넬Christoph Meinel과 래리 라이퍼Larry Leifer는 디자인 사고를 성공적으로 실행하기 위한 4가지 법칙을 제시했다.

- 인간 법칙 — 모든 디자인 활동은 궁극적으로 사회적이고, 모든 사회적 혁신은 '인간 중심적 관점'으로 되돌아가는 인간 법칙이다.
- 모호성 법칙 — 디자인적 사고방식을 지닌 사람은 자신의 지식과 능력의 한계에서 실험하고, 무언가를 자유롭고 다른 시각으로 바라보며, 모호성을 유지하는 법칙이다.
- 재디자인 법칙 — 모든 디자인이 다시 디자인되는 재디자인 법칙이다. 이것은 변화하는 기술과 사회 여건의 결과지만, 이미 해결된 변하지 않는 인간 요구의 결과이기도 하다.
- 유형화 법칙 — 아이디어를 유형의 무언가로 만들어내면 의사소통이 촉진되는 것이 유형화 법칙이다. 그래서 디자이너들은 시제품을 '의사소통 매개체'로 활용한다.

일반적으로 디자인 사고는 개발 단계에 이르기까지 계속 반복되는 프로세스다. 디자인 사고는 아이디어와 솔루션이 시장에 출시됐을 때 실용적이고 상업적일지를 판단하는 데도 유용하다. 디자인의 대상이 제품이 아니라 전체 경험이나 시스템 혹은 비즈니스 모델일 때 디자인 사고는 훨씬 더 중요하다.

디자인은 기능이고 형태다

좋은 디자인의 기본 원칙 중에 '형태Form는 기능Function을 따른다'라는 원칙이 있다. 1896년 보스턴에서 활동했던 건축가 루이스 설리번 Louis Sullivan은 현대 도시의 기능성에 대한 자신의 비전을 설명할 때 위와 같은 말을 했다. 그는 현대 도시에는 새로운 형태의 건물이 필요하다고 말했다. 그중의 하나가 '현대적이고 구조적인 강철 고층건물'이었다. 그는 고층건물의 외부 디자인Form은 그 건물 안에서 벌어지는 활동 Function을 보여줘야 한다고 주장했다. 몇 년 뒤에 그의 제자인 프랭크 로이드 라이트Frank Lloyd Wright는 한술 더 떠서 위대한 디자인에서 '기능과 형태는 하나가 된다'고 주장했다.

오늘날의 비즈니스 세계에서는 고객 경험이나 비즈니스 모델, 웹사이트나 고객 충성도 확보 전략, 조직 구조나 목적 성명서 등 모든 것이 디자인될 수 있다. 기업은 언제나 기능을 우선 설정하고, 그 기능에 따라 형태를 잡는 원칙을 따른다. 알렉스 오스터왈더와 예스 피그누어는 심지어 자신을 정보 디자이너라고 부른다. 그들은 사업가가 자신의 아이디어를 엄격하고 분명하게 사고하고 표현하도록 돕는 체계화된 양식을 만들고자 했다.

기능을 형태로 바꾸는 가장 훌륭한 방법의 하나는 단순함을 추구하는 것이다. 단순함은 쉽고 분명하며 심지어 아름답다. 로드아일랜드 디자인학교Rhode Island School of Design 총장이었던 존 마에다John Maeda는 《단순함의 법칙》을 썼다. 그는 단순함은 다음의 10가지 방법으로 얻을 수 있다고 했다.

- 축소 — 단순함을 확보하는 가장 간단한 방법은 깊이 생각하고 불필요한 부분을 없애는 것이다.
- 조직화 — 조직화는 시스템의 많은 부분을 간단하게 보이도록 만

든다.

- 시간 — 시간 절약은 단순함과 같다.
- 학습 — 지식은 모든 것을 더욱 단순하게 만든다.
- 차이 — 단순함과 복잡함은 서로를 필요로 한다.
- 문맥 — 단순함의 주변부에 존재하는 것은 절대 지엽적이지 않다.
- 감정 — 감정을 많이 담아낼수록 좋다.
- 신뢰 — 우리는 단순함을 신뢰한다.
- 실패 — 절대 단순하게 만들 수 없는 것들이 있다.
- 하나 — 단순함은 명확한 것은 빼고 의미 있는 것을 더하는 것이다.

가구 디자이너 찰스 임스Charles Eames는 "디자인은 목적의 표현이고, 나중에는 예술로 여겨질지도 모른다."라고 말했다. 디자인은 대개 제약, 즉 해결할 문제로부터 영향을 많이 받는다. 비즈니스 세계에서 디자인은 실용성과 수익성 문제에 의해 좌우된다. 그는 예술과 디자인의 차이에 대해서 생각했다. "예술은 사람들이 보거나 경험하는 것 이외의 존재 이유는 없다. 반면, 디자인에는 기능이 요구된다. 하지만 만약 디자인이 시각적으로도 빼어나다면, 그 디자인은 예술로도 간주할 수 있다."라고 덧붙였다.

존 마에다는 "이 세상에서 최고의 디자이너들은 실눈을 뜨고 무언가를 본다. 그들은 나무에서 숲을 보기 위해서 실눈을 뜬다. 다시 말해서 옳은 균형을 찾기 위해서 눈을 가늘게 뜬다. 실눈으로 세상을 바라보라. 그러면 덜 봄으로써 더 많은 것을 보게 되리라."라고 말했다.

비범한 연결고리를 만들라

"자연적이거나 과학적인 아이디어, 다른 영역이나 시장에 속한 아이디어, 모듈형이거나 단절된 아이디어 등 많은 아이디어가 기발하게 연결될 때 콘셉트의 융합이 일어난다."

장대높이뛰기 선수 출신인 팅커 햇필드Tinker Hatfield는 1981년 나이키에 입사했다. 그 뒤에 건축학을 공부했고, 얼마 지나지 않아 나이키의 핵심 신발 디자이너가 됐다. 그는 건축기술이 신발에도 적용될 수 있다고 생각했다. 그는 오리건의 어느 체육관에서 사람들이 다양한 신발을 신고 다양한 운동을 하는 모습을 보고 '다용도 운동화'를 디자인해냈다.

그는 전설적인 농구선수 마이클 조던Michael Jordan과 함께 나이키를 세계적인 브랜드로 만든 에어 조던Air Jordan을 개발해 유명해졌다. 1987년, 팅커 햇필드는 육상화인 나이키 에어맥스Nike Air Max를 디자인했다. 파리의 3대 미술관 중 하나인 조르주 퐁피두 센터에서 영감을 얻은 그는 에어쿠션이 보이도록 신발의 중창에 창문을 달았다.

이제 69세의 팅커 햇필드는 나이키의 디자인과 특수 프로젝트를 담당하는 부사장이 됐고, 나이키의 이노베이션 키친Innovation Kitchen을 관리한다. 패션잡지《1 그래너리1 Granary》에 실린 그의 프로필에 "과학이든 시든, 아니면 디자인이든 영향력을 발휘하려면 틀에서 벗어나서 생각해야 한다. 여기에는 생각지도 못한 아이디어가 필요하다. 이런 뜻밖의 아이디어는 어떤 순간 불현듯 얻게 되는 깨달음이다. 이것은 당신의 분야를 정의하는 전통적인 한계를 넘어서 확장된다. 이런 아이디어를 내놓을 수 있는 사람은 많지 않다. 하지만 창의력을 분출할 자신 만의 창구를 찾으면, 진짜 마법이 발휘된다."라고 적었다.

창의적인 융합을 추구하라

내가 우연히 접했던 창의적인 기법 중에서 가장 강력하다고 생각 했던 것은 전혀 연관성이 없는 아이디어들을 연결하는 것이다. 메디치 가문의 시대가 저물었듯이, 이러한 전략은 익숙하지 않은 아이디어, 상황, 재능, 도전, 해결책을 동시에 내놓는다. 고대 중국의 음양 이론은 꽤 흥미로운 이론이다. 음양 이론은 서로를 끌어당기는 완전히 반대되 는 힘에 관한 이론이다. 이 이론은 음과 양의 조화에서 아름답고 조화 로운 무언가가 탄생한다고 한다.

제이콥 브로노우스키Jacob Bronowski는 저서 《인간의 부상The Ascent of Man》에서 "천재는 두 개의 위대한 아이디어를 지닌 사람"이라고 주장 하고, 그것들의 조화를 이루는 능력이 중요하다고 말했다. 인도 음악 과 유럽 음악을 융합한 라비 섄커Ravi Shanker, 입체파와 원시예술을 결합 한 파울 클레Paul Klee, 과학적인 관점과 임의의 시각화를 결합한 살바도 르 달리Salvador Dali를 생각해보자.

창의력을 강화하는 가장 쉬운 방법의 하나는 시장 밖에 존재하는 아이디어들을 사업에 접목하는 것이다. 그러려면 다른 영역, 다른 나 라, 다른 회사에서 어떤 일들이 일어나고 있는지를 살펴야 한다. 그리 고 그렇게 해서 얻어낸 아이디어를 자신의 사업에 창의적으로 적용할 방법을 탐구해야 한다. 외부에 존재하는 아이디어는 이미 검증이 됐다는 장점이 있다. 그래서 사람들은 다른 상황에 놓여있더라도 이미 검증된 아이디어로 만든 제품이나 서비스를 구매한다. 그러므로 리더는 자신의 사업과 관련 있는 '유사 아이디어'를 찾아 새롭고 유의미한 방식으로 교훈을 도출해 사업에 접목할 수 있어야 한다.

여기서 할 수 있는 가장 단순하고도 가장 도발적인 질문이 있다. 그것은 바로 '나의 산업에서 아이폰과 같은 혁신을 일으킬 제품이나 서비스를 만들어낼 수 있을까?'이다. 이 질문은 전체 비즈니스 모델에 대해 고민하도록 만든다. 기기와 콘텐츠 제작자, 유통업자와 고객이 협업해 수익을 내는 비즈니스 모델에 대한 고민이 여기서 시작된다. 이런 질문을 던짐으로써 기본 제품을 부품으로 만들어 디지털화하고, 독점 콘텐츠 공급업자와의 관계를 재조정하고, 고객이 아이튠스처럼 콘텐츠를 선택해 결합하도록 하는 비즈니스 모델이 탄생할 수도 있다. 혹은 심미적으로 가장 즐거운 비즈니스 모델이 등장할지도 모른다.

융합은 더욱 급진적인 크로스오버인지도 모른다. 입자물리학을 공부한 지 많은 세월이 흘렀지만, 나는 여전히 고객과 혁신 프로젝트를 진행할 때 입자물리학에서 배운 간단한 아이디어 몇 가지를 활용한다. 원자 구조를 이해하면 제품과 서비스를 색다른 방식으로 융합할 수 있다. 나는 천체물리학에서 배운 아이디어를 활용해서 포트폴리오를 분류하고 관리한다. 달리기에 대한 애정이 유용하게 쓰이는 예도 있다. 예를 들어서, 더욱 극적인 장면을 연출하기 위해 엔터테인먼트 산업에 육상선수들의 훈련법을 활용한다거나, 획기적인 나이키 에어Air 밑창을 맥주를 시원하게 유지하는 새로운 맥주병을 만들어내는 데 접목할 수도 있다.

모든 업계에는 창의적인 아이디어로 유명한 사람들이 있다. 그들

모두가 그러한 창의력을 갖고 태어나지는 않았다. 그들은 수없이 다양한 경험을 통해서 창의력을 단련시켜왔다. 이런 사람들은 '가끔 경계를 넘어서는 월경자Border-crosser'라고 불린다. 그들은 사업 경계를 넘나들면서 완전히 다른 분야의 통찰력과 전문성을 자신의 영역으로 가져온다. 디자인팀에서 일하는 음악가가 괴짜인 것 같지만, 그가 창의력의 최대 원천일 수도 있다. 창의력 워크숍에서 천체물리학자가 하는 말은 뜬구름 잡는 소리를 하는 것처럼 들리겠지만, 아마도 경계를 넘나드는 크로스오버 사고가 가능하고 가장 독특한 아이디어를 내놓을 수 있는 사람인지도 모른다.

자연에서 영감을 얻어라

메르세데스 벤츠의 비전 AVTRVision AVTR의 콘셉트카가 운송수단의 미래 콘셉트로 '2020 국제 전자제품 박람회Consumer Electronics Show'에 모습을 드러냈다. 반투명한 액체가 주변 환경과 어우러져 사라지는 것과 같은 파격적인 외형이 외부, 내부 그리고 이용자 경험을 융합하여 '인간, 기계 그리고 자연의 새로운 상호작용'으로 설명됐다. 자유자재로 움직이는 자동차 바퀴는 차를 게처럼 옆으로 움직일 수도 있다. 그리고 그래핀 연료전지를 사용해 금속 물질과 탄소를 전혀 배출하지 않는다.

지구와는 다른 자연환경에서 혼합 생물체와 인류가 어떻게 공존할 것인지를 탐구하는 영화 '아바타Avatar'의 제임스 캐머런James Cameron은 "이 아름다운 자동차를 보면서, 나는 이것이 감성적이고 정신적인 아이디어의 속도를 물리적으로 구현한 것으로 생각했다."라고 말했다.

생체모방기술은 말 그대로 동물과 식물, 즉 자연의 모델과 시스템을 모방해내는 기술이다. 인류가 직면한 복잡한 문제들에 대한 새로운 해결책에 대한 영감을 얻기 위해서 생체모방기술이 생겨났다. 생체모방기술의 초기 사례는 인간이 하늘을 날기 위해서 새를 연구한 것이었다. 비록 '하늘을 나는 기계'를 만들지는 못했지만, 해부학자였던 레오나르도 다빈치는 하늘을 나는 새에 매료됐다. 그는 하늘을 나는 새를 보며 기계적 비행의 디자인에 대한 영감을 얻었다. 몇 세기 뒤에 라이트 형제Wright Brothers가 경주용 비둘기에 영감을 얻어서 비행기를 만들고 최초로 인간 비행에 성공했다.

오토 슈미트Otto Schmitt는 1950년대 '생체모방기술'이란 개념을 착안했다. 그는 오징어의 신경을 연구하여 신경 전파의 생물학적 체계를 복제하는 장치를 만들었다. 10년 뒤에 잭 스틸Jack Steele은 '자연에서 복제한 기능을 일부 지닌 시스템에 관한 과학'으로 '생체공학'을 정의했다.

오늘날 자연에서 영감을 얻어 탄생한 혁신들을 살펴보자.

- 물총새에서 영감을 얻은 고속열차 — 세계에서 가장 빨리 달리는 열차는 물총새의 긴 부리를 모방한 원뿔형으로 된 선단 부분인 노즈콘Nose cone이 있어 가능했다. 노즈콘이 저항을 줄이고 속도를 높인다.
- 도마뱀붙이에서 영감을 얻은 게코Gecko 등산화 — 접착력을 만들어 수직 절벽을 오르는 도마뱀붙이 발가락에 난 작은 털을 모방했다.
- 아르마딜로에서 영감을 얻은 싸이러스Cylus 백팩 — 견고하지만 유연한 백팩 구조는 몸이 비늘로 덮인 포유동물인 아르마딜로에

서 아이디어를 얻었고, 재활용 고무 튜브를 연결하여 제작됐다.

- 새의 두개골에서 영감을 얻은 마리 라츠마Mariek Ratsma 신발 — 텅 빈 그리고 아주 가벼운 새의 두개골을 복제하여 질기고 가벼운 신발을 만들었다.
- 촉수에서 영감을 얻은 카우Kau 보철 — 물체를 잡기 위해서 끝에 컬링 동작을 적용한 매우 유연하고 통제하기 쉬운 교체 팔이다.

제임스 캐머런은 "정말 지속가능한 것을 찾는다면, 오랜 시간 유일하게 효과적인 진짜 모델은 자연 세계"라고 말했다.

평행 시장에서 영감을 얻어라

루이스 해밀턴Lewis Hamilton의 메르세데스 포뮬라 원Mercedes Formula One에는 게임 콘솔과 비슷한 핸들이 장착되어 있다. 마치 엑스박스 조정 장치처럼 보이지만, 이것은 그럴만한 이유가 있어서 그렇게 설계됐다. 모든 중요한 통제 활동이 루이스 해밀턴의 손가락이 닿는 범위 안에서 이뤄져야 했기 때문이다. 가령 모퉁이를 돌 때, 그는 맞춤형 손잡이에서 손을 뗄 필요가 없다. 직선 구간을 달릴 때 사용하는 조정 장치는 핸들 아래에 있다. 단지 설계만 그런 것이 아니다. 가능한 한 가볍고 얇은 재료를 사용하여 자동차의 전체 무게를 줄였다. 이 핸들을 제작하는 데 무려 50만 달러가 들었다.

이와 유사한 맥락으로, 맥도날드는 '피트—스톱Pit-stop' 환경과 절대적인 속도를 내는 프로세스를 설계한 F1 자동차 경주팀의 도움을 받아 드라이브스루 콘셉트를 바꿨다. 타이어를 교체하고 급유하는 1/100초가 승패를 결정지을 수 있다. 맥도날드는 심지어 드라이브스루 서비스 직원들을 F1 행사에 참여시켜서 피트-스톱 팀이 얼마나 일사불란하게 움직이는지 눈으로 직접 보도록 했다.

소매 업계는 운송 업계에서, 금융 업계는 헬스케어 업계에서, 패션 업계는 엔터테인먼트 업계에서 뭔가 배울 수 있다. 이렇게 다른 시장에서 직접 뭔가를 배우면 다른 환경에서 효과가 있는 것으로 이미 검증이 끝났고 소비자에게 익숙한 아이디어를 자신의 시장으로 가져와 활용할 수 있다. 다른 시장에서 가져온 아이디어는 자신의 영역에서 과격한 혁신으로 여겨질 수도 있다. 그렇나 할지라도, 리더는 그 아이디어를 더 자신감 있고 신속하게 포용할 수 있어야 한다.

다음은 다른 영역에서 얻은 영감으로 탄생한 혁신들이다.

- 공항의 수화물 컨베이어 벨트에서 영감을 얻은 요스시Yo Sushi 바 — 구불구불 돌아가는 공항의 수화물 컨베이어 벨트는 식사 테이블 위에 회전하는 벨트를 설치하여 음식을 제공하는 시스템의 영감이 됐다.
- 제재소에서 영감을 얻은 다이슨Dyson 진공청소기 — 다이슨은 제재소에서 영감을 얻어 먼지 봉투 없이 먼지를 모으는 사이클론 시스템을 개발했다.
- 항공기 바퀴에서 영감을 얻은 맥라렌McLaren 유모차 — 항공기의 유압 착륙 장치는 맥라렌 유모차의 접이식 메커니즘에 영감을 줬다.
- 휴대전화에서 영감을 얻은 필립스Philips 전구 — '쓴 만큼 돈을 내는' 지급 모델에 영감을 받은 필립스는 사용할 때만 비용을 내는

LED 전구를 개발했다.

- 자동차 장기임대제도에서 영감을 얻은 힐티Hilti 전동공구 — 힐티는 자동차 장기임대 모델에서 영감을 얻어서 월 단위로 비용을 받고 전동공구, 부가 서비스, 수리 서비스를 제공한다.

'평행 시장'은 일반적으로 자신의 시장과 일부 유사성을 지닌 시장이다. 긴 대기행렬을 처리하거나, 서비스를 개인화하기 위해 평행 시장에서 신선한 아이디어를 얻을 수 있다. 심지어 자신의 영역에서 아이디어를 얻을 수도 있다. 하지만 해결책은 시장의 다른 장소나 다른 부문에서 나올 수 있다. 아이디어를 '복제하는 것'은 불법이 아니기에 아무 잘못이 없다. 하지만 그것을 적용하기 전에 어느 정도의 변경은 필요할 것이다.

새로운 비즈니스 모델을 개발하라

"제품과 서비스는 빠르게 모방할 수 있지만, 플랫폼, 교환, 구독, 무료 제공과 같은 비즈니스 모델은 모방하기 훨씬 어렵다."

비즈니스 모델의 혁신은 지난 10년간 많은 혁신적인 스타트업이 탄생할 수 있었던 일종의 건축학적 비결이었다. 1959년에 제록스Xerox는 혁신적인 복사기를 개발했다. 하지만 많은 기업이 이 복사기를 사기에는 너무 비쌌다. 실제로 제록스의 혁신은 복사기가 아니라, 지급방식이었다. 제록스는 복사기를 기업에 임대했고 복사 건당 비용을 부과했다. 복사 비용은 시간이 흐르면서 떨어졌다. 질레트Gillette는 이와 유사하게 고가의 면도날에 맞춰 저가의 면도기를 판매하는 혁신적인 비즈니스 모델을 만들어냈다. 50년 뒤에 네스프레소는 질레트와 유사한 비즈니스 모델을 채택했다.

어떻게 새로운 고객층을 확보할 수 있을까? 결제 모델을 바꾸고, 새로운 서비스를 추가하고, 색다르게 자산을 활용하고, 제조를 파트너에게 맡기거나, 영업을 프랜차이즈점에 맡기면 가능하다. 비즈니스 모델의 혁신은 비즈니스 구조의 재설정과 가치제안의 변혁 그리고 성과의 급진적인 향상으로 이어질 수 있다. 특히 에어비앤비, 보잉, 코세라Coursera, 딜리버루Deliveroo와 같은 기술 기업은 상품을 초월하여 사고하고 기본적으로 비즈니스 모델을 쇄신하여 번창했다.

비즈니스 전체를 혁신하라

래리 킬리Larry Keeley는 저서《혁신의 10가지 유형Ten Types of Innovation》
에서 비즈니스 모델의 혁신에 중요한 핵심 요소들을 정의했다. 많은
기업이 단 한 가지 요소의 혁신만 시도하지 않고 여러 요소의 혁신을
동시에 시도한다.

- 수익 모델 — 어떻게 이익을 창출하는가?

  # 사례. 포트나이트

- 네트워크 — 가치를 창출하기 위해 다른 이해관계자와 어떻게 관
  계를 맺는가?

  # 사례. 화웨이

- 구조 — 인재와 자산을 어떻게 조직하고 조정하는가?

  # 사례. 넷플릭스

- 프로세스 — 업무를 처리하기 위해 대표적이거나 우월한 방식을
  어떻게 적용할 것인가?

  # 사례. 인디텍스Inditex

- 제품 — 독특한 특징과 기능을 어떻게 개발할 것인가?

  # 사례. 코닝Corning

- 제품 시스템 — 보완 제품과 서비스를 어떻게 만들 것인가?

  # 사례. 애플

- 서비스 — 제품과 서비스의 가치를 어떻게 지원하고 강화할 것인가?

  # 사례. 자포스Zappos

- 채널 — 고객과 사용자에게 상품과 서비스를 어떻게 전달할 것인가?

  # 사례. 3D 허브3D Hubs

- 브랜드 — 제품과 서비스, 그리고 비즈니스를 어떻게 표현할 것인가?
  # 사례. 버버리Burberry
- 고객 경험 — 고객과의 매력적인 관계를 어떻게 성장시킬 것인가?
  # 사례. 펠로톤Peloton

비즈니스 모델의 혁신에서 어떤 요소가 가장 중요할까? 래리 킬리는 지난 10년 동안 1,000개 이상의 대기업 혁신 활동을 분석했다. 그는 거의 90%의 시간과 자원이 제품 혁신에 투자됐다는 사실을 발견했다. 이것은 그렇게 놀라운 결과는 아니다. 하지만 경제적 가치로 평가했을 때, 가장 큰 차이를 만들어내는 혁신은 네트워크, 수익 모델, 고객 참여의 순서였다.

기업은 너무나 많은 시간과 자원을 제품 혁신에만 사용한다. 제품 혁신도 긍정적인 결과를 만들어내지만, 혁신 제품은 대체로 점진적이고 빠르게 모방되고 금전적 보상을 거의 제공하지 않는다. 기업은 실질적인 차이를 만드는, 즉 비즈니스 모델을 혁신하는 데 시간과 자원을 거의 투자하지 않는다.

비즈니스 모델을 정의하라

비즈니스 모델은 기업이 어떻게 움직이는지를 설명한다. 기업이 고객을 위한 가치를 어떻게 창출하고, 다른 이해관계자를 위한 가치를 어떻게 창출하는지는 그 기업의 비즈니스 모델을 보면 알 수 있다. 기업은 비즈니스 모델을 설계하여 현재의 사업을 정의하거나 미래 사업을 탐구한다.

이러한 접근법은 1990년대 '가치 네트워크'에서 유래됐다. 누가 어떻게 누구를 위해서 가치를 창출하고 교환하는지를 이해하고, 그 이해를 바탕으로 가치 네트워크를 작성한다. 나는 퓨 로버트Pugh Roberts와 함께 마스터카드Mastercard를 위해 수백만 달러의 가치를 지닌 역동적인 비즈니스 모델을 개발했다. 마스터카드는 이자율이나 브랜드 등 서로 영향을 주고받는 다양한 요소를 갖고 있었다. 우리는 이러한 요소를 분석하고 새로운 아이디어를 시험하여 비즈니스 모델을 최적화했다.

비즈니스 모델은 기업이 가치를 창출하고 획득하고, 그 가치를 바꾸거나 최적화할 방법을 결정하는 역동적인 시스템이다. 비즈니스 모델은 사업을 구성하는 요소들의 배치도다. 이러한 구성요소들을 창의적으로 재배치하는 것이 혁신의 핵심일 수 있다. 비즈니스 모델은 비즈니스 전략의 기본이 됐다. 비즈니스 모델은 비즈니스 전략에 의해 움직이지만, 비즈니스 전략을 만들기도 한다.

도날드 햄브릭Donald Hambrick과 제임스 프레드릭슨James Fredrickson의 전략 다이아몬드Strategy Diamond는 전략적 선택들 사이에서 경제적 논리를 찾고, 그에 따라 조직을 정렬한다. 전략 다이아몬드는 조직 내부와 외부에 모두 적합한 전략들을 결합한다. 그리고 전략 다이아몬드는 비즈니스 모델의 핵심 요소로 가치제안을 사용하고, 성공의 척도로 수익성을 사용한다.

비즈니스 모델은 감정이 개입되지 않고 모방하기 쉬워서 기계적으로 보일 수도 있다. 2001년, 새로운 유형의 디지털 기업을 탐구하고 싶었던 패트릭 스탤러Patrick Staehler는 가치제안을 중심으로 '비즈니스 모델 지도'를 만들었다. 그의 비즈니스 모델 지도는 가치설계로 움직이고,

경제적 가치를 창출하고, 문화적 가치로 유지됐다. 가장 흥미로운 점은 비즈니스 모델 지도는 기업의 개성, 리더십 스타일, 사업방식을 그대로 보여준다는 것이다. 이 요소들은 모방하기에 훨씬 어려운 것들이다. 그리고 이 요소들 덕에 비즈니스 모델을 구성하는 다른 요소가 존재할 수 있다.

비즈니스 모델을 혁신하라

새로운 비즈니스 모델은 조직을 혁신할 수 있다. 다시 말해서 새로운 비즈니스 모델을 설계하는 것은 사업방식을 혁신하는 가장 효과적인 방법이다. 모든 시장에서 완전히 새로운 비즈니스 모델이 계속 등장하고 있다. 대체로 에어비앤비, 우버, 달러 쉐이브 클럽Dollar Shave Club, 넷플릭스 등 차세대 기업이 얻은 영감에서 나온 비즈니스 모델들이다. 특히 협업적인 생태계, 데이터, 네트워크 효과, 새로운 결제 모델이 새로운 비즈니스 모델의 탄생을 이끌고 있다. 이들이 영감을 얻기 전과는 완전히 다른 새로운 비즈니스 모델이 시장에 속속 등장하고 있다.

에어비앤비는 호스트와 게스트를 연결한다. 호스트는 게스트에게 집에서 남아도는 방을 빌려주고 추가 이익을 얻는다. 에어비앤비는 호스트와 게스트로부터 소정의 수수료를 받는다. 고급 커피를 만들어내는 네스프레소는 할인된 가격에 커피머신을 팔고, 고객과 커피 캡슐 정기구독계약을 체결한다. 커피 캡슐 정기구독은 장기적으로 수익을 발생시키는 비즈니스 모델이며, 네스프레소의 주된 수익 모델이다.

공유경제에 참여해보는 것은 어떤가? 제품을 판매하는 대신, 제품을 빌려주고 소정의 사용료를 받는 것이다. 혹은 구매자와 판매자가 거래를 원활히 진행할 수 있도록 돕고 소정의 수수료를 받는 비즈니스 모델은 어떤가? 네스프레소와 같은 구독 모델이나 무료 프리미엄 모델은 어떤가? 아니면 넷플릭스의 추천 모델이나 광고 모델로 비즈니스 모델을 전환하는 것은 어떤가?

기업은 제품을 생산하고 판매하는 조직으로 간주됐다. 하지만 상황이 훨씬 더 복잡해졌다. 기업을 성공으로 이끌 혁신적인 비즈니스 모델들이 이전보다 훨씬 더 많아졌다. 프랜차이즈와 라이선스, 고가 정책이나 할인 정책, 가족 경영이나 비영리 조직, 물물교환이나 종량제 등 일부 비즈니스 모델은 오랫동안 존재해왔다. 하지만 디지털 플랫폼에서만 가능한 비즈니스 모델들이 있다.

창의력은 발휘하면, 무수히 많은 비즈니스 모델을 개발해낼 수 있다. 하지만 지금부터 거의 모든 유형의 사업에 적용할 수 있는 가장 일반적인 비즈니스 모델들을 살펴보자.

- 광고 모델 — 광고 자체는 무료다. 하지만 광고를 의뢰한 기업이 잠재 고객과 소통할 기회에 대하여 비용을 지급한다.
  # 사례. 구글, 페이스북
- 면도기·면도날 모델 — 면도기와 같은 주요 제품은 저렴하게 판매하고, 면도날처럼 추가로 구매해야 하는 제품을 고가에 판매한다.
  # 사례. HP, 네스프레소
- 부가가치 모델 — 아이패드처럼 주요 제품은 고가에 판매하고, 앱처럼 부가가치를 창출하는 제품을 저렴하게 판매한다.
  # 사례. 애플

- 1대1 모델 — 제품이 판매될 때마다 기업은 자선단체나 도움이 필요한 사람에게 해당 제품을 기부한다.

  # 사례. 탐스, 와비파커Warby Parker

- 현금흐름 모델 — 이윤을 조금 남기고 제품을 대량으로 판매하는 비즈니스 모델이다. 고객은 제품과 서비스를 신속하게 결제하고, 기업은 제품과 서비스 공급업자에게 천천히 비용을 지급한다.

  # 사례. 아마존, 델Dell

- 플랫폼 모델 — 구매자와 공급자를 연결해주는 비즈니스 모델이다. 연결된 구매자와 공급자가 거래하면, 거래에 합당한 비용을 부과한다.

  # 사례. 에어비앤비, 우버

- 구독 모델 — 사용자는 제품이나 서비스를 정해진 기간 무제한으로 이용하고 월 이용료 등 정해진 비용을 기업에 지급하는 비즈니스 모델이다.

  # 사례. 넷플릭스, 집카Zipcar

- 무료 프리미엄 모델 — 시험 삼아 제품이나 서비스를 이용하거나, 기본적인 제품이나 서비스를 이용할 때는 비용을 부과하지 않는다. 하지만 제품이나 서비스를 추가하거나 프리미엄 제품이나 서비스를 이용할 때는 비용이 부과된다.

  # 사례. 스포티파이, 포트나이트

- D2C 모델 — 기업이 중개인을 거치지 않고 고객에게 직접 제품이나 서비스를 판매하는 비즈니스 모델이다.

  # 사례. 올버즈Allbirds, 캐스퍼Casper

알렉스 오스터왈더의 '비즈니스 모델 캔버스'는 가장 흔하게 접할 수 있는 비즈니스 모델 탬플릿이다. 비즈니스 모델 캔버스는 널리 대중화됐고, 전 세계 비즈니스 워크숍에 빠지지 않고 등장한다. 워크숍 참가자들은 비즈니스 모델 캔버스에 알록달록한 메모지를 붙여가면서 무수한 솔루션에서 최고의 조합을 찾아낸다. 비즈니스 모델 캔버스에는 가치 동인 분석의 세련미나 역동적인 모델링은 빠져 있다. 하지만 비즈니스 모델 캔버스를 활용하면, 여러 솔루션을 조합하여 만들어낸 새로운 비즈니스 모델을 다양한 각도에서 검토할 수 있고, 그것이 효과적인지도 확인해 볼 수 있다. 그러므로 비즈니스 모델 캔버스는 일종의 사고 툴이다.

비즈니스 모델을 혁신하면, 사업 전체를 혁신할 기회가 생긴다. 비즈니스 모델의 혁신은 어떤 요소들이 새롭게 연결될 수 있는지를 고민하게 하고 사업 전체를 혁신할 기회로 이어진다. 실제로 혁신적인 비즈니스 모델은 새로운 전략을 고안해내고 혁신적인 사고를 촉진하는 위대한 플랫폼이다.

빠르고 민첩하게
실험하라

"통찰력과 상상력을 발휘하고, 실험해가며 진화해라. 한계이익을 높이고 큰 도박도 해라. 신속함과 확장성을 추구해라. 이것은 기업가들이 되뇌는 일종의 주문으로 과거의 선형적인 프로세스를 대체한다."

헤일로 탑Halo Top은 변호사였던 저스틴 울버튼Justin Woolverton이 2011
년에 설립한 아이스크림 회사다. 설립된 지 5년 만에 헤일로 탑은 미
국에서 가장 많이 팔리는 아이스크림 브랜드가 됐고, 그 수익은 무려
35,000만 달러에 이르렀다. 이 아이스크림 브랜드는 저스틴 울버튼의
심야식당 실험에서 탄생했다. 당시 저스틴 울버튼은 다음 날 아침에
죄책감을 느끼지 않고 즐길 수 있는 야식거리를 찾고 있었다. 그는 최
고의 레시피를 알아내기 위해서 유제품, 과일, 주스, 채소 등 건강식이
라고 여겨지는 식재료들을 닥치는 대로 뒤섞었다. 여러 가지 다른 조
합도 시도됐고, 마침내 팔아도 되겠다 싶을 정도로 맛있는 레시피가
나왔다. 그는 산업용 음식 믹서기가 있는 식당을 찾았고, 친구들에게
시식을 부탁해가며 레시피를 더 진화시켰다. 그는 수정과 테스트를 반
복했다. 그렇게 대중에게 맛보여도 될 만한 레시피가 탄생했다.

경쟁업체들은 열량을 숨기려고 애썼지만, 헤일로탑은 열량이 적힌
파인트 크기의 튜브에 아이스크림을 담아 팔았다. 파인트 크기의 튜브
에 제공되는 기가 막히게 맛있는 아이스크림은 280kcal다. 하지만 대
부분 사람이 280kcal의 아이스크림을 거부할 수가 없다. 저스틴 울버
튼은 신용카드 대출로 6개월 만에 로스앤젤레스에 매장을 열었다. 얼
마 지나지 않아 홀푸드Whole Foods와 같은 대형 소매업체들이 헤일로 탑

아이스크림을 판매하기 시작했다.

헤일로 탑이 설립된 지 3년 만에, 저스틴 울버튼은 20가지 이상의 아이스크림을 개발했고 34,000개의 매장을 통해 하루 3,000만 개의 아이스크림 튜브를 팔았다. 변호사를 그만둔 저스틴 울버튼은 자신의 부엌에서 실험을 계속하면서 레시피를 진화시켰다. 헤일로 탑은 그로부터 2년 만에 수익이 3배 증가했고, 저스틴 울버튼은 2019년에 20억 달러가 넘는 돈을 받고 매각했다.

빠르게 실험하라

물리학자로서 나는 창의적인 사람이 되는 법을 배워야 했다. 양자역학과 입자물리학은 논리적이고 수학적인 학문처럼 보인다. 하지만 과학적 진보의 핵심은 상상력, 즉 가설을 만들어내는 능력이다. 가설이 있어야 그 가설을 실험하고 증명할 수 있다. 아인슈타인은 형편없는 수학자였다. 그는 스위스 산들을 오르며 머릿속으로 시간과 거리, 에너지와 질량 등 서로 다른 개념들을 연결할 방법을 고민했다. 그리고 수학자였던 아내의 힘을 빌려서 자신의 아이디어들을 숫자와 공식으로 전환했다. 상상력은 인류를 약진시킨다. 상상력과 유사하게, 혁신은 고객에 대한 깊은 이해와 디자인 사고를 통해 나온 가설에서 시작된다. 가설은 일반적으로 통찰력의 형태로 등장해 아이디어가 된다.

스티브 블랭크Steve Blank와 에릭 리스Eric Ries가 2000년 '린 개발Lean development'이란 개념을 가장 먼저 사용하기 시작했다. 2011년, 에릭 리스는 저서《린 스타트업The Lean Start-Up》에 그 개념을 잘 담아냈다. 린 개발은 기업가뿐만 아니라 대기업을 위해서도 혁신을 변화시킨다. 예를 들어, GE는 기존의 비즈니스 프로세스를 '패스트 워크Fast Work'라는 조직 체계로 변화시켜 신속하고 유연한 혁신을 이루어냈다.

스티브 블랭크는 '왜 린 스타트업이 모든 것을 바꾸는가?'라는 제목의 기사를 썼다. "린 스타트업은 기업가정신에 관한 일반 통념을 완전히 뒤엎는다. 모든 분야의 새로운 벤처기업은 빨리 실패하고 계속 배운다는 원칙에 따라 성공 가능성을 개선하려고 시도한다. 그런데도 장기적으로는 린 스타트업 전략을 받아들인 대기업이 가장 큰 보상을 받게 된다."

린 스타트업은 생각해낸 솔루션을 빠르게 그리고 반복적으로 실험한다. 여기에는 불완전한 솔루션이라도 일단 시도해보고 개선하는 것이 긴 시간을 들여서 잘못된 솔루션을 완벽하게 만드는 것보다 더 낫다는 믿음이 깔렸다. 초기 아이디어를 빨리 '최소 가치 제품Minimum Value Product, MVP'인 시제품으로 만들고 고객에게 선보이고 피드백을 받아서 개선하는 것이다. 이것은 오랜 시간 반복되는 '제작-평가-학습' 고리를 만들어낸다.

기술 분야에서 이것은 '민첩한 혹은 유연한 접근법'으로 알려져 있다. 많은 개발자가 함께 '애자일 소프트웨어 개발 매니페스토Manifesto for Agile Software Development'에서 민첩한 접근법을 정의했다.

- 프로세스와 도구보다는 개인 존중과 상호작용을 우선시한다.
- 포괄적인 문서보다는 작동하는 소프트웨어를 우선시한다.
- 계약 협상보다는 고객과의 협업을 우선시한다.
- 계획 추진보다는 변화 대응을 우선시한다.

많은 혁신가가 사업 계획을 '적'으로 생각한다. 사업 계획은 새로운 아이디어를 실험하기도 전에 솔루션과 그것의 영향을 엄격하게 가정한다. 이와 유사하게 카이젠Kaizen과 식스 시그마Six Sigma와 같은 기법들은 문서화, 표준화, 최적화를 통해서 효율성을 추구하는 오늘날의 신속하고 유동적인 접근법과 충돌한다. 이는 마치 '고정된 사고방식'의 울림이 '성장 사고방식'의 세상에 울려 퍼지는 것과 같다.

확대하고 번식하라

'시작은 쉬우나, 확장은 더 어렵다'라고 소기업들은 습관처럼 말한다. 그들은 처음 확보한 고객과 자원 그리고 영역을 넘어서는 것이 어렵다는 사실을 곧장 깨닫는다. 이는 대기업도 마찬가지다. 대기업이 새로운 제품으로 틈새시장을 공략하고 주류시장으로 옮겨가는 것은 어려운 일이다.

'블리츠스케일링Blitzscaling'은 '현기증 날 정도의 고속 성장'을 촉발하고 관리하는 기법이다. 링크드인LinkedIn의 창립자 리드 호프만Reid Hoffman은 이 기법의 열렬한 옹호자다. 블리츠스케일링은 불확실한 환경에서 효율보다 속도를 우선시한다. 기업은 블리츠스케일링을 활용하여 무서운 속도로 스타트업에서 스케일업으로 이동할 수 있다. 스타트업은 상상력을 발휘하여 시장에서 기회를 찾아내고 입소문과 집단행동을 형성하여 스케일업으로 성장한다.

나는 리처드 브랜슨과 혁신적인 성장 전략을 논의할 때 처음으로 이 용어를 접하게 됐다. 소비자 시장, 특히 새로운 아이디어가 빠르게 확산하는 기술 시장에서 기업은 더욱 **빠르게** 확장해야 한다고 그는 주장했다. 설령 처음에 수익이 나지 않더라도 빠르게 확장한 기업은 사실상 표준이 되거나, 적어도 해당 영역을 대표하는 거의 완벽한 브랜드가 될 수 있기 때문이라고 그는 덧붙였다.

실제로 일부 기업은 놀라울 정도로 빠르게 몸집을 불린다. 전성기에 페이팔Paypal의 일일 성장률은 거의 10%에 육박했다. 이것은 한동안 페이팔의 사용자가 매주 두 배 증가했다는 의미다. 거의 한 달 동안 이렇게 고속 성장한 뒤에는 고객이 16배 증가한다. 리드 호프만은 기업이 이처럼 번개 같은 속도로 확장하는 데 도움이 되는 4가지 요소를 정의했다.

- 네트워크 효과 — 최고의 네트워크는 사람들의 참여가 증가할 때마다 다른 사람들에게 더욱 매력적인 존재가 된다. 왜냐하면, 연결성이 배가 되기 때문이다.
- 가용 시장 — 스타트업은 틈새시장에서 성장한다. 하지만 그들이 더 큰 시장을 찾기 위해서는 '큰 틈을 건너' 추가 고객을 확보해야 한다.
- 빠른 채널 — 유통 파트너나 플랫폼이 기업의 **빠른** 확장 속도를 감당할 수 있어야 한다. 특히 온라인에서 유통 파트너나 플랫폼은 기업의 확장 속도를 가장 쉽게 맞출 수 있다.
- 높은 이윤 — 이윤이 높으면 기업은 할인 정책 등 영업 인센티브에 투자하고도 여전히 성장에 지속해서 투자할 충분한 수익을 확보할 수 있다.

기하급수적 성장은 특히 중요해졌다. 기하급수적 성장은 소셜미디어, 파트너 네트워크, 입소문에 힘입은 소비자 네트워크를 통해 기업이 급속하게 성장하고 비즈니스 모델을 확장하도록 한다. 살림 이스마엘Salim Ismael의 《기하급수적으로 성장하는 조직Exponential Organisations》은 특히나 유용한 안내서다. 비즈니스 모델의 확장성을 강화하는 방법 몇 가지를 살펴보자.

- 유연한 고용 — 유연한 고용 문화를 확보하고 책임감 있는 태도로 직원을 대해야 한다. 유연한 고용 문화는 특정 업무 처리에 필요한 직원을 빠르게 충원하여 영업 활동을 지원한다.
- 자율적 기업 문화 — 자율적인 기업 문화를 만들어야 한다. 자율적인 기업 문화는 신속하고 분산된 작업을 가능하게 하고 직원이 현장에서 위임된 의사결정을 내릴 수 있도록 한다.
- 협업 파트너 — 기업은 핵심 자산과 활동에 집중한다. 그리고 나머지 필요한 자산이나 활동은 외부 파트너와의 협업을 통해서 확보하거나 처리한다.
- 빠른 통찰력 — 새롭게 포착된 행동에서 일반적인 패턴을 찾아내기 위해 데이터와 알고리즘을 활용한다. 그리고 새롭게 찾아낸 패턴에 따라 가치제안과 가격 정책을 적절하게 수정한다.

체계성을 강화하고 문화, 전략, 운영, 재무, 리더십에 다르게 접근할 때, 스타트업은 스케일업으로 변신한다. 스티브 잡스는 스타트업에서 일하는 것을 '해적이 되는 것'에 비유했고, 스케일업에서 일하는 것을 '해군에 입대하는 것'과 같다고 말했다. 리드 호프만은 스타트업에서 스케일업이 되는 단계를 다음과 같이 설명했다.

- 직원이 1~9명인 가족 단계 — CEO가 제품 전문가이고, 직접 조직의 성장을 책임지고, 거의 모든 의사결정에 개입한다.
- 직원이 10명 이상인 부족 단계 — CEO는 조직을 대표하고, 핵심 직원을 고용하고, 성장을 이끌 사람들을 관리한다.
- 직원이 100명 이상인 마을 단계 — CEO는 성장 지향 문화를 만들고, 경영진의 리더십을 개발하는 데 집중한다.
- 직원이 1,000명 이상인 도시 단계 — CEO는 조직의 나아갈 방향과 팀을 통한 협업에 집중하는 높은 직위로 이동한다.

사업을 시작하고 성공적인 가치제안과 비즈니스 모델을 찾아서 규모를 확장하는 데 시간뿐만 아니라 극도의 에너지와 인내도 필요하다. 하지만 애석하게도 이러한 여정을 감당할 체력이나 회복력을 지닌 리더는 거의 없다. 아마존의 제프 베저스의 해결책은 초심을 유지하는 '첫날Day 1' 철학이다.

항상 첫날이다

아마존은 무자비하게 혁신을 추구하는 기업이다. 아마존이 가차 없이 혁신을 추구할 수 있는 이유는 개인이 기업을 소유하고 있기 때문이다. 그 덕에 아마존은 외부공시와 행동주의 투자자에게서 자유롭다. 제프 베저스와 그의 사람들은 고객을 위해 더 잘 해내고 더 많은 일을 해내고자 끊임없이 노력한다. 그들의 채워지지 않는 혁신에 대한 욕구가 혁신을 이끈다.

제프 베저스는 새로운 사업에 성공하려면 일반적으로 50개의 거대한 아이디어가 필요하다고 말한다. 그러므로 승자에게 자원을 집중하기 위해서 가능성이 덜한 아이디어를 적극적으로 솎아내는 것이 중요하다. 아마존의 '빠르고 민첩한' 접근법에는 이미 살펴본 많은 전략이 활용되지만, 다음과 같은 혁신적인 기법도 활용된다.

- 피자 팀 — 팀을 소규모로 유지한다. 소규모 팀은 친밀하고 빠르고 효율적으로 움직인다. 피자 두 판을 배달하는 데 필요한 인원을 초과해 팀을 꾸리지 마라.
- 실패 포용 — 모든 것이 효과적이진 않다. 아마존은 '크게 생각하고 작게 테스트하고 빨리 실패하고 항상 배우라'는 철학을 갖고 있다. 이 철학은 모든 사업에 적용되며, 심지어 아마존 파이어 Amazon Fire와 같은 프로젝트에도 적용됐다.
- PR과 FAQ — 어떤 프로젝트를 시작할 때, 팀원들은 자신의 논리와 고객 중심주의를 시험하기 위해서 미리 새로운 콘셉트에 대한 보도자료와 FAQ를 상상한다.

매년 제프 베저스는 주주들에게 편지를 쓴다. 최근에 아마존이 시도한 모험, 혁신과 성과를 들려주고 이런 경험으로부터 얻은 교훈을 바탕으로 모든 사업에 대한 통찰력과 아이디어도 제시한다. 하지만 매년 그가 다루는 주제는 초심, 즉 '첫날'이다. 시애틀의 아마존 본사에는 '첫날'이란 이름의 건물이 있다. 이곳에 제프 베저스의 사무실이 있다. 다른 건물로 이사하면, 그는 새로 들어간 건물에 '첫날'이란 이름을 붙인다. 건물 외부에는 "아직 발명되지 않은 것이 너무나 많다. 앞으로 일어날 새로운 일들이 너무나 많다."라는 글귀가 적혀있다.

'첫날'에는 모든 것이 가능할 것 같다. 꿈에는 한계가 없다. 첫날에는 기대감과 낙관적인 생각과 함께 자신감과 활력이 넘친다. 그 어떤 장애물도 앞길을 막을 수 없을 것 같다. 하지만 날이 지나면서 복잡성이 서서히 생기기 시작한다. 메일 수신함은 메일로 가득 차고, 회의 일정이 빼곡히 차고, 더 많은 사람이 더 많은 복잡성을 발생시킨다. 그리고 조직은 더뎌지고, 더 경직되고, 위험을 회피한다.

제프 베저스는 최근 직원회의에서 '둘째 날'은 어떤 모습이냐는 질문을 받았다. 그는 그 질문을 받자마자 바로 대답했다. "둘째 날은 정체다. 첫날이 지나면 무관심이 뒤따른다. 그리고 몹시 고통스러운 쇠퇴와 죽음이 이어진다. 그러므로 항상 '첫날'이어야 한다."

미친 듯이
꿈꿔라

"기술 세계에서 사랑, 욕망, 진보를 고취하는 것은 대담한 아이디어, 반 직관적 사고, 아름다운 디자인 그리고 환상적 융합과 같은 우리의 창의력이다."

아이디어 자체가 혁신은 아니다. 하지만 혁신에는 커다란 아이디어가 필요하다. 더 많은 가능성을 탐구하고 더 많은 아이디어를 개발하기 위해서 큰 사고의 틀이 필요하다. 목적은 조직에 혁신을 위한 더 큰 틀을 제공한다. 목석이 있으면 기업은 하는 일에 국한되지 않고 존재 이유 내에서 혁신을 추구할 수 있다. 제한도 유용하다. 제한은 창의력의 강도를 높인다. IDEO의 '일주일 디자인 사고'처럼 시간제한이 있거나, 고객의 특정한 요구를 충족시켜야 하거나, 특정한 환경적 영향을 줄일 필요가 있는 경우에 창의력이 강화된다.

알파벳은 가능성을 확장하는 가장 유용하고 가장 단순한 기법의 하나를 제시한다. 대부분 기업이 10% 성장률에 만족하는 세상에서 코드 2에서 살펴봤듯이, 알파벳은 "10배 더 잘할 수 있는데, 왜 10% 개선을 추구하느냐?"라고 반문한다.

달 사냥 공장을 세워라

10년 전, 애스트로 텔러Astro Teller는 구글의 공동창립자인 래리 페이지Larry Page와 세르게이 브린Sergey Brin으로부터 '달 사냥 공장'을 만들어

달라는 요청을 받았다. 처음에 그들은 달 사냥 공장을 '구글 엑스Google X'라고 불렀다. 하지만 결국 모기업 알파벳의 정신을 따라서 간단하게 '엑스X'라고 부르게 됐다.

애스트로 텔러는 영국 케임브리지에서 태어났고, 일리노이 시카고 외곽에서 성장했다. 본명은 에릭이지만 친구들은 그의 뾰족한 머리가 인조 잔디 '애스트로터프Astroturf'를 떠오르게 한다고 그를 '애스트로'라고 불렀다. 그는 명문가 출신이다. 프랑스 경제학자이자 수학자인 제라드 드브뢰Gerard Debreu와 헝가리 출신의 미국 물리학자인 에드워드 텔러Edward Teller의 후손이다.

애스트로 텔러는 선조들과 유사한 길을 걸었다. 스탠퍼드 대학교에서 컴퓨터 과학을 공부했고, 인공지능 분야에서 박사학위를 취득했다. 그는 27살에, 자의식을 갖게 되어 자신의 창조주와 소통하기 시작하는 인공지능 프로그램을 주인공으로 한 소설《성경 주해Exegesis》를 썼다. 젊은 시절에 그는 수면시간, 땀 배출량, 소모된 열량을 측정하는 웨어러블 기기를 만드는 바디미디어BodyMedia를 공동 설립했다. 엑스에서 애스트로 텔러는 '달 사냥의 선장'으로 알려졌다. 한마디로 그는 미친 아이디어를 이끄는 리더였다.

2010년 그는 '단순한 혁신 랩을 초월한 무언가'를 만들어달라는 요청을 받았다. 처음에는 아이디어들이 흐릿했다. 하지만 그들은 엑스가 세상을 급진적으로 더 좋은 곳으로 만들 획기적인 기술을 개발하는 혁신 조직이 되길 원했다. 그들은 엑스가 구글의 미래를 개척하는 중요한 역할을 할 수 있다는 사실도 알았다. 구글이 오늘날의 핵심 사업에 집중할 때, 엑스는 미래 사업을 만들어내기 위해 핵심 사업을 넘어선 새로운 혁신을 창조해가며 딜레마를 극복해냈다.

10%가 아니라, 10배 더 잘 해내라

애스트로 텔러는 다양하고 창의적인 사람들로 구성된 기이하면서도 극단적인 사고를 권장하는 조직을 만들 생각이었다. 그는 "인류는 상당한 잠재력을 활용하지 않고 있다. 불완전 고용과 자원의 불완전 활용을 생각해보라. 많은 사람이 일터로 나가지만, 그곳에서 성취감을 느끼지 못한다. 그리고 훨씬 더 많은 사람이 이 세상에 기여할 기회를 전혀 얻지 못한다."라고 말했다.

'10%가 아닌 10배'라는 주문은 사람들의 사고를 확장하기 위한 포부의 상징이었다. 나는 애스트로 텔러에게 이것이 어떻게 작동하는지 물었다. 그는 자동차의 연비를 개선하려는 두 팀을 상상해보라고 말했다. 현재 자동차의 연비가 50mpg라고 가정하자. 한 팀은 연비를 10% 높여 55mpg로 만들었다. 이것은 꽤 나쁘지 않은 성과다. 하지만 다른 팀은 연비를 10배 높이는 것을 목표로 삼았고 500mpg의 연비를 내는 솔루션을 찾고 있다. 이 팀은 더욱 급진적으로 사고하고, 문제를 다른 각도에서 바라보고, 새롭게 해결해야만 한다. 그런데 연비를 500mpg로 높이는 데 실패하고 연비를 200mpg까지밖에 올리지 못하더라도, 그 결과는 진정한 진보가 될 것이다.

"대부분 조직은 다른 모든 것을 희생하여 수익성과 단기 목표에 집중하도록 강요받는다. 현상을 그대로 두거나 기껏해야 이 세상을 점진적으로 개선할 뿐이다. 하지만 이 세기에 우리가 직면한 거대한 문제들은 폭넓은 사고력, 야생의 날 것과 같은 상상력, 엄청난 시간과 자원 그리고 관심을 기울여야 해결할 수 있다."

애스트로 텔러는 엑스가 '세상에 좋은 것'은 이에 따르는 금전적 보상을 제공할 수 있다는 사실을 증명하여 더욱 많은 조직이 같은 방식으로 영감을 얻게 되기를 바란다. 그는 "내가 깨닫게 된 것은 우리가 공포와 관습적인 사고방식과 행동방식이 끌어당기는 힘을 상대로 문화 전쟁을 벌이고 있다는 것이다. 우리는 모두 수년 동안 실패하지 않고, 취약하지 않고, 위험을 최소화하도록 길들었다."라고 말했다.

X처럼 미래를 창조하라

엑스가 출범했을 때, 애스트로 텔러는 중대한 문제들에 집중하고 싶었다. 그는 혁신적인 기술을 활용하여 급진적으로 새롭게 접근해야만 해결할 수 있는 사회적, 환경적 이슈에 관심을 가졌다. 엑스는 지금까지 별도의 사업부로 성장한 자율주행 무인자동차 소프트웨어 기업 웨이모Waymo, 인공지능 기반 산업용 안경 개발 기업 글래스Glass, 열기구로 오지까지 범용 인터넷을 제공하는 룬Loon, 지열 에너지를 소비자에게 직접 판매하는 단델리온Dandelion 등 구글의 다양한 프로젝트를 진행했다. 그리고 많은 프로젝트를 성공시켰고, 실패한 프로젝트도 있다.

다음은 애스트로 텔러가 엑스에서 프로젝트를 진행하면서 얻은 7가지 교훈이다.

- 미래를 예측할 수 있다고 생각하지 말라 ― 장기적으로 어느 아이디어가 성공할지 정확하게 아는 사람은 아무도 없다. 대신, 대담하게 시도하고 잘못된 지점을 신속하게 판단해야 한다. 수많은

아이디어를 대상으로 도전하고 실패하는 과정을 무수히 반복해야 성공적인 혁신이 나온다.

- 장기적인 시각을 가져라 — 기간을 5~10년으로 잡고 어려운 문제에 매달려라. 이렇게 하면 더욱 깊이 탐구하고 실험하고 배울 여유가 생긴다. 장기적인 시각을 갖는 것은 적용 분야뿐만 아니라, 시사점까지 생각할 기회도 제공한다.

- 괴짜들을 위한 공간을 찾아라 — 윌리 윙카Willy Wonka는 진짜 세상에서 생존하기 어려운 움파룸파족Oompa Loompas을 수용하기 위해서 초콜릿 공장을 만들어야 했다. 대부분 혁신가와 몽상가는 대부분에서 너무나 파괴적인 존재다.

- 아이처럼 꿈꾸고 어른답게 테스트하라 — 낙관적이어야 한다. 사람들은 헛웃음이 날 정도로 어려운 문제와 마법 같은 해결책의 가능성을 즐긴다. 실제로 10배 성장이 10% 성장보다 쉬울 때도 있다. 왜냐하면, 해결책을 찾기 위해 더욱 자유롭게 상상의 나래를 펼칠 수 있기 때문이다.

- 비범한 결과를 추구하라 — 대부분의 엑스 프로젝트는 수량화된 목표가 없다. 하지만 대부분 사람은 계획과 평가표를 좋아한다. 엑스는 팀에게 많은 실험을 계속해서 모두가 '세상에 맙소사!'라고 소리를 지를 만한 결과를 갖고 돌아오라고 말한다.

- 감정에 좌우되지 말라 — 미래를 발명하려면 크게 훌륭하지 않은 아이디어는 무자비하게 버리고 더 나은 프로젝트로 옮겨갈 수 있어야 한다. 소수의 아이디어만이 세상을 바꿀 수 있다. 하지만 그것이 상업적인 제품이나 서비스로 탄생할 수 없다면, 다음 프로젝트로 넘어가라.

- 두려움을 모르는 팀을 만들라 — 외로운 발명가가 '유레카!'를 외

친다는 이야기는 신화 속에나 존재한다. 혁신은 위대한 팀에서 나온다. 이것이 위원회나 합의로 혁신이 만들어진다는 의미는 아니다. 엑스에는 로켓 과학자, 전문 피아니스트, 물리학자, 예술가 등 굉장히 다양한 사람으로 구성된 팀들이 있다.

어떻게 혁신 코드를
혁신할 것인가?

◇ 생각해볼 **문제 5가지**

- 독창성 – 무엇이 혁신을 더욱 독창적으로 만들까?

- 디자인 사고 – 기능과 형태에 대한 더욱 깊은 통찰을 어떻게 얻을 것인가?

- 고객 아젠다 – 소비자 시장에 나타난 의미 있는 변화는 무엇인가?

- 더 빠른 실험 – 힘을 합쳐 문제를 어떻게 더 잘, 더 빨리 해결할 수 있을까?

- 달 사냥 사고 – 당신 기업의 '10%가 아닌 10배' 목표는 무엇인가?

◇ 영감을 주는 **리더 5명**(http://www.businessrecoded.com 참조)

- 브루독Brewdog의 제임스 와트James Watt – 크라우드펀딩으로 혁신을 이뤄낸 스코틀랜드의 펑크 맥주 양조업자

- 노마Noma의 레네 제드제피Rene Renzepi – 현지 식재료를 찾아다니는 세계적인 요리사

- 나라야나 헬스Narayana Health의 데비 셰티Devi Shetty - 인도의 빈민들을 돌보는 의료계의 마더 테레사Mother Teresa
- 스티치픽스Stitch Fix의 카트리나 레이크Katrina Lake - 지능형 월간 맞춤 스타일링 서비스로 쇼핑을 혁신한 리더
- 엔비디아Nvidia의 젠슨 황Jensen Huang - 인공지능으로 세계에서 가장 성공한 CEO

◇ 읽을 만한 **책 5권**

- 켄 로빈슨의 《마음의 한계에서 벗어나: 창의력을 발휘하는 법Out of Our Minds: Learning to be Creative》
- 에드 캣멀Ed Catmull의 《창의성의 지휘하라》
- 할 그레거슨의 《질문과 답Questions and the Answers》
- 팀 브라운Tim Brown의 《디자인에 집중하라》
- 래리 킬리의 《혁신의 10가지 유형Ten Types of Innovation》

◇ 더 살펴볼 **기관 5개**

- 스트래티저Strategyzer
- 혁신 위원회Board of Innovation
- 아이디어부터 가치까지Idea to Value
- 파괴자 리그Disruptor League
- 더 린 스타트업The Lean Startup

UBUNTU

조직 코드를
혁신하라

"어떻게 팀이 함께 더 많은 것을 이룰 수 있을까?"

수동적인 위계조직에서 역동적인 생태계로 변신하라. 우분투Ubuntu는 코사족과 줄루족의 언어에서 비롯됐다. 이 단어는 인간의 기본 덕목인 연민과 인간애를 뜻한다. 우분투는 사람들에게 연대의 힘, 즉 함께 힘을 합치면 더 많은 일을 해낼 수 있음을 상기시켰던 남아프리카의 넬슨 만델라Nelson Mandela가 좋아하던 단어였다.

본질에서 일과 조직이 변하고 있다.

- 자기 일에서 의미를 찾는 직원이 있는 조직은 그렇지 않은 조직에 비하여 21% 더 수익성이 높다. 전 세계에서 겨우 13%의 직원만이 자기 일에 몰입하고 매력을 느낀다.
- 4~9명이 이상적인 팀의 크기다. 최적의 인원은 4.6명이다. 팀의 규모가 이상적이면, 다양성이 보장되고 신속한 의사결정이 가능해진다. 그리고 이상적인 팀은 한번 시작한 일은 완수해낸다.
- 겨우 4%의 직원만이 유의미한 협업을 실천한다. 여성이 남성보다 협업할 가능성이 66% 더 크다.
- 여성 고위 관리자가 최소 15%인 기업은 10% 미만인 기업보다 수익성이 50% 이상 높다.
- 인종과 민족의 다양성이 보장된 기업의 매출은 업계 평균치를 35% 웃돌았다.
- 이민자들이 세계 인구의 3.4%를 차지하지만, 세계 GDP에 대한 그들의 기여도는 거의 10%에 달한다. 수십억 달러의 유니콘을 이끄는 CEO의 51%가 이민자다.
- 밀레니얼 세대의 75%가 재택근무를 하거나, 업무를 더 생산적으로 처리할 수 있는 사무실 이외의 장소에서 일하기를 원한다.
- 오늘날 초등학생의 65%가 현재 존재하지 않는 직업에 종사하게 될 것이다.

그렇다면 이런 새로운 환경에서 일의 능률과 생산성을 높일 방법은 무엇인가?

인간적이고
영감을 주는 일을 하라

"인간적인 기술의 가치는 더욱 커질 것이다. 그리고 복잡한 문제를 해결하는 능력과 창의력, 감성 지능, 파트너십 능력이 점점 더 중요해질 것이다. 그러니 단순하고 반복적인 일은 기계에 맡겨라."

트레이더 조Trader Joe's만한 곳은 없다. 트레이더 조는 미국 전역에 엄청난 추종세력을 거느리고 있는 미국의 대형 슈퍼마켓 체인이다. 매장에 들어설 때마다 화려한 내부 인테리어와 손으로 쓴 안내문이 내 시선을 사로잡고, 매장에서 판매되는 식품 뒤에 숨겨진 별난 이야기가 나를 기다리고, 별나게 차려입고 고객을 도우려고 진심으로 최선을 다하는 직원들이 나를 반긴다. 그래서 매장에 발을 들여놓는 순간, 항상 입가에 미소가 떠오른다.

조 콜럼비Joe Coulombe가 원조 '트레이더 조'다. 그는 1958년 프론토 마켓Pronto Market 편의점을 열었고, 사업을 확장했다. 조 콜럼비의 가게는 다른 가게와는 뭔가 달랐다. 그의 가게에서는 하와이 해변과 문화에 대한 사랑이 느껴졌다. 그는 매장 벽을 향나무 널빤지로 장식했고, 직원들은 멋진 하와이 셔츠를 입었다. 무엇보다도 그는 혁신적이고 찾기 어렵고 맛이 기가 막힌 식품에 '트레이더 조'란 이름을 붙여 판매했다.

가치는 조 콜럼비에게 가장 중요했다. 그래서 그는 여기저기서 고가의 이국적인 특산품들을 공수해서 판매했고, 품질 좋고 별난 제품들을 자신의 브랜드로 생산하여 저가에 판매했다. 1979년, 조 콜럼비는 유럽에서 초저가로 식품을 판매하는 알디Aldi 식료품점을 운영하던 테오 알브레히트Theo Albrecht에게 브랜드를 팔았다. 이렇게 할인식품점인 '트레이더 조'와 할인매장인 '알디'가 형제가 됐다. 트레이더 조와 알디는 단순함의 힘을 믿었다. 따라서 할인 정책이나 적립카드, 회원카드도 없었다. 두 업체는 식품을 대량으로 구매하여 소비자들에게 저렴하게 판매했다. 이런 전략 덕에 그들은 시장 트렌드에 더욱 잘 대응할 수 있었다.

손으로 쓴 입간판과 투박한 진열대, 무료 커피와 시식 행사, 라디오 광고와 수다스러운 계산원까지, 트레이더 조 매장 곳곳에는 이야기가 숨어 있다. 대부분 경쟁업체가 자동화와 속도에 집중할 동안, 트레이더 조는 머리를 식힐 수 있는 사람 냄새나는 공간에 집중했다. 트레이더 조 매장을 직접 가본 적이 없더라도, 온라인으로 '피어리스 플라이어Fearless Flyer'에 가입하는 것을 추천한다. 색다른 이야기와 만화 같은 유머, 특이한 레시피와 진열된 상품에 더해 흥미로운 읽을거리도 제공한다.

기술은 인간을 초인으로 만든다

세상이 점점 비인간적으로 돌아가는 것 같은 느낌을 자주 받는다. 미국은 국경에 높은 벽을 쌓고, 유럽은 더 나은 삶을 찾아 이주해오는 사람들을 울타리를 쳐서 막는다. 중국은 국민의 일거수일투족을 감시하고, 영국은 대륙과 연결되는 것보다 브렉시트로 고립된 외딴 섬이 되는 길을 선택했다. 공장과 일터는 속도와 효율을 목표로 자동화되고 있다. 사람들은 직접 만나는 것보다 온라인 만남을 더 선호하고, 지역 커뮤니티보다 소셜미디어를 통해 사귄 친구와 대화하는 것을 선호한다.

사람들은 인공지능에서 로봇에 이르기까지, 기계가 최소한 현재 존재하는 직업의 70%에서 최소 30%에 영향을 미친다고 들어왔다. 이런 업무는 대체로 반복적으로 수행되는 업무다. 반복적인 업무는 자동화되기 쉽다. 제조업에서 로봇이 사람을 대신하여 반복적인 작업을 하고, 콜 센터 상담사를 대신하여 챗봇이 상담한다. 회계사부터 변호사까지, 관제사부터 투자은행원까지, 지식 기반 직업은 기계의 영향을 가장 많이 받아서 해체되어갈 것이다.

일론 머스크는 "미래에 로봇들이 모든 것을 우리보다, 다시 말해서 우리 모두보다 더 잘할 수 있을 것이다."라고 선언했다. 이에 동의하지 않는 전문가는 거의 없다. 하지만 최근에 와서 그는 더욱 깊이 있는 견해를 제시했다. "자동화는 미래가 아니다. '인간 증강Human Augmentation' 이 미래다." 증강 인류, 즉 능력이 강화된 인류는 직업의 미래를 주도하는 핵심 동인이 될 수 있다.

- 기술의 보조를 받는 인류 — 인간과 기계의 인터페이스는 키보드에서 음성으로, 안구에서 뇌로 빠르게 진화하고 있다. 알렉사Alexa, 시리Siri 등 인공지능 비서들이 이미 스마트폰과 가정으로 들어왔다. 그들은 무인점포에서 사람들이 필요한 물건을 찾도록 돕는다. 그리고 직장에서 모두가 자신만의 비서를 두게 될 것이다.
- 지능형 인류 — 인터페이스가 변하면서, 기계는 인간의 사고 과정과 행동을 더 많이 학습할 수 있게 됐다. 그래서 지능형 디지털 기기들은 사람이 무엇을 필요로 하는지 예측하고 독자적으로 지식을 강화한다. 이 기기들은 복잡한 문제를 해결하고, 더 많은 선택지와 위험을 고려하고, 더 현명한 결정을 내리는 데 도움이 될 것

이다.

- 연결된 인류 — 사람들이 물리적으로 함께 있든지 아니면 떨어져 있든지 간에, 협업은 쉬워지고 계속 이어진다. 각자 자기 집에서 일하거나 전 세계 어디서든 원하는 곳에서 일한다고 해서 협업할 수 없는 것은 아니다. 지식이 매끄럽게 흐르고, 개인의 과업은 서로 지능적으로 연결된다.

구글 글래스와 같은 가상현실 기기는 업무방식을 획기적으로 바꿀 것이다. 예를 들어, 엔지니어가 기계를 조작하면서 안경 렌즈에 비친 설명서를 읽는다거나, 외과 의사가 환자의 장기와 생체 지수에 관한 진단 데이터를 실시간으로 받아보면서 수술을 집도한다. 동시에 인간의 신체적 능력도 강화될 수 있다.

나는 덴마크 오덴세의 SDU 육상경기 과학관Athletics Exploratorium에서 몸에 연결된 도구를 갖춘 조선소 노동자들이 크레인으로 화물을 옮기던 일을 대체하기 위해 외골격과 근력을 강화하는 장비를 착용하고 시뮬레이션하는 엔지니어들과 우연히 마주쳤다. 기술은 인간을 대체하지 않을 것이다. 기술은 인간을 '초인'으로 만들어갈 것이다.

감성에서 일의 미래를 찾아라

2025년이 되면 대부분 노동자는 거리나 배경에 구애받지 않고 전 세계에서 자유롭게 일하는 프리랜서가 될 것이다. 그들은 자신의 인간적이고 감성적이며 창의적인 기술을 활용하여 그 어느 때보다 복잡한 문제를 해결할 것이다. 그들은 배움을 갈망하고, 민첩하게 자신의 기술을 변화에 맞춰 조정하고 강화하며, 세상을 다르게 보는 개방적 태도를 보일 것이다.

현대의 첨단기술 기반 노동환경은 시설과 자원이 공유됨에 따라 공동체 의식에 의해 개선됐다. 많은 노동자가 어느 특정 기업에 소속되지 않는다. 대신 그들은 전문성이 요구되는 프로젝트에 참여하여 자유롭게 일하는 '임시 노동자Gig-worker'로 남는 데서 더 행복감을 느낀다. 새로운 아이디어와 새로운 기술, 새로운 혁신과 새로운 기회가 창의적인 분위기 속에서 소용돌이친다. 그리고 새로운 동반관계가 융합에서 등장한다. 이것은 일의 새로운 세상이다. 평생직장은 사라지고, 영원한 직무도 존재하지 않게 된다. 직부 기술서는 유동적이고, 사람들은 동시에 여러 직업을 갖고, 기업들은 협업한다.

미래 직업의 일부는 매우 기술적일 것이다. 이를 제외한 대부분의 미래 직업은 훨씬 더 인간적일 것이다. 미래 직업을 탐구하면서 코그니전트Cognizant의 벤 프링Ben Pring은 미래 직업에서 어떤 기술이 필요할지를 알기 위해서 4가지 유형의 기술을 살펴보고 그것을 '4E'로 규정했다.

- 영원한 기술Eternal skills ─ 애초부터 존재했던 인간적인 기술이다. 기술이 아무리 대단하게 발전하더라도, 이처럼 영원히 존재하는 인간적인 기술은 다른 기술들과 함께 영원한 가치를 지닐 것이다.
- 오래가는 기술Enduring skills ─ 뭔가를 팔 수 있는 능력은 기업에 항상 중요했다. 오래가는 기술에는 공감 능력, 신뢰, 도움, 상상력, 창의력, 분투 등이 있다. 이러한 기술은 항상 필요하고, 미래의 직업을 수행하는데 핵심적인 요소가 될 것이다.
- 새로운 기술Emerging skills ─ 미래를 위한 새로운 기술들은 복잡성,

즉 일의 밀도와 속도와 관련된다. 예를 들면, 315MB 엑셀 스프레드시트를 활용하거나 가상 조종석에서 드론을 조종하는 기술이 있다. 이러한 기술들은 인간의 능력을 강화하여 새로운 기계를 활용하도록 만든다.

- 침식되는 기술Eroding skills — 소셜미디어 플랫폼을 관리하거나 환상적으로 프레젠테이션을 준비하고 해내는 능력 등 한때 특별하게 여겨졌던 많은 기술이 이제는 평범한 기술이 됐다. 심지어 시제품 제작처럼 필요 없는 기술이 되거나 데이터 입력처럼 대체된 기술도 있다.

하지만 세계경제포럼은 사라지는 직업보다 새로 생기는 직업이 더 많을 것으로 내다봤다. 2025년까지 앞으로 5년 동안 13,300만 개의 직업이 탄생하고 7,500만 개의 직업이 사라질 것이다. 그 과정에서 업무 방식은 물론, 업무 자체에 대단한 변화가 일어나고 일터가 크게 진화할 것이다. 다음은 대표적인 미래 직업이다.

- 데이터 분석가와 데이터 과학자
- 인공지능과 기계학습 전문가
- 소프트웨어와 애플리케이션 개발자
- 영업과 마케팅 전문가
- 디지털 혁신 전문가

기술, 데이터, 인공지능을 넘어서는 많은 새로운 직업이 공학과 지속가능한 개발이라는 광범위한 영역에서 등장할 것이다. 노인 인구의 증가가 돌봄 산업의 성장을 주도할 것이고, 수많은 창의적인 직업이 가차 없는 혁신을 통해 스포츠와 엔터테인먼트처럼 더욱 인간적인 목표를 추구하며 등장할 것이다. 특정 산업에서 다음과 같은 완전히 새로운 직업도 등장할 것이다.

- 플라잉카 개발자
- 가상 신원 보호자
- 해안지대 설계자
- 스마트홈 디자이너
- 행복 트레이너

2020년 BCG가 분석한 바에 따르면, 가장 위험에 처한 노동자의 95%는 변화에 대비할 수 있다면 보수가 더 높은 양질의 직업을 구할 수 있다고 했다. 이것은 임금 격차를 없애는 기회도 제공할 것이다. 여성의 74%와 남성의 53%가 지금보다 보수가 더 좋은 직업을 찾을 가능성이 있다. 그러므로 미래 기술의 영향을 받는 사람의 약 70%가 자신만의 기술 혁명을 도모하여 직업과 관련된 큰 변화를 이뤄낼 필요가 있다.

이것은 단지 새로운 직업에 적합하도록 재조정하는 것이 아니다. SAP와 같은 기업들이 받아들인 '민들레 원칙Dandelion principle'은 인재 풀을 풍부하게 하려면 다양한 배경과 기술을 지닌 유능한 인재를 고용하는 것에서 출발해야 한다. 그리고 사람들에게 직무 교육을 하는 대신, 사람을 중심으로 더욱 상생하는 방식으로 일자리를 만들어내야 한다.

상상력과 메타 기술에 집중하라

기계가 인간의 육체적인 노동을 대신하면서, 사람들은 힘들고 단조로운 반복 업무에서 해방되어 더욱 인간적이고 창의적이며 정서적인 가치를 창출할 수 있게 됐다. 그리고 기계가 효율성을 유지하는 동안, 인간의 상상력은 진보를 만들어낼 것이다. 인간적인 기술들은 직장뿐만 아니라 소비자와의 소통에도 중요하다. 인터페이스가 자동화된 세상에서 브랜드는 더욱 직관적이며 소비자와 공감하며 소비자를 보호하는 능력을 활용하여 차별화될 수 있다. 그리고 매장에서는 점원이, 병원에서는 간호사가, 교실에서는 교사가, 그러니까 사람이 고급 서비스에 가치를 더할 것이다.

- 분석적 사고와 혁신
- 적극적인 학습과 학습전략
- 창의성, 독창성 그리고 진취성
- 기술 설계와 프로그래밍

과거에 많은 사람이 배웠거나 주목했던 과학적이거나 전문적인 기술보다 '메타 기술'이 점점 더 중요해질 것이다. 메타 기술은 사람들이 진화하고 가차 없는 변화에 적응하도록 돕는 더욱 오래가는 기술이다. 불확실성과 변화를 이해하고, 학습하고, 대응하는 기술이 그것이다. 그러므로 가끔은 의도적으로 배웠던 것들을 잊고, 낡은 가정과 선입견을 버리고, 새로운 가능성과 관점에 마음을 열어야 할 것이다.

린다 그래튼Lynda Gratton은 저서 《100세 인생》에서 기대 수명이 100년을 넘으면서 대부분 사람이 더 오래 일하게 되고, 사회생활 과정에서 대략 7단계에 걸쳐 전환기를 맞게 될 것이라고 했다. 그리고 단지 새로운 직업을 갖는 것이 아니라, 완전히 새로운 천직을 얻게 될지도 모른다고 덧붙였다.

살아있는
유기체처럼 일하라

"자연에서 위계를 기반으로 조직된 복잡한 시스템은 거의 없다. 우리는 살아있고 변화에 적응하며 '집단으로 의식하는' 조직이 되어 기업을 발전시켜야 한다."

중국 칭다오는 세계적인 가전기기회사인 하이얼의 고향이다. 하이얼 CEO인 장루이민Zhang Ruimin은 세탁기와 냉장고뿐만 아니라, 조직과 기업가정신을 완전히 바꾼 혁신가로 성장했다. 장루이민은 6시그마 법칙의 열렬한 추종자다. 그는 '런단허이Rendanheyi'란 독자적인 경영이념을 개발했다. 그는 열린 플랫폼을 기반으로 기업을 초소형 기업으로 분해하여 전통적인 '거대기업'의 관리체계를 해체했다. 런단허이는 직원과 고객의 요구 사이에 '거리가 존재하지 않도록' 만들었다. 런단허이의 핵심은 기업가정신의 육성이다. 이 경영이념은 중간관리직을 과감히 없애고, 직원들이 혁신적이고 유연하고 위험을 무릅쓰고 일하도록 권장한다. 장루이민은 1만 명의 중간관리자를 과감하게 없앴다.

비즈니스 양자역학을 이해하라

만나자마자 우리는 곧장 공통점을 찾아냈다. 장루이민과 나는 물리학, 그중에서도 양자역학을 전공했다. 나는 그가 물리학적 개념들을 하이얼의 비즈니스 모델에 어떻게 녹여내게 됐는지 무척 궁금했다. 우리는 순식간에 열정적이고 다소 전문적인 대화로 빠져들었다. 우리는 원자구조와 파동이론에 관해 이야기했다. 나는 원자물리학이 많은 사업가가 다룰만한 이상적인 화제인지는 확신할 수 없지만, 적어도 그와의 대화는 내게 무척 흥미로웠다. 장루이민은 다음과 같이 말했다.

"처음 물리학을 공부했을 때, 나는 원자를 구성하는 입자들의 끊임없는 운동에 놀랐다. 전자와 양성자는 같은 전하와 반대 전하에 의해 형성된 역동적인 균형 상태에서 공존한다. 이것은 생명을 지속시키고 원자들이 다른 형태로 결합하여 수많은 분자를 만들어내게 한다. 각각의 분자들은 각각의 속성을 가지며, 이러한 원자구조 안에는 엄청난 에너지가 존재한다."

그가 원자물리학을 하이얼의 비즈니스 모델에 어떻게 접목했는지 분명해졌다. 그리고 그가 비즈니스 모델로 런단허이를 '왜' 그리고 '어떻게' 개발했는지도 분명해졌다. 나는 런단허이의 이면에 존재하는 수많은 아이디어를 이해할 수 있었다. 그는 "물리학에서 얻은 아이디어를 사업에 적용하면, 다른 출신 배경, 기술, 아이디어를 지닌 사람들로 작은 팀을 꾸릴 수 있다."라고 말했다.

"이렇게 꾸려진 작은 팀들은 놀라울 정도로 효과적으로 공존한다. 기업을 오랫동안 유지하는 것은 바로 아이디어와 행동이 역동적인 다양한 소규모 팀을 똑같이 만들어내는 능력이다. 소규모 팀은 스스로 구조화되고 서로에게 힘이 된다. 아이디어, 혁신, 실행력은 연속적이다. 원자가 모여서 분자를 만들 듯이, 소규모 팀은 협업 프로젝트를 위해서 그리고 새로운 해결책을 개발하기 위해서 다른 팀과 쉽게 연결되고 협업할 수 있다."

그래서 장루이민은 가치 방정식에서 주주들의 패권에 도전했다. 그는 오히려 직원에 의한, 직원을 위한, 직원의 가치를 중요하게 여긴다. 하지만 동시에 고객과 더욱 친밀한 관계를 맺도록 직원들에게 어느 정도의 권한을 부여한다. 그 결과 하이얼의 성장률은 최근 8%에서 30%로 증가했다. "사람은 목적의 수단이 아니고, 목적 그 자체다. 우리는 중간관리직을 모두 없앴다. 지금 회사가 더 잘 돌아간다. 윗사람의 서명도, 승인도 없다. 우리의 관리자는 오직 고객이다."

하이얼의 진화는 빠르고 거침없다. 장루이민은 한때 낡은 냉장고 공장이었던 기업을 디지털 기술을 개척하는 기업으로 변신시켰다. 직원들의 기강이 너무 해이하고 제품의 품질이 너무 형편없어서, 그들이 보는 앞에서 일부 제품을 대형 해머로 처참하게 부숴버렸다. 이것은 더는 이런 안일한 태도와 평범함이 용인되지 않음을 직원들에게 보여주는 일종의 충격 요법이었다.

1990년대 하이얼은 고급제품을 기반으로 표준화된 포트폴리오를 구성하며 중국시장에 집중했다. 2000년대는 세계 시장에 진출하여 현지화와 고객화에 주력하며 세계화에 매진했다. 그리고 2010년대 하이얼은 오로지 디지털화에 집중했다. 하이얼은 자동화와 데이터의 힘을 받아들였고, 사물인터넷과 지능형 연결기술이 탑재된 '스마트' 제품을 생산하는 세계적인 기업이 됐다.

이것이 시사하는 바는 크다. 오늘날 하이얼의 목표는 최고의 제품을 만들어내는 것이 아니다. 하이얼은 사람들의 삶을 더욱 좋게 만든다는 목표로, 제품을 넘어 서비스에 주목한다. 하이얼은 사람들이 일상을 제대로 누리는 데 도움이 되는 일을 더 많이 하려고 애쓴다. 그래서 하이얼은 지금 스마트홈에 주목한다. 장루이민은 자신이 미래를 어떻게 바라보고 있는지 이렇게 설명했다.

"디지털 세상은 세계화, 개인화, 연결성이 핵심이다. 이러한 디지털 세상에 완벽한 제품이란 없다. 사람들은 시나리오나 콘셉트를 구매하게 될 것이다. 미래에는 제품이 공짜가 되어 서비스를 받기 위한 도구로 전락할지도 모른다. 하이얼의 제품은 사물인터넷을 받아들여 다른 기기들, 생태계의 다른 파트너들 그리고 사람들과 그들의 집과 연결된다. 미래에는 제품은 공짜가 될 것이다. 사람들은 음식 배달부터 홈 엔터테인먼트, 보안, 유지관리에 이르는 서비스에 돈을 지급할 것이다."

조직은 살아있는 유기체다

현재의 조직관리 방식은 갈수록 시대에 뒤처지는 것 같은 생각이 든다. 대부분 직원은 자신의 업무에 몰입하지 않는다. 사람들은 일을 열정이나 목적 대신, 끔찍하고 힘들고 단조로운 것과 결부시킨다. 리더들은 오늘날 자신이 이끄는 조직이 너무 굼뜨고 부서 간 벽이 너무 높고 관료주의적이라고 불평한다. 그 허울과 허세 뒤에서 많은 리더가 끊임없는 힘겨루기와 정치에 몰두해야 하는 상황에 깊은 좌절감을 느낀다.

프레데릭 라루Frederic Laloux가 여기에 대안을 제시했다. 그는 저서 《조직을 재창조하라Reinventing Organizations》에서 조직을 적극적인 참여와 자기관리를 촉진하는 철저하게 간소화된 구조로 이루어진 살아있는 시스템에 비유했다. 그는 스스로 관리하고, 일상과 업무에 '총체적으로' 접근하고, '진화하는 목적'에 의해 움직이는 새로운 조직 모델을 고안했다.

일상과 업무에 총체적으로 접근하는 것은 출근할 때 본모습을 숨기기 위해서 마스크를 쓰는 대신, 자기 자신이 되려고 노력하는 것을 의미한다. 그는 타협을 권장하는 '일상과 업무의 균형Work-Life Balance'이란 개념을 버릴 때 본모습을 되찾을 수 있다고 말했다. 개인의 목적과 열정이 조직의 목적과 열정과 조화되면 스트레스는 줄어들고 조직에 더 많이 그리고 더 크게 기여할 수 있다.

진화하는 목적은 기업이 추구하는 목적과 나아갈 방향이 윗사람이 아닌 사람들이 옳다고 느끼는 것들로 정의된다는 뜻이다. 이것은 가장 존경받는 행동, 가장 큰 관심을 받는 새로운 프로젝트를 정의하는 매니페스토에 명확하게 명시되어 있을 수 있다. 그리고 내부 문화와 외부 세계도 진화하기 때문에 진화하는 목적도 끊임없이 진화한다.

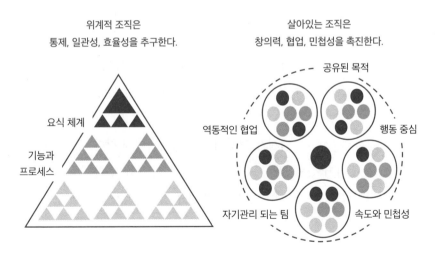

그림 5.1 살아있는 조직

프레데릭 라루는 인간성도 단계에 따라 진화한다고 설명했다. 철학자 켄 윌버Ken Wilber에게 영감을 받은 그는 인간의 의식이 5단계에 걸쳐 진화한다고 주장했고, 각 단계에 색깔을 부여했다. 그리고 조직도 이와 같은 단계에 따라 진화한다고 주장했다.

- 충동적적색 — 기존의 강압적인 권위로 나타난다. 예를 들면, 마피아와 갱단이다. 기업의 경우에는 기능적 조직과 상명하달식 권위로 표현된다.
- 순응적황색 — 집단은 독자적인 믿음과 가치를 만들어낸다. 예를 들면, 군대와 종교집단이 그렇다. 자제력, 수치심, 죄책감을 이용하여 집단의 믿음과 가치를 구성원들에게 강요한다. 기업의 경우에는 반복 가능한 프로세스와 업무로 정의된 조직을 의미한다.
- 성취 지향적주황색 — 세계를 기계로 간주하고, 과학적으로 예측하고 통제하고 움직이려고 한다. 예를 들면, 금융서비스와 MBA 프로그램이 그렇다. 기업의 경우에는 혁신, 분석과 측정, 책임을 의미한다.
- 다원적녹색 — 포용이 특징이다. 모든 사람을 동등하게 가족처럼 대한다. 기업의 경우에는 가치 기반 문화, 권한 이양, 공유된 가치를 의미한다.
- 진화적청록색 — 세계가 고정되거나 기계적이지 않다고 생각한다. 그 대신 구성원 모두가 세계에 기여할 어떤 내적 목적에 따라 움직인다고 본다. 예를 들면, 초생명사회Holocracy가 그것이다. 기업의 경우에는 자기관리와 총체성을 의미한다.

오늘날 대부분 조직은 '주황색'이다. 여전히 분석과 측정지표에 의해 움직이고, 수익성과 성장을 추구한다. '녹색' 조직에는 애플, 벤앤제리스Ben & Jerry's, 스타벅스 등이 있다. 파타고니아, 뷔츠트조르흐Buurtzorg와 모닝스타Morning Star 등이 '청록색' 조직에 해당할지도 모른다.

무엇이 위계질서를 대체하나

무엇이 조직의 오래된 위계질서를 대체하게 될까? 헨리 포드Henry Ford는 안정성, 효율성, 표준화를 추구하기 위해 조직을 만들었다. 분명하게 징의된 프로세스와 동제는 소식이 기계처럼 움직이도록 했다. 일탈이나 변화의 여지는 없었다. 몇십 년 뒤에 이시카와 카오리Kaori Ishikawa는 여기서 더 나아가 20세기 후반 일본의 성공적인 산업화의 비결로 여겨지는 '전사적 품질경영'으로 헨리 포드의 접근법을 체계화했다. 그러나 그의 목표는 효율성이지 창의력은 아니었다.

하지만 오늘날에는 다른 접근법이 필요하다. 기업은 빠르게 움직여야 하고 변화에 적응해야 한다. 기술은 프로세스를 자동화하고 지능형 시스템과 디지털 인터페이스를 제공하여 조직 안에서 사람의 역할을 완전히 바꿨다. 조직의 가치는 사람들의 아이디어, 평판, 영향력에서 나온다. 조직은 외부 세계와의 연결성, 지식을 공유할 수 있게 하는 기술, 빠른 의사결정, 협업을 받아들인다. 평면적인 조직은 고객을 중심에 두고 빠르고 민첩해졌다. 하지만 이것은 모두 구조적 속성이지, 이것 자체가 차이를 만들어내진 못한다. 기본적으로 무엇이든 할 수 있는 세상에서 기업은 목적의식을 강화하고 더 독특한 개성과 믿음을 추구하게 됐다.

전문가로 구성된 팀은 낮은 통제가 필요 없다. 지원과 권한위임을 받는 그들은 자율적으로 움직인다. 그리고 더 높은 목적을 추구하고, '지시'가 아닌 방향을 '제시'하는 전략적인 체계를 구축하기 위해 협업한다. 그래서 기업은 인간처럼 의식을 갖게 된다. 이것은 복잡한 적응체계와 유사하다. 여기에 진보와 민첩성을 결합하여 수많은 비선형 연결점이 만들어지고 그 위에 총체성이 탄생한다.

하이얼처럼 뷔츠트조르흐는 자율적으로 움직이는 팀으로 구성된 대표적인 기업이다. 네덜란드 헬스케어 기업인 뷔츠트조르흐는 노인들의 일상생활을 돕는 가사도우미 서비스를 제공한다. 뷔츠트조르흐는 대부분 독자적으로 움직이는 현지 팀들이 본사가 표준화된 효율성 측정지표로 관리하는 것보다 업무에 훨씬 더 몰입하고 헌신한다는 것을 알았다.

하우프 그룹Haufe Group은 독일 흑림Black Forest 지대 중심에 있는 프라이부르크의 혁신적인 미디어 및 소프트웨어 기업이다. 하우프 그룹은 오랫동안 사람을 우선시했고, 그 가치를 전략 개발과 성공에 대한 보상으로 공유해왔다. 하우프 그룹은 민주적인 체계에서는 새로운 CEO를 단순하게 지명할 수 없다고 생각하고, 동료 중에서 리더가 될 사람을 선발하기 위해 선거를 치른다.

피터 드러커가 말했듯이, 만약 "조직의 목적이 평범한 사람들이 평범하지 않은 일을 해내도록 돕는 것"이라면, 조직은 반드시 이것이 가능하도록 진화해야 한다.

초고속 프로젝트로
협업하라

"프로젝트가 낡은 구조와 직무를 대체하면서 기업 활동을 지배하게 될 것이다. 프로젝트를 수행할 때는 집중력, 협업, 변화와 속도가 요구되고, 랩과 인큐베이터가 프로젝트를 주로 수행하게 될 것이다. 우리는 이제 새로운 프로젝트를 시작할 것이다. 이것은 매우 비밀리에 진행되는 프로젝트다. 그래서 그게 무엇인지 또는 누구를 위해서 하는 것인지를 이야기해줄 수 없다. 하지만 여러분이 이 프로젝트에 참여한다면, 그 어느 때보다 훨씬 더 열심히 일해야 한다는 것은 말해줄 수 있다. 이 프로젝트를 진행하는 동안, 아마도 2년 동안은 밤과 주말을 포기해야 할 것이다."

스콧 포스톨Scott Forstall은 애플의 아이폰 소프트웨어 사업부의 책임자가 됐을 때, 앞 페이지의 내용으로 직원들에게 이메일을 보냈다. 2007년 출시된 이후 아이폰은 이제 문화적이고 경제적인 현상이 됐다. 아이폰은 블랙베리Blackberry와 노키아Nokia를 제치고 전 세계에서 가장 많이 사용하는 스마트폰이 됐고, 스마트폰 시장을 완전히 바꿔놓았다.

2000년에 아이팟 1세대가 출시되고 얼마 지나지 않아, 스티브 잡스는 애플 휴대전화를 구상하기 시작했고, 2005년에는 휴대전화와 관련된 프로젝트들을 시작했다. 그중에는 모토로라Motorola와 진행한 비운의 프로젝트도 있었다. 아이폰은 발상 단계에서는 크게 주목받지 못했다. 그래서 제한된 투자와 소규모 팀으로 프로젝트가 진행됐다. 많은 기업이 조직에서 나온 새로운 아이디어를 갖고 본격적인 프로젝트를 진행한다. 하지만 대체로 대부분은 자원 낭비로 끝을 맺는다.

애플에서도 많은 이들이 휴대전화 개발 프로젝트에 열광했지만, 정작 스티브 잡스는 회의적이었다. 프로젝트 후원자로서 그는 커다란 영감의 원천이자 좋은 아이디어의 열렬한 큐레이터였지만, 성에 차지 않는 아이디어에는 과감하게 퇴짜를 놨다. 2004년 11월, 그는 '프로젝트 퍼플Project Purple'을 승인했고 완전히 몰입했다. 그는 개인 시간의 약

40%를 프로젝트를 감독하고 팀을 이끄는 데 할애했다.

역사상 최고의 인재들이 프로젝트 퍼플에 참여했다. 그때까지 그들은 한 번도 휴대전화를 개발해본 적이 없었지만, 그들은 최고의 엔지니어였고 프로그래머였고 디자이너였다. 그들은 2년 6개월 동안 프로젝트를 철저히 비밀에 부치겠다고 맹세하고 프로젝트의 성공을 위해 매진했다. 최종 제품은 단순하지만 아름다웠다. 하지만 그 결과물을 얻기까지의 여정은 실로 고통스러웠다. 스티브 잡스는 모든 단계에서 시제품을 보길 원했다. 그래서 디자이너들은 단일 부품의 모형까지도 만들어야 했다. 그들은 버튼 모형을 50번이나 만들고 나서야 스티브 잡스의 기준을 충족할 수 있었다.

2007년 6월 29일, 스티브 잡스는 맥Mac 세상에 혁명적인 휴대전화인 스마트폰 아이폰을 출시했다. 퍼플 프로젝트팀은 마지막 몇 달을 눈코뜰 새 없이 보냈다. 정해진 출시 일자에 맞추기 위해 모두가 프로젝트에 100% 집중했다. 애플은 1억5천만 달러를 들여 아이폰을 개발했다. 아이폰이 시장에 미친 엄청난 영향을 고려하면, 이는 실로 현명한 투자였다. 아이폰은 애플의 비즈니스 모델을 완전히 바꿨다.

2007년, 출시된 첫해에만 140만 대의 아이폰이 팔렸다. 2016년까지 누적 판매량은 2억1백만 대였고, 2020년까지 10억 대 이상의 아이폰이 팔렸다. 아이폰은 애플의 전체 매출에서 69%를 차지한다. 이익률은 50%를 넘고, 540억 달러 이상의 이익을 발생시킨다.

팀이 개인을 이긴다

디자인회사 IDEO에는 곳곳에 포스터가 붙어있다. 그 포스터에는 "계몽된 시행착오가 외로운 천재가 장고 끝에 내놓은 계획을 이긴다." 라고 적혀있다. 이것은 두 가지 메시지를 전달한다. 첫째, 팀이 더 실험적이다. 다양한 사람으로 구성된 팀에서 더 많은 아이디어와 선택지가 나온다. 둘째, 개인은 자신이 아무리 똑똑해도 팀만큼 멀리 혹은 빨리 갈 수 없다.

내 경험상 리더는 자신이 팀원보다 더 잘 안다고 생각하고 팀을 장악하려고 드는 경우가 많다. 이는 기술자도 마찬가지다. 기술자는 고객보다 자신들이 고객이 원하는 것을 더 잘 안다고 확신한다. 그래서 그들은 자신의 관점과 열정에 따라서 기술을 개발한다.

프로젝트팀에서 각각의 팀원은 자신만의 개성과 전문성을 발휘하려고 한다. 물론 프로젝트팀에서 팀워크도 발휘한다. 기업에도 이와 같은 긴장감이 존재한다. 많은 기업이 파트너들과 협업하는 대신, 모든 것을 독자적으로 할 수 있다거나 해야 한다고 느낀다.

깨어있는 기업은 무엇을 가장 잘 하는지 알고 그것에 집중한다. 그리고 그 외의 일은 다른 조직에 맡긴다. 네스프레소의 비즈니스 모델을 살펴보자. 네스프레소는 조직의 핵심 역량과 전문성이 커피, 브랜드, 마케팅에 있음을 안다. 그래서 이러한 핵심 영역을 제외한 커피머신 생산부터 콜 센터 운영에 이르는 모든 업무를 파트너에게 맡긴다.

기능 중심에서 프로젝트 중심으로 변화하라

"오늘날의 조직은 기능이 아닌 프로젝트에 의해 규정된다."라고 GSK의 안토니오 니에토-로드리게스Antonio Nieto-Rodriguez는 말했다. "과거 직업의 90%가 기능적인 활동으로 이뤄졌다. 그리고 정기적으로 수행되고 관리됐다. 오로지 10%만이 프로젝트로 이루어졌다. 하지만 오늘날에는 직업의 90%가 프로젝트에 기반을 둔다. 이 프로젝트들은 변화와 혁신에 관한 것이고 현상 유지와는 거의 관련이 없다."라고 덧붙였다.

독립된 사무공간에 놓인 커다란 책상은 임원들의 자존심이었다. 하지만 이런 풍경은 사라졌다. 직원들이 집처럼 편안함을 느끼며 자신의 영역이라고 주장했던 칸막이로 나눠진 좁은 업무 공간도 사라졌다. 클라우드 시스템과 랩톱이 종이를 대체하면서, 책상은 정말로 불필요해졌다. 많은 직원이 자기 업무를 분명히 규정하고 그 이상의 일을 거부하기 위해서 사용했던 직무 기술서마저도 사라졌다.

요즘은 모두가 인재 풀에서 관리된다. 필요에 따라 새로운 팀을 짜고, 다른 리더, 다른 동료, 다른 프로젝트와 합쳐 일하는 유연성이 필요하다. 컨설팅 회사는 오래전부터 이런 식으로 업무를 진행해왔다. 컨설팅 회사는 배울 점이 많은 유용한 비즈니스 모델을 갖고 있다. 나는 거의 10년을 그런 환경에서 일했다. 그리고 그 기간에 다른 팀에 소속되어 다른 고객을 위해서 다른 리더와 함께 거의 100여 개의 프로젝트를 진행했다.

특정 기술 집단에 소속되어 일하면서 나는 안정감을 느꼈다. 그 집단에서 리더의 주된 책임은 팀원을 채용하는 것이었다. 나의 실적은 내가 영업과 프로젝트에 투자한 시간과 기여도, 조직에 대한 포괄적인 기여도에 의해 평가됐다. 놀라울 정도로 유동적인 구조였다. 고객의 요구에 빠르게 대응했고, 개인적으로도 유연한 업무가 가능했다. 내가 선택한 곳에서 원하는 만큼 업무를 처리할 수 있었다.

빠르고 협업하는 프로젝트를 추진하라

프로젝트팀은 인재의 다양성을 보장한다. 다른 기능의 조직과 외부 조직에서 온 직원들이 프로젝트팀을 구성하고, 조직 밖의 인재도 프로젝트에 참여한다. 마케팅 분야에서는 주로 이렇게 프로젝트 단위로 업무가 추진된다. 마케팅 업계에서는 창의적인 기업들이 고객과 하나의 팀처럼 협업한다. 전문성을 외부에서 조달할 수밖에 없는 기술을 개발할 때도 마찬가지다.

프로젝트 단위로 업무를 수행하면 조직은 더 민첩해진다. 업무량에 따라 팀의 규모를 자유롭게 조정하고, 필요에 따라 새로운 기술을 투입하고, 업무를 빠르게 진행할 수 있다. 프로젝트는 혁신처럼 '최소 가치 프로젝트'로 시작해서 실험하고 학습을 거쳐 아이디어를 확장하고 나쁜 요소를 빠르게 제거할 수 있다. 그리고 일단 프로젝트가 진행되면 실험과 학습을 통해 프로젝트가 진화한다.

프로젝트를 진행하려면 일반적으로 프로젝트만을 위한 공간, 프로젝트를 이끌 사람들, 프로젝트를 운영하는 프로세스, 프로젝트의 진행 상황을 평가할 지표와 적절한 보상 시스템이 필요하다. 대부분 기업이 이미 혁신 공간을 갖추고 있다. 혁신 공간은 '창의 부엌Creative kitchen'과

'아이디어 랩Idea lab', 신생기업의 성장 속도를 높이는 인큐베이터와 스타트업을 품은 벤처 조직까지 다양한 형태로 존재한다.

예를 들어, 다임러Daimler의 랩1886Lab1886, 디즈니의 ID8 스튜디오 ID8 Studios, 네슬레Nestle의 앙리HENRi, 이케아의 퓨처홈Future Home, 나이키의 익스플로어팀Explore Team, 셀의 테크월드랩스TechWork Labs가 있다. 환경은 다양하지만, 이곳은 모두 아이디어가 생기고 새로운 프로젝트와 비즈니스가 꽃을 피우는 보호된 전용 공간이다.

개인과 조직의 가치를 조화시켜라

"우리는 자신과 일을 더 잘 조화시켜야 한다. 개인과 팀의 힘을 인정하고, 다양한 형태에서 다양성이 생겨난다는 사실을 받아들여야 한다."

2002년, 켄드라 스콧Kendra Scott은 빈방에서 현금 500달러를 투자해 자신의 첫 번째 보석 컬렉션을 디자인했다. 그녀는 이것이 10억 달러의 가치가 있는 사업으로 성장할 것이라고는 꿈에도 생각하지 못했다. 그녀는 원석을 가공하여 현대적인 디자인의 보석을 만들어냈고 저렴하게 판매했다. 이렇게 그녀의 사업은 빠르게 성장했다. 현재 워런 버핏이 공동 소유하고 있는 이 기업은 100개 이상의 매장을 보유하고 있다.

직원 2,000명 중 90%가 여성이고, 대다수가 자녀를 둔 기혼여성이다. 그래서 모든 매장과 텍사스 오스틴의 배송센터에는 보육원이 있다. 엄마가 매장을 둘러보거나 컬러 바Color Bar에서 보석을 직접 만들 동안, 아이들은 켄드라 스콧 키즈Kendra Scott Kids에서 논다. 그리고 일 년에 한 번, 하루 동안 전 직원의 자녀들을 위한 캠프 켄드라Camp Kendra가 열린다.

"그들의 삶에서 매우 특별한 시기에 놓인 우리 직원들, 즉 여성들을 지원할 수 있다면 브랜드에 대한 직원의 충성도는 놀라울 정도로 높아질 것이다. 우리는 그들의 미래를 믿는다."라고 켄드라 스콧은 말했다. 그녀는 텍사스 대학교와 제휴를 맺어 '기업가로서의 여성 리더십 육성 프로그램Women's Entrepreneurial Leadership Program'도 진행하고 있다.

이 프로그램은 사업을 시작하고 조직을 이끄는 방법에 대한 워크숍을 포함하고 있으며, 남녀의 평등한 임금을 지지한다. "우리는 여성들이 우리 기업에서 그리고 모든 기업에서 번창하기를 바란다."라고 그녀는 말했다.

목적은 기업이 아닌 개인에서 시작된다

인재와 기업이 서로 딱 맞는 경우를 찾기는 쉽지 않다. 기업은 직원에게 구체적인 직무를 제시하고 거기에 맞춰서 일할 것을 요구했다. 하지만 이제 시대가 달라졌다. '목적'은 기업이 아닌 개인에게서 시작된다. 점점 많은 사람이 자신이 공감하는 가치를 추구하고 그 가치에 따라 행동하는 기업에서 일하길 바란다. 다시 말해서 사람들은 개인적인 '왜'와 직업적인 '왜'가 조화를 이룰 기업을 찾는다. 기업은 직원들이 오랜 기간에 걸쳐 자주 이직할 것이란 사실을 받아들이고 있다. 심지어 이직을 성장의 상징으로 인정하고, '무엇'보다는 '왜'를 기준으로 이직할 것을 권장하는 기업도 있다.

마이크로소프트 인사 최고 책임자 캐서린 호간Kathleen Hogan은 직원과 조직이 조화를 이뤄 유기적으로 움직이려면 5가지 요소가 보장되어야 한다고 말했다. 그녀는 그것을 '5P'라고 부른다. 그녀는 '모든 직원이 경험하는 일상'을 만들고 싶었다. 직원들이 새롭게 사고하고, 소속감을 강하게 느끼고, 개방적으로 사고하고, 서로 좋은 관계를 맺고, 고객에게 공감하기를 바랐다. 이를 위해서는 "성장에 대한 집중과 성장 욕구를 촉진하고, 매일 변화를 도모하는 업무 조건과 경험이 필요하다."라고 말했다.

마이크로소프트의 5P는 매슬로Abraham Harold Maslow의 인간 욕구 5단계와 유사하다. 먼저 임금으로 직원의 기본적인 욕구를 충족시켜야 기업은 더 높은 단계인 '자아실현'의 욕구로 이동할 수 있다.

- 임금Pay — 일에 관한 인간 행동은 여러 가지로부터 동기가 부여된다. 하지만 임금이 가장 기본적인 욕구다. 마이크로소프트는 공정하게 임금을 지급하려고 노력한다. 시장 주도력으로 기여도를 평가하고, 성과에는 인센티브를 제공한다.
- 혜택Perks — 직원복지는 건강이나 연금과 같은 일종의 보호 정책으로부터 육아와 가정생활에 대한 지원까지 다양하다. 마이크로소프트는 이러한 혜택이 직원들에게 동기를 부여하고 유지하는 데 임금보다 더 중요하다고 생각한다.
- 사람People — 마이크로소프트는 사람 중심의 문화를 확산하려고 노력한다. 마이크로소프트는 사람 중심의 문화를 통해 직원들이 포용감과 소속감을 느끼고 성장하고, 자아를 실현하고, 기쁨을 누리고, 영감을 얻도록 돕는다.
- 자부심Pride — 마이크로소프트는 사람들을 위해서 더 많은 일을 하려고 노력한다. 제품이나 서비스가 사회에 미치는 영향에 대해서 책임을 지고 지역사회를 돌본다. 이를 통하여 강한 소속감과 기업에 대한 자부심을 쌓는다.
- 목적Purpose — 사람들의 일상이 어떻게 흘러가는지를 이해하면, 기업은 고객과 사회에 큰 차이를 만들어낼 수 있다. 마이크로소프트는 이 지구상의 모든 사람과 조직에 무언가 해낼 힘이 되어준다.

캐서린 호간은 5P가 보장되면 마법이 일어난다고 말했다. "조직이 이 5가지 요소를 모두 제공한다면 직원들은 그 조직 문화 속에서 자신의 진정한 모습을 숨기지 않고, 함께 일하는 동료를 사랑하고, 핵심 이슈에 진지하게 접근하는 기업에서 일한다고 자랑스럽게 말하고, 궁극적으로는 목적의식을 느끼는 보편적인 경험을 하게 된다."라고 말했다.

마이크로소프트는 고객에 주목하고, 진정으로 다양성과 포용성을 추구하고, '하나의' 마이크로소프트가 되는 새로운 문화를 만들고자 한다. 마이크로소프트는 매주 리더들이 모여 회의를 연다. 이 회의는 매번 서로 다른 리더가 자신이 이끄는 조직에서 '성장형 마음가짐'으로 큰 차이를 만들어낸 개인이나 팀에 관한 이야기를 공유하며 시작된다. 마이크로소프트는 이것을 '놀라움에 관한 연구Research of the Amazing'라고 부른다.

나는 최근에 로스앤젤레스에서 열린 마이크로소프트 행사에서 이런 문화를 직접 목격했다. 마이크로소프트 CEO 사티아 나델라는 진보를 위한 구호로 행사를 시작했고, 새로운 제품을 보여주며 고객 통찰을 이어갔다. 이어서 많은 직원이 무대에 올라 자신들의 개인적인 이야기를 들려줬다. 일부는 역경을 극복했던 경험을 공유했고, 일부는 아주 평범한 진짜 자신의 이야기를 들려줬다. 캐서린 호간은 "목적과 왜, 이것이 왜 중요하냐면 이것이 이 여정에서 당신을 앞으로 나아가도록 등을 밀어주는 힘이기 때문이다."라고 말했다.

포용은 인지적 다양성을 만든다

다양성은 여러 가지 형태로 나타난다. 성별, 인종, 나이, 장애, 국적, 성적 취향, 교육 수준이나 종교처럼 명확하기도 하고, 생각하고 행동하고 연결되는 방식처럼 꼭꼭 숨겨져 눈에 보이지 않는 차이로 나타나기도 한다. 다양성은 새로운 관점, 새로운 기술과 새로운 아이디어를 가져온다. 젊은 사람들은 자신보다 나이가 많은 사람으로부터 배우고, 반대로 나이가 많은 사람들은 자신보다 어린 사람으로부터 배운다. 여성적 자질은 공감, 창의성과 관계를 형성하는데 더 적합하다.

다양성은 관용, 문화적 이해, 언어적 역량, 기술 이해도 등 많은 가치를 낳는다. 다양성이 마음을 여는 것이라면, 포용은 다른 인재들과 관계를 맺는 것이다. 맥킨지McKinsey의 연구에 따르면, 민족적 다양성이 실적을 35% 개선할 수 있고, 성 균형이 건전한 조직은 그렇지 않은 조직보다 15% 높은 실적을 낼 수 있다.

연결의 힘은 양이 아니라 질에 있다. 에리카 드환Erica Dhawan은 이렇게 말했다. "우리는 디지털 세상에서 링크드인의 '인맥', 페이스북의 '좋아요'나 트위터의 '팔로워'를 기준으로 성공을 너무 쉽게 평가한다. 연결 지능은 성과로 전환되는 양질의 관계를 만드는 것이다." 대부분 조직에 '인재 과잉'이 존재한다. 인재 과잉은 활용할 수는 있지만, 거의 완전히 활용되지 않는 지식과 역량의 풀이다. 리더들은 '호기심Curiosity, 조합Combination, 커뮤니티Community, 용기Courage 그리고 연소Combustion'로 구성된 연결 지능인 5C를 활용해야 한다.

에너지와 리듬을
창조하라

"조직은 진보를 기반으로 성장한다. 새로운 통찰력을 얻거나 새로운 것을 배우는 데 있어 지속적인 학습은 사람과 기업이 적응하고 성장하도록 돕고 리듬과 에너지를 발산하게 만든다."

세바스티안 코Sebastian Coe는 언제나 훌륭한 운동선수 이상의 사람이었다. 1979년 여름 나는 감수성이 예민한 12살 소년이었고, 41일 동안 3개 종목에서 세계 기록을 세우는 그를 지켜봤다. 그는 800m 종목에서 20년 동안 깨지지 않던 세계 기록을 깨고 세계 신기록을 세웠다. 그는 1,500m 종목에서 유일하게 2연패 한 선수였고, 계속 기록을 갈아치웠다.

은퇴한 뒤에 그는 정치인으로서 제2의 인생을 시작했다. 그는 하원의원을 지낸 뒤에 보수당 대표의 비서가 됐다. 그는 사업가로서도 승승장구했다. 스포츠 기획사를 성공적으로 설립했고, 차임Chime에 회사를 매각하기도 했다. 그러고 나서 2012년 런던올림픽 조직위원회 위원장이 되어 올림픽을 준비하는 중책을 맡았다. 그리고 지금은 국제육상경기연맹World Athletics 회장이 되었고, 육상을 발전시키기 위한 새로운 혁신을 준비하고 있다.

나는 그에게 완전히 다른 분야에서 새로운 역할을 맡았음에도 잇달아 성공한 비결이 무엇인지 물었다. 그는 비결이 추진력에 있다고 말했다. 그는 추진력으로 한 분야에서 얻은 경험과 성공을 활용해 계속 앞으로 나아갔다. 그는 추진력이 운동선수에게 특히 중요하다고 말했다. 운동선수는 수년 동안 훈련을 통해서 몸을 단련하고, 강도 높은 훈련을 통해서 신체 능력을 강화하고, 경기에 참여해서 정신력을 기른다. 운동선수들은 이렇게 결전의 날에 자신의 최고 기량을 발휘하도록 준비하는 것이다. 그는 평생 자기 자신과 자신이 이끄는 팀과 조직이 최고의 기량을 발휘하도록 이 방식을 그대로 사용했다. 물론 더 지적으로 접근하거나 조직적으로 접근하던 순간도 있었다.

그는 자신이 스포츠, 일, 삶에 관해서 계속 배우는 학생이라고 말했다. 그는 끊임없이 새로운 아이디어와 접근법을 받아들이고 계속해서 다른 사람으로부터 무언가를 배우려고 한다. 나는 그가 지닌 최고의 자산은 다양한 경험이라고 생각한다. 코치였던 그의 돌아가신 아버지는 그에게 박학다식한 사람, 즉 르네상스 시대 사람들처럼 다양한 분야에 능하고 관심이 많은 사람이 되라고 자주 말했다고 한다. 세바스티안 코는 자신만의 방식으로 이런 사람이 어떤 사람인지를 증명해내고 있다.

학습이 곧 경쟁우위다

변화가 가차 없이 일어나는 오늘날의 세상에서 꾸준히 무언가를 배우고 학습하는 태도는 큰 장점이다. 우리는 변화를 이해하고, 타인으로부터 배우고, 새로운 아이디어와 이론을 받아들일 수 있어야 한다. 그리고 실패로부터도 배우고, 어떤 분야든지 성공의 비결을 만들어낼 수 있어야 한다. 또한, 끊임없이 진화하고 기존의 지식을 강화할 수 있어야 한다. 이것이 남들보다 한발 앞서나가는 비결이다. 학습은 에너지를 만들고 진보를 지탱한다.

시장은 빠르게 진화하고, 소비자의 욕구도 계속 진화하고 있다. 이런 세상에서 제품은 심지어 출시되기도 전에 불필요해진다. 변화의 속도를 따라잡기란 쉽지 않다. 그러므로 자신의 사업뿐만 아니라 고객과 경쟁자, 동료와 동지, 교수와 조언가, 독불장군 등 자신을 둘러싼 모든 세계를 공부해야 한다.

알고리즘은 순식간에 학습할 수 있고, 기계학습은 즉시 패턴을 분석하고 대응할 수 있다. 인간은 광범위한 분야에서 끊임없이 생겨나는 트렌드를 이해하는데 몇 년, 심지어 몇십 년이 걸린다. 시장은 너무나 빨리 움직이고, 시스템은 갈수록 연결되고, 파괴적인 기술이 계속 등장한다. 그러므로 변화를 예측하고 변화에 대응하기 위해서는 더 빨리 학습해야 한다.

세상은 마치 과잉행동 장애를 앓고 있는 것 같다. 이런 세상에서 기업은 기계학습과 인간학습, 통찰력과 예지력, 새로운 지식과 역량을 결합해내야 한다. 피터 셍게Peter Senge는 1990년 저서 《학습 조직Learning organization》에서 '학습 조직'이란 개념을 대중화시켰다. 그는 그것을 '사람들이 진정 원하는 결과를 내놓는 능력을 계속해서 확장하고, 새롭고 확장적인 사고방식을 육성하고, 집단의 욕구를 자유롭게 발휘하고, 사람들이 전체를 종합적으로 파악하기 위해서 계속해서 배우는 조직'이라고 설명했다.

피터 셍게는 유연하고 적응력 있고 생산적인 조직만이 뛰어난 성과를 낼 것이고, 따라서 모든 단계에서 학습이 요구된다고 생각했다. 그는 진정한 학습이 인간을 동물과 구분하는 본질적인 특성이라고 말했다. 학습은 개인적이고 조직적인 차원에서 자신을 쇄신하는 능력이다. 그는 인간이 생존하거나 적응할 때, 스스로 역량을 강화하여 더 많은 일을 해낼 때, 이러한 능력이 발휘될 수 있다고 말했다.

'학습우위Learning advantage'는 다음의 방법으로 빠르게 확보할 수 있다.

- 지속적인 개선 ─ 전통적으로 점진적인 변화를 만들어내는 방법이다. 카이젠과 6시그마를 활용해서 품질과 효율성을 개선한다.
- 학습 고리 ─ 적당하게 반응하거나 적응하는 것이 목표인 '린 개발'처럼 '테스트와 학습'을 통해 통찰을 얻어낸다.
- 인식과 대응 ─ 고객과 함께 빨리 새로운 해결책을 만들어내는 것처럼, 더 디지털화되고 더 민첩한 반복적인 고리가 기반이 되는 학습이다.
- 자기 조율 ─ 실시간으로 대량의 데이터를 통합하는 센서와 인공지능은 지속적인 학습과 적응을 가능하게 한다.

디지털 인터페이스는 더 빠르고 더 지능적인 학습을 가능하게 해준다. 기업은 시장의 변화에 적응하여 거의 실시간으로 대응하는 방법을 학습한다. 데이터 중심의 접근은 꽤 논리적이다. 그러므로 더 직관적이고 상상력이 풍부한 방식으로 학습능력을 강화하는 것이 중요하다. 메가트렌드처럼 의미 있는 통찰력은 조직이 더 심오하게 약진할 기회를 제공한다.

사람들에게 열정을 심어라

어떤 사람과 있으면 힘이 넘치고, 어떤 사람과 있으면 기운이 빠진다. 심리학자들은 '관계 에너지'가 태도, 동기, 신체에 영향을 줄 수 있다고 말한다. 미시간 대학교의 연구에 따르면, '에너지를 주는 사람들

Energy givers'은 꾸밈이 없고, 긍정적이고, 타인에게 힘을 준다. 그들은 타인과 공감하고 관계를 맺고 신뢰하고 기댈 수 있고 낙관적이다. 그들은 문제를 오래 끌어안고 있기보다는 곧장 해결책을 찾으려고 한다. 그들은 협동하고 타인을 인정하고 타인의 성공을 돕는 첫 번째 사람이다.

반대로 '에너지를 빼앗는 사람들Energy takers'은 자기중심적이고 타인을 깎아내리고 무시한다. 그들은 공감 능력이 떨어지고 피상적으로 관계를 맺으며 상호작용한다. 그들은 자신에 관해서 말하는 데 시간을 쓰고 자기 고집대로 행동한다. 그들은 부정적인 것에 집중하고 끊임없이 더 많은 것을 요구하고 문제에 대해 불평하며 일이 잘못되면 곧장 타인을 탓한다.

사람들의 활기를 북돋우는 7가지 방법이 있다.

- 사람들을 정렬한다 — 조직 목표에 열정을 갖고, 일상 업무와 집단의 대의를 연결하는 사람들을 채용하고 유지한다.
- 사람들을 참여시킨다 — 무엇이 사람들에게 영감을 주는지 이해하고, 긍정적인 비전을 공유하고, 사람들이 무언가에 참여한다고 느끼게 하고, 의미를 볼 수 있게 해주고, 진보와 성취를 공유한다.
- 조력자가 된다 — 자신보다 타인에 집중한다. 어떻게 사람들이 최고의 역량을 발휘하도록 도울지 고민하고 조언해주고 권한을 이양하고, 모두가 더 똑똑해지도록 돕는다.
- 사람들을 풍요롭게 만든다 — 자신의 잠재력을 발휘하고 좋아하는 일을 더 많이 하고 최고의 자아를 만들어내도록 사람들의 자연스러운 힘을 키워준다.
- 사람들을 해방한다 — 지나친 자신감과 같은 개인적인 요인이든,

프로세스와 같은 환경적인 요인이든, 에너지를 막고 빼앗는 요소를 없앤다.

- 사람들을 보호한다 — 사람들은 중압감을 느낄 필요가 있다. 하지만 더 많은 것을 가차 없이 추구해야 하는 압박에서 벗어날 필요도 있다. 그들이 실패에서 교훈을 얻을 수 있게 돕고, 집중을 방해하는 요인으로부터 보호한다.
- 사람들을 증폭시킨다 — 집단 에너지를 형성하기 위해서 사람들을 연결한다. 긍정적인 영향력을 발휘하는 사람들을 통해 동기를 부여하고 팀의 힘을 증폭시킨다.

리더의 작은 행동이 이렇게 큰 차이를 만들어낼 수 있다는 것이 실로 놀랍다. 몇 년 전 어느 날 밤에 나는 작업을 마무리하기 위해 밤늦도록 일하고 있었다. 사무실은 거의 텅 비어있었고, 전등도 거의 꺼져있었다. 마침 CEO가 퇴근하려고 복도를 걷고 있었다. 나를 본 그는 사무실로 들어와서 내게 무엇을 하고 있느냐고 물었다. 그는 내가 하는 일이 몇 주 뒤에 얼마나 유용하게 쓰일 것인지를 설명했다. 그는 내게 감사하다고 말하고 사무실을 떠났다. 그와 있었던 시간은 2분 남짓이었지만, 나는 힘이 불끈 솟았다. 그 뒤로 그를 다시 만나진 못했지만, 나는 여전히 그 순간을 기억하고 있다.

진보의 리듬을 만들어내라

조직의 리듬은 속도를 높이고 정렬을 촉진하고 실적을 지탱한다. 리듬은 조직 안에 문화적으로 핵심적인 특성이나 정서를 만들어낸다.

리듬은 조직을 계속 움직이게 하고 압박을 유지한다. 우선 다음 개념들의 차이를 분명히 할 필요가 있다.

- 페이스Pace — 앞으로 나아가는 속도다.
- 리듬Rhythm — 반복되는 패턴의 규칙성이다.
- 추진력Momentum — 진보를 유지하는 능력이다.

전략 리듬은 시장, 기회, 예산이 만들어낸다. 운영 리듬은 지표, 보고, 인센티브로 유지된다. 팀 리듬은 프로젝트, 회의, 업무방식으로 만들어진다. 개인 리듬은 우선순위, 상호작용, 생활방식이 이끈다. 대부분 조직에서 리듬은 예산과 보고 일정에 가장 큰 영향을 받는다. 1년 단위 예산과 분기별 보고는 분석과 논의를 촉진한다. 이와 함께 실적을 내야 한다는 압박감도 생겨난다. 보고 일자는 몇 년 그리고 몇 개월 앞서 정해지고, 진보와 의사결정을 위한 움직이지 않는 기준이 된다. 더 빨리 진행해서도 안 되고, 더 천천히 진행해서도 안 된다.

문제는 실적을 중심으로 설정된 주기는 특별히 활력 넘치는 문화를 만들어내지 못한다는 것이다. 필요한 자료들을 처리하는데 너무 많은 시간이 소요되고, 대부분 리더와 직원은 그 일을 부담으로 느낀다. 이런 경우에 리듬이 발생하더라도 대체로 인위적이다. 외부 세계, 즉 시장과 고객의 리듬과 아무런 관련이 없다. 보통 이것은 경쟁자들의 리듬과 유사하다.

그래서 많은 기업이 일 년 중 거의 같은 시기에 신제품을 출시하는 것이다. 각각의 '시즌'에 패션 회사들은 새로운 디자인을 선보이고, 기술 기업들은 매년 봄에 국제 전자제품 박람회와 같은 행사에서 신기술을 공개한다. 투자자 실적보고, 업계행사, 언론 공개일의 주기에 맞춰 모든 일이 진행된다. 여기서 다른 리듬을 만들어낸다면 어떻게 될까? 더 빠르거나 더 역동적인 리듬을 만들어낸다면 어떤 일이 벌어질지 상상해보자. 일부 혁신적인 기업들은 9개월 주기로 움직인다. 그래서 내부적으로 경쟁자들과 격차를 벌리고 있다는 정서를 조성한다. 활동과 보고의 미시적이고 거시적인 주기를 개발하는 기업도 있다. 페이스와 압박은 심리적 요인이다. 작업을 완성해야 한다는 긴박감을 만들어내고 집중력과 창의력을 높이자. 더욱 여유로운 회복기를 갖는 것도 유용하다.

극단적인 팀이 되어라

"올블랙스(All Blacks)는 세계를 제패한 작은 섬나라 럭비팀이다. 올블랙스는 경기에 나가기 전에 함께 마오리 하카(Maori haka)를 추며 결속력을 다진다. 이 팀에서 무엇을 배울 수 있을까?"

뉴질랜드의 올블랙스 주장 출신인 리치 맥코어Richie McCaw는 많은 사람이 이 시대 최고의 럭비 선수로 생각하는 인물 중 하나다. 그가 주장이었을 때, 올블랙스는 2번의 월드컵을 포함해서 110번 경기를 치렀고 그중 89%의 경기에서 승리했다. 그는 발뼈가 부러진 채로 월드컵 결승전을 치르기도 했다. 자신이 팀에게 핵심 요소임을 알았기 때문이다. 그는 팀은 항상 개인보다 위대한 존재라고 생각한다. 그리고 리더가 팀을 결집하고 팀원 개개인이 역량을 발휘하도록 도움으로써 팀을 규정한다고 믿는다. 2015년 월드컵에서 우승한 뒤에 리치 맥코어는 "우리는 인구 450만 명의 작은 태평양 섬나라에서 왔다. 하지만 승리한다는 생각으로 대회에 출전했다. 경기를 시작할 때마다 우리는 전통춤 마오리 하카로 결속력을 다졌다. 우리는 우리가 천하무적임을 안다." 라고 말했다.

자신만의 '카파 오 판고'를 만들어라

올블랙스는 승리를 향한 대담하고 흔들리지 않는 포부를 갖고 있다. 4년 동안 일반 팀과 경기를 하며 경기력을 키우고, 진보를 평가하기 위해 작은 목표를 세운다. 그들은 자신만의 전문 기술을 갖추고 키우면서 팀에 잘 녹아드는 최고의 선수를 찾는다. 동시에 새로운 인재와 기술을 계속 찾아 나선다. 이 팀의 일원이 되는 것은 럭비 선수에게 큰 영광이다. 성스러운 입단식을 치르고 더 높은 목표에 헌신을 맹세한다.

팀으로서 그들은 끊임없이 자신을 평가하고 한계에 도전한다. 그들은 스포츠 세계를 넘어서 새로운 아이디어를 추구한다. 이것은 생리학적 건강 상태를 개선하고 민첩한 정신력과 전문적 기량을 단련한다. 대부분 스포츠처럼 코치는 팀에 길잡이가 되어주고 주장이 팀을 이끈다. 하지만 일단 경기를 시작하면 모든 선수가 리더가 되고 동등한 책임감으로 경기에 임한다. 그리고 모두가 승리의 주역이 된다.

짐 커James Kerr는 저서《유산Legacy》에서 올블랙스의 신념 몇 가지를 소개했다.

- "자제력 없는 유능한 개인의 집합은 궁극적으로 그리고 어쩔 수 없이 실패하게 되어있다."
- "포용감은 개인들이 더 기꺼이 공동의 대의를 위해 헌신한다는 의미다."
- "학습의 첫 번째 단계는 침묵이고 두 번째 단계는 청취다."
- "경기력이 우수한 팀은 정직함, 꾸밈없음, 안전한 충돌의 문화를 권장한다."
- "주도적으로 인생을 살아간다면, 모든 것을 주도해나간다면, 우리가 어디로 향하는지 그리고 왜 나아가는지를 분명히 알아야 한다."
- "평판이나 재능보다 자신의 성격에 더 관심을 기울여라. 평판은

다른 사람이 생각하는 자신이지만, 성격은 진정한 자신이기 때문이다."

리치 맥카우는 올블랙스가 받아들인 독특한 신념들을 들려준다. 여기에는 '카파 오 판고'와 같은 마오리족 문화에서 비롯된 많은 개념이 포함된다. 카파 오 판고는 올블랙스가 경기를 시작하기 전에 추는 마오리족의 전통춤인 하카의 이름이다. 그리고 이는 뉴질랜드가 수천 개의 섬으로 이루어진 폴리네시아에서 기원했으며, 그만큼 문화가 다양하다는 것을 보여준다. 경기 전에 하카를 추는 것은 선수들을 결집하고 상대 팀에 올블랙스의 정체성을 각인시키는 중요한 의식이다.

또 다른 마오리족의 개념은 '선두를 따른다'라는 뜻의 와나우Whanau다. 이것은 단독 비행보다 대형을 이룸으로써 70%나 효율적으로 하늘을 나는 새 무리에서 영감을 얻은 것이다. 그리고 마지막으로 '위대한 유산을 남기다'라는 개념이 있는데, 이를 더욱 직설적으로 번역하면 '좋은 선조가 되기 위해 살아서는 절대 보지 못할 나무를 심는다'라는 뜻의 와카파파Whakapapa가 된다.

팀이 항상 승리한다

넷플릭스는 업계를 더욱 과격하게 혁신하고 완전히 바꿀 용기를 내는 데 도움이 되는 '자유와 책임감'의 문화를 만들었다. 픽사는 개인적이지만 집단적인 작업공간으로 통나무 오두막에서 함께 일한다. 거기서 그들은 개방적인 논의를 통해 초기에는 통상적인 아이디어에 불과한 것을 수십억 달러의 히트 작품으로 바꾼다. 팀은 혁신적인 아이디어가 잉태되고 미래가 형성되며 프로젝트가 실행되고 직원들이 대부분 업무를 수행하는 곳이다. 하지만 팀은 조직의 성과를 제한하는 가장 큰 문제가 생길 수도 있는 곳이다.

알파벳은 최근에 무엇이 위대한 팀을 만드는지 조사하기 시작했다. 이름은 '프로젝트 아리스토텔레스Project Aristotle'다. "전체는 부분의 합보다 위대하다."라고 말한 아리스토텔레스에 대한 존경의 표현에서 나온 이름이다. 알파벳은 프로젝트 아리스토텔레스를 통해 효과적인 팀은 상호의존도가 높다고 결론을 내렸다. 팀은 단지 프로젝트를 진행하는 그룹이나 기능적으로 정렬된 조직 이상의 존재다. 팀은 독자적인 정체성을 지니고 팀원은 서로에게 의리를 지킨다. 그리고 계획을 세우고 문제를 해결하며 의사결정을 내리고 함께 검토한다. 그리고 성공을 위해서 서로가 필요하다는 사실을 안다.

알파벳은 진정 중요한 것은 팀에 누가 있느냐가 아니라, 팀이 어떻게 함께 일하느냐란 사실을 발견했다. 그들은 효과적인 팀에서 나타나는 특성도 정리했다. 중요도 순으로 그 특성들을 살펴보자.

- 안전하다 — 이것은 팀에 참여할 때 고조된 위험이나 함께 행동할 때 줄어든 위험에 대한 사람들의 인식과 관련된다. 서로에 대한 신뢰로 결정된다.
- 신뢰한다 — 팀원들은 각자가 맡은 바 책임을 다하고 제시간에 양질의 결과물을 내놓을 것이라고 서로 신뢰한다.
- 체계적이다 — 각 팀원의 책임이 분명하고 합의된 함께 일하는 방식이 존재하며, 분명한 목표가 있다.
- 의미 있다 — 팀은 나름의 목적의식을 공유한다. 이것은 조직과

관련되지만, 팀의 가치와 포부와도 관련된다.

- 강력한 영향력을 발휘한다 — 영향력은 팀이 함께 이뤄낸 성과로 평가되지만, 각 팀원의 기여도도 중요하게 간주한다.

홀푸드의 매장 관리자는 대부분 자율적으로 행동한다. 물론 조직의 분명한 지침에 따라 행동하지만, 지역 주민들의 요구와 매장에 대한 열정으로 즉각적으로 반응한다. 현재 아마존에 소속된 온라인 패션 회사인 자포스Zappos는 '기이함과 즐거움'을 팀의 성공을 지탱하는 요소로 받아들인다.

팀은 용감하고 무시무시하다

에이미 에드먼슨Amy Edmondson은 저서《두려움 없는 조직》에서 팀은 심리적으로 안정감을 느껴야 한다는 알파벳의 최우선순위와 팀이 조직 내에서 팀원이 개방적이고 창의적으로 성장할 수 있도록 안전한 공간을 확보하는 방법에 주목한다. 조직은 쉽게 공포에 질려 마비될 수 있다. 공포는 팀원들이 순응하고 쉽게 타협하고, 점진적인 발전과 평범한 실적에 만족하도록 만든다. 리더는 이러한 공포 문화를 조성한 데 대한 책임이 있다. 그리고 팀원들이 겁을 내지 않게 하거나, 심지어 함께 무시무시한 존재가 될 수 있는 환경을 조성할 책임도 있다.

심리적 안정감은 다음의 3가지 요소를 통해서 형성된다.

- 긍정적인 긴장 — 항상 합의에 이르는 것이 다가 아니다. 다시 말

해서 조화나 지속적인 찬사를 위해서 착하게만 행동해선 안 된다. 긴장감이 파괴적이지 않고 건설적인 환경으로 활용되려면 신뢰가 필요하다. 다른 관점과 충돌하는 의견을 가진 사람들이 서로 마음을 터놓고 이야기할 수 있어야 한다.

- 상호보완성 — 팀원들은 서로 다른 행동 형태를 보일 것이다. 외향적인 사람이 있고 내향적인 사람이 있다. 이상적인 사람이 있고 실용적인 사람이 있다. 시작하는 사람이 있고 마무리하는 사람이 있다. 팀은 각 개인의 행동 패턴을 칭찬하고 똑같이 중요하게 여겨야 한다.

- 집단적인 태도 — 신뢰는 팀원들 간에 중요하다. 하지만, 팀이 기능을 수행할 때는 모든 팀원을 인정하고 중요하게 여길 때 안정감이 생긴다. 팀원들은 개인적으로는 서로 다르지만, 팀이 없으면 자기 존재의 의미도 없어진다는 사실을 인정한다.

올블랙스와 같은 극단적인 팀은 이러한 특성들을 한계까지 밀어붙인다. 그들은 열정과 용기를 갖고 집단으로 행동할 준비가 된 위대한 팀원을 찾는다. 그들은 다양성을 추구하고 역량과 의견의 차이를 조화시킨다. 그들은 극단적인 아이디어를 포용할 수 있는 역동적인 대화를 기반으로 번성한다. 그리고 그들은 함께 놀라운 결과를 이뤄낼 수 있다는 깊은 신념을 갖고 있다.

나비처럼 움직이는 기업을 만들라

"나비는 놀라운 생물이다. 작은 몸에 커다란 날개가 달려있고 빠르고 민첩하게 움직인다. 나비의 한 번의 날갯짓은 저 멀리까지 영향을 미칠 수 있다. 나비는 오늘날 비즈니스 생태계의 위대한 상징이다."

ARM홀딩스ARM Holdings는 애플의 작은 영국회사인 아콘 컴퓨터 Acorn Computers와 더 저렴한 반도체를 만들려는 VLSI테크놀로지VLSI Technology의 조인트벤처로 출발했다. ARM은 1,600종의 반도체 칩을 생산했다. 현재 소프트뱅크Softbank와 손정의의 비전펀드Vision Fund가 ARM을 소유하고 있으며, 엔비디아와 매각을 추진 중이다. ARM은 45개국에 6,000명을 고용하고 있다. 이들은 세계에서 생산되는 거의 모든 스마트폰과 태블릿PC 반도체 칩을 설계하고, 이외에 다양한 연결기기를 생산한다.

인텔은 이 시장에서 모두가 인정하는 선두 기업이었지만, 10년 전에 문제가 생기기 시작했다. 인텔의 표준화된 고급제품들은 빠르게 변화하는 시장의 요구를 충족시키지 못했다. 기기 생산자들은 다급해졌고 대체재가 필요했다. ARM은 기기 생산자들이 기하급수적으로 성장하는 시장에 대응하며, 쉽게 활용할 수 있는 고객 솔루션을 원한다는 사실을 깨달았다.

ARM은 과격한 비즈니스 모델을 선택했다. 이것은 그 어떤 제품도 생산하지 않는 것이다. 대신 ARM은 설계에 집중했다. 그리고 전 세계에 1,000개가 넘는 파트너로 구성된 생태계를 만들었다. 그들은 ARM의 설계에 따라 고객의 다양한 요구와 계속 변화하는 시장에 맞춘 제품을 빠르게 생산해냈다. ARM은 이러한 생태계 전략으로 엄청난 매출을 올리고 높은 수익을 기록하면서 인텔과 완전히 차별화했다. 소프트 뱅크의 손정의는 2016년 320억 달러에 ARM을 인수했다. 그는 연결기 술에 대한 수요가 계속해서 배로 증가할 것으로 생각했다. 그래서 ARM 의 생태계가 '구글보다 더 크고 더 가치 있게 될 것'이라고 확신했다.

거대한 생태계가 자체 시스템을 이긴다

과거에 가치는 기업 내부에서 만들어졌지만, 오늘날에는 외부에서 만들어진다. 알리바바와 텐센트는 파트너, 공급업자, 아웃소싱 업체, 보완재 공급자, 연결자, 유통업자, 지역사회로 구성된 복잡한 네트워 크를 형성한 대표적인 기업이다. 초기 단계의 기업은 우선 직접 무엇 을 할 것인가에 대하여 고민하고, 다른 기업이 무엇을 더 잘 혹은 더 저 렴하게 할 수 있는가를 고민한다. 기업은 이런 고민을 통해서 핵심 역 량들을 정의한다.

하지만 이런 질문을 통해서 정의된 핵심 역량들이 과거에 기업을 위대하게 만든 강점이었더라도, 미래에도 대단한 협상력과 가치를 제 공하리란 보장은 없다. 이제 기업은 무엇이 미래에 핵심적인 가치가 될 것인지를 생각해야 한다. 그리고 어떤 자산이 가장 가치가 있을 것 인지와 무엇을 파트너에게 맡겨 더 좋은 결과를 얻어낼 것인지에 대해 서도 생각해봐야 한다.

생태계는 공존이다. 그러므로 기업은 비즈니스 세계에서 다수의 파트너와 함께 살아가고 어떻게 더 많은 일을 해낼 것인지에 대해 고민해야 한다. 우리는 생명이라는 거품 속에서 식물과 동물, 풍경과 날씨가 서로 연결된 복잡한 자연 시스템인 생태계에 익숙하다. 다른 네트워크처럼 생태계에도 연결성이 핵심이다. 생태계는 더 나은 혁신과 공유된 발전을 만들어가는 방법이고, 가치 교환으로서도 많은 장점을 갖고 있다. 무엇보다도 생태계는 오늘을 만들고 내일을 창조하는 민첩함을 제공한다.

기업은 독립성, 규모와 힘에 자부심을 느꼈다. 하지만 오늘날 기업은 함께 힘을 합치면 더 많은 것을 달성할 수 있다는 것을 깨달았다. 규모는 이제 의미가 없고, 성공은 더 풍성한 해결책을 만들어내는 데 도움이 된다. 그러나 성공은 더 민첩한 체계를 갖추고 더 멀리까지 영향력을 발휘하는 옳은 파트너를 찾았느냐에도 달려있다. 여기에 기업은 거대한 조직 안에서 통제와 일관성을 보장하고 리더들의 자아를 지탱했던 위계질서가 네트워크화된 세상에서는 불필요하다는 사실까지 깨달았다.

지금부터 비즈니스 생태계의 본질적인 특성들을 살펴보자.

- 조합 ─ 공동 소유권은 없지만, 공통의 관심사와 포부를 지닌 많은 다양한 조직이 모여서 비즈니스 생태계를 형성한다.
- 상호관계 ─ 성공에 대한 의지를 공유하고 목적과 전략에 의해 정렬되며 모든 파트너가 공동의 브랜드를 사용하기도 한다.
- 협업 ─ 변화하며 반영구적인 관계를 기반으로 형성된 역동적인 네트워크다. 데이터, 서비스와 금융으로 연결된다.
- 다양성 ─ 경쟁과 협업의 특성을 결합한다. 특히 그들이 하는 일이나 제공하는 것과 관련하여 경쟁과 협업이 상호보완적일 때 두

개념의 특성이 결합한다.

- 진화 — 오랜 시간에 걸쳐 자신의 역량과 타인과의 관계를 다시 정의하며 생태계 파트너들은 진화한다.

마윈은 1995년에 차이나 페이지를 설립하며 사업을 시작했다. 차이나 페이지는 해외 고객을 위한 일종의 온라인 전화번호부였지만, 사용하는 고객이 거의 없었다. 그러다가 그는 작은 기업을 연결하여 네트워크를 만들고, 서로 거래하도록 만든다면 훨씬 더 강력한 비즈니스 모델이 될 것으로 생각했다. 이렇게 알리바바가 등장했다.

처음에 알리바바는 작은 중국기업들로 구성된 생태계였고, 그들을 소비자와 연결해줬다. 알리바바는 생태계 모델을 발전시켰다. 전략적으로 모든 기업이 필요한 자원을 그 생태계에서 확보할 수 있도록 만들었다. 전산 비용의 하락과 함께 알고리즘과 기계학습과 같은 새로운 기술이 이를 가능하게 했다. 전 전략 책임자 정밍Ming Zeng은 자신들이 다음의 공식을 만들었다고 말했다.

"네트워크 조정 + 데이터 지능 = 스마트 비즈니스"

플랫폼이 시장을 완전히 바꾼다

아마존과 애플, 페이스북과 구글 등 세계에서 가장 가치 있는 기업 10개 중 8개가 플랫폼 기반 비즈니스 모델을 갖고 있다. '플랫폼'은 공동의 만남의 장소를 구축해서 구매자와 판매자를 한곳에 모은다. 플랫폼은 사람들이 새로운 관계를 맺을 조건을 충족시켜서 가치 교환을 돕거나 중개인 역할을 한다. 네트워크 효과를 활용하여 이뤄지는 대부분의 상호작용이 가상이지만, 제공되는 제품과 서비스 대다수는 물리적일 수 있다.

혹자는 플랫폼이 새로울 것이 전혀 없는 비즈니스 모델이라고 주장할 수 있다. 고대 그리스 시대의 곡물 교환, 중세의 품평회, 주식 거래 등 모두 플랫폼에서 이뤄지는 거래 활동들이었다. 하지만 기술은 오늘날의 플랫폼을 더 역동적이고 강력하며 가치 있게 만들었다. 알렉스 모아제드Alex Moazed는 저서 《근대 독점Modern Monopolies》에서 "플랫폼은 생산 수단을 소유하지 않고, 연결 수단을 창조한다."라고 말했다.

플랫폼은 차량 공유부터 사무공간 공유까지, 새로운 비즈니스 모델과 새로운 업종을 창조하며 시장을 다시 정의했다. 플랫폼은 수많은 작은 기업이 정상적으로는 절대 접근할 수 없는 자원을 지닌 시장에 접근하도록 돕는다. 거리의 예술가들은 엣시Etsy를 통해 전 세계로 자신만의 예술품을 판매한다. 집주인들은 에어비앤비를 통해서 남는 방으로 추가 이익을 얻는다. 기업가는 인디고고Indigogo가 크라우드소싱하는 스타트업 중에서 투자처를 찾을 수 있다. 이와 동시에 플랫폼은 소비자들이 더 흥미롭고 다채로운 세상에 접근하도록 돕는다.

'플랫폼 경제Platform Economy'는 다음의 단어들과 동의어가 됐다.

- 누구나 무엇이든 접근하도록 돕는 디지털 경제
- 언제든지 무엇에나 접근하는 주문형 경제
- 자산과 자원을 더 협력적으로 활용하는 공유 경제
- 여러 가지 단기 프로젝트를 맡아 일하는 긱 경제Gig Economy

마샬 반 알스티네Marshall van Alstyne는 저서 《플랫폼 레볼루션》에서 "누구든지 또는 무슨 일을 하든지 플랫폼이 직원으로서, 비즈니스 리더로서, 전문가로서, 소비자로서, 시민으로서 사람들의 삶을 이미 바꿨다. 그리고 플랫폼은 앞으로 사람들의 일상에 훨씬 더 큰 변화를 가져올 준비가 됐다."라고 말했다.

펑안Ping An은 생태계 모델을 확장한 좋은 사례다. 보험회사로 시작한 펑안은 1990년에 설립됐다. 펑안은 공기업이고 금융 기반 비즈니스 모델을 활용하여 다양한 영역에 진출하여 성장해왔다. 워런 버핏의 버크셔 해서웨이처럼, 펑안은 탄탄한 금융 사업에 기반을 뒀지만, 새로운 기술 플랫폼을 적극적으로 활용하며 성장했다. 시장 가치가 2,000억 달러가 넘는 펑안은 이미 세계에서 가장 큰 10대 기업 중 하나다.

굿 닥터Good Doctor는 2015년에 설립된 펑안의 디지털 헬스케어 기업이고, 현재 3억 명의 이용자를 보유한 세계 최대 헬스케어 플랫폼이다. 굿 닥터는 자사의 서비스 모델을 온라인 앱의 형태를 한 '인터넷 + 인공지능 + 의사'로 설명한다. 환자는 우선 온라인 앱에서 인공지능 진단 기술을 활용하여 건강이나 구체적인 증상을 진단할 수 있다. 필요하다면, 일반적으로 한 시간 안에 굿 닥터의 서비스 허브에서 대기하고 있는 펑안이 고용한 1만 명의 의사 중 한 명과 실제로 영상 통화도 할 수 있다.

의사는 추가 진단, 치료나 약물치료를 위해서 환자에게 병원을 추천해줄 수 있다. 여기서 파트너로 구성된 비즈니스 생태계가 매우 유용해진다. 굿 닥터는 임상의, 병원과 약국 그리고 처방전 배달 서비스 업체로 구성된 전국 네트워크를 보유하고 있다. 이 플랫폼은 건강과 웰빙에 대한 조언도 제공한다. 예를 들어, 갓 출산한 어머니와 노인을 돕는다. 월간 구독료에는 일부 비용을 충당하는 보험료가 포함되어 있다. 그리고 프라이빗 닥터Private Doctor라는 고급 서비스에는 이 모든 서비스와 추가 서비스가 제공된다.

나비 기업을 만들라

나비 기업은 커다란 상상력을 지녔지만, 상대적으로 작은 기업이다. 나비 기업은 생태계를 지휘하고 파트너들을 한데 모아 독자적인 네트워크를 형성하고 강력하고 매력적인 브랜드 평판을 활용하여 성공한다. 나비 기업은 더 멀리, 더 풍부하게, 더 큰 영향력을 행사하기 위해서 무료 기술, 위험, 보상을 공유한 파트너들을 활용하여 작은 규모를 유지하고 매우 민첩하게 움직이면서 꿈을 실현해낸다. 생태계를 통해 승승장구하는 자산 경량화를 추구하는 나비 기업은 에어비앤비부터 우버까지 다양하다.

무엇이 나비 기업을 특별하게 만들까? 그들은 생태계의 통념을 넘어선다. 나비 기업은 스타트업일 수도 있고 기존 기업일 수도 있다. 아무튼, 나비 기업은 파트너들과 함께 경제적 이득뿐만 아니라 공유된 목적을 추구한다. 모든 파트너가 영감을 주는 집단적인 목표를 추구하며, 더 큰 목표를 달성하고, 잠재적으로 더 좋은 세상을 만드는 데 기여한다.

강력한 공동의 목표는 공유된 방향과 정렬된 문화를 만들어낸다. 나비 기업은 자원을 공유하며 파트너들과 민첩하고 긴밀하게 움직인다. 나비 기업은 파트너들과 함께 혁신적인 솔루션에 기반을 둔 경험을 설계하고 개발하여 소비자들에게 더 좋은 경험을 전달한다. 또한, 나비 기업은 더 좋은 경험을 더 매끄럽고 개인적이고 즉각적으로 소비자들에게 제공한다.

더 풍부한 목적을 지닌 나비 기업은 재정적으로뿐만 아니라 여러모로 더 긍정적인 영향력을 발휘한다. 나비 기업은 자원에 대한 시스템 기반 접근법을 제시한다. 이것은 자원의 낭비를 전혀 허용하지 않는다. 금상첨화로 나비 기업은 오로지 긍정적인 영향력만을 행사한다. 실제로 생태계는 이해관계자들이 협업하도록 하여 낭비가 전혀 없거나 심지어 순전히 긍정적인 영향력만을 행사할 가능성이 크다.

물론, 50년 전에 자연을 사랑하는 MIT 기상학과 교수 에드워드 로렌즈Edward Lorenz가 만들어낸 '나비 효과'란 용어가 있다. 에드워드 로렌즈는 12가지 환경적 변수를 기반으로 설계된 컴퓨터 모델을 활용하여 기상 패턴을 시뮬레이션하려고 했고, 컴퓨터 모델에 몇 가지 숫자를 집어넣었다. 그는 소수 몇째 자리에 이르는 아주 작은 숫자의 차이가 기상 예측에 커다란 차이를 만들어낼 수 있음을 깨달았다. 이처럼 나비 기업의 리더는 소비자들의 긍정적인 경험, 각 파트너의 상호 성공과 생태계의 지속적인 진화에 엄청난 차이를 만들어낼 수 있다.

어떻게 조직 코드를
혁신할 것인가?

◇ 생각해볼 **문제 5가지**

● 빠른 업무 - 무엇이 조직의 페이스와 리듬을 바꿀 것인가?

● 피자 팀 - 더 작고 더 좋은 팀에 직원들을 어떻게 참여시킬 수 있을까?

● 사람과 혜택 - 무엇이 사람과 조직을 더 잘 정렬시킬까?

● 극단적 팀 - 더 안전하면서도 더 강한 팀워크를 어떻게 만들어낼 수 있을까?

● 나비 기업 - 어떻게 나비 기업으로 다시 태어날까?

◇ 영감을 주는 **리더 5명**(http://www.businessrecoded.com 참조)

● 넷플릭스의 리드 헤이스팅스Reed Hastings - 드림팀으로 사람들이 협업하게 만
드는 리더

● 하이얼의 장루이민 - 런단허이 비즈니스 모델을 창조한 리더

● 누뱅크Nubank의 크리스티나 준퀘라Cristina Junqeura - 브라질에서 평등과 다양

성을 추구하는 리더

- 뷔츠트조르흐의 요스 드 블록Jos de Blok - 네덜란드의 스스로 관리하는 환자 중심의 헬스케어 기업을 세운 리더
- 징거맨Zingerman's의 애리 웨인즈웨이그Ari Weinzweig - 고급 식료품에 열정을 불어넣은 리더

◇ 읽을 만한 **책 5권**

- 프레데릭 라루의《조직을 재창조하라Reinventing Organizations》
- 게리 하멜Gary Hamel의《인간주의Humanocracy》
- 안토니오 니에토-로드리게스의《프로젝트 혁명The Project Revolution》
- 짐 커의《유산Legacy》
- 에이미 에드먼슨의《용감한 조직The Fearless Organisation》

◇ 더 살펴볼 **기관 5개**

- TLNT
- 기업 반란군Corporate Rebels
- 인재 문화Talent Culture
- 소수 인재Fistful of Talent
- 조직 쇄신Reinventing Organisations

SYZYGY

전환 코드를
혁신하라

"점진적인 변화에서 지속적인 변화를 도모하라."

연접Syzygy은 '멍에의' 또는 '짝을 이룬'의 뜻을 가진 그리스어 '수주지아 Suzugia'에서 유래했고, 8세기 라틴어권과 영어권에서 유명해졌다. 더 일반적으로 말하면 이 단어는 결합이나 정렬을 뜻한다. '시너지Synergy'는 이 단어에서 비롯된 현대어다.

다음의 기업들이 어떻게 새로운 기업으로 전환했는지 살펴보자.

- 버크셔 해서웨이는 버크셔 스피닝 조합Berkshire Spinning Association과 해서 웨이 방직공장의 합병으로 탄생했다. 워런 버핏은 버크셔 해서웨이를 강력한 투자회사로 변모시켰다.
- 도미노피자는 오늘날 패스트푸드 업체 중에서 단연 돋보인다. 도미노피자는 사람들이 기꺼이 더 큰 비용을 지급하는 디지털 경험을 제공하는 기업으로 변신했다.
- 내셔널 지오그래피컬National Geographical은 출판으로 유명해졌고, 더 즉각적이고 몰입도가 높은 매체로 변신하여 인스타그램에서 가장 유명한 브랜드가 됐다.
- 닌텐도는 야마우치 우사지로가 1988년 설립한 게임카드 회사에서 출발했다. 하지만 야마우치 우사지로의 손자인 야마우치 히로시Hiroshi Yamauchi는 닌텐도를 디지털 게임의 제왕으로 변신시켰다.
- 셸은 세계적인 석유회사가 되기 전에 이국적인 아시아산 조개껍데기를 전문적으로 취급하던 런던의 가게였다. 셸은 지금 청정에너지 기업으로 변신을 시도하고 있다.
- 미국 외지의 초기 전보 회사 네트워크였던 웨스턴 유니언Western Union은 세계에서 가장 큰 송금 서비스 기업으로 변신했다.
- 위프로Wipro는 1945년에 식물성 기름을 파는 작은 기업으로 시작했다. 그 뒤에 위프로는 다양한 제품을 생산하기 시작했고, 지금은 세계에서 가장 큰 IT 아웃소싱 업체이자 소프트웨어 엔지니어링 업체다.
- 아메리칸 익스프레스American Express의 켄 셔놀트Ken Chenault는 "성공적인

변신에는 변하지 않는 변화가 필요하다."라고 말했다. 아메리칸 익스프레스는 끊임없이 가치를 요구하고 가차 없는 혁신을 추구한다.

당신은 기업을 어떻게 전환할 것인가?

기업을
전환하라

"효과적으로 전략을 실행하고 있다고 주장할 수 있는 기업은 거의 없다. 사람들에게 영감을 주고 실적을 혁신적으로 개선할 급진적인 비전을 실제 행동으로 바꿔내고 있다고 주장할 수 있는 기업은 더더욱 없다."

덴마크 에너지 기업인 외르스테드Ørsted는 세계에서 가장 지속가능한 기업으로 손꼽힌다. 하지만 외르스테드는 불과 10년 전만 해도 에너지의 95%를 화석 연료를 활용하여 생산했었다. 이 사실을 고려하면 외르스테드가 현재 지속가능한 기업으로 평가받는다는 사실은 꽤 인상적이다.

2012년 외르스테드는 '동에너지DONG, Danish Oil and Natural Gas'로 불렸다. 당시 동에너지는 세계적 과잉생산으로 천연가스 가격이 곤두박질치면서 극심한 재정난에 빠졌다. 기업의 신용등급은 마이너스로 떨어졌고, 차입 비용도 상승했다. 이사회는 레고에서 비즈니스 전환을 이끈 헨릭 폴센Henrik Poulsen을 새로운 CEO로 임명했다. 다른 사람이었다면 천연가스 가격이 회복될 때까지 직원을 해고하는 등 위기관리 절차에 들어갔을지도 모른다. 하지만 헨릭 폴센은 위기의 순간을 근본적인 변화를 도모할 기회로 봤다.

"완전히 새로운 기업을 만들어야 했다. 그러나 조직을 과격하게 바꾸는 것은 어려웠다. 우리는 새로운 핵심 비즈니스를 만들고 지속가능성을 추구할 새로운 분야를 찾아야 했다. 우리는 기후변화에 맞선다는 기업의 사명감에 눈을 돌렸고, 중대한 결정을 내렸다. 그리고 화석 연료를 생산하는 지저분한 에너지 생산기업에서 청정에너지 생산기업으로 완전히 변신했다."라고 헨릭 폴센은 말했다.

헨릭 폴센은 변화의 단기적 특성과 장기적 특성 모두를 강조했다. "우리는 우리가 활동하고 있는 12개 사업부를 살폈고, 경쟁우위를 지니고 있는지 확인하기 위해서 자산 단위로 세심하게 검토했다. 석탄, 석유, 천연가스 사업부는 조직을 빠르게 갉아먹고 있었다. 그래서 우리는 12개 사업부 중에서 8개를 처분했고 그 수익금으로 채무를 줄였다."

동에너지는 핵심 사업 이외의 영역에도 눈을 놀리기 시작했고, 해상풍력발전에 투자했다. 하지만 기술가격이 너무나 비싸서 육상풍력발전 수익 대비 에너지 생산 비용이 두 배 이상이었다. 헨릭 폴센의 주도 아래 동에너지는 체계적으로 '비용 감축' 프로그램에 착수했다. 그리고 신흥시장에서 규모의 경제를 달성하면서 해상풍력발전소를 설립하고 운영하는 전 과정에서 비용을 절감할 수 있게 됐다.

헨릭 폴센은 전자기 원리를 발견한 덴마크의 전설적인 과학자 한스 크리스티안 외르스테드Hans Christian Ørsted의 이름을 따서 기업명을 외르스테드로 변경했다. 이것은 조직에 목적의식을 심는 데 도움이 됐다. 외르스테드는 해상풍력발전 비용을 60% 줄이고자 했다. 그러면서 영국에 새로운 해상풍력발전소를 3곳 설립하고 북미 연안을 개척하기 위해 주요 미국 회사를 인수했다.

덴마크 정부가 80% 지분을 소유했던 외르스테드는 2016년에 기업공개를 했다. 이것은 그해 최대 기업공개였다. 순이익은 2013년 이후 30억 달러 이상으로 치솟았다. 외르스테드는 지금 세계에서 가장 큰 해상풍력발전회사로 세계 해상풍력 시장의 30%를 장악하고 있다.

변화와 혁신을 추구하라

조직을 전략적으로 전환하도록 리더에게 동기를 부여하는 것은 무엇일까? 때로는 그것이 재정위기이고, 때로는 파괴적인 경쟁자의 위협이다. 때로는 시장이 성숙해지거나 사양길에 접어들면서 침체하는 성장률이고, 때로는 새로운 세계적 메가트렌드에 편승할 기회다. 그리고 가끔은 선제적 기획의 결과다.

글로벌 전략 혁신 컨설팅 회사 이노사이트Innosight는 조직 전환의 원인과 방법을 살펴보기 위해 조사했다. 이노사이트는 '전환 20Transformation 20'에서 많은 기업의 전략적인 전환의 노력을 평가했고, 산업과 지리를 넘어 최고의 모범사례를 찾고자 했다. 이노사이트는 신성장 사업 발굴, 핵심 사업 리포지셔닝 그리고 재정 성장을 기준으로 순위를 매겼다.

혁신의 대가 스콧 앤서니Scott Anthony는 조직 전환의 본질에 대하여 다음과 같이 설명한다. "기업이 무엇을 하든지 간에 조직 전환은 그 형태나 내용의 근본적인 변화다. 본질이 아니더라도, 오랜 잔재의 한 조각이 바뀌면 물리적으로 완전히 다른 무언가가 생겨난다. 그것은 액체가 기체가 되는 것이다. 납이 황금으로 변하는 것이고, 애벌레가 나비가 되는 것이다."

이러한 조직 전환의 사례 몇 가지를 살펴보자.

- 어도비 — 제품부터 서비스까지 모두 바꿨다. 문서 소프트웨어부터 디지털 경험, 마케팅, 상업 플랫폼과 분석까지 모든 것을 완전

히 바뀌었다.

- 아마존 — 자사의 기반시설을 다른 기업이 온라인 사업을 운영하도록 돕는 '아마존 웹 서비스Amazon Web Services'로 바뀌었다.
- DBS — 지역 은행에서 글로벌 디지털 플랫폼으로 변신했다. 스타트업을 운영하는 27,000명에게 금융 서비스를 지원하며, '세계 최고 은행'이라는 영예를 안았다.
- 마이크로소프트 — 주로 제품 라이선스IP를 판매하던 비즈니스 모델을 클라우드에 기반을 둔 '서비스로서의 플랫폼' 비즈니스 모델로 완전히 바뀌었다.
- 넷플릭스 — 우편으로 DVD를 배송하던 비즈니스 모델을 스트리밍 영상콘텐츠 서비스로 바꾸고, 자체 제작한 독창적인 영상콘텐츠를 제공하는 최고의 미디어 기업이 됐다.
- 핑안 — 보험회사에서 핀테크와 인공지능 기반의 의료 영상진단과 진단기술을 제공하는 클라우드 기술 기업으로 변신했다.
- 텐센트 — 소셜네트워크와 게임 서비스를 제공하는 기업에서 엔터테인먼트, 자율주행차, 클라우드 컴퓨팅과 금융을 아우르는 거대 플랫폼으로 변신했다.

기업의 전환은 운영방식과 가치창출방식에 대한 중대하고 영원히 되돌릴 수 없는 변화다. 일반적으로 매출의 최대 25%가 새로운 사업부서나 비즈니스 모델에서 나온다. 조직을 전환하는 데는 상당한 시간이 걸린다. 외르스테드는 무려 10년이란 시간이 걸렸다. 하지만 조직의 전환은 기업이 더 나은 미래로 향하는 새로운 길을 열어준다.

디지털 기술은 전환의 중요한 조력자다. 하지만 기업은 '디지털 전환Digital Transformation'이란 용어를 주의해서 사용해야 한다. 디지털 전환은 효율성과 속도를 개선하거나 기술의 적용 범위를 넓히기 위한 기능의 자동화를 설명할 때 주로 사용된다. 이와 유사하게 '문화 변화Culture Change' 역시 조직 전환과는 다르다. 두 경우 모두 전략과 비즈니스 모델, 가치제안과 실적을 포함하여 더욱 전체론적인 혁신이 동반되어야 전환의 효과를 낼 수 있다.

피벗 전략으로 새로운 영역을 개척하라

기업의 전환 목적지는 처음에 생각했던 것과 완전히 다를 수도 있다. 대부분 기업은 그동안 배운 것들을 바탕으로 사업 방향을 완전히 바꿔야 하는 시기를 피할 수 없다. 그 지점이 바로 '피벗Pivot'이다. 최근에 많은 스타트업이 피벗을 기준으로 사업 방향을 전환했다.

- 인스타그램 — 전신은 버븐Burbn이다. 버븐은 케빈 시스트롬Kevin Systrom이 프로그래밍을 공부하면서 개발한 온라인 토론 포럼이었다. 하지만 지금은 10억 명의 이용자들이 자신의 사진과 영상을 공유하는 디지털 플랫폼으로 성장했다.
- 슬랙Slack — 스튜어트 버터필드Stewart Butterfield가 개발해서 플리커Flickr에 매각한 온라인 게임 글리치Glitch에서 출발했다. 글리치는 큰 인기를 얻지는 못했지만, 플랫폼을 진화시켜 협업 플랫폼인 슬랙이 됐다.
- 트위터 — 팟캐스트가 유행하기 전, 팟캐스팅 플랫폼인 오디오Odeo로 알려졌었다. 잭 도시Jack Dorsey는 비즈니스 모델을 소위 '마이크로 블로깅Microblogging'으로 전환하고 트위터로 다시 브랜딩했

다. 이렇게 트위터는 짧은 게시글과 상태 업데이트 분야의 최고 기업이 됐다.

- 유튜브 — 사람들이 자신의 소개 영상을 올리는 데이트 사이트에서 출발했다. 하지만 이러한 비즈니스 모델을 이해하는 사람은 거의 없었다. 그래서 유튜브는 어떤 영상이든지 공유하고 싶어 하는 사람들에게 플랫폼을 개방했고, 20억 명 이상의 사람들이 플랫폼에 가입했다.

스타트업과 달리, 기존 기업은 진화의 목적으로 그리고 조직 혁신의 목적으로 피벗 하는 법을 배워야 한다. 기존 기업은 시장 변화의 'S 곡선'을 타게 되는데, 새로운 아이디어가 인기를 얻어 빠르게 성장하고 아이디어가 성숙해지면서 성장 속도가 둔화한다. 결국에는 변화 없이 오래된 사업은 쇠퇴하고, 시장이 새로운 방향으로 움직이면서 새로운 S 곡선이 생겨난다. 이 변화의 시기에 새로운 S 곡선으로 갈아타는 것은 어렵다. 따라서 기업은 낡은 곡선을 따라 계속 성장하면서 새로운

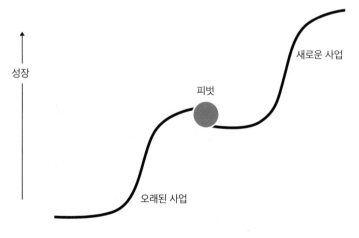

그림 6.1 시장 변화의 S 곡선에 따른 피벗 전략

전환을 시도하며, 새로운 곡선에 올라타야 한다.

수많은 1%가 거대한 전환을 만든다

전환이 반드시 어떤 상태에서 다른 상태로 갑작스럽게 이동하는 것은 아니다. 전환은 오히려 진화에 더 가깝다. 실제로 효율성뿐만 아니라 경쟁우위를 유지하고 확보하기 위해 점진적이고 끈질기게 변화에 집중하는 것도 전환에 맞먹는 큰 영향력을 발휘한다.

나는 사이클 경기를 보면서 '한계 이익'에 관해 배웠다. 데이브 브레일스포드Dave Brailsford는 최근 사이클 경기를 제패한 '팀 GBTeam GB'의 새로운 감독이었는데, 한계 이익이 그의 탁월한 성과의 비결이었다. 데이브 브레일스포드와 그의 코치들은 작은 변화를 만들어냈다. 전문 사이클팀이라면 시도할 만한 변화였다. 그들은 자전거 의자를 더 편안하게 다시 설계했고, 미끄러짐을 방지하기 위해서 자전거 바퀴에 알코올을 발랐다. 그리고 자전거를 타는 동안 이상적으로 체온을 유지함으로써 근육이 부드럽게 움직이도록 전열 장치가 내장된 사이클 반바지를 입도록 했다. 그리고 생체피드백 센서로 선수들이 특정 운동에 어떻게 반응하는지 관찰했다. 그들은 풍동 실험실에서 다양한 소재를 테스트했고, 더 가볍고 공기역학적인 실내 경기복으로 갈아입도록 했다.

그들은 여기서 그치지 않았다. 근육을 가장 빠르게 회복시키는 마사지 젤을 찾기 위해서 다양한 마사지 젤을 테스트했다. 그리고 의사도 고용했다. 의사는 선수들에게 손을 씻는 법을 가르쳐서 감기에 걸릴 확률을 줄였다. 또한, 선수들이 편안하게 잘 수 있도록 베개와 매트리스까지도 세심하게 결정했다. 심지어 아주 작은 먼지도 놓치지 않으려고 팀에서 운영하는 트럭 내부를 흰색으로 칠했다. 먼지는 눈에 잘 보이지 않지만, 자칫하면 섬세하게 조율된 자전거의 성능을 저하할 가능성이 있기 때문이었다.

'1%'는 팀의 주문Mantra처럼 됐고, 경이로운 성공으로 이어졌다. 팀 GB는 7년 동안 투르 드 프랑스Tour de France에서 6번의 승리를 거머쥐었고, 많은 올림픽 금메달도 땄다. 경쟁우위를 위해 눈에 보이지 않는 부분까지도 통제하고 관리하는 것은 윤리적인 문제를 일으킬 수 있다고 우려하는 이들도 있었다. 하지만 데이브 브레일스포드는 항상 작은 변화로 창출한 이익이 과학적이고 합법적이게 관리했다.

실제로 2018년 데이브 브레일스포드는 엘리우드 킵초게가 2시간 장벽을 허문 마라톤 경기에서 기술적인 부분을 진두지휘했다. 그는 도로의 표면과 캠버, 기온과 습도, 페이스 조절과 신발 디자인에 이르기까지 모든 한계 이익에 집중했다. 사이클, 마라톤, 사이버 보안, 심지어 자동차 제조에 이르기까지 조직은 1% 개선으로 커다란 차이를 만들 수 있다. 수많은 작은 변화가 모여 하나의 거대한 변화 그 이상을 만든다. 1% 개선을 이뤄내는 데 집중하면, 그것들이 모여 거대한 복합체가 되어 효과를 발휘할 것이다. 하나의 전환 바구니에 모든 달걀을 담지 마라.

핵심을 활용하고
변두리를 탐구하라

"기업을 전환할 때는 두 가지에 집중해야 한다. 오늘을 개선하고
내일을 혁신하는 일이 그것이다. 기업을 재창조하라. 그리고 이 두
가지를 동시에 해낼 수 있는 '양손을 능수능란하게 사용하는' 조직
을 만들라."

나는 1999년 대부분을 필립스Phillips와 프로젝트를 수행하며 보냈다. 사실 이 프로젝트는 런던과 에인트호번의 비행거리가 짧았기 때문에 가능했다. 안개 때문에 아침 첫 항공편이 지연되더라도, 오전 11시에는 필립스 본사에 도착할 수 있었다. 네덜란드는 보통 점심시간이 오전 11시 30분에 시작된다. 나는 그곳에서 점심으로 항상 치즈 롤과 우유를 먹었다. 유제품을 많이 섭취한 이유인지 네덜란드 사람들은 하나같이 키가 컸다. 우리는 식사하면서 다양한 변화에 관해 이야기했다.

필립스는 1891년에 제라드 필립스Gerard Phillips가 설립했다. 그는 에인트호번의 빈 공장을 샀고, 그곳에서 탄소 필라멘트 램프를 생산하기 시작했다. 1900년대에 필립스는 진공관, 전기면도기, 라디오 등 다양한 제품을 생산했고, 심지어 라디오 방송 사업까지 진출했다. 그 후로 텔레비전이 등장하자 비디오카세트와 레이저 디스크 생산기업으로 진화했다. 이 시기에 필립스는 핵심 사업인 조명 사업을 계속하면서, 필라멘트 전구에서 반도체를 활용한 LED 전구와 같은 새로운 종류의 전등을 개발했다.

2000년대 초반, 필립스는 본사를 에인트호번에서 암스테르담으로 옮겼다. 이것은 상징적인 행보였다. 그리고 진단 스캐너부터 수술용 기기에 이르는 수많은 헬스케어 기업을 인수하기 시작했다. 그러자 조직의 핵심이 전자기기에서 멀어지기 시작했다. 2018년, 필립스는 공식적으로 조명 사업부를 정리했다. 필립스에서 떨어져 나온 조명 사업부는 시그니파이Signify로 이름을 고쳤지만, 여전히 필립스 브랜드를 사용하고 있다. 이렇게 필립스의 새로운 핵심 사업은 헬스케어가 됐다.

오늘과 내일을 위해 변화하라

어떻게 오늘에 집중하면서 내일을 창조할 수 있을까? 변화는 새로운 시장을 만들 새로운 기회를 만들어낸다. 변화는 기업이 기존의 영역을 보호하고 개선해야 할 순간이지만, 새로운 영역을 탐구하고 창조하기 위해 내일의 기회를 잡아야 하는 순간이기도 하다. 그래서 기업은 양손잡이가 되어야 한다. 기업은 단기적으로 사고하고 일할 수 있어야 하고, 이와 동시에 장기적으로 사고하고 움직일 수 있어야 한다. 눈이 4개인 로마의 신 제우스처럼 뒤에 무엇이 있는지 보면서 앞에 무엇이 놓여있는지도 확인해야 한다.

기업은 단기 매출로 현금을 확보한다. 이 현금은 더 나은 미래를 창조할 일종의 총알이 된다. 하지만 이것은 차례대로 처리해야 할 도전과제도 아니며, 병행하여 처리해야 할 도전과제도 아니다. 기업은 오늘을 얻기 위해서 내일을 미뤄서는 안 된다. 또한, 오늘과 내일을 떼어놓고 생각해서도 안 된다. 여기서 어려운 점은 오늘이 내일로 이어지고, 단기적인 행위가 장기적인 진보로 이어지게 해야 한다는 것이다. 너무나 많은 리더가 단기적 목표에만 집착하여 더 큰 목표를 보지 못한다.

물론 눈앞의 일에 집중하여 결과를 내는 것도 좋다. 하지만 이렇게 되면 리더들은 인내심이 부족한 투자자의 비위를 맞추기 위해 단기적인 목표에만 목매게 된다. 하지만 그들은 핵심을 놓치고 있다. 투자자는 미래 성공에 가장 관심이 크다. 그러나 오늘의 성과는 미래 성공의 안내자일 뿐이다.

3가지 이중 전환 방법을 활용하라

스콧 앤소니Scott Anthony는 저서 《이중 전환Dual Transformation》에서 이러한 전환의 방법을 다음의 3가지로 정리했다.

- 전환 A − 핵심 사업을 리포지셔닝하고 개선하여 회복력을 극대화한다. 예를 들어, 어도비는 묶음 서비스에서 구독 서비스로 비즈니스 모델을 전환했다.
- 전환 B − 새로운 성장 엔진을 만든다. 예를 들어, 아마존은 전자상거래에 클라우드 컴퓨팅 서비스와 스트리밍 서비스를 추가했다.
- 전환 C − 자산과 자원, 브랜드와 규모를 공유하는 최고의 방법은 핵심 사업과 새로운 사업의 인터페이스를 관리하는 것이다.

전환 A를 추구하는 기업은 변화된 환경을 받아들이고, 새로운 지표를 고안하고, 새로운 작업 환경을 경험한 새로운 인재를 채용한다. 전환 B의 경우에는 미래의 기회, 변하는 소비자와 가치 패턴에 대한 이해가 필요하다. 이것은 반복적인 실험과 피벗 전략을 통하여 새로운 비즈니스 모델을 개발하는 데 도움이 된다. 여기에는 다른 기업을 인수하고 새로운 파트너십을 맺고 새로운 영향에 기대는 전략이 수반될 수 있다.

스콧 앤소니는 역량의 연결을 우주선이나 잠수함의 에어 로크에 비유한다. 모든 조직에는 노련한 베테랑과 외교적인 관리자가 필요하다. 하지만 리더는 어렵더라도 전환의 기간에 어떤 핵심 기술이 필요한지를 결정해야 한다. 그리고 피할 수 없는 논쟁과 영역 싸움이 벌어지는 동안 중재자가 되어야 한다. 운영의 속도, 가격 옵션 등에 관해서도 결정을 내려야 하고, 변혁의 과정에서 어쩔 수 없이 겪는 실패도 냉정하게 평가해야 한다. 이중 전환에서 경험하게 될 또 다른 도전과제는 관심과 자산의 균형을 유지하는 것이다. 그리고 천천히, 실험적으로 새로운 성장 동력을 키워내면서 기존의 수익 흐름을 지켜내야 한다.

핵심을 바꿔 변화하라

기업이 진화하면 중력의 중심이 움직인다. 메인프레임 컴퓨터의 혁신기업으로 유명했던 IBM이 진화하면서, 컴퓨터 산업에서 중력의 축이 이동했다. 기술적 진화로 인하여 시장이 메인프레임 컴퓨터에서 데스크톱으로, 이어서 랩톱으로 이동하자 IBM은 훨씬 더 많은 경쟁자와 맞서야 했다.

얼마 동안 IBM은 트렌드에 따라 움직였다. 새로운 사업 영역, 특히 컨설팅과 같은 서비스 영역을 탐구하면서 독자적인 데스크톱과 랩톱을 개발했다. 마침내 IBM은 조직의 강점이 컴퓨터를 만드는 데 있지 않고 컨설팅을 제공하는 데 있음을 깨달았다. 그래서 IBM은 뼛속까지 전환하여 컨설팅 기업으로 변신했다.

다음의 3단계를 거쳐 조직의 핵심부에서 변화가 일어난다.

- 핵심에 집중하라 — 핵심 사업을 분명히 정의하고 강화하여 기존 시장과 새로운 시장에서 조직의 성장을 이끌어라.
- 핵심 사업을 넘어서라 — IBM이 수입원을 확보하고 핵심 사업을 지렛대 삼아 서비스 영역으로 진출했듯이, 인접한 시장으로 진출하라.
- 핵심 사업을 다시 정의히라 — 시장이 진화하면 새로운 핵심 사업을 확보하기 위해서 전환을 시도하기도 전에 기존의 핵심 사업은 쇠퇴하기 시작할 것이다.

필립스의 사례처럼, 이런 전환이 기업의 근본적인 변화로 보일 수도 있다. 그러나 기업의 목적은 같지만, 새롭고 진화된 방식으로 그 목적을 달성하는 것으로 해석될 수도 있다. 보험회사 평안처럼, 전환은 새로운 산업의 파트너들과 협업으로 활용할 수 있는 브랜드나 역량처럼 눈에 보이는 자산을 통해서도 이룰 수 있다.

밖에서 안으로,
안에서 밖으로 변화하라

"가장 먼저 어디서 변화를 시도해야 할까? 소비자나 문화에서 시작해야 할까, 아니면 요구나 꿈에서 출발해야 할까? 안과 밖에서 동시에 변화를 추구해야 하지만, 변화의 촉매와 초점은 안이 아니라 밖에 있어야 한다."

많은 사람이 DBS를 세계에서 가장 혁신적인 은행이라고 평가한다. 싱가포르에 본사를 두고 있는 DBS는 새로운 금융 서비스를 제공한다. DBS는 아주 간단하고 매끄럽고 눈에 보이지 않게 서비스를 제공하고 있어서, DBS 고객은 자신이 좋아하는 일에 더 많은 시간을 쓸 수 있다. DBS CEO 피유시 굽타Piyush Gupta는 DBS를 '보이지 않는 은행'이라고 부른다. 금융 거래가 여행, 쇼핑, 외식, 엔터테인먼트까지 일상생활의 모든 활동에 깊이 스며들어 있기 때문이다. 사람들은 이제 은행 업무를 시간을 내서 별도로 처리해야 하는 업무로 생각하지 않는다. 은행 업무는 일상생활의 일부일 뿐이다.

DBS는 디지털 기술을 적극적으로 활용하여 평범한 지역 은행에서 세계적인 은행으로 성공적으로 변화했다. 하지만 피유시 굽타는 디지털 기술이 성공 비결의 전부가 아니라고 말한다. "기존의 은행 모델에 디지털 기술을 적용하려고만 했다면, 우리는 그저 효율적인 은행이 됐을 것이다." 그는 효율성을 높이는 것도 괜찮다고 생각했지만, 이는 정확하게 말하면 야심 찬 목표는 아니었다. 그가 정말 원했던 것은 은행 업무의 개념을 완전히 바꿔서 사람들의 삶을 더 좋게 만드는 것이었다.

예를 들어, 싱가포르의 모든 어린이는 학교에서 무료로 제공하는 DBS 피트니스 밴드를 착용한다. 이 전자기기는 어린이들이 건강관리를 게임처럼 재미있게 하도록 돕는다. 가령 어린이들은 DBS 피트니스 밴드를 통해 자신이 하루에 얼마나 걸었는지 확인할 수 있다. 여기서 끝이 아니다. DBS 피트니스 밴드에는 GPS가 내장되어 있어서 부모는 자녀가 어디에 있는지 그리고 안전한지를 확인할 수 있다. 그리고 수학여행비나 급식비를 전자 결제할 수도 있다.

피유시 굽타는 이렇게 조직을 완전히 바꾸려면 디지털 기술을 받아들이기 전에 우선 고객 중심의 비즈니스 모델을 만들어야 한다는 사실을 깨달았다. 이를 위해서는 문화와 프로세스, 그리고 제품과 서비스에서 근본적인 변화가 요구됐다. 그는 3년 동안 직원들이 고객의 관점에서 업무를 처리하도록 만들기 위해 최선을 다했다. 그는 이러한 변화의 노력에 직원들을 참여시키고 새로운 아이디어를 얻기 위해 많은 에너지를 쏟아부어야 하는 '해커톤'을 개최하기도 했다.

그는 조직이 새로운 사고방식을 받아들이고, 최소한 고객 중심주의로 변화하기 시작했다고 느껴졌을 때, 조직 전환을 촉진하고 가속할 새로운 디지털 기술들을 살펴보기 시작했다. 그는 "조직 전환은 은행 업무의 중심에 고객을 두는 것이 아니라, 은행 업무를 고객의 일상 속에 집어넣는 것이다."라고 말했다.

밖에서 안으로 변화하라

나는 저서 《고객의 마음을 꿰뚫는 법Customer Genius》에서 고객 중심 기업이 되는 변화의 여정을 소개했다. 더 나은 삶을 만들려는 비전부터 고객이 어떤 가치를 가장 중요하게 여기는지에 대한 통찰력, 문제 해결 능력과 가치제안, 고객 경험과 고객과의 관계까지, 나는 제품이 아니라 사람 중심으로 조직된 비즈니스 모델을 정의했다.

외부에서 기업을 혁신해서 내부로 들어가려면 우선 다음의 개념들에 대해서 고민해야 한다.

- 고객 — 누구에게 제품과 서비스를 제공할 것인가? 왜 그리고 어떻게 제공할 것인가?
- 통찰 — 그들이 진정 원하는 것은 무엇이며, 가장 중요한 것은 무엇인가?
- 경험 — 혜택을 제공하는 솔루션을 어떻게 개발할 것인가?
- 참여 — 그들이 가치제안에 매력을 느끼는 이유는 무엇인가?
- 전달 — 어떻게 그 가치를 독특하고 수익성 있게 전달할 것인가?

고객 중심 기업은 서비스에 대한 열정을 토대로 번창한다. 그들은 고객을 위해서 '한층 더 노력'하고, 고객을 유지함으로써 충성도를 확보해 더욱 확실한 미래 수익원으로 만든다. 사업을 하는 이유를 생각하는 것은 간단하고 인간적이며 동기를 부여한다. 대부분 기업이 최소한 25년 동안 '고객 중심적인' 문화를 개발하려고 노력했다. 고객과 호흡을 맞추면 기업은 시장에 더 빨리 대응하고, 더 나은 서비스로 고객을 유지하고, 경쟁자와 차별화될 수 있다. 그리고 변하는 외부 세상에 맞춰 더 잘 움직일 수 있다.

안에서 밖으로 변화하라

하지만 나는 곧 이념적 장벽에 부딪혔다. 기업은 '안에서 밖으로' 변해야 한다는 생각이 떠올랐다. 조직의 가치와 장점에서 출발해서 그것들을 더 강하고 매력적으로 만들어야 하지 않을까? "스티브 잡스는 결코 고객에게 무엇을 원하는지 묻지 않았다. 그리고 고객도 자신이 정말 무엇을 원하는지 모른다."라고 안에서 밖으로의 변혁을 주장하는 사람들은 말할 것이다. 혹은 리처드 브랜슨Richard Branson을 인용하며 "직원들이 첫 번째고, 고객들은 두 번째"라고 말할지도 모른다.

안에서 밖으로 조직을 변화시킬 때는 다음의 요소에서부터 출발해야 한다.

- 사람 — 우리는 무엇을 하고, 무엇이 우리에게 동기를 부여하는가?
- 역량 — 우리의 기술, 우리만의 강점은 무엇인가?
- 제품 — 어떤 제품을, 어느 정도의 품질로, 얼마의 비용을 들여서 개발할 것인가?
- 프로세스 — 제품을 빠르고 효율적으로 전달하는 방법을 무엇인가?
- 영업 — 수익성을 보장하기 위해 얼마나 팔아야 할까?

이러한 접근법에도 논리가 존재한다. 옛말에 기업은 '핵심 역량에 집중'해야 한다는 말이 있다. 하지만 이것은 시대에 한참 뒤처진 소리다. 아마도 정상적인 세상에는 해당할지 모르지만, 가차 없이 변화하는 기회와 파트너십에는 해당하지 않는 말이다. 안에서 밖으로 조직을 변혁하는 것의 진짜 강점은 조직 문화를 바탕으로 변화를 추구할 수 있다는 점이다. 사람이 기업을 정의하는 데 있어 가장 중요한 가치라면, 그리고 문화에 의해 기업이 정의된다면, 기업의 신념과 행위는 강점과 차별화의 원천이다.

이것이 말장난일 뿐이라고 말할 수도 있다. 하지만 많은 리더가 혼란스러워한다. 더 잘하는 것, 자원을 더 효율적으로 사용하는 것 그리고 역량을 새로운 분야에 적용하는 것이 '안에서 밖으로' 조직을 변화시키는 데 길잡이가 된다. 그리고 고객이 원하는 것, 변화에 대한 혁신과 민첩한 대응이 '밖에서 안으로' 조직을 혁신하는 동력이다.

어느 실리콘밸리 기업의 경영진은 성상 전략을 논의하면서 '밖에서 안으로의 변화'와 '안에서 밖으로의 변화'를 놓고 격렬한 논쟁을 벌였다. 그 기업은 기술 기업이었고, 사실상 거의 모든 직원이 전문 소프트웨어 엔지니어였다. 그들에게 가장 중요한 것은 '제품 로드맵'이었다. 이 로드맵은 그들에게 제품이 개선되면서 제품을 어떤 순서로 출시해야 하는지를 결정하는 자료였다. 그들에게 제품이 개선된다는 것은 더 빠르고 더 작고 더 저렴한 제품을 만들어내는 것이었다.

나는 이것이 고객이 진정 원하는 것인지 궁금했다. 고객에게 가장 중요한 것을 기준으로, 그리고 고객이 언제 그것을 원하는지를 기준으로, 또한 고객에게 추가적인 제품과 서비스를 제공하여 이를 어떻게 개선할 수 있는지를 기준으로 성장 전략을 수립해야 하지 않을까? 그럴지도 모른다. 하지만 그들에게는 고객이 아닌, 제품이 왕이었다. 나는 어떡해서든 그들이 '고객 로드맵'을 인정하도록 만들기 위해서 18개월 동안 조직 문화를 바꿔야 했다.

목적을 갖고 변화하라

DBS의 사례처럼, 밖에서 안으로 그리고 안에서 밖으로의 변화가 동시에 진행되어야 한다. 조직을 전환하는 최고의 출발점은 밖도 아니고 안도 아니다. 바로 목적이다. 왜 존재하는가? 세상, 사회 그리고 사람들에게 어떻게 기여하고자 하는가? 목적에서 출발하는 것은 궁극적으로 '밖에서 안으로의 변화'다. 목적은 무엇을 하느냐보다 사람들이 무엇을 할 수 있도록 돕느냐에서 출발한다. 하지만 목적에서 시작된 변화는 '안에서 밖으로 변화'이기도 한다. 목적은 조직, 문화, 전략적 선택 그리고 매일 아침 출근하는 동기의 이유가 된다.

조직 전환은 고객이 무엇을 원하느냐 혹은 조직의 역량은 무엇인가의 문제를 초월한다. 따라서 더욱 높은 단계에서 전환을 시작해야 한다. 현재 명확한 고객이 없거나 심지어 명확한 시장에 참가하지 않았을 수도 있다. 스티브 잡스가 말했듯이, 고객은 자신이 무엇을 원하는지 명확하게 표현하지 못할지도 모른다. 하지만 나는 스티브 잡스가 실제로 고객 중심적 사고를 적극적으로 활용했다고 생각한다. 무엇이든지 할 수 있는 세상에서는 목적이 길잡이가 되어줄 것이다. 세상을 위해 더 많을 것을 하고 외부에서 얻은 영감과 안에서 나온 상상력을 결합하여 성공하는 기업을 창조하라.

CODE

코드 39

사람들을 변화에 참여시켜라

"변화는 저항과 개선을 오가는 감정적인 여정이다. 이러한 여정에 어떻게 사람들을 참여시킬 것인가? 사례 연구부터 프로젝트 기획, 빠른 승리와 변화의 상징까지 변화의 여정에 사람들을 참여시키기는 쉽지 않다."

르쉬마 사자니Reshma Saujani는 더 많은 소녀가 기술에 관심을 두기를 바랐다. 그녀는 전문 변호사이고, 미국 의회에 출마한 최초의 인도계 미국인 여성이며, 비영리 기구인 '코딩하는 소녀들Girls Who Code'의 설립자다. 코딩하는 소녀들은 젊은 여성들에게 코딩을 가르쳐 기술 분야에서 성별 격차를 없애고자 한다. 코딩하는 소녀들은 미국 전역에서 캠프를 열어 10만 명의 소녀들에게 프로그래밍 언어를 배우는 즐거움을 일깨워준다. 그리고 기술로 얼마나 대단한 일을 할 수 있는지를 알려주고 기술과 관련한 진로를 꿈꾸도록 한다.

대체로 사람들은 프로그래머라고 하면 '지하실에서 후드를 뒤집어 쓴 소년'을 떠올린다. 르쉬마 사자니는 이런 고정된 이미지를 깨뜨리고, 용감하게 행동하고, 기술을 두려워하지 않도록 소녀들을 격려해야 한다고 말한다. 그녀의 분석에 따르면, 1995년 미국의 컴퓨터 과학자 중 37%만이 여성이었다. 이 비율은 오히려 지난 20년 동안 24%로 하락했다. 코딩하는 소녀들의 캠프에 참여한 사람은 IT를 전공으로 선택할 가능성이 전국 평균치보다 15배나 높다고 그녀는 추정했다. "우리는 미국에서 미래 여성 엔지니어들의 파이프라인을 만들고 있다."라고 그녀는 말했다.

삶아지는 개구리와 불타는 갑판

조직에서 중대한 변화를 시도할 때 정서적으로 가장 괴롭고 압도되는 일은 구성원들이 변화가 가장 중요하다는 사실을 깨닫게 만드는 것이다. 노엘 티시Noel Tichy는 저서《운명을 스스로 결정하지 않으면, 다른 사람이 결정하게 된다Control Your Destiny or Someone Else Will》에서 수십 년에 걸친 GE의 변혁을 다뤘다. 그는 "사람들이 발을 내디디면 즉시 느낄 수밖에 없는 극단적인 강도로 변화를 추구해야 한다."라고 말했다.

모두가 변화보다 현 상태를 좋아한다. 현 상태는 익숙하고 편안하며, 모두가 현재 상태에서 어떻게 해야 성공하는지를 안다. 하지만 곧 변화가 생기고, 그 변화는 안정적인 직업, 잘 진행되는 프로젝트, 두둑한 보상과 탄탄한 경력을 위협하고 기존의 계획을 방해한다. 그래서 사람들은 변화를 싫어한다. 위기가 닥치면 사람들에게 변화의 필요성을 이해시키기 쉽다. 하지만 위기가 닥치고 나서 변화를 추구하면 이미 때가 늦었다.

찰스 핸디Charles Handy가 자주 했던 말이 있다. 끓는 물에 뛰어들어간 개구리는 곧장 물 밖으로 도망칠 것이다. 하지만 서서히 데워지는 물속에 있는 개구리는 위기를 감지하지 못한다. 위기를 감지했을 때는 이미 도망치기에 너무 늦었다. 많은 기업의 리더가 최소한 자신이 다른 자리로 옮기기 전까지 현상을 고수하며 물이 '너무 뜨거워지지' 않기만을 바랄 뿐이다.

그러므로 변화에도 미리 대응할 리더십이 필요하다. 리더는 사람들에게 미지의 영역으로 용감하게 발을 들여놓도록 영감을 불어넣고 비전을 제시하여 영감을 주고, 그 여정의 길잡이가 되어야 한다. 그리고 관리자들은 수십억 달러에 이르는 기업을 변혁하는 극도로 복잡한 프로세스를 조정하고 통제해야 한다. 혹자는 이것을 '불타는 갑판'이라고 부른다. 이 용어는 1988년 파이퍼 알파Piper Alpha의 석유시추선 사고에서 비롯됐다. 위기는 변화의 좋은 이유와 핑계가 된다. 하지만 대부분 변화는 변해야만 하는 구실을 억지로 만들거나 적어도 그 이유를 명확하게 규정해야만 가능하다.

사람들에게 변화의 필요성을 이해시키는 간단하면서도 효과적인 방법은 다음의 공식을 따르는 것이다. 이것은 변화에 대한 사람들의 본능적인 저항감을 극복하는 데 무엇이 필요한지를 결정한다.

만약 'A × B × C 〉 D'라면, 변화가 생길 것이다. 여기서 A, B, C, D는 각각 다음을 의미한다.

A = 미래에 대한 영감을 주는 비전
B = 현재의 방식을 그대로 유지할 수 없는 이유
C = 미래를 향한 첫 번째 단계
D = 변화에 대한 사람들의 저항감과 현 상태에 대한 선호도

변화의 필요성은 간단하고 명료하게 표현해야 한다. 사람들이 개인적으로 매력을 느낄 수 있는 비전을 제시하고, 그 비전으로부터 자신이 얻게 되는 혜택을 빠르게 이해할 수 있도록 해야 한다. 오늘이 지속할 수 없는 이유는 시장 점유율 하락, 비용 증가, 새로운 경쟁자의 등장처럼 금전적이거나 논리적일 수도 있다. 그리고 아무런 조처를 하지 않는다면, 기업의 미래가 상당한 제약을 받게 될 것을 설득해야 한다. 변화로부터 얻을 수 있는 금전적 혜택의 '보상 크기'를 추정하는 방법

도 사람들을 변화에 집중하게 할 수 있다. 아주 포괄적인 추정치에 근거해서 산출한 대략적인 규모라도 상관없다.

존 코터John Kotter는 저서 《기업이 원하는 변화의 리더》에서 변화에 대한 사람들의 저항감을 극복하는 훨씬 더 직접적인 전술을 소개한다. 다음 분기의 상당한 손실에 대비해서 재무 상태를 정리하고, 오래된 관습을 부수고 새로운 출발을 약속하기 위해서 본사를 옮기고, 24개월 동안 각자의 시장에서 1위 또는 2위가 되지 못하면 폐쇄하겠다고 사업부에 최후통첩을 날리고, '솔직한' 토론이 일어나도록 고위 간부들에게 높은 성과 목표를 부여하는 것이다.

변화는 감정의 롤러코스터를 타는 것이다

1960년대 엘리자베스 퀴블러–로스Elisabeth Kubler-Ross가 만든 변화 곡선은 단순하지만, 일상과 직장에서 우리가 변화에 어떻게 반응하는지를 잘 설명한다.

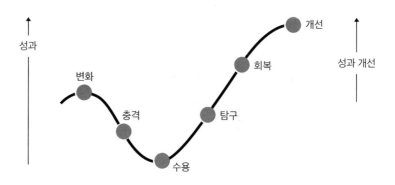

그림 6.2 퀴블러-로스의 감정 변화 곡선

엘리자베스 퀴블러-로스는 죽음을 받아들이는 과정에서 나타나는 감정의 변화를 표현하기 위해서 위 곡선을 만들었다. 하지만 이것은 새로운 프로젝트를 맡거나, 가정에 뭔가 변화가 생겼거나, 새로운 도구를 사용해야 하는 등 변화에 맞닥뜨린 사람의 감정 변화를 설명하는 데도 유용하다. 사람들은 정말 변화를 싫어한다. 이것은 낡은 방식을 버리는 것이고, 변화가 그렇게 나쁘지 않고, 실제로 꽤 좋을 수 있다는 사실을 받아들이는 데는 상당한 시간이 걸린다.

사람들은 기본적으로 다음의 3단계를 거쳐 변화를 받아들인다.

- 충격과 부정 — 좋든 나쁘든 변화를 마주하면 사람들은 놀란 마음에 집중력을 잃고, 변화가 미칠 영향력을 걱정해 활동이 저하되면서 성과가 하락한다. 사람들은 미지의 세계를 두려워하고 이미 알고 익숙한 것을 좋아한다. 그래서 더 많은 정보를 수집한다. 사람들은 충격에 이어서 변화를 부정한다. 알고 있는 것으로 되돌아가고 새로운 것에 대해 생각하기를 거부한다. 이 단계에서 의사소통이 매우 중요하다. 사람들을 안심시키고 지지하며, 그들에게 변화에 적응할 시간을 줘야 한다.
- 분노와 우울 — 사람들은 변화가 가져올 잠재적 영향력을 이해하려고 애쓴다. 알고 익숙한 낡은 방식의 상실에 대한 부정적 감정은 그대로 유지되고, 변화에 대해서 다른 사람들, 주로 조직을 비난한다. 분노는 자기 회의와 불안으로 이어진다. 여기서 적극적으로 개입하여 경험을 공유하는 등 사람들이 이 고비를 넘어 미래를 탐구할 준비가 되도록 만들어야 한다.
- 수용과 개선 — 낙관주의가 서서히 고개를 든다. 사람들은 변화

가 불가피함을 인정하고 변화가 가져올 가능성에 눈을 돌리기 시작한다. 변화에 저항하기보다 협조한다. 사람들은 서로를 지지하고 새로운 접근방식으로 변화를 완수하고자 한다. 사람들과 함께 이 새로운 환경을 설계하면, 그들은 새로운 질서의 일원이라 느끼고 변화를 더 잘 수용한다.

각각의 단계에서 사람들이 어떻게 느낄지를 파악하고 그 감정을 극복하도록 돕는 것은 어려운 일이다. 사람들이 새로운 아이디어를 받아들이고 이해할 시간이 필요할 것이다. 하지만 리더는 사람들이 빠르게 고비를 넘어서 반등할 수 있도록 도와야 한다. 부정적인 감정의 수렁에서 벗어난 사람들은 새로운 가능성을 더 긍정적으로 생각하고 받아들이기 시작한다.

어떤 변화든지, 변화는 낡은 상태에서 새로운 상태로 옮겨가는 것이다. 새로운 상태에서 사람들은 더 긍정적으로 느끼고 개인과 조직 모두 성과가 개선된다. 변화가 자주 발생하거나 심지어 지속하더라도 사람들은 여전히 변화 곡선에 따라 변화에 반응할 것이다. 그러므로 리더는 사람들이 변화의 피로감을 느끼지 않고 변화의 여정 내내 긍정적인 자세를 유지하도록 도와야 한다.

조직을 변화로 이끌어라

변화 관리는 개인과 조직이 변화를 잘 통과하도록 길잡이 역할을 하는 집단적인 접근방식이다. 그리고 포괄적인 조직 변화의 요소로 전략, 프로세스, 기술 등이 필요하다. 긴박감을 심어주고, 조직 전반에 지원 체계를 마련해주고, 계획을 수립하고, 자원을 동원하고, 장벽을 없애고, 작은 승리를 이뤄내고, 새로운 변화의 리더십으로 변화를 지속시키고 제도화하는 것은 상당한 과업이다. 변화가 지속하면, 변화는 많은 리더가 완전히 집중해야 할 과업이 된다.

조직을 변화로 이끄는 데 중요한 4가지 단계가 있다.

- 변화에 몰입하라 — 모든 이해관계자가 변화가 왜 필요한지, 변화에 무엇이 수반되는지, 변화가 어떻게 일어날 것인지 등 변화를 이해하고 바라고 지지해야 한다.
- 변화에 대비하라 — 새로운 세상으로 실질적으로 어떻게 나아갈 것인지, 어떤 행동과 자원이 언제 필요한지 등 변화의 실행 계획을 만들어야 한다.
- 변화를 시도하라 — 변화에는 사람과 효과적인 관리가 중요하다. 변화에 대한 저항을 극복할 추진력을 유지해야 한다.
- 변화를 일상으로 만들어라 — 변화가 새로운 일상이 되는 순간까지 변화에 눈을 떼지 않고 헌신해야 한다.

변화된 조직은 일하기에 매력적인 장소다. 변화된 조직은 외부 세계에 새로운 명성을 쌓고, 혁신과 새로운 서비스를 적극적으로 만들어내고, 애널리스트와 투자자의 의견을 바꾸고, 선두기업으로 빛나기 위해서 새롭게 출발한다. 그렇다고 변화된 조직이 완성되었다고 생각해서는 안 된다. 그 대신, 다음 행보를 예상하며 활기차고 민첩하게 움직여야 한다.

미래로 가는
우주선을 개발하라

"일상적으로 업무를 진행하면서 곁다리로 변화를 추구하는 것은
불가능하다. 그러므로 조직은 더 급진적인 변화를 더 빠르게 이뤄
내는 방안을 다양하게 마련해야 한다."

보스턴 다이내믹스Boston Dynamics의 스팟Spot은 계단을 오르고 험한 지형을 달릴 수 있는 개처럼 생긴 로봇이다. 스팟은 360도 시야를 갖췄고, 40kg의 물건을 운반하고, 영하 200℃를 견딘다. 핸들Handle은 창고에서 상자를 옮기거나 수술실에서 수술 도구를 조정하는 로봇팔이다. 아틀라스Atlas는 세계에서 가장 역동적인 휴머노이드다. 아틀라스는 280개의 유압식 관절을 갖추고 있어서 사람처럼 달리고 점프할 수 있다.

보스턴 다이내믹스는 MIT에서 분사했고, 동물처럼 달리고 움직이는 첫 번째 로봇을 개발했다. 그들은 로봇공학으로 헬스케어부터 제조업에 이르기까지 세상을 완전히 바꿀 방법을 찾기 위해서 동적 제어와 균형에 관한 원리들을 기계적 설계, 최첨단 전자기술과 지능형 소프트웨어와 결합하고 있다.

베이징의 중국과학원Chinese Academy of Sciences은 크고 작은 중국 기업과 중국 정부에 경제 발전과 사회 개선에 유용한 기술에 관해 조언하는 중국의 과학 싱크탱크다. 중국과학원은 세계에서 가장 큰 연구기관으로, 중국 전역에 114개의 관련 기관을 두고 6만 명의 연구원이 활동하고 있다. 중국과학원은 유명 과학 학술지《네이처Nature》와 제휴 네트워크에 발표한 연구 논문 건수를 기준으로 세계적인 연구기관 중에서 1위를 차지했다.

실리콘밸리의 팔로알토 연구소PARC는 중요한 기술적 돌파구를 마련하는데 핵심적인 역할을 해온 개방형 혁신기업이다. 과학자, 엔지니어, 디자이너가 이곳에 모여 미래에 관하여 구체적인 주제를 설정하고 연구에 매진한다. 혁신에 필요한 시간과 수반되는 위험을 줄이려는 팔로알토 연구소의 사명을 이루는 핵심은 창의력과 과학이다. 팔로알토 연구소는 사람들은 유기적으로 모아 팀을 만들고 성장한다. 연구소는 스타트업은 물론 대기업과 협업하기 위해서 전문성과 역량을 결합한다.

이노베이션 랩

'이노베이션 랩Innovation Lab은 세계적인 방산기업인 록히드 마틴Lockheed Martin이 수십 년 전에 설립한 연구개발 혁신조직인 스컹크웍스Skunk Works에서 진화한 조직이다. 이노베이션 랩은 팔로알토 연구소나 벨 랩스Bell Labs에서 진행된 비밀스러운 프로젝트들처럼 배타적인 연구개발 프로젝트를 주로 진행했지만, 이제는 다음의 두 가지 임무를 수행하는 더욱 개방적인 조직이 됐다.

- 기존 기업에 새로운 기회를 제공하기 위해서 방해요인, 요구와 기대, 내부 장애물이 없는 혁신적인 개념을 개발하고 비즈니스 모델을 만든다.
- 다른 기업, 새로운 스타트업, 전문가 등 외부 파트너와 협업하고, 그들과 투자가 필요하거나 새로운 사업으로 이어질 수 있는 새로

운 도전을 시도한다.

이노베이션 랩은 일반적으로 개방적인 협업 공간이다. 스타트업의 문화, 속도, 기술 통합과 파괴성을 모방한 이노베이션 랩은 다양한 부서에서 온 사람들이 새로운 비즈니스 전략과 기술적 조언을 활용하여 새로운 제품, 서비스, 경험, 비즈니스 모델을 만들어내기 위해 외부 파트너, 기술 전문가, 디자이너, 학계와 협업한다.

이노베이션 랩은 기업 내부 혹은 독립된 기업으로 운영되며, 투자금이 효과적으로 쓰이길 원하는 벤처펀드에 의해서도 운영된다. 기업은 대체로 내부에 이노베이션 랩을 설치하고 자원이나 투자금을 제공함으로써 스타트업을 조직 안으로 끌어들이려고 한다. 이러한 행보에는 스타트업의 전문 역량을 배우거나, 그들의 기업 문화를 공유하거나, 성과를 먼저 활용하려는 동기가 숨어있다.

인큐베이터와 액셀러레이터

이노베이션 랩의 유형은 다양하다. 주로 인큐베이터Incubator나 액셀러레이터Accelerator로 알려져 있다. 인큐베이터는 새로운 스타트업을 탄생시켜 초기 단계까지 성장하도록 돕는다. 반면에 액셀러레이터는 스타트업을 더욱 기업답게 만들고 협업과 필요한 자원을 제공하여 스타트업이 스케일업으로 성장할 수 있도록 돕는다.

물론 많은 기업이 이노베이션 랩을 설립한다. 하지만 대부분 알록달록한 빈 가방, 수많은 화이트보드, 천장에 매달린 자전거, 주변을 미끄러지듯 돌아다니는 로봇, 구석에 설치된 테이블 축구장처럼 일종의 과시적인 프로젝트의 일환에 그친다. 이게 무슨 말인지 이해할 것이다. 하지만 이노베이션 랩은 더 급진적인 아이디어, 새로운 문화와 미래 성장을 만들어내는 데 중요한 역할을 할 수 있다.

이노베이션 랩은 다음의 상업적인 부문에 특히 집중해야 한다.

- 핵심적인 고객 요구를 해소하고 새로운 수입원을 만들어낼 새로운 제품과 비즈니스 모델을 더 빠르게 개발한다.
- 경쟁자들, 특히 새로운 디지털 기술을 활용하는 스타트업의 파괴적인 위협으로부터 조직을 보호한다.
- 구체적인 도전과제를 해결하고 고객 요구에 맞춘 솔루션을 개발하기 위해서 고객과 협업한다.
- 현재와 미래 고객 그리고 비즈니스 파트너에 제품과 역량을 시연한다.

문화적으로 주요 사업과 거리를 두면 다음의 이점이 추가로 생긴다.

- 현재의 솔루션과는 별개로 더욱 창의적인 부문에 자원을 적용하여 새로운 기술의 잠재력을 탐구할 수 있다.
- 중요한 새로운 업종, 지리, 기술에 특화된 다수의 혁신 센터를 설립할 수 있다.
- 산업 혁신가, 새로운 기술 센터와 긴밀히 협업하는 업무 공간을 만들 수 있다.
- 기업 문화를 바꿔서 혁신, 기술 통합, 내부적이고 외부적인 협업을 권장하고 촉진하는 기업 문화를 만들 수 있다.

나만의 우주선을 만들라

오늘날 메르세데스 벤츠의 전신은 1886년 슈투트가르트의 어느 차고에서 일을 시작한 고틀리프 다임러Gottlieb Daimler다. 오늘날 다임러의 '랩 1886'은 혁신의 전통을 이어가고 있다. 다임러의 랩 1886은 네트워크에 기반을 둔 다양한 연구를 추진한다. 메르세데스 벤츠는 바로 이곳에서 새로운 엔진, 연료 콘셉트, 내부 설계부터 새로운 비즈니스 모델까지 수많은 혁신을 탐구한다.

"오늘날 우리는 디지털화와 세계화처럼 수많은 메가트렌드와 마주하고 있다."라고 다임러의 랩 1886 책임자 수잔 한Susanne Hahn은 말한다. "모든 기술적이고 사회적인 움직임이 향후 10년에 걸쳐 자동차 산업을 완전히 바꿔놓을 것이다. 다임러의 랩 1886은 이미 미래를 위해 다양한 콘셉트들을 마련해놓았다."

다임러의 랩 1886은 커넥티드 카, 자율주행차, 공유와 서비스, 전기차라는 4개의 기둥을 중심으로 움직인다. 랩은 미국, 중국, 독일에 있고 아이디어를 제품이나 비즈니스 모델로 더 빠르게 구현하는 것이 목표다. 30만 명의 다임러 직원은 누구나 아이디어를 제안하고, 유망한 아이디어라고 판단되면 다임러의 랩 1886에서 온종일 그 아이디어에 전념할 수 있다.

직원들은 다양한 아이디어를 다임러의 내부 크라우드소싱 플랫폼에 제출한다. 언제든지 아이디어를 갈기갈기 물어뜯을 준비가 된 전문가로 구성된 패널이 제출된 아이디어를 평가한다. 그들을 통과한 아이디어는 인큐베이션 단계로 진입한다. 아이디어가 선정되면 직원은 코칭을 받고, 협업 공간과 아이디어를 시제품과 시험용 제품으로 구현하는 데 필요한 자금을 받는다. 프로젝트는 결국 적절한 사업부서에 흡수되거나 새로운 기업으로 분사된다. 수잔 한은 아이디어를 제안한 사람이 새로운 기업의 CEO가 될 수도 있다고 말한다.

개인 간 차량 공유 플랫폼인 카투고Car2Go는 다임러의 랩 1886에서 성장한 프로젝트로 250만 명의 고객을 거느린 어엿한 기업으로 분사했다. 카투고와 유사한 사례로 이동 최적화 앱인 무블Moovel, 도시형 에어택시와 수직 이착륙 운송수단을 개발하기 위한 스타트업 볼로콥터 Volocopter 등 외부 파트너와 협업을 통해서 진행되는 프로젝트들이 있다.

순환 생태계를 조성하라

"순환 경제가 긍정적인 영향력으로 변화하면서, 탈물질화는 기업
과 환경 사이에서 놀라운 트레이트오프를 가능하게 만든다."

플라스틱의 저주가 곳곳에 존재한다. 플라스틱 쓰레기로 넘쳐나는 쓰레기통과 여기저기에 플라스틱이 널브러진 해안과 숲을 생각해봐라. 전 세계적으로 소매업자들은 플라스틱 문제를 실감했다. 일부 국가는 비닐봉지에 요금을 부과하고, 심지어 플라스틱을 금지한 국가도 있다. UN에 따르면, 인류는 1950년대 이후 83억 톤의 플라스틱을 생산했다. 그중 대부분은 매립되었고, 폐플라스틱이 썩는 데는 수 세기가 걸린다.

에코베이티브Ecovative는 버섯의 뿌리에서 추출한 균사체 대안 물질을 활용하여 플라스틱 쓰레기를 줄일 수 있다고 믿는다. 뉴욕에 소재한 이 생명공학 회사는 농업 폐기물에 균사체를 주입하여 균사체를 특정 모양과 크기로 배양한다. 균사체가 농업 폐기물을 둘러싸면서 성장해 플라스틱 포장재를 대체할 자연적인 대체재가 만들어진다. 균사체 포장재를 만드는데 대략 일주일 정도가 소요되고, 균사체를 배양하는 데는 최소한의 물과 전력만이 소비된다.

에코베이티브는 포장재뿐만 아니라 균사체로 식물성 가죽, 육류, 전열재, 인공장기 등도 만들 수 있을 것으로 본다. 균사체로 만든 제품이 수명을 다하면 해체해서 매립지나 심지어 정원에 묻어서 처리한다. 균사체는 썩으면서 오염원이 아닌 또 다른 자양분이 된다. "나의 꿈은 폐를 배양하는 것이다. 폐 세포에 균사체를 주입하여 모세혈관 망을 만들고 인간 세포를 활용해서 진짜 폐를 만들어내는 것이다."라고 에코베이티브의 설립자 에븐 베이어Eben Bayer가 말했다.

도넛 경제학

"21세기 인류가 직면한 도전과제는 지구의 주어진 자원 안에서 모두의 요구를 충족시키는 것"이라고 경제학자 케이트 레이워스Kate Raworth는 말한다. "다시 말해서, 식량과 주거부터 헬스케어와 정치적 발언권까지, 삶에 필수적인 모든 요소를 부족함 없이 공급받으면서 인류는 안정적인 기후, 비옥한 토양, 오존층 등 인류가 근본적으로 의존하는 지구의 생명 유지 시스템에 지나친 압박을 주지 않아야 한다."

그녀는 이런 도전과제를 사회적 경계와 지구적 경계가 있는 도넛으로 표현한다. 도넛의 외부 경계는 대기오염, 생물 다양성 손실, 토지개간 등의 환경적 한계를 나타낸다. 이 경계 너머에는 생태계 악화와 지구 시스템의 잠재적 임계점이 존재한다. 도넛의 내부 경계는 보건, 교육, 정의, 평등 등 사회적 한계와 UN의 지속가능 개발 목표에서 합의된 최소한의 사회적 기준들을 보여준다. 사회적 경계와 지구적 경계사이에는 '환경적으로 안전하고 사회적으로 공정한 공간'이 존재한다. 이 공간에서 인류는 번성할 수 있다.

2018년, 케이트 레이워스는 G20을 연구하면서 도넛 모델을 150여개 국가에 적용했고, 충격적인 연구 결과를 내놨다. "도넛 경제학에 따르면, G20 회원국을 포함해서 모든 국가는 '개발도상국'이다. 이 세상에서 그 어떤 국가도 지구의 주어진 자원으로 거의 모든 국민의 요구를 충족시키고 있다고 자신 있게 말할 수 없다."

놀랍게도 도넛 경제학으로는 베트남이 '안전하고 공정한 공간'에 가장 근접한 국가였다. 인도와 같은 일부 국가는 환경적 한계는 잘 지켰지만, 사회적 한계에는 못 미쳤다. 중국처럼 산업화를 경험하고 있는 국가는 빠르게 환경적 한계를 넘어서고 있었고, 미국처럼 고소득 국가는 외부 경계와 내부 경계에 상당한 압력을 가하고 있었다. 2020년 암스테르담은 미래 발전을 위한 프레임워크로 도넛 모델을 받아들인 첫 번째 도시가 됐다.

순환 디자인

10년 전 요트를 타고 장거리를 여행했던 엘렌 맥아더Ellen MacArthur는 '순환 경제'를 널리 알리기 위해서 재단을 설립했다. 그녀는 기업을 위해서 폐기물을 없애고 천연자원을 보충하는 새로운 경제 모델을 제시하고자 했다. 그녀의 재단은 '닫힌 고리' 시스템을 홍보하며, 기업이 궁극적으로 환경에 전혀 영향을 미치지 않는 '제로임팩트Zero impact' 방식으로 재사용, 공유, 수리, 재활용을 권장했다.

나이키는 지속가능한 혁신을 신발과 의류뿐만 아니라, 염색에서 옷감 색상, 신발 생산 시스템, 공장 노동자의 공정한 임금까지, 기업의 전체 비즈니스 생태계의 디자인적 과제로 간주한다. 나이키 디자인 총책임자인 존 호크John Hoke는 "디자인이 나이키와 운동선수 그리고 솔직히 이 세상을 위해서 할 수 있는 가장 강력한 일은 전체적이고도 신중하게 디자인을 완성함으로써 더 나은 미래를 만드는 데 일조하는 것"이라고 말한다.

"필요한 자원을 어떻게 조달할지, 제품을 어떻게 생산할지, 제품이 어떻게 사용될지, 제품을 어떻게 회수할지, 궁극적으로 제품을 어떻게 재해석할지 등 모든 것이 디자인 솔루션을 중심으로 고려된다. 디자이너로서, 우리는 문제를 해결하도록 프로그래밍됐다. 우리는 사람들이 가능한 최고의 역량을 발휘할 수 있도록 돕는 동시에 환경에는 최소한의 흔적을 남기는 디자인을 해내기 위해 고민한다."

나이키는 제품, 즉 생산과 판매 방식을 다시 생각해보는 프로세스의 하나로 많은 기업과 학계와 협업하여 '순환 디자인의 10가지 원칙'을 만들어냈다.

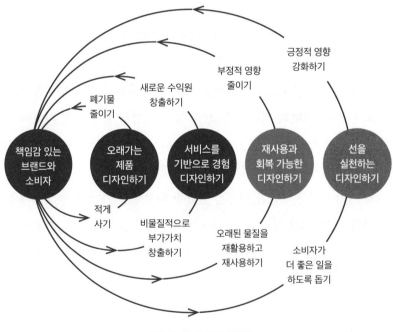

그림 6.3 순환 경제 만들기

- 재료 ─ 소비자에게 판매되지 않은 제품과 소비자로부터 회수한 제품을 재활용하고 환경에 영향을 덜 주는 재료를 선택한다.
- 순환성 ─ 마지막을 염두에 두고 디자인한다. 제품이 수명을 다한 뒤에 어떻게 재활용될지를 고민하며 디자인한다.
- 폐기물 방지 ─ 제품 제작 과정을 포함해서 모든 과정에서 폐기물을 최소화하거나 없앤다.
- 분해 ─ 각 요소의 가치를 인정하여 해체가 쉬운 제품을 만든다.
- 친환경 화학 ─ 화학제품을 포함해 공정에서 해로운 물질의 사용을 줄이거나 없앤다.
- 혁신 ─ 부품이나 재료를 수리함으로써 제품의 수명을 늘린다.
- 다양성 ─ 성장, 스타일, 트렌드, 성별, 활동, 목적에 적합한 제품을 만든다.
- 내구성 ─ 오래 가는 재료로 꼼꼼하게 제품을 만든다.
- 순환 포장 ─ 목적에 맞으면서 다른 목적에 맞게 고쳐서 사용할 수 있거나, 재활용되거나, 생분해되는 재료로 만든 포장재를 사용한다.
- 새로운 모델 ─ 제품의 수명을 늘리는 새로운 서비스와 비즈니스 모델을 구축한다.

나이키는 지속가능성을 받아들였고, 문제를 해결하는데 지속가능성을 추구해왔다. 시간이 흐르면서 이러한 접근방식은 부쩍 확대됐다. 나이키는 폐기물을 줄이는 것뿐만 아니라 제품을 개선하는 데서도 지속가능성을 추구한다. 가장 의미 있는 행보는 '플라이니트$_{Flyknit}$'의 개발이었다. 이것은 신발 윗부분을 원단 조각을 꿰매서 완성하지 않고 스웨터나 양말처럼 짜서 제작한다. 이렇게 하면 신발 착용감과 성능이

상당히 개선된다. 나이키는 최근 '플라이레더Flyleather'를 개발했다. 이 것은 재활용된 천연가죽 섬유를 이전 특성에 새로운 특성을 추가하여 고성능 가죽으로 변환시킨 것이다.

긍정적 영향력을 강화하라

많은 기업이 엘렌 맥아더의 '제로임팩트' 순환 경제를 받아들이려 고 노력했다. 산업화가 환경에 미친 수많은 영향 중에서 탄소 배출이 가장 해로울 것이다. 이제 '상쇄'가 트렌드가 됐다. 기업은 환경에 대한 영향력을 중성화하거나 제품을 생산하거나 유통하면서 배출되는 탄소 량에 대한 책임감으로 탄소 포집을 위한 나무를 심는다.

예를 들어, 앤트파이낸셜Ant Financial은 중국 소비자에게 대담한 충성 프로그램을 선보였다. 소비자가 구매할 때마다 앤트파이낸셜의 충성 프로그램을 통해 자신들의 구매 활동이 환경에 미치는 영향에 상응하 는 상쇄 포인트를 쌓을 수 있다. 그들은 이 포인트로 게임 앱 '앤트 포 레스트Ant Forest'에서 나무를 심는다. 사람들은 앤트 포레스트에서 원하 는 곳을 선택해서 나무를 심고 그 나무가 잘 자라는지 확인할 수 있다. 이렇게 심어진 나무가 중국 습지대에 울창한 숲을 만들고 있다.

제로임팩트 운동은 시작에 불과하다. 일부 기업은 최근 더욱 과감 한 목표를 세웠다. 예를 들어, 마이크로소프트는 배출하는 탄소보다 더 많은 탄소를 포집하고자 한다. 그리고 '전기 먹는 하마'인 데이터센 터에는 태양광 발전소와 풍력 발전소를 지어 사용량보다 더 많은 전력 을 공급하고, 쓰고 남은 나머지 전력을 현지 지역사회에 제공한다.

시카고의 란자테크LanzaTech는 나무 심기 외에 탄소를 포집하는 방법을 고안한다. 생명공학 스타트업인 란자테크는 배출 탄소를 재생 연료인 에탄올로 변환하는 기술을 개발했다. 탄소가 공장 굴뚝을 통해 대기로 배출되는 대신, 생물 반응 장치를 통해서 맥주 발효 공정과 같은 방식으로 에탄올로 발효시킨다. 이 공정에는 발효를 위해서 개발된 가스를 먹는 박테리아가 사용된다. 이렇게 제강 공장 하나에서 배출되는 탄소로 900만 갤런의 에탄올을 생산할 수 있다. 버진애틀랜틱은 이렇게 생산된 에탄올이 항공 연료로 효과적임을 증명했다. 이와 유사한 사례로 브라질의 브라스켐Braskem은 도시 폐기물을 바이오 연료로 전환하는 프로젝트를 진행하고 있다.

이제 기업은 단지 폐기물을 전혀 배출하지 않는 것을 넘어 환경에 '오로지 긍정적인 영향만'을 줄 수 있어야 한다. 기업의 영향은 환경적이지만 사회적이기도 하다. 기업은 사용하는 자원과 세상에 미치는 영향을 통합적으로 고려하여 이 세상에서 자신이 사용하는 것보다 더 많은 것을 줄 수 있어야 한다. 기업은 비용을 절감하는 것과 유사한 방식으로 폐기물을 줄이는 더욱 효율적인 프로세스를 개발할 뿐만 아니라 긍정적인 영향을 강화할 수 있어야 한다.

지속가능성을 추구하는 제품과 서비스를 개발해 수백만 명의 고객이 그것을 구매하고 사용하면, 긍정적인 영향은 몇 배로 증가할 것이다. 더불어 기업이 생태계 수준에서 고민하여 솔루션을 개발하고 유통하는 데 참여하는 다른 수많은 기업과 협업하면, 부정적인 외부효과를 전혀 발생시키지 않거나 외부에 순수하게 긍정적인 영향만을 줄 기회가 많아질 것이다.

전략적 민첩성을 갖춰라

"외부 세계는 빠르고 가차 없이 변화하고 있다. 조직 내부도 그러해야 한다. 전략적인 민첩성은 모든 기업과 리더가 필수적으로 갖춰야 할 자질이다."

리앤펑Li and Fung은 멋진 기업이다. 리앤펑은 중국의 도자기와 비단을 수출하기 위해서 1906년 광저우에 설립됐다. 20세기에 리앤펑은 섬유를 저렴하게 생산하는 데 집중했다. 임금 수준이 올라 인도네시아와 같은 국가가 더 저렴하게 섬유를 생산할 수 있는 지역으로 떠오르기 전까지, 리앤펑은 섬유산업에 집중했다. 하지만 지금 리앤펑은 전문성, 품질, 가격을 기준으로 기업에 훌륭한 파트너를 찾아주는 가상 자원 네트워크 기업으로 변신했다.

상파울루나 이스탄불 혹은 토론토에 있는 리앤펑 사무실, 그러니까 50여 개국의 300여 개에 달하는 리앤펑 사무실에서 언제나 조달 전문가를 만날 수 있다. 그들은 고객에게 브랜드에 적합한 최고의 디자이너, 제조업체, 유통업체를 찾는 데 도움을 준다. 세계에서 생산되는 섬유의 40%와 다양한 소비재가 이 회사의 네트워크를 거쳐 유통된다. 그들은 자금이 필요하다면 투자자도 찾아줄 것이다. 판매업자, 생산업체, 고객 서비스 업체 등 적합한 파트너를 그들이 찾아 줄 것이다.

전환은 절대 끝나지 않는 여정이다

시장은 빠르게 움직이고, 변화는 끊임없이 일어난다. 그러므로 전환의 노력을 지속해야 한다. 기업과 리더는 '전환'에 능숙해져야 한다. 전환은 외부 환경에 대한 지속적인 이해, 새로운 기회를 발견하고 새롭게 생겨난 위험을 감지하는 선견지명, 사람들의 지속적인 재학습을 돕는 메타 기술의 개발, 다양한 역량과 변화에 적응할 민첩함을 제공하는 생태계에서 시작된다. 무엇보다도 시장과 기업이 진화하는 동안 길을 잃지 않도록 도와주는 목적, 즉 따라갈 '길잡이 별'이 있어야 한다.

다음의 표에서 아마존과 알리바바의 전환 연대기를 살펴보자. 시장에서 혁명을 주도하는 두 기업이 실질적으로 어떻게 진화하고 전환해왔는지 알 수 있을 것이다. 아마존과 알리바바는 디지털 기술과 데이터 분석의 파괴적인 힘을 믿는다. 그들은 이 신념을 바탕으로 발전해왔다. 아마존은 고객을 중심으로 사고한다. 알리바바는 고객의 요구를 깊이 이해하고, 더 좋은 경험을 제공하여 유기적인 성장을 도모하고, 저비용 구조를 동력으로 한 경영전략인 '플라이휠 효과Flywheel effect'를 만들어낸다.

알리바바는 역동적인 시장을 중심으로 전환을 거듭했고, 지금도 그어떤 기업보다 멀리 내다본다. 최근 알리바바는 인공지능을 기반으로 미래형 상거래, 금융, 제조, 기술과 에너지를 개발하기 위한 '5신5 New' 생태계 전략을 발표했다. 아마존과 알리바바 모두 전환을 통해 전진하기 위하여 문화적, 구조적, 전략적 민첩성을 추구한다.

전략적 민첩성을 추구하라

민첩한 기업은 미래에 집중하고 변화를 일상으로 만들어 승자가 된

표 6.1 아마존과 알리바바의 전환 연대기

<다음장> 표 6.1 계속

	아마존 '지구상에서 가장 고객 중심적인 기업이 돼라'	알리바바 '어디서든 사업하기 쉽게 만들라'
1994	제프 베저스, '세계 최대 온라인 서점' 아마존 설립	
1997	기업공개, 초기 평가가치 3억 달러	
1998	'모든 것을 판매하는 온라인 기업' 변신	
1999	간편 온라인 주문 프로세스 '1-클릭' 특허 획득	마윈과 17인, 중국 최초 B2B 플랫폼 알리바바 설립
2000	토이저러스(Toys "R" Us)와 온라인 판매 독점계약 체결	
2001	제3의 판매자를 위한 '아마존 마켓플레이스' 출시	
2002	초저가 배송(Super Saver shipping) 서비스 실시	
2003	음악 사이트 CD 나우(CD Now) 인수	B2B 및 C2C 플랫폼, '타오바오 마켓플레이스' 개발
2004	중국 최대 온라인 서점 조요(Joyo) 인수	온라인 결제 시스템 알리페이(Alipay) 출시 인스턴트 메시징 시스템 알리왕왕(AliWangwang) 출시
2005	무료 배송서비스, 아마존 프라임(Prime) 출시	야후(Yahoo!), 10억 달러에 알리바바 지분 40% 인수 알리바바, 100억 달러의 평가가치로 기업공개
2006	아마존 웹 서비스(AWS) 시작	온라인 목록 제작업체 코우베이(Koubei) 인수
2007	아마존 킨들(Kindle), 아마존 뮤직(Music) 출시	인터넷 소프트웨어 회사 알리소프트(Alisoft) 설립 온라인 광고업체 알리마마(Alimama) 설립
2008	온라인 쇼핑몰 자포스 인수	온라인 소매 플랫폼 '타오바오 몰(Taobao Mall)' 개발 타오바오 C2C 포털 개발
2009		중국 인터넷 서비스업체 넷닷씨엔(Net.cn) 인수 알리익스프레스(AliExpress) 설립
2010	TV, 영화 서비스 아마존 스튜디오(Studios) 출시	

표 6.1 아마존과 알리바바의 전환 연대기

연도	아마존	알리바바
2011	음성 인식 기술인 얍(Yap) 인수 안드로이드용 아마존 앱스토어 공개	타오바오 분할. 타오바오 마켓플레이스 독립 티몰(TMall)과 공동구매 플랫폼 e타오(eTao) 독립
2012	물류 로봇개발업체 키바 시스템즈(Kiva Systems) 인수 아마존 게임 스튜디오 출시	텐센트와 공동으로 중안 보험사 설립 핑안 설립
2013	앱스토어, 킨들 스토어가 탑재된 아마존 파이어(Fire) 출시	차이니아오 스마트 로지스틱스 네트워크 설립
2014	인공지능 비서 아마존 에코(Echo) 출시 닷(Dot), 알렉사(Alexa) 후속 출시	기업공개, 초기 평가가치 250억 달러 차이나비전(ChinaVision) 인수
2015	주문 버튼 아마존 대시(Dash), 아마존 프레쉬(Fresh) 출시 배송서비스 아마존 나우(Now) 출시	알리페이, 앤트파이낸셜 설립 알리뮤직(AliMusic) 출시
2016	대본작가를 위한 스토리라이터(StoryWriter) 출시 게임개발자를 위한 럼버야드(Lumberyard) 출시	알리바바 클라우드(Alibaba Cloud) 설립 알리트립(Alitrip) 설립
2017	홀푸드 마켓(Whole Foods Market), 수크닷컴(Souq.com) 인수	오프라인 매장 허마(Hema) 설립 메리어트(Marriott)와 여행 플랫폼 플리기(Fliggy) 제휴
2018	스마트홈 보안업체 링(Ring) 인수. 시가총액 1조 달러	제조, 에너지 등 '5신' 생태계 전략 발표 시가총액 5,000억 달러
2019	무인 매장 아마존 고(Go) 공개 제프 베저스 개인 자산 약 15,000억 달러	마윈 회장 은퇴 마윈의 개인 자산 약 4,000억 달러

다. 실험과 적응이 일상이 되면, 변화는 덜 부담스럽고 덜 침략적인 존재가 된다. 고정불변의 전략은 없다. 대부분 비즈니스 모델은 유동적이고 규칙은 원칙이 되고 파괴가 권장된다. 세세하게 수립된 전략이나 자세한 직무 기술서는 포괄적인 영역을 개괄적으로 서술하여 경계를 정의하는 요약서로 대체되고 시간이 흐르면서 변화에 맞춰 쉽게 수정된다.

전략적 민첩성의 주요 속성은 다음과 같다.

- 전략 대신 목적에 집중한다 ― 전략을 종이 한 장에 모두 서술하고, 3가지 핵심 아이디어에 집중하며, 세부내용이 아닌 큰 틀을 이해한다.
- 경쟁자 대신 고객에 집중한다 ― 약간의 차별화 대신 고객에 대한 통찰을 중요시하고, 저렴한 가격 정책 대신 문제 해결에 집중하며, 시장 점유율을 늘리는 것 대신 성장에 집중한다.
- 역량 대신 기회에 집중한다 ― 과거가 아닌 미래에 주목하고, 무엇을 해왔느냐 대신 무엇을 할 수 있느냐에 집중하며, 도움을 얻을 수 있는 파트너를 찾는다.
- 체계 대신 사람에 집중한다 ― 직급과 직위가 아닌 사람과 개성에 대해 생각하고 더 많은 것을 성취해 내는 작은 팀의 힘에 주목한다.
- 프로세스 대신 성과에 집중한다 ― 사람들에게 창의적으로 문제를 해결할 여유를 제공하고, 단순한 동조가 아닌 더 좋은 성과를 내는 데 최선을 다하게 한다.

민첩한 기업은 유동적이다. 그래서 갈팡질팡할 수 있지만 자유롭다. 민첩한 조직은 일종의 복잡한 적응 시스템이다. 분산된 조직구조를 갖추고, 네트워크를 기반으로 생태계를 형성하고, 각각의 팀이 독자적 권한과 자율성을 지닌다. 모든 팀이 독자적으로 존재하지만, 전체 시스템을 이해하려고 애쓸 필요가 없다. 부분이 모여 전체가 될 때의 강점은 표준화와 조직의 연결성이 아닌, 다양한 인간관계와 프로젝트의 상호 연결성에서 창출된다.

알리바바, 바이두, 하이얼, 슈퍼셀Supercell, 위키피디아Wikipedia 그리고 알카에다Al Qaeda에 이르는 조직은 체계화를 부정하고, 혼란스럽게 느껴질 수 있으나 독자적으로 움직이는 수많은 부분으로 존재하는 방식을 선택했다. 실제로 혹자는 민첩한 조직은 '혼란의 가장자리에서' 움직인다고 말한다.

감정적 민첩성을 추구하라

하버드 대학교 심리학자 수잔 데이비드Susan David는 저서《감정적 민첩성Emotional Agility》에서 '낙관에서 벗어나고 변화를 받아들이면서 이 세상과 인생에서 승승장구하는 방법'을 소개한다. 그녀는 감정적 민첩성이 IQ나 EQ보다 더 중요할지도 모른다고 말한다. 그녀는 감정적 민첩성을 '인생의 우여곡절을 헤쳐나가며 자기 자신을 인정하고 미래 지향적이고 개방적인 사고를 하도록 돕는 프로세스'로 묘사한다.

감정적 민첩성은 호기심과 용기를 갖고 변화, 불확실성 그리고 모호성을 직접 해결하는 능력이다. 스스로에게서 한 걸음 물러나서 '체스판 위에 놓여있는 많은 말 중 하나가 아닌, 수많은 말이 놓여있는 체스판 자체를' 자기 자신으로 바라봐야 한다. 그리고 감정적 민첩성은 자신의 욕구와 가치 그리고 목적에 솔직해지는 것이다. 어떤 난관에도 굴하지 않고 모험이 펼쳐지는 동안 에너지와 추진력을 유지해나가는 것이다.

감정적 민첩성을 기르는 4가지 방법이 있다.

- 변화를 마주한다 — 판단하지 않고 자신의 감정을 있는 그대로 받아들인다. 감정에 과도하게 영향을 받지 않고, 그 감정들을 데이터 포인트로 활용한다. 이렇게 하면 사신에게 영향을 미치는 요인들을 더 잘 관리하고 불안정한 상황과 마주해도 평정심을 유지할 수 있다.
- 한걸음 물러난다 — 자신과 자신의 감정들을 비인격화한다. 가령, '나는 슬퍼'라고 말하기보다 '나는 내가 슬픔을 느끼고 있음을 알아차렸어'라고 생각하는 것이다. 이렇게 하면 그런 감정이 생긴 원인과 그것으로 인해 취하는 행동을 더 논리적으로 이해할 수 있다.
- 통제권을 갖는다 — 무엇을 선택하고 어떤 태도를 보이고 어떻게 행동할지를 결정하는데 자신의 가치를 활용한다. 이를 위해서 우선 자신이 무엇을 가치 있게 생각하는지, 다시 말해서 자신의 신념과 우선순위부터 분명히 이해해야 한다. 이렇게 하면 변화를 헤쳐나갈 자신만의 나침반을 갖게 된다.
- 앞으로 나아간다 — 변화는 여러 가지 모습으로 나타난다. 약간의 변경일 수도 있고, 급진적인 도약일 수도 있다. 약간의 변경은 습관이 되고 새로운 일상이 된다. 소소한 변경들이 모여서 진보

를 만들어내고, 그 효과는 갈수록 커진다. 이런 변화는 일회적인 극적인 변화보다 견디기 쉽다.

궁극적으로 변화를 긍정적으로 포용하려면 성장형 마음가짐이 필요하다. 변화를 자신에게 유리한 것으로 만들 강한 정신력이 요구된다. 변화를 외부의 힘에 휘둘리는 것으로 받아들이기보다는 기업과 자신을 성장시킬 기회로 받아들여야 하며, 가장 에너지 넘치는 방식으로 받아들여 활용할 수 있는 능력을 키워야 한다.

어떻게 전환 코드를
혁신할 것인가?

◇ **생각해볼 문제 5가지**

- 전환 – 지속해서 의미 있는 변화를 만들어낼 준비가 되었는가?
- 양손잡이 – 균형 있게 핵심영역을 활용하고 변두리를 탐구하는가?
- 지속가능성 – 긍정적 영향력을 만들어내는 순환 경제를 추구하는 기업은 어떻게 될까?
- 전략적 민첩성 – 빠르게 변화하기 위한 욕구, 유연성과 에너지를 기르고 있는가?
- 감정적 민첩성 – 개인적으로 지속적인 변화를 포용할 수 있는가?

◇ **영감을 주는 리더 5명**(http://www.businessrecoded.com 참조)

- 아마존의 제프 베저스 – '첫날'만 존재하는 가차 없는 변혁을 추구하는 리더
- 디즈니의 밥 이고르Bob Igor – 디즈니 플러스부터 슈퍼 영웅의 영화까지, 평생 변화를 추구하는 리더

- 핑안의 제시카 탄Jessica Tan - 보험시장뿐만 아니라 주변 시장을 변혁하는 리더
- DBS의 피유시 굽타Piyush Gupta - '세상에서 가장 혁신적인 은행'을 보이지 않게 만든 리더
- 에코알프Ecoalf의 자비에르 가이네체Javier Guyeneche - 플라스틱병과 어망으로 업사이클링하는 패션 리더

◇ 읽을 만한 책 5권

- 스콧 앤서니의《이중 변혁Dual Transformation》
- 앤드류 맥아피의《덜 써서 더 많이 이뤄내라More from Less》
- 수잔 데이비드의《감정적 민첩성Emotional Agility》
- 윌리엄 맥도너William McDonough의《요람에서 요람까지Cradle to Cradle》
- 안토니오 니에토-로드리게스의《프로젝트 혁명The Project Revolution》

◇ 더 살펴볼 기관 5개

- 이노사이트Innosight
- 전략 툴Strategy Tools
- 브라이트라인 이니셔티브Brightline Initiative
- 미래 포럼Forum for the Future
- 엘렌 맥아더 재단Ellen Macarthur Foundation

AWESTRUCK

리더십 코드를
혁신하라

"미래를 창조할 용기가 있는가? 그렇다면 좋은 관리자가 아니라 비범한 리더가 되어라."

경이로움Awestruck은 경외심으로 가득 차서 그것이 타인에게 드러나는 감정이다. 경외심은 바이킹 문화에 기원을 두고 있는데, 공포와 경탄을 모두 뜻한다. 경외심은 감동과 영감을 받아 너무나 위대하고 인상적이어서 감히 접근할 엄두를 낼 수 없는 무언가가 사람들의 마음을 움직이는 것이다.

여기 비즈니스 리더들을 위한 영감의 표현이 있다.

- 버락 오바마Barack Obama는 "다른 사람이나 다른 시간을 기다리고만 있다면, 변화는 오지 않는다. 우리가 기다리던 사람은 바로 우리 자신이다. 우리가 찾던 변화는 바로 우리 자신이다."라고 말했다.
- 피터 드러커는 "리더십은 당신의 비전을 더욱 높은 곳으로 들어 올리고, 당신의 성과를 더욱 높은 수준으로 올리고, 정상적인 한계를 넘어서는 당신의 능력을 만들어낸다."라고 말했다.
- 사라 블레이클리Sara Blakely는 "모른다고 주눅 들지 마라. 그것이 당신의 가장 큰 힘이 될 것이고 다른 사람과 다르게 일하도록 만들 것이다."라고 말했다.
- 스티브 블랭크Steve Blank는 "위대한 기업가의 DNA는 리더십, 기술적 비전, 검소함 그리고 성공에 대한 욕구로 구성된다."라고 말했다.
- 넬슨 만델라는 "용기는 두렵지 않은 것이 아니라, 그 두려움을 이겨내는 것이다. 용감한 사람은 두려워하지 않는 사람이 아니라, 그 두려움을 극복하는 사람이다."라고 말했다.
- 마야 안젤루Maya Angelou는 "사람들은 당신이 무슨 말을 했는지 잊을 것이다. 사람들은 당신이 무슨 일을 했는지 잊을 것이다. 하지만 사람들은 당신이 어떤 기분을 들게 했는지는 잊지 않을 것이다."라고 말했다.
- 스티브 잡스는 "당신의 시간은 한정되어 있으니, 다른 누군가의 삶을 살면서 시간을 허비하지 마라. … 용기를 갖고 당신의 마음과 직관을 따라가라."라고 말했다.

- 마윈은 "절대 포기하지 마라. 오늘은 힘들고, 내일은 더 힘들 것이다. 하지만 모레는 따뜻한 햇볕이 비추리라."라고 말했다.

당신은 미래를 어떻게 이끌어 가겠는가?

CODE

코드 43

미래를 이끌
준비를 하라

"리더십은 사람, 조직, 아이디어와 브랜드의 잠재력을 강화한다. 리더십에는 비전형 리더십과 섬김형 리더십, 거래형 리더십과 변혁형 리더십, 그리고 촉매형 리더십과 코치형 리더십이 있다."

《투자의 모험What it Takes》은 세계 최대 투자회사인 블랙스톤의 공동 창립자이자 CEO인 스티브 슈워츠만Steve Schwarzman의 회고록이다. 스티브 슈워츠만은 필라델피아에서 커튼을 판매하는 집안에서 태어났다. 그의 아버지는 상점 하나에 만족했지만, 그는 아니었다. 그에게는 더 큰 야망이 있었다. 고등학교에 다닐 때부터 그는 최고의 브랜드를 만들고 싶었다. 그는 대학 졸업 후 인턴으로 리먼에 합류했고, 그곳에서 금융을 배우면서 자신의 진짜 강점을 발견했다.

1985년, 그는 친구 피트 패터슨Pete Peterson과 함께 블랙스톤을 설립했고 5,000억 달러의 자산을 관리하는 세계적인 투자회사로 키워냈다. 스티브 슈워츠만은 오늘날의 복잡하고 불확실한 세상에서 리더는 분명한 목적, 크게 생각할 용기, 인공지능의 심오한 영향을 실현할 용기를 지녀야 한다고 믿는다. "작은 일을 해내는 것만큼 큰일을 해내는 것도 쉬운 일이다."

스티브 슈워츠만은 리더는 옳다고 생각하는 순간, 행동할 자신감과 용기를 반드시 지녀야 한다고 믿는다. 성공한 리더는 다른 사람들이 경계할 때 위험을 받아들이고, 모두가 얼어붙어 옴짝달싹 못 할 때 과감하지만 현명하게 행동한다. 이것이 그가 리더임을 보여주는 표식이다. "당신이 성공하기 위해서는 자신이 있어서는 안 될 상황에 일부러 몰아넣어야 한다. 당신은 자신의 어리석음에 혀를 내두르지만, 결국 이것이 당신이 원하던 것을 가져다줄 것이다."

리더십은 무엇인가

2030년이 되면 전 세계적으로 노동자가 35억 명에 육박할 것이고, 그중 절반은 자영업자일 것이다. 사람들이 한 조직에서 대략 10명씩 팀을 이뤄 일한다고 가정하자. 10년이 지나면 리더라 불리는 사람은 대략 2억2천만 명에 이르게 될 것이고, 많은 사람이 가상의 방법으로 협업하여 팀을 이끌 것이다. 하지만 대부분 조사에 따르면, 현재 리더들은 힘겨워하고 있다.

절대다수의 직원이 감독관과 관리자가 없어도 더 잘하진 못하더라도 주어진 자신의 업무를 잘 해낼 수 있다고 생각한다. 갤럽의 조사에 따르면, 이렇게 응답한 비율이 80%에 이른다. 그러나 오직 15%만이 자신의 업무에 진정으로 몰입한다고 응답했고, 많은 사람이 관리자가 직장을 그만두는 주요 원인의 하나라고 답했다.

물론 '관리하는 것'은 '이끄는 것'과는 다르다. 관리한다는 것은 일반적으로 과업을 완료하기 위해서 통제력이 행사된다는 의미다. 반면에 이끄는 것은 사람들이 목표 달성에 기여하고, 더 많은 일을 성취하도록 영향을 주고, 동기를 부여하고, 돕는 것이다. 관리자는 일을 옳게 하지만, 리더는 옳은 일을 한다. 관리자는 효율을 달성하는데 유용한 방법에 집중하지만, 리더는 효율을 내야 하는 목적에 집중한다. 관리자는 고개를 숙이지만, 리더는 고개를 든다.

조직에서는 누구나 리더가 될 수 있다. 하지만 모든 리더가 관리자는 아니며, 관리자는 리더가 될 필요가 있다. 그렇다고 모두가 리더로 태어나지는 않는다. 하지만 누구나 리더가 될 수 있다. 리더십은 주어지는 것이 아니라 당신의 선택이다. 리더십은 직책, 권위 혹은 재능이 아니다. 리더십은 자신감을 느끼는 것에서 시작된다. 스스로 믿는 비전을 세우고 앞으로 나아갈 용기를 갖는 데서 리더십이 시작된다. 다른 사람들을 이 여정에 참여시키고 스스로 다른 사람들이 기대하는 변화가 되는 데서 리더십이 시작된다.

리더는 미래를 창조한다

나와 공동 저자들은 《더 컴플리트 CEO》를 쓰면서 실제로 리더십을 정의할 만한 리더십을 갖춘 CEO가 거의 존재하지 않는다는 사실을 깨달았다. 대체로 리더는 자신의 지위와 그 지위에 따르는 책임을 조직의 위계질서 안에서 설명해냈다. 하지만 조직을 이끈다는 것이 무엇을 의미하는지 제대로 설명해내는 사람은 거의 없었다. 나는 그들에게서 영감과 영향력, 비전과 방향성, 지지와 정렬에 관한 말을 들었지만, 그들의 말에는 일관성이 거의 없었다.

야후 CEO였던 마리사 메이어Marissa Mayer는 '리더십은 오늘보다 더 좋은 성과를 낼 더 좋은 미래를 믿도록 돕는 것'이라고 정의한다. 2018년, DDI의 글로벌 리더십 전망Global Leadership Forecast에 따르면, 리더의 42%만이 조직 내 리더십 수준이 전반적으로 높다고 생각했다. 하지만 겨우 14%만이 자신들의 뒤를 이을 '유능한' 차세대 리더가 많다고 응답했다. 대부분의 스포츠팀은 필요하면 언제든지 경기에 투입할 수 있는 예비 선수를 최소한 주전 선수의 2배로 확보한다. 2015년의 리더십 개발에 관한 또 다른 DDI 보고서에 따르면, 조직원의 71%가 자신의 리더가 조직을 미래로 이끌 준비가 되어있지 않다고 말했다.

데이브 울리히Dave Ulrich는 《리더십 코드The Leadership Code》에서 리더십에 관한 최고의 이론, 모델, 능력을 소개하고 포괄적으로 리더십의 역할을 다음의 5가지로 요약했다.

- 전략가 — 미래를 창조하는 리더
- 실행가 — 무언가 실제 일어나게 만드는 리더
- 인재 관리자 — 오늘의 인재와 소통하는 리더
- 인적자원 개발자 — 차세대 리더를 육성하는 리더
- 자기 개발자 — 자기 자신의 성장에 투자하는 리더

나는 데이브 울리히를 잘 안다. 이스탄불에 함께 있을 때, 그는 무대 위에서 나에게 자신의 넥타이를 풀어서 줬던 사람이다. 그는 이 세상에서 가장 비즈니스 중심적인 리더십을 발휘하는 사람이고, 대부분 시간을 리더와 비즈니스 전략을 논의하는 사람이고, 가치를 창출하는 데 리더의 영향력을 발휘하는 방법을 논의하는 데 쓰는 사람이다.

하지만 그는 리더십에 관한 너무나도 많은 아이디어가 존재하고, 리더십 개발이 외부와 단절된 채 논의되고 진행된다고 말한다. 리더십에 관한 논의도 사람, 팀, 조직을 이끌 때 리더십의 역할에 치우치는 경향이 있다. 물론 이것도 중요하다. 하지만 데이브 울리히는 리더가 답해야 할 가장 중요한 질문은 '우리는 어디로 가고 있는가?'라고 주장한다. 오늘날 조직에는 그 어느 때보다도 앞을 내다보는 리더가 필요하다.

전통적인 의미에서 전략가는 많은 시간을 들여서 시장을 분석하고 객관적인 데이터와 자료를 바탕으로 계획을 수립하는 사람이다. 리더가 이러한 전통적인 전략가가 될 필요는 없다. 리더의 전략적 기여는 조직이 앞으로 나아갈 수 있는 상황을 조성하는 것이다. 예를 들어, 분명한 목적을 정의하고 미래에 대한 비전을 제시하며 가능성을 확장하고 포부와 중요한 선택과 방향성을 분명히 밝히는 것이다.

기업의 성과는 리더가 이것을 얼마나 잘 해냈느냐에 대한 평가다. 워런 버핏은 상장 기업의 CEO는 합법적으로 주주들에게 수익을 안겨다 줄 책임이 있음을 상기시킨다. 하지만 그도 수익이 단지 금전적 성과 이상의 것을 의미한다는 데 동의한다. 가치 창출은 모든 이해관계자를 진보에 참여시키는 프레임워크다. 여기서 리더는 금전적 결과에 집착해선 안 된다. 목적을 규명하고 조직이 더 나은 방식으로 더 많은 일을 해내도록 도덕적 나침반이 되어주어야 한다.

리더는 아이디어로 사람들에게 영감을 주고, 무엇이 옳은가에 대한 사람들의 사고에 영향을 미치고, 행동을 통해 발휘되는 영향력을 통해서 힘을 얻는다. 이것은 지위, 경험과 전문성에서 나오는 리더의 오래된 힘과는 완전히 다른 힘이다. 명령과 통제에 기반을 둔 리더십 대신, 리더는 다음의 역할을 해야 한다.

- 촉매자 — 리더는 중요한 질문을 던지고, 에너지를 주입하고, 긴박감을 불어넣고, 통찰과 목표에 집중하여 조직을 자극하고 확장한다.

- 전달자 — 리더는 사람들에게 귀를 기울여 소통하고, 공감과 신뢰를 형성하고, 함께 더 좋은 미래를 창조하며, 목적과 비전과 방향성을 명료하게 표현한다.
- 연결자 — 리더는 아이디어, 사람, 활동과 파트너를 연결한다. 학습과 협업을 권장하고 혁신을 위해 새로운 역량이 발휘되도록 돕는다.
- 코치 — 리더는 지시하기보다는 지지한다. 더 좋게 생각하고 행동하고 결과를 내놓도록 사람들에게 힘이 되어준다. 그리고 자신감을 가질 수 있도록 격려한다.

누군가 리더를 '증폭자'라고 정의했다. 나는 이 정의가 마음에 든다. 리더는 사람들의 잠재력을 증폭시킨다. 그리고 조직과 이해관계자의 잠재력도 증폭시킨다. 리더는 무언가를 추구할 여유를 만들어내고, 영감과 영향력을 통하여 '그것이 이룰 수 있는 목표'라는 믿음과 자신감을 키워준다. 증폭은 성공 역량을 강화하여 개인적이고 조직적으로 잠재력을 혁신하는 것이다.

리더는 목적의식이 있는 사람이다

다농은 에마누엘 파베르의 리더십 아래서 혁신을 추구해왔다. 그는 새로운 목적의식과 이해관계자에 대한 새로운 책임감으로 지속가능성을 추구하는 사회적 기업으로 다농을 새롭게 전환했다. 이처럼 기업이 '무엇을' 하느냐 만큼 '어떻게' 하느냐도 중요하다. 그리고 리더가 조직을 이끄는 방법 또한 중요하다. 돌파구가 될 결과는 오로지 사람들이 자신의 잠재적인 리더십을 드러내고 발휘할 때 얻어질 수 있다.

다농의 리더십은 기업의 가치와 신념에 생명을 불어넣은 'CODES'
로 축약된다. 이 5가지 행동으로 이뤄진 CODES는 채용부터 개발, 성
과와 보상까지 다농 조직문화의 모든 것을 정의한다.

- C ─ 의미 있는 미래를 창조한다Create a meaningful future 현상에 이의를
  제기하고 돌파구를 가져다줄 아이디어를 생각해낸다. 매일은 새
  로운 가능성과 신나는 일로 가득한 새로운 모험이 될 수 있다. 여
  기에는 자기 자신, 팀과 동료 모두를 위한 목적의식이 필요하다.
- O ─ 조직 안팎의 연결성을 받아들인다Open connections inside and out
  새로운 사고방식과 신선한 관점을 받아들인다. 조직 안팎으로
  네트워크를 개발하고, 모든 단계에서 상호작용하고, 모든 이해
  관계자를 이해하기 위해서 신뢰를 구축하고, 미래의 제품을 디
  자인한다.
- D ─ 지속가능한 결과를 추구한다Drive for sustainable results 속도와 민
  첩성의 문화를 만든다. 개인들이 자신의 재능을 자유롭게 표현하
  고 발휘하고, 기업과 소비자와 지역사회를 위한 가치를 지속해서
  창출하는 진보를 주도한다.
- E ─ 자신과 다양한 팀에 권한을 이양한다Empower yourself and diverse
  teams 리더십은 조직의 사소한 일까지 관리하는 것이 아니다. 지지
  와 자유를 적절하게 혼합하여 팀이 독자적으로 움직일 수 있도록
  돕는다. 사람들이 자신만의 독특한 아이디어와 개성을 표현하도
  록 돕고 집단적인 성과를 육성한다.
- S ─ 자각한다Self-aware 자신의 강점과 자기계발의 필요성을 분명

히 인지하는 것은 배움과 성장에 필수적이다. 한걸음 물러날 때
와 다른 사람에게 도움을 청할 때를 깨달아서 자기 균형을 유지
해야 한다.

더 많은 일을 해낼
용기를 가져라

"최고의 리더는 미래에 의미를 부여하고 직접 만들어낸다. 그들은
적극적으로 미래를 구상하고 자신만의 비전에 따라 미래를 만들
어간다. 그리고 오늘 알고 있는 영역의 경계를 넘어서 미지의 세계
로 조직을 이끌 용기가 있다."

불교 승려 틱낫한Thich Nhat Hanh은 "지금까지 걸어온 여정 중에서 가장 긴 여정은 당신의 머리부터 가슴으로 가는 18인치의 여정이다."라고 말했다. GM CEO 메리 바라는 용감한 리더다. 그녀의 전임자들은 변하는 세계를 보지 못했고 비스니스 모델과 제품을 혁신하지 못했다. 심지어 GM의 북미 시장 점유율이 1970년대 50%에서 21세기에 약 15%까지 떨어졌는데도 말이다. 2008년 서브프라임모기지 사태로 시장이 붕괴하면서 GM은 파산을 선언했다.

메리 바라는 용기가 어떤 차이를 만들어낼 수 있는지 몸소 보여준 리더다. CEO가 되자마자, 그녀는 적대적인 상원 조사위원회에서 쉐보레 카마로Chevrolet Camaros의 점화 장치 오작동으로 인한 사망 사고에 대해 증언했다. 그녀는 변명하기보다 사고에 대한 책임을 모두 인정했다. 그리고 'GM의 문화적 문제들'이 이번 사태의 원인이라고 인정하기까지 했다. 그리고 메리 바라는 GM의 재정 중심의 낡은 조직문화를 미래를 위해 양질의 자동차를 만드는데 집중하는 역동적이고 책임 있는 조직문화로 완전히 바꿔나가기 시작했다.

용기로 한계를 넘어서라

애플은 아인슈타인과 피카소를 두고 "스스로 세상을 바꿀 수 있다고 생각할 정도로 미친 사람들이 진짜로 세상을 바꾼다."라고 말했다. 여기서 나는 '용기'를 '미친 사람들'의 진정한 자산이라고 덧붙이고 싶다. 내 사전에 따르면, 용기는 '괴로움, 고통, 위험과 불확실성에 맞서는 선택'이다. 그리고 도덕적 용기는 '대중의 반대에 맞서 올바르게 행동하는 능력'이다. 미래를 창조하려면 용기가 필요하다. 용기 있는 리더십은 모든 직원이 바라고 모든 기업에 필요한 리더십이다.

용기 있는 리더는 사람들의 길잡이가 되고, 직접 본보기가 되어 그들과 권력을 나누고, 모두에게 최고의 능력을 발휘하게 하여 맡은 일을 해낼 수 있다는 자신감을 심어준다. 당신은 미래를 창조할 용기가 있는가? 이 질문에 대한 답은 명확한 듯하다. 하지만 미래를 창조한다는 것은 오늘, 다시 말해서 오랫동안 해왔던 일과 여전히 좋은 결과를 내는 일을 과감히 포기한다는 의미다. 물론 위험을 완화하는 동시에 오늘의 성과를 내고 미래를 창조하는 방법이 있지만, 일반적으로 그것은 어려운 일이다.

용기 있는 리더는 자신에 대해 강한 신념을 갖고 있다. 미래는 여전히 분명하지 않지만, 우리는 자신의 선택을 믿어야 한다. 그것이 성공하면, 결과로 진보의 유산을 남기게 된다. 이것은 현상을 유지하는 것보다 훨씬 더 만족스러운 일이다. 용기의 형태는 다양하다. 용기는 자신이 충분히 용기 있는 사람인지 자문하는 데서 시작된다. 용기는 자신을 익숙하지 않은 환경에 드러낸다. 그리고 불편한 것을 받아들이고, 어려운 문제를 이해하고, 상황을 직시하고, '방 안의 코끼리'라고 부르는 '누구도 말하지 않는 커다란 문제'를 이해하고, 더 높은 수준을 추구하는 데 익숙해져야 한다.

용기는 대담함과 에너지를 요구하지만, 공감과 겸손도 필요로 한다. 다른 사람의 말을 주의 깊게 듣고, 자신의 취약성을 드러내고, 모르면 모른다고 말하고, 성공의 공을 타인에게 돌리고, 실패의 순간에 사람들을 후원하고, 실수를 인정하고, 필요하면 방향도 수정할 수 있어야 한다.

리더에게는 다음의 3가지 용기가 필요하다.

- 시도할 용기 ─ 이것은 첫 발걸음을 뗄 용기다. 처음으로 무언가를 하려면, 용기가 필요하다. 타성을 극복할 힘이 필요하고, 부끄러움을 이겨낼 용기가 필요하며, 한 번 해볼 배짱이 필요하다. 실패하거나 잘못하거나 완전히 놀라운 무언가를 해낼 수 있을지도 모른다.

- 신뢰할 용기 ─ 이 용기를 내려면 사람들에게 통제권을 넘겨줘야 한다. 리더로서 당신은 통제권을 직원들에게 넘겨주고 그들을 믿고 있음을 보여줄 용기를 지녀야 한다. 그들에게 통제권을 넘겨준다는 것은 당신이 그들을 신뢰하고 있음을 보여줄 뿐만 아니라, 당신이 하나부터 열까지 모든 일을 관리하지 않는다고 믿을 수 있게 한다.

- 말할 용기 ─ 당신의 신념과 아이디어를 열린 마음으로 확신하고 당당하게 말할 수 있어야 한다. 이것은 확신과 자신감을 느끼는 것이며, 직원들을 배려하는 태도다. 리더는 그냥 입을 꾹 다물고 가만히 앉아서 직원들의 의견에 동의나 부동의를 표현하는 사람

이 아니다. 진실을 말하고 말해야 할 것을 말하며 적극적으로 의사소통해야 한다.

용기 있는 리더는 진보를 가속하기 위해 다른 사람들이 따라올 무대를 마련한다.

약점을 인정하고 자신감을 가져라

브레네 브라운Brene Brown은 '용기는 리더가 자신을 따르는 사람들 앞에서 벌거벗은 채로 서서 모두에게 더 잘 해내야 한다고 선언할 수 있는 자신감'이라고 저서 《리더의 용기》에서 말했다. 브레네 브라운은 용기 있는 리더가 되는 데 가장 큰 장애물은 공포가 아니라고 말했다. 모두가 변화, 복잡성, 불확실성을 두려워한다. 중요한 것은 어떻게 공포를 처리하느냐이다. 공포로부터 자신을 지키기 위해서 방패를 번쩍 들어 올릴 것인가, 아니면 공포에 당당히 맞설 건인가? 브레네 브라운은 방어 기제가 많은 리더의 용기를 제한한다고 말했다. 그들은 행동보다 자신의 이미지에 더 신경을 쓰고, 일을 더 잘 해내는 것보다 옳다는 일을 하는 데에 더 신경을 쓴다.

브레네 브라운은 용기를 키우는 4가지 방법을 소개했다.

• 약점을 인정한다 — 결과를 통제할 수 없다고 할지라도 참여할 용기를 가져야 한다. 마음을 터놓고 사람들과 어려운 대화를 시작할 수 있어야 한다.

- 가치를 고수한다 — 논란이 많은 주제에 대하여 강한 의견을 피력해야 하거나, 행동으로 자신의 신념을 보여줘야 하는 사항이라도 신념대로 해낸다.
- 사람들을 신뢰한다 — 다른 사람을 신뢰하는 첫 번째 사람이 된다. 취약하지만 용기를 내서 사람들에게 적절한 신뢰감을 보여준다. 그러면 그들도 당신을 신뢰할 것이다.
- 당당히 맞선다 — 공포나 실패에 맞서야 한다. 세상일이 계획대로 진행되지 않을 때, '성장 마음가짐'을 활용하여 주저하지 말고 더 잘 해내리라고 다짐한다.

멀리 내다보기 위해서는 벌떡 일어서야 하지만, 행동하기 위해서는 앞으로 나아가야 한다. 하지만 미래는 많은 사람에게 두려움을 심어준다. 왜냐하면, 미래에 대하여 아는 것이 아무것도 없기 때문이다. 사람들은 모르는 상태를 좋아하지 않는다. EY의 최근 조사에 따르면, CEO의 54%가 불확실성을 미래를 창조하는데 가장 큰 걸림돌이라고 말했다. IBM에 따르면, 41%의 조직 리더가 오늘날 불확실한 세계에서 비즈니스 전략을 잘 이행하고 있다고 응답했다.

우리는 불확실성과 그것이 제공하는 기회를 모두 포용해야 한다. 우리는 지금까지 정확한 지식과 과거를 근거로 한 자세한 분석결과에 의존해왔다. 우리는 정확성을 근거로 결정을 내리고, 위험을 최소화하고, 효율을 최대화하기를 선호한다. 불완전한 정보와 높은 불확실성 그리고 그로 인한 훨씬 높은 위험과 마주하면 우리는 그 자리에 얼어붙어 버린다. 도대체 우리가 무엇을 할 수 있을까?

- 일단 시작한다 — 도전에 응하지 않고는 그 도전이 무엇인지 절대

이해할 수 없을 것이다. 그러니 어딘가에서 시작하는 편이 훨씬 좋다. 일단 시작해서 상황을 이해해야 한다. 실제로 문제를 이해하는 것이 의사결정에서 가장 큰 부분을 차지한다.

- 모른다는 사실을 인정한다 ─ 모든 데이터를 가질 수는 없다. 그러니 선택지와 선택에 따르는 결과를 살펴보고, 주어진 상황에서 최대한 그것들을 평가해야 한다.
- 가능한 최고의 선택을 한다 ─ 완벽한 결정은 없다. 올바른 답도 없으며, 많은 결정에는 장단점이 있기 마련이다. 옳은 선택이라고 60% 자신할 수 있으면 좋은 것이고, 80% 자신한다면 금상첨화다.

엘레나 보텔로Elena Botelho와 킴 파월Kim Powell은 CEO 게놈 프로젝트를 시작했다. 그들은 리더들이 어떤 특징을 공통으로 지녔는지 알고 싶었다. 그들은 사람들이 리더십으로 이어진다고 믿었던 길들이 오늘날의 세상에서는 사실상 그릇되었다는 사실을 발견했다. 사람들은 리더가 조직에서 가장 야심 있는 사람이라고 생각할지 모른다. 하지만 CEO의 70% 이상은 은퇴할 때가 눈앞에 다가올 때까지도 조직의 최고자리를 노리지 않았다. 사람들은 일류 대학교 졸업장이 리더라는 자리를 안겨준다고 생각한다. 하지만 리더의 6%만이 일류 대학교를 졸업했고, 심지어 8%는 고등교육을 전혀 받지 않았다.

대부분 리더는 인생을 살면서 어떤 형태로든지 나름대로 역경을 극복해왔다. 이것이 '완벽한' 이력서를 만들어주지 않을지는 몰라도, 진짜 세상에서 조직을 더 잘 이끌도록 그들을 준비시켰다. 우리는 성장과정에서, 이전 직장에서, 개인적인 삶에서 역경을 마주하게 된다. 바로 이런 순간에 자신의 힘을 드러내고, 무엇보다도 그 역경을 극복할 용기를 내야 한다. 이런 순간이 우리에게 허기를 느끼게 하지만, 투지와 용기도 가져다준다.

리더는 확신과 자신감을 가져야 한다. 리더에게는 끊임없이 결정해야 하는 순간들이 밀어닥친다. 전략적인 결정을 내려야 하는 순간도 있으며, 많은 경우에는 전술적인 결정을 내려야 한다. 물론 자신이 이끄는 사람들에게 힘을 나눠주는 것도 중요하다. 하지만 일이 잘못되었을 때, 그 책임은 리더에 있다. 리더는 결단력이 있고 믿을 수 있어야 한다. 리더는 적응력이 있어야 하고 대담해야 한다.

많은 리더가 막힘없이 말을 잘 하고, 사람들과 잘 소통하고, 고객에게 집중하고, 사람을 믿어주고, 수익이 나는 성장을 추구해야 하는 당위성에 관하여 옳게 말할 수 있다. 하지만 용기 있는 리더들은 여기서 멈추지 않고 훨씬 더 많은 일을 해낸다. 그들에겐 다음의 용기가 있다.

- 사람들이 새로운 수준에 도달하도록 영감을 줄 용기
- 현상에 이의를 제기할 용기
- 알지 못하는 것이 많더라도 중요한 결정을 내릴 용기
- 이전에 시도하지 않았던 분야에서 또는 새로운 방법으로 혁신할 용기
- 빠르고 단호하게 행동할 용기
- 어려운 대화를 시작할 용기
- 책임을 지고 다른 사람의 말에 귀를 기울일 용기
- 개방적이고 솔직해지고 실수를 인정할 용기
- 마땅한 곳에 공을 돌릴 수 있는 용기

리더는 저항을 덜 받는 길을 선택할 수 있다. 그리고 현상을 유지하고 평지풍파를 일으키지 않을 수 있다. 그들은 문제를 진짜로 해결하지 않고 일시적인 해결책만을 내놓을 수 있고, 오직 작은 변화만을 추구하고 전략적인 위험을 회피할 수 있다. 그리고 리더는 조직 내에서 정치하면서 남 탓만을 하고, 두둑한 연금을 기대하며 임기를 마무리할 수 있다. 하지만 그들은 변화가 가차 없이 발생하는 세상에서 이렇게 행동하면 자기 자신과 조직이 조용한 침체, 다시 말해서 사양길을 걷게 될 것도 알고 있다.

자신만의 리더십을 개발하라

"리더십에는 다양한 모델이 있다. 영감을 주는 리더십, 겸손한 리더십, 민주적 리더십, 전제적 리더십이 그것이다. 가장 중요한 것은 자신에게 가장 잘 맞고 조직을 가장 잘 이끌 리더십 모델을 찾는 것이다."

인디텍스Inditex의 CEO 파블로 이슬라Pablo Isla는 패스트패션업계를 호령하는 왕이다. 그는 스페인 사람이고 겸손한 리더다. 스포츠 코치처럼 직원들의 잠재력을 알아보고 그들을 모두 스타로 만드는 것이 자신의 역할이라 생각한다. 첫 만남에서는 파블로 이슬라가 세계의 영향력 있는 CEO로 보이지 않을지도 모른다. 그는 조용하고 잘난 척하지 않는다. 하지만 스페인 패션 대기업 인디텍스의 리더로서 그런 점이 그의 장점이다. 12년 동안 자라Zara부터 망고Mango까지 유명 브랜드를 보유한 인디텍스에서 일하면서, 그는 기업 가치를 12배 높였다. 그리고 하루에 매장 하나를 여는 것에 맞먹는 속도로 전 세계로 사업을 확장했다. 그는 이렇게 인디텍스를 스페인에서 가장 가치 있는 기업으로 만들었다.

파블로 이슬라의 우선순위는 통합과 효율의 극대화였다. 첫째, 인디텍스는 기술과 매장의 장점만을 결합한 단일 채널을 통해서 쇼핑 경험을 소비자들에게 제공한다. 둘째, 인디텍스는 공급망을 통합하여 변화하는 패션 트렌드에 빠르게 대응한다. 대부분 직원은 파블로 이슬라의 리더십 스타일을 겸손이라는 한 단어로 설명한다. 그는 어떤 식으로든 위계질서를 중요하게 생각하지 않는다. 그는 회의를 싫어하고 자존심을 경멸한다.

대신에 그는 걸으면서 형식에 구애받지 않고 결정을 내리는 것을 좋아한다. 그는 심지어 개점 행사에도 거의 참석하지 않는다. 관심이 매장과 그의 직원들에게 집중되기를 바라기 때문이다. 파블로 이슬라는《하버드 비즈니스 리뷰Harvard Business Review》와의 인터뷰에서 "인디텍스의 강점은 어느 개인이 아닌 모두의 조화다. 우리는 주목받지 않고 겸손한 기업이 되려고 노력한다. 하지만 우리는 매우 야심이 있다."라고 말했다.

"자라에서 50달러로 저렴하지만, 최신 유행하는 디자인의 하이힐을 살 수 있기를 바라는 삼재고객은 자신이 사는 동네에 사라 매장이 들어섰다는 소식을 듣기를 원하지, 어떤 특권을 가진 임원이 자라를 어떻게 통제하는지 듣기를 원하지 않는다." 그는 전 직원 중에서 매장에 진열할 제품을 직접 선택할 수 있는 일선 매장 관리자들의 역할을 강조한다. 그는 그들을 그 매장에서 자신이 섬기고자 하는 사람들이라고 생각한다.

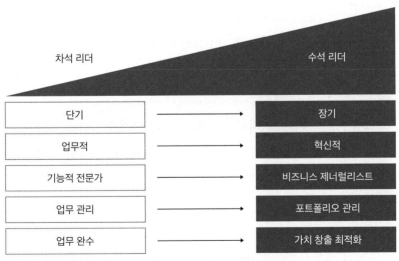

그림 7.1 리더십에 관한 시각의 변화

위대한 리더는 어떻게 성장하는가

승진하면 조직에서 맡게 되는 역할도 변한다. 기술적 역할은 기능적 역할로, 전술적 역할은 전략적 역할로 변한다. 이런 역할 변화에는 관점과 책임의 변화도 수반된다.

- 단기에서 장기
- 업무적 리더에서 혁신적 리더
- 기능적 전문가에서 비즈니스 제너럴리스트
- 업무 관리에서 포트폴리오 관리
- 제한된 이해관계자에서 복수의 이해관계자
- 업무 완수에서 가치 창출 최적화

사람들은 리더십이 단 한 가지라고 생각할지도 모른다. 하지만 조직에서 승진하면서 리더십 스타일은 달라진다. 1970년대 월터 말러 Walter Mahler는 GE의 리더십 행동과 위계를 바탕으로 리더십의 통과의례 6단계를 정의했고, 조직에서 리더들이 마주하는 '중요한 교차로'에 주목했다.

그림 7.2는 7가지 '리더십 단계'와 하나의 단계에서 다음 단계로 이어지는 '통과의례' 6가지와 다음 단계로 넘어가는 데 필요한 기술과 마음가짐의 변화를 보여준다.

- 자기 자신을 이끄는 리더 — 신뢰를 구축하고 결과를 내는 업무역량과 전문성으로 움직이는 개별 기여자이자 전문 직원이다.

전환 1. 기술에서 협업, 업무 진행에서 업무 완수로 이동한다.

- 다른 사람을 이끄는 리더 ─ 작은 팀이나 프로젝트의 리더다. 직원을 고용하고, 성장시키고, 갈등을 해결하고, 힘을 직원들에게 나눠주고, 문화적 차이에 적응시킨다.

  # 전환 2. 개인적 목표에서 팀 목표를 이끌고, 기획에서 코칭으로 역할이 바뀐다.

- 관리자를 이끄는 리더 ─ 리더는 트레이드오프와 정치 행위를 중재하고, 문제를 해결하고, 협상을 주도하고, 위험을 감수하고, 소통하면서 팀을 통합한다.

  # 전환 3. 활동을 주도하다가 기능적인 전략을 수립하고, 과업을 다루다가 복잡성을 다루게 된다.

- 기능조직 리더 ─ 자원을 정렬하고, 본보기가 되고, 변화와 혁신을 주도하고 실행하며, 분사된 팀들을 관리한다.

  # 전환 4. 현재 사고에서 미래 사고로 바뀌고, 비용 중심 사고에서 수익 중심 사고로 전환한다.

- 비즈니스 리더 ─ 비전을 개발하고, 단기 목표와 장기 목표의 균형을 맞추고, 조직과 조화를 이루고, 기능을 넘나들며 일하고, 새로운 비즈니스 모델을 탐구한다.

  # 전환 5. 비즈니스 관리에서 비즈니스의 전략적인 포트폴리오를 관리하기 시작한다.

- 그룹 리더 ─ 사업부를 넘나들며 실적을 관리하고, 오늘과 내일을 위해서 행동하고, 변화와 혁신의 촉매가 되며, 새로운 모험과 혁신을 도모한다.

  # 전환 6. 내부 이해관계자들과 소통하다가 외부 이해관계자들과 마주하고, 전체 시스템을 관리한다.

- 기업 리더 — 최고 경영자다. 모든 이해관계자와 소통하고, 방향을 잡고, 오늘과 미래를 위해 리더십 팀을 만들고, 문화를 만들고, 명성을 쌓는다.

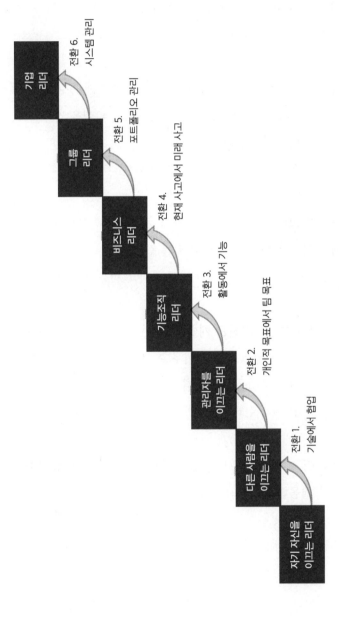

그림 7.2 7가지 리더십 단계

전환 1. 기술에서 협업

전환 2. 개인적 목표에서 팀 목표

전환 3. 활동에서 기능

전환 4. 현재 사고에서 미래 사고

전환 5. 포트폴리오 관리

전환 6. 시스템 관리

자기 자신을 이끄는 리더

다른 사람을 이끄는 리더

관리자를 이끄는 리더

기능조직 리더

비즈니스 리더

그룹 리더

기업 리더

때가 되면 리더는 더 큰 책임을 떠맡게 된다. 그리고 리더의 역할은 맡은 도전과제, 책임 범위와 직면한 복잡성에 따라 커진다. 리더는 전진하면서, 다른 사람들이 효율적으로 업무를 수행하도록 두루 살펴야 한다. 이 과정에서 리더의 역할이 중요하다는 것을 배운다. 다른 사람들을 위해서 시간을 내고, 계획을 세우고, 의견을 조정하고, 조언해주는 것이 리더로서 해야 할 새로운 책임이라고 생각하게 된다.

리더십은 'T'자 형태로 진화한다고 할 수 있다. 기능을 중심으로 역할이 결정될 때까지의 리더십은 수직 방향으로 발휘된다. 하지만 어느 지점에서 리더의 역할은 더욱 넓고 교차적으로 변하면서 리더십이 수평적으로 발휘되어야 한다. 리더가 어느 영역의 전문가에서 일반적인 관리자로 변화하면, 리더의 역할은 모든 질문에 답을 제시해야 하는 것에서 옳은 질문을 할 수 있는 것으로 이동한다.

물론 책임감, 소통, 결과 등 리더십의 많은 특징이 모든 단계에서 공통으로 나타나지만, 각 단계에서 발휘되는 리더십의 특징은 달라진다. 그리고 조직이 위계적인 구조에서 수평적인 구조로 변화하면, 리더십의 단계는 7개에서 3개 정도로 줄어들게 된다.

당신의 리더십 스타일은 무엇인가

모두가 선호하거나 '자연스러운' 리더십 스타일이 있다. 모두가 선호하거나 자연스럽다고 느끼는 리더십 스타일이 리더도 받아들이기 쉽고, 다른 사람들에게도 일관성 있고 진실성 있게 다가온다. 그리고 리더십 스타일이 어떤 것이든지, 사람들은 리더가 진심 어린 사람이라는 것을 알게 되면 더 소통하고 더 신뢰하게 될 것이다.

그러나 때로는 리더십 스타일을 상황에 맞게 조정하거나, 분명한 목적을 위해서 다른 리더십 스타일의 특징을 받아들여 반영해야 할지 모른다. 예를 들어, 스포티파이 CEO 다니엘 엑은 팀원들이 방향을 찾고 프로젝트에 집중하려 할 때 자신이 지나치게 태평스럽다는 점을 깨달았다. 그래서 그는 자신의 리더십 스타일을 최대한 활용하면서 팀원들이 방향을 찾고 집중하는 데 도움이 되도록 변화를 주었다.

커트 레빈Kurt Lewin은 리더십 스타일을 독재형, 참여형, 자유형으로 분류했다. 로버트 타넨바움Robert Tannenbaum과 워런 슈미트Warren Schmidt는 리더십을 독재형부터 자유형까지 스타일의 연속체로 봤지만, 최고의 리더십 스타일은 언제나 리더의 성격과 그가 처한 상황 등 여러 가지 요소에 의해 결정된다고 말했다. 다니엘 골먼Daniel Goleman은 '감성 지능 Emotional Intelligence'이란 용어를 고안했다. 그는 비전형, 코치형, 민주형, 선도형, 관계형, 지시형 등 다양한 방법으로 사람들과 정서적으로 소통하는 리더의 능력을 바탕으로 6가지 리더십 스타일을 정의했다.

다음은 목표에 따라서 그룹화한 다양한 리더십 스타일이다.

- 영감형 ─ 팀원에게 앞으로 나아갈 에너지를 불어넣고 방향을 제시하며, 더 좋은 미래를 창조하는데 사람들이 동참하도록 격려하는 리더십 스타일이다.
- 변혁형 ─ "만약에 이러면 어떨까?" 하는 질문으로 자기 자신과 기업이 성장할 기회를 제공한다.
- 비전형 ─ "나와 함께 가자!"라는 메시지로 새로운 방향을 제시하

고 공감을 얻어 자신감을 만들어낸다.

- 선도형 — "우리가 할 수 있어!"라는 메시지로 무언가를 성취할 수 있다는 믿음을 심어주고 에너지를 불어넣지만, 팀원을 기진맥진하게 만들 수도 있다.
- 육성형 — 창의력이나 진보는 굳이 생각할 필요도 없이, 팀원이 최고의 잠재력을 발휘하도록 돕고자 하는 리더십 스타일이다.
- 섬김형 — "여기 당신을 위해 제가 있어요."라고 하며 팀원이 적절하다고 생각되는 행동을 하도록 자원을 확보한다.
- 코치형 — "이것을 시도해봐."라고 하며 팀원과 공감하고 개인적인 요구를 충족하도록 시원하지만 지시나 명령조로 내응하지는 않는다.
- 관계형 — 팀원과 공감대를 형성하고 그들을 안심시키며 유대감을 형성한다.
- 소통형 — 팀원이 과업을 해낼 역량과 의욕이 있다고 믿으며, 그들이 과업을 완수해내도록 돕는 리더십 스타일이다.
- 자유방임형 — "생각대로 해봐."라고 말하며 팀원이 일을 끝맺을 수 있다고 믿고 시간을 준다.
- 거래형 — 과업을 분명히 지시하고 진행되지 않을 때 개입한다.
- 관료형 — 밟아야 하는 기술적 단계를 분명히 정의한다.
- 지시형 — 팀원이 결정을 내릴 능력이 없다고 생각할 때 드러나는 리더십 스타일이다.
- 상담형 — 팀원의 의견을 듣고 스스로 결정한다.
- 설득형 — 일단 결정하고 팀원을 설득한다.
- 독재형 — 팀원의 의욕을 꺾지만, 위기의 순간에 효과적일 수 있다.

리더십 스타일을 바꿔야 하는 시기와 그 방법을 알면, 팀원에게 큰 영향을 줄 수 있다. 예를 들어, 팀 안에서 어떤 역량을 키워내고자 한다면, 코치형 리더십이 가장 효과적일 수 있다. 반대로 마감이 임박했을 때는 선도형 리더십이 적합할 것이다. 팀원이 매우 체계적으로 일하고 정해진 규칙에 순응한다면, 관료형 리더십이 적합하다. 팀원이 힘을 합쳐서 모두를 위한 더 나은 미래를 창조하길 바란다면, 변혁형 리더십이 적합할 것이다.

리더를 평가하라

컨설팅업체인 콘 페리Korn Ferry는 리더가 다음 단계 리더십으로 이동할 능력과 준비가 얼마나 되었는지를 파악하기 위해서 리더십 개발에 유용한 평가 모델을 개발했다. 콘 페리는 4가지 범주로 리더에게 요구되는 자질을 정리했다. 각각의 자질은 성과, 소통, 잠재력, 개인의 경력 개발에서 독특한 역할을 한다.

- 당신이 누구인지를 보여주는 동인과 특성 ─ 동인은 스스로 동기를 부여하는 가치와 관심사이고, 특성은 개성과 지능의 영향을 받는 개인의 자연스러운 성향이다.
- 당신이 무엇을 하는지를 보여주는 경험과 능숙함 ─ 경험은 개인이 미래에 주어지는 어떤 임무를 수행할 수 있도록 준비된 프로젝트나 역할이고, 능숙함은 눈으로 확인할 수 있는 기술과 행동이다.

대부분 기업이 개인의 '동인'을 그 사람이 높은 잠재력을 지녔는지를 예측하는 주요 요소로 본다. 주어진 과업에 대하여 얼마나 열정적인지 그리고 얼마나 몰입했는지를 보여주는 것이 '동인'이다. 사람들은 자신과 잘 어울리는 역할에서 더 많은 에너지를 얻는다. 일반적으로 리더는 사람들을 이끌고자 한다. 그래서 리더에게 리더의 역할은 흥미롭고 누군가를 이끄는 일 자체가 동기를 부여한다. 리더가 될 만한 사람인지는 승진하면서 주어지는 새로운 역할에 리더의 면모를 익히기 위해 얼마나 많은 시간을 할애하는지로 검증된다.

특성도 개인의 발전에 큰 역할을 한다. 특성은 그 사람에게 더욱 자연스러운 일이 무엇인지 그리고 더 큰 노력을 들여야 하는 일이 무엇인지를 규명한다. 특성은 오래가는 성질이며, 개인의 전망, 태도와 행동에 강한 영향력을 행사한다. 전통적으로 특성에 근거한 성격 검사표가 한 개인이 과연 리더로 성장할 수 있는지를 진단하는 주된 도구였다. 콘 페리의 잠재적 리더십 모델은 이러한 요소들을 받아들이고, 한 사람이 다양한 리더십 단계와 전환기를 거쳐 어떻게 발전할지를 평가한다.

▷ 동인

- 출세욕 — 협업, 야망, 도전을 통하여 승진하기를 원하는가?
- 진로 계획 — 경력 목표들이 얼마나 협소하게 혹은 폭넓게 설정되었는가?
- 역할 선호 — 타인을 통해서 혹은 자기 힘으로 목표를 달성하는 것을 선호하는가?

▷ 경험

- 핵심 경험 — 매일 리더십을 발휘하면서 무엇을 배웠는가?

- 관점 — 많은 분야에서 다양한 경험을 했는가?
- 주요 도전과제 — 발전 과정에서 마주하는 난관을 극복한 경험이 있는가?

▷ 인식

- 자기인식 — 자신의 강점과 개발이 필요한 역량을 이해하고 있는가?
- 상황별 자기인식 — 사건이 업무 능력에 어떻게 영향을 미치는가?

▷ 학습 민첩성

- 정신적 민첩성 — 탐구심이 많고 명민한가?
- 인적 민첩성 — 다른 사람의 마음을 읽고 그것을 이용하여 변화를 만들어내는가?
- 변화 민첩성 — 새로운 가능성을 탐구하고 아이디어를 비전으로 바꾸는가?
- 결과 민첩성 — 새롭고 어려운 상황에서 뛰어난 결과를 내놓는가?

▷ 리더십 특성

- 집중력 — 세부사항과 큰 그림을 균형 있게 보는가?
- 집념 — 개인적으로 가치 있다고 판단한 장기적인 목표를 열정적으로 추구하는가?
- 애매함에 대한 내성 — 불확실성과 혼란스러운 상황을 잘 처리하는가?
- 적극성 — 기꺼이 리더의 역할을 받아들이고 편안함을 느끼는가?
- 낙관주의 — 긍정적인 전망을 지녔는가?

- 문제 해결 — 트렌드와 패턴을 포착하고 혼란스럽거나 모호한 데이터에서 옳은 결론을 도출해내는가?

- 휘발성 — 변덕스럽거나 불규칙하거나 예측 불가능한가?
- 사사건건 참견하기 — 직접 모든 업무를 통제하고 관리하려 드는가?
- 폐쇄성 — 대안적인 관점과 기회를 받아들이려 하지 않는가?

궁극적으로 리더십은 무엇을 하느냐가 아니라, 어떤 영향력을 행사하느냐에 의해서 평가된다. 팀원에게 긍정적인 영향을 줄 수 있고, 조직의 활동을 주도하고, 목표를 달성하는 것이 리더의 중요한 역할이다.

마드리드의 IE 경영대학원은 유럽에서 역사상 가장 성공적인 스페인 축구 클럽인 레알 마드리드Real Madrid의 홈구장인 산티아고 베르나베우 경기장 아래에 있다. 나는 항상 IE 경영대학원에서 내 수업을 듣는 비즈니스 리더들을 산티아고 베르나베우 경기장으로 데려간다. 우리는 각종 트로피로 가득한 진열장과 과거의 영광스러운 모습을 담은 사진 전시관을 지나서 탈의실을 거친 후, 보통 8만 명에 달하는 열광적 팬이 내려다보는 경기장으로 나온다.

나는 그들에게 벤치에 앉으라고 손짓한다. 이 벤치는 경기장 한쪽에 코치와 팀원들을 위해서 마련된 좌석이다. 그들은 아주 잠깐 지네딘 지단Zinadine Zidane을 비롯한 다른 어떤 축구 코치가 된다. 코치는 선수들과 몇 시간 동안 경기장에서 훈련하고, 체력과 기술을 연마하고,

전략과 전술에 관해서 이야기하고, 경기를 준비한다. 하지만 경기가 시작되면 선수들은 독자적으로 움직인다. 코치는 모든 것은 선수들에게 위임한다. 이제 선수들은 경기장에서 일어나는 모든 상황을 자신의 판단에 따라 대응해야 한다. 코치의 성공은 100% 그의 팀에 달렸다.

코치는 자신의 리더십 역량을 완벽하게 발휘할 수 있다. 하지만 중요한 것은 그가 자신의 역량을 어떻게 활용해서 다른 사람들에게 영향을 미치느냐다. 코치의 성공은 그가 이끄는 사람들에게 달려있다.

최고의 능력을
발휘하라

"평상시에 미래를 집어넣어라. 미래를 형성하고, 기업을 혁신하고,
변화를 만드는 프로세스를 정상적인 균형 상태에서 행해지는 평
상시 업무로 만들어라."

자신을 한창 경기 중인 올림픽 선수라고 상상해보자. 당신은 앞으로 펼쳐질 일들을 상상하고, 무슨 일이 일어날지를 예측하고, 여러 전략을 고민하며, 인생에서 최고의 경기를 펼치기 위해 준비한다. 당신은 무척 영광스러운 순간을 꿈꿀지도 모른다. 현실에서는 뭐든지 준비되어 있어야 한다. 생각만 죽도록 해서는 소용없다. 지금이 최상의 상태이고, 앞서 많은 경기를 한 경험이 당신에게 있다. 현실에서 눈앞의 경기에 집중하고 육체와 하나가 되어 그 순간에 완전히 몰입하라. 최상의 상태일 때, 몸과 마음은 한결같이 흐르고, 스스로 무엇을 해야 할지 안다.

최고의 성과를 내는 플로우에 도달하라

심리학자 미하이 칙센트미하이Mihaly Csikszentmihalyi는 최고의 성과는 자기 내부에서 만들어지는 것이라고 믿는다. 그리고 사람들에게 '플로우Flow' 혹은 '무아지경'이라고 부르는 마음 상태를 쉽게 만들 수 있는 독특한 능력이 있다고 믿는다. 나는 프로젝트에 완전히 몰입했을 때 플로우를 경험한다. 사실 프로젝트를 진행하는 일은 녹록지 않다. 팀원들은 모두 대단한 사람이고 의욕이 넘치지만, 일정은 빠듯하다. 하지만 일단 프로젝트에 몰입하면, 매우 **빠르게** 작업을 진행할 수 있다. 의식에 흐름이 생기고, 아이디어가 금방 떠오른다.

의욕이 넘치는 상황이 지속하면 스트레스를 받게 된다. 그런데 아이러니하게도 사람들은 이때 최선을 다하게 된다. 미하이 칙센트미하이는 "몸과 마음이 힘들지만, 의미 있는 무언가를 성취하기 위해 자발적으로 노력해서 한계에 도달할 때 최고의 순간이 나타난다. 그러므로 최상의 경험은 우리가 인위적으로 일어나게 만드는 무언가다."라고 말했다.

플로우는 일종의 몰입감이다. 플로우는 무언가에 주목하고 집중한 상태이고, 반복적인 일상과 집중을 방해하는 요소에서 벗어난 상태다. 플로우에 빠지면 사람들은 목적의식이 뚜렷해지고 상황과 가능성을 분명히 인식한다. 복잡성은 덜 위협적이고, 불확실성은 덜 벅차다. 기운과 힘이 넘치고, 훨씬 더 많은 일을 해낼 수 있게 된다. 플로우는 과업에 전념할 때 발휘되는 집중력과 노력으로 도달된다. 플로우에 빠진 사람들은 가능성에서 활력을 얻고 실패의 공포로부터 해방된다. 자기 자신과 현재의 한계와 제약을 넘어선다. 이렇게 플로우를 경험하는 것은 성과만큼이나 좋은 것이다.

비즈니스 리더가 매일 '플로우' 상태에 도달하는 데 도움이 되는 5가지 방법이 있다.

- 흥미와 매력을 느끼는 과업을 선택한다 ─ 이 과업은 당신이 흥분을 느끼는 지점까지 몰아붙인다. 이것은 당신이 너무나도 해결하고 싶은 문제들이다.

- 위대한 팀을 만든다 ─ 사랑하고 신뢰하는 사람들을 모은다. 함께하면 훌륭한 일을 해낼 수 있는 사람들을 모은다. 아니면 가끔 혼자도 좋다.
- 대담한 목표를 정의한다 ─ 사람들이 수용하는 정상수준을 넘어서는 목표를 세운다. 10%가 아니라 10배 개선을 지향하고 개인이나 조직에 어떤 보상이 주어질 수 있을지도 생각한다.
- 정신을 집중한다 ─ 일상의 소소한 일들, 직장에서 집중을 방해하는 요소들을 없애고, 목표를 향하여 의식의 흐름을 집중시킨다.
- 순간에 몰입한다 ─ 소극적이 아니라 적극적으로 몰입한다. 아이디어를 생각해내고, 일에 진척을 만들고, 추진력을 만들어 목표를 달성해낸다.

비즈니스 리더는 매일 '플로우'에 빠진다. 그리고 이렇게 플로우에 빠진 상태가 정상이다. 리더는 매일 오늘의 요구를 해결하며 미래를 창조해 나간다. 오랜 시간 동안 정신을 쏟으며 아이디어를 연결하고 진보를 추구하고 더 나은 미래를 창조할 행동에 집중한다. 실제로 더 좋은 미래에 집중할지라도 우리는 오직 오늘 주어진 일만을 할 수 있다.

단점을 보완하기보다 장점을 살려라

사람들은 성격이나 리더십 행동의 장단점을 파악하는 데 익숙해졌다. 하지만 이것은 자신의 약점에 주목하게 하고, 약점을 개선하게 하고, 모든 부문에서 '충분히 괜찮은' 수준에만 도달하도록 노력하게 만든다. 이 대신에 우리는 자신의 장점과 장점을 더 뛰어나게 만드는 법에 주목해야 한다.

업무에서 자신의 장점을 활용하는 데 익숙하다고 말하는 비즈니스 리더는 거의 없다. 어느 팀이든지 다양한 배경과 경험을 지닌 사람을 모으는 것은 쉬운 일이 아니다. 하지만 그들의 장점이 결합하면 거부할 수 없는 힘이 발휘된다. 이 말은 모든 중요한 자질들이 갖춰진다면 그 팀은 어떤 분야에서든 강한 팀이 되고 개인의 잠재력을 넘어선 영향력을 발휘할 것이라는 의미다.

심리학자 마틴 셀리그만Martin Seligman은 각각의 문화에서 무엇을 리더의 '장점'으로 간주하는지를 이해하기 위해 전 세계 문화를 조사했다. 그는 주요 종교와 철학적 전통을 면밀하게 살폈고, 거의 모든 문화에서 6가지 미덕이 리더의 장점으로 여겨지고 있음을 확인했다. 갤럽의 평가 모델인 '장점 찾기StrengthFinder'는 24가지 성격적 장점으로 이 미덕의 실질적인 구성요소를 파악하는 가장 유용한 도구다.

- 지혜의 미덕 ― 호기심이 강하고 창의력이 발달할수록 식견, 지식, 지혜가 증가한다. 이러한 미덕을 구성하는 요소는 창의력, 호기심, 개방성, 학습 선호도, 사고의 균형감이다.
- 용기의 미덕 ― 용감하고 끈질길수록 자신감과 행동할 용기가 커진다. 이것은 용기, 끈기, 정직, 활력으로 구성된다.
- 인간성의 미덕 ― 더욱 정중하고 감사하는 마음으로 흥미롭게 사람들에게 접근하면, 사람들은 상대방에게 더욱 몰입한다. 사랑, 친절, 사회적 지능이 인간성을 구성한다.
- 정의의 미덕 ― 공정성과 정의를 포용하고 책임감이 점점 강해지면 상호 이익을 위해 더욱 안정된 공동체가 만들어질 수 있다. 정

의는 팀워크, 공정성, 리더십으로 구성된다.

- 절제의 미덕 — 너그럽고 겸손하고 자신의 행동을 통제할 줄 알면 거만과 이기심 그리고 불균형을 피할 수 있다. 절제의 구성요소는 용서, 겸손, 신중함, 자기 통제력이다.
- 초월성의 미덕 — 인류의 잠재력에 대하여 희망을 잃지 않고 자연과 인류를 소중하게 여기면 더욱 높은 목적이 생겨난다. 아름다움, 감사, 희망, 유머, 영성에 대한 이해와 감사가 초월성을 구성한다.

추가 연구에 따르면, 여성이 일반적으로 사랑과 친절, 정직과 감사 등 인간관계와 관련된 부문에서 높은 점수를 기록했다. 반면에 남성은 창의력과 호기심, 희망과 유머 등 인지적인 부문에서 높은 점수를 기록했고, 정직에서도 점수가 높았다. 이러한 남녀의 차이는 흥미로우며 대개 문화에 의해서 형성된 고정관념에 부합하는 경향이 있지만, 남녀가 많은 장점을 공유하고 있다. 자신의 장점을 적극적으로 발휘하면 성과가 개선될 뿐만 아니라, 팀에 대한 기여도도 커진다. 이것은 몰입도와 자신감의 강화로 이어져 진보의 속도를 높인다.

새로운 뉴런을 만들어라

사람들은 확고히 자리 잡은 자신만의 사고방식과 행동방식을 갖고 있다. 그래서 나이를 먹으면 두뇌의 학습력과 적응력은 감퇴한다. 하지만 우리의 뇌는 나이에 상관없이 새로운 뉴런을 만들어낼 수 있다. 각각의 뉴런은 초당 최대 1,000개의 신경 신호를 전송할 수 있고 다른 뉴런들과 최대 10,000개의 연결점을 만들어낼 수 있다. 생각은 뉴런 사이의 시냅스 공간을 통과하면서 발생하는 화학적 신호에서 나온다. 서로 연결되는 뉴런이 많을수록 우리의 뇌는 더 강력해지고 적응력도 강화된다.

타라 스와트Tara Swart는 신경과학을 전공한 신경과학자이자 의사다. 그녀는 기업의 임원진을 대상으로 컨설팅해주는 비즈니스 코치이기도 하다. 나는 슬로바키아의 브라티슬라바에서 열린 한 행사에서 그녀를 처음 만났다. 우리 두 사람은 유럽을 위한 '위대한 아이디어'를 제안했다. 그녀의 첫 번째 저서인 《리더십 신경과학Neuroscience for Leadership》은 학술적이지만, 신간인 《원천The Source》은 대중의 눈높이에 맞춰 작성됐다. 그녀는 건강, 행복, 부, 사랑 등 우리가 인생에서 얻고자 하는 것들은 우리가 생각하고 느끼고 행동하는 능력에 달려있다고 말한다. 다시 말해서 우리의 두뇌에 달린 것이다.

운동, 꾸준한 학습, 풍부한 경험을 통해서 두뇌를 건강하게 유지하면 정신적 민첩성이 강화된다. 과거에 리더는 경험과 절차에 더 의지했다. 요즘에는 새로운 패턴을 이해하고 새로운 가능성을 생각해내고 사고의 다양성과 행동의 복잡성에 잘 대처해내는 리더가 필요하다. 리더는 다음 수를 생각하고 예측하며 항상 앞서서 생각해야 한다.

타라 스와트는 "두뇌를 컴퓨터의 하드웨어라고 생각하면, 정신은 소프트웨어다. 당신은 사고를 변환하고 해석하도록 소프트웨어를 업그레이드하는 코드를 작성하는 프로그래머다. 당신은 컴퓨터에 전력을 제공하는 전력 시스템도 조절한다. 섭취하는 음식과 음료, 운동하고 명상하는 시간과 방식, 상호작용할 대상도 결정한다. 당신은 신경 연결을 유지하거나 파괴할 수도 있다."라고 말했다.

요가나 명상 등 마음챙김 활동은 코르티솔 분비량을 줄이고 두뇌의 외부 피질에 더 많은 주름이 생기게 만든다. 이렇게 되면, 전두엽 피질이 감정적 반응을 더 잘 규제할 수 있다. 타라 스와트는 거의 매일 12분을 마음챙김 활동에 쓰면 눈에 띄는 차이가 생길 것이라고 말한다. 여행하거나 외국어나 새로운 기술을 배우거나 새로운 사람들을 만나는 새로운 경험이 새로운 뉴런의 성장을 촉진할 수 있다.

두뇌 기능을 개선할 명확한 방법이 있다. 물을 더 많이 마시거나 운동을 더 하거나 잠들기 몇 시간 전에 전자기기를 사용하지 않는 것이 그것이다. 수면시간이 7~8시간 정도면 사람은 제대로 기능할 수 있다. 왜냐하면, 체내 독소를 제거하는 데 그 정도의 시간이 걸리기 때문이다. 왼쪽으로 누워서 자면 체내 독소를 더욱 효율적으로 제거할 수 있다. 그리고 중요한 회의 전에 야자유를 한 숟가락 삼키면, 약 20분 동안 두뇌 활동이 촉진된다.

인내력과 회복력을 길러라

"앞으로의 여정에는 숱한 우여곡절이 도사리고 있을 것이다. 인내심에는 건강한 신체와 민첩한 정신력이 필요하다. 하지만 잠시 휴식하며 그동안의 진보를 축하할 줄도 알아야 한다."

제임스 다이슨James Dyson은 15년이라는 긴 시간과 5,127번의 숱한 시도 끝에 먼지 봉투가 없는 진공청소기를 개발해냈다. 이것은 그야말로 혁명이었다. 하지만 이렇게 성공하기까지 엄청난 인내심이 필요했다. 아마도 크로스컨트리 선수로 활동하면서 호주 사우스웨일스의 모래 언덕에서 훈련했던 경험이 그의 사업에 큰 도움이 되어준 인내심을 길러줬던 것 같다. 미래를 창조하는 일도 어렵지만, 그 미래로 가는 여정의 모든 것이 계속 변한다.

강인한 정신력, 즉 끈질긴 투지는 앞으로 계속 나아가게 하는 힘일 뿐만 아니라, 도전과 장애를 극복하는 회복력이다. 가끔 이메일, 분석 자료, 보고서, 아이디어, 기사, 책, 회의 등이 제공하는 정보의 엄청난 양에 압도당할 것이다. 게다가 리더는 과부하에 걸린 듯한 느낌을 쉽게 받는다.

모든 것을 알고 있어야 한다고 생각할 수도 있다. 하지만 우리가 모든 것을 알 수는 없다. 그러므로 가장 중요한 것이 무엇인지 우선순위를 정해야 한다. 비전형 리더가 직면하는 최대 도전은 아이디어를 제시하는 것이 아니라, 불가능하다고 말하는 사람들을 이겨내는 것이다. 비판자와 비관주의자가 우리를 짜증 나게 하고 미래를 창조하고자 하는 의욕을 꺾어버릴 수 있다.

물론 그 여정에는 위대한 성공의 순간도 있을 것이다. 이런 순간에 사람들은 당신을 영웅이라 부를지도 모른다. 이것은 아주 겸손한 사람에게도 기분 좋은 경험이다. 당신은 팀원들의 노력이 있어서 성공할 수 있었다고 모두에게 말할 것이다. 하지만 이런 행복한 순간은 다음 도전이 다가오는 순간 빠르게 사라진다. 그러므로 리더는 가차 없는 변화에 대처하고, 자기 생각을 바꾸고, 롤러코스터를 타는 것 같은 진보의 여정을 완수하고, 팀원들을 업무에 몰입시키기 위해 인내심과 회복력 그리고 감사하는 마음이 필요하다.

리더의 인내력을 갖춰라

인내력은 정신력만큼이나 체력이 중요하다. 육상선수, 사이클 선수, 조정 선수와 같은 운동선수들처럼, 인내력에는 체온에서부터 산소포화도에 이르기까지 다양한 생리적 요인, 노력, 고통 내성과 같은 심리적 요인이 작용한다. 각각의 요인은 운동선수의 운동능력에 상당히 중요하게 작용한다. 특히 새로운 세계 기록을 세우는 것처럼 능력의 한계를 시험할 때는 더욱 그렇다.

거의 모든 운동선수가 경기 이후에 얼음물이 담긴 욕조에 몸을 담근다. 그리고 그들의 신체는 일반인보다 더 빠르게 회복한다. 하지만 조사에 따르면, 이런 행위가 염증 수준을 낮추는 데는 거의 효과가 없다. 하지만 아이러니하게 얼음물에 몸을 담그는 목적은 염증 완화다. 대부분 생리학자가 회복에 도움이 되는 방법이 있다면, 설령 그것이 심리적이라 할지라도 유용하다고 말할 것이다. 때론 신념이 과학만큼 사람에게 영향을 줄 수 있기 때문이다.

알렉스 허친슨Alex Hutchinson은 저서《인듀어》에서 1마일을 4분에 주파하는 육상경기에 관한 이야기로 시작한다. 몇 년 동안 전 세계 사람들은 1~2초의 장벽에서 무너졌다. 그 누구도 4분의 장벽을 깨지 못했다. 영국의 로저 배니스터Roger Bannister는 1954년 1마일을 3분 59.4초에 주파했다. 4분 안에 1마일을 달리는 도전을 몇 년 동안 계속했던 호주의 존 랜디John Landy는 로저 배니스터가 1마일을 4분 안에 주파하는 기록을 세우고 불과 몇 주 뒤에 그의 기록을 몇 초 더 앞당겼다.

몇몇 중요한 요소가 비즈니스 리더를 포함한 사람들의 인내심을 기르는 데 도움을 줄 수 있다.

- 생각보다 더 많은 일을 해낼 수 있다 — 장거리 육상선수들은 결승선을 눈앞에 두고 전속력으로 달리기 위한 힘을 비축하기 위해서 자신의 페이스를 적절하게 조절한다. 죽을 것만큼 고통스러운 경기를 끝내고도 올림픽 우승자들은 단상에 올라 자신의 승리를 축하한다.
- 생각보다 더 많은 것을 인내할 수 있다 — 운동선수들은 고통에 대한 내성이 정상치보다 높다. 그래서 그들은 거의 한계까지 자신을 몰아붙인다. 그들은 '한계점'까지 몰아붙이는 훈련을 통해, 몸이 타는 듯한 고통에도 불구하고 산소 부채를 견디며 고통을 참아내는 능력을 기른다.
- 건강한 신체가 성과를 개선한다 — 운동성과는 산소 섭취량에 따라 상당히 갈린다. 산소 섭취량은 체력을 키워 높일 수 있다. 비즈니스 리더도 리더십 성과를 유지하기 위해서 산소 그리고 건강한 신체가 필요하다.

- 피로는 성과를 떨어뜨린다 — 피로한 두뇌는 신체적 인내력에 영향을 줄 수 있다. 피로한 두뇌는 쉬지 않고, 연료가 보급되지 않고, 다양성이 없고, 지속해서 학습하지 않고, 충분히 자지 않은 두뇌다.
- 스트레스는 기능을 중단시킨다 — 여러 요인 중에서 스트레스가 최악이다. 스트레스에는 소요시간 등 외적 스트레스와 스스로 자처한 내적 스트레스가 있다. 외적 스트레스는 기능 중단의 촉매제가 될 수 있지만, 내적 스트레스는 통제할 수 있다.

알렉스 허진슨은 팀 녹스Tim Noakes와 협업하기 위해 남아프리카로 향했다. 팀 녹스는 '중앙 통제자 이론Central governor theory'을 처음 제안했던 스포츠 과학자다. 그는 우리의 두뇌는 신체가 최대 성과를 내기도 전에 신체 활동을 제한한다고 주장한다. 그리고 그는 중앙 통제자인 두뇌를 한계까지 몰아붙이는 일련의 두뇌 훈련을 개발한 선구적인 과학자 사무엘 마르코라Samuele Marcora의 연구도 점검했다.

그는 엘리우드 킵초게가 세계 최초로 마라톤에서 2시간 벽을 깨기 전, 그와 나눈 대화도 소개했다. 이 케냐 마라톤 선수는 훈련방식을 전혀 바꾸지 않았다고 말했다. 무엇이 차이를 만들어낼 것으로 생각하느냐는 질문에 그는 "마음가짐"이라고 답했다. 사람들이 스스로 생각하는 한계는 놀라울 정도로 탄성적이고, 그들의 한계는 주로 정신력에 의해 결정된다고 덧붙였다.

리더의 회복력을 길러라

회복력은 역경을 딛고 다시 일어서는 능력이다. 회복력은 직장이든 일상이든 사람들이 변화나 좌절, 트라우마나 실패를 빨리 극복하고 다시 일어서도록 돕는다. 회복력은 도전의 시간 속에서 목적의식, 긍정적인 태도, 더 나아지리라는 믿음을 유지하는 힘이다. 다른 사람들이 포기할 동안에 회복력은 진보를 지탱한다.

심리학 교수인 안젤라 더크워스Angela Duckworth는 "근성은 장기적인 목표를 위한 열정과 집요함"이라고 말했다. 그녀는 근성을 마라톤에 비유하지 않는다. 대신 복싱과 결합한 단거리 경주에 비유한다. 기업을 이끌면서 리더는 달릴 뿐만 아니라 그 과정에서 여기저기 얻어맞기도 한다. 전략을 이행하고, 새로운 아이디어를 만들어내고, 기업을 변혁하려고 할 때 리더는 단지 시간과 노력만을 투자하지 않는다. 리더는 수많은 도전도 극복해내야 한다.

근성은 연이은 거절, 고통스러운 실패, 역경과의 사투를 극복하며 계속 앞으로 나아가는 힘이다. "세상에서 흠씬 두들겨 맞으면 그냥 가만히 누워서 모든 것을 포기하고 싶다. 하지만 근성은 절대 포기를 허락하지 않는다."라고 안젤라 더크워스는 말했다. 대부분 기업가는 가장 힘든 시기에 기업을 위해서 싸워야 하므로 엄청난 회복력을 지니고 있다.

모든 벤처캐피탈리스트가 비웃거나 미소를 지으며 투자를 거절하더라도 종잣돈을 투자받으려고 발품을 팔고, 침실이나 차고에서 첫 번째 시제품을 만들고, 첫 번째 계약을 따내기 위해 오랜 나날을 보내고, 생존과 번영을 위해 적응하며 사업을 확장해나가는 것이 모두 근성 때문이다. 투자자에게 사업의 통제권을 넘겨주면 부자가 될 수는 있을지 모르지만, 애지중지 키운 기업을 포기해야 할지도 모른다. 대부분 기업가는 근성이 무엇인지를 잘 안다.

비즈니스 리더도 마찬가지다. 맨땅에서 기업을 키워내는 경우가 아니더라도 사내 정치에서 살아남고, 팀원에게 긍정적으로 영향을 주는 법을 배우고, 동료와 팀원의 지지를 받으며 우수한 성과를 내려면 근성이 필요하다. 개인의 포부와 집단의 발전 사이에서 균형을 유지하는 데도 근성이 필요하다. 회복력은 우리에게 다음을 요구한다.

- 포부를 가져라 ― 진심으로 무엇을 원하는지 알고, 일을 열심히 할 준비를 하고, 목표를 성취해 내기 위해서는 끈기가 있어야 한다. 비전은 단지 이정표가 아니다. 비전은 추구의 대상이다. 모두가 리더의 포부를 알지는 못할 것이다. 하지만 리더 자신은 포부가 무엇인지 알고 그것을 실현하기 위해 최선을 다해야 한다.
- 목적을 가져라 ― 목적은 우리가 더 많은 것을 이루고 싶어 하는 이유다. 목적은 우리 스스로뿐만 아니라 가족, 기업 그리고 이 세계를 위해서 성취할 때 더 좋아지는 것이다. 목적은 세상에 기여하는 방식이고 투쟁해서 얻고자 하는 것이며, 매일 아침 자리를 박차고 일어나는 이유다.
- 열정을 가져라 ― 하고자 하는 일을 사랑하고 능숙하게 잘 해내야 한다. 그렇지 않으면 그 일을 위해서 한 희생, 그 일에 들인 긴 시간, 그 일을 하면서 참아낸 고통이 의미가 없다. 자신의 목적과 열정을 조화시키면 스스로 영향을 주고자 노력하는 일, 팀, 기업 그리고 이 세상에 대해 애정을 느끼게 될 것이다.

- 집요함을 지녀라 — 때론 실패할 것이다. 도전 없이 변하는 것은 거의 없다. 실패는 우리를 정의하지 못한다. 도전이 우리를 다시 정의할 뿐이다. 실패하지 않는다면 배움도 없을 것이다. 실패하더라도 또 다른 방법이 항상 존재한다. 자신감을 느끼고 단단해져라.

넬슨 만델라는 회복력의 훌륭한 예다. 그는 남아프리카 공화국의 극단적인 인종차별제도인 아파르트헤이트Apartheid에 폭력적인 저항을 주도한 젊은 주동자로 붙잡혀 감옥살이했다. 그로부터 27년 뒤에 그는 로벤섬 감옥에서 출소했고, 평화와 화해를 지지했다. 감옥에 갇혀 오랜 시간을 보내면서 그는 소위 자기 리더십의 대가가 됐다. 그는 윌리엄 어네스트 헨리William Ernest Henley의 자작시 '인빅터스Invictus'에서 대단한 영감을 얻었다. 인빅터스는 '나는 나의 운명의 주인이오. 나는 내 영혼의 선장이다'라는 구절로 끝을 맺는다.

리더의 감사는 모든 것을 바꾼다

'고맙습니다'는 엄청난 마력을 지닌 말이다. 리더십의 대가 마샬 골드스미스Marshall Goldsmith는 사람들은 자신이 하는 일이 제대로 평가받고 있는지 알고 싶어 한다고 말한다. 그래서 팀원에게 감사를 표하는 것이 성과를 개선하는 가장 쉽고 빠르며 저렴한 방법이다. 아드리안 고스틱Adrian Gostick은 저서 《감사하는 리더Leading with Gratitude》에서 감사는 직원의 참여도를 높이고, 이직률을 낮추고, 팀원들이 서로에게 감사하는 마음을 전하게 하고, 팀원들의 유대감을 강화한다고 말한다.

그리고 감사는 그것을 표현하는 사람에게도 유익하고 돈, 건강, 낙관주의보다 더 중요한 개인의 전반적인 웰빙을 예측하는 가장 효과적인 요소의 하나라고 말한다.

이러한 장점에도 불구하고, 이 간단한 도구를 효과적으로 활용하는 리더는 거의 없다. 아드리안 고스틱는 "사람들은 다른 장소보다 직장에서 감사하다는 말을 잘 하지 않는다."라고 말했다. 그는 이것이 감사의 반의어에 가까운 어떤 잘못된 믿음 때문이라고 말한다. 혹자는 공포가 최고의 동기 부여라고 생각한다. 사람들은 이미 충분히 찬사를 받았고, 자신들의 노고가 제대로 평가받고 있다고 알고 있으며, 감사하다고 매번 말할 시간도 없다고 생각한다. 그리고 감사하다는 말은 너무 온정적으로 들리며, 정말로 감사를 받을 자격이 있을 때를 위해 아껴두는 것이 더 좋으며, 감사하다는 말을 너무 자주 하면 거짓처럼 들린다고 생각한다.

최고의 리더는 팀원들이 조직에 어떻게 기여하는지를 주의 깊게 보고 그들에게 감사하는 마음을 전달할 방법을 항상 찾는다. 이렇게 하려면 문제가 아니라 좋은 것들을 찾아야 하고, 문제에 사로잡히는 대신 일이 잘 될 때도 관심을 기울여야 한다. 감사는 설령 실패하더라고 그 노력과 의도, 사소한 듯 보이지만 실제로는 매우 중요한 작은 것들을 인정하는 것이기도 하다. 나중에 생각하고 나서가 아니라, 감사한 일이 생긴 바로 그 순간에 감사하다고 말해야 한다. 감사에도 타이밍이 중요하다. 리더가 본보기를 보이면 팀원들도 서로에게 감사한 마음을 더 자주 표현하게 된다.

우리는 모두 감사를 당연하게 받아들인다. 하지만 감사는 큰 차이를 만들어내고 태도와 성과를 바꿀 수 있다. 어느 상사는 감사의 표현으로 나에게 일주일 동안 회사 차를 타고 다니도록 허락했다. 나는 그를 결코 잊을 수 없다. 자기가 상을 타고 상패를 자기 책상에 두기보다 어린 팀원에게 상을 돌려줬던 동료도 결코 잊을 수 없다. 프로젝트가 잘 마무리된 것에 대한 감사로 팀원들에게 특별한 바탕화면이 탑재된 새로운 스마트폰을 주문한 리더도 있었다. 물론 감사하는 마음을 돈을 써서 표현해야 하는 것은 아니다. 감사는 개인적인 선물, 작은 친절, '고맙습니다'라는 한마디면 충분하다.

직장에서만이 아니라 일상에서도 감사는 중요하다. 비즈니스 리더는 가족과 친구가 없으면 아무것도 아니다. 그들은 리더가 더 많은 것을 해낼 수 있도록 격려하고 동기를 유발하고 숨어서 희생하는 지원팀이다. 그리고 자기 자신에게도 감사해야 한다. 우리는 자신에게 도전하고 자신을 밀어붙이고 자신을 이끌어야 한다는 사실을 안다. 그러므로 가끔은 자신에게 마음껏 고맙다고 말해보는 것도 좋다.

더 훌륭한
유산을 창조하라

"당신은 어떻게 기억될 것인가? 어떻게 기업과 사회를 발전시켜 더 좋은 세상을 만들고, 당신의 뒤를 따르는 사람들에게 남겨줄 것인가?"

텍사스의 어느 산속에는 대형 시계가 있다. 수백 피트 높이의 이 대형 시계는 1만 년 동안 움직이도록 설계됐다. 이따금 종이 울린다. 정시마다 대형 시계에서 새로운 멜로디가 흘러나오지만, 1만 년 동안 같은 멜로디가 연주되지 않도록 프로그램됐다. 대형 시계는 낮과 밤의 기온 차로 만들어진 에너지로 움직인다.

텍사스 서부의 깊은 산속에 설치된 설치예술품인 이 대형 시계는 아마존의 창립자 제프 베저스가 자금을 지원하고 비영리 기구 롱나우 재단Long Now Foundation이 관리하는 진짜 시계다. 제프 베저스는 4,200만 달러의 자금을 지원하여 전 세계에서 첫 번째 '만 년 시계'를 세웠다. 앞으로 세계 곳곳에 많은 만 년 시계가 세워질 것이다. 두 번째 만 년 시계는 네바다 숲 중턱에 있는 산꼭대기에 세워질 계획이다.

1만 년은 인류문명의 시간이다. 그래서 만 년 시계는 인류문명의 과거와 똑같은 새로운 문명의 미래를 상징한다. 제프 베저스에게 만 년 시계는 오랫동안 이 지구를 보호하고 살찌울 필요성의 상징이다. 그는 2020년 조성한 100억 달러 지구펀드와 함께 만 년 시계를 미래 세대에게 남겨줄 자신의 유산으로 꼽는다.

미래에 무엇을 남길 것인가

유산은 비즈니스 리더에 엄청난 동기를 부여한다. 비즈니스 리더로서 당신은 무엇을 남길 것인가? 후대에 어떤 유산을 남길 것인가? 우리는 현재에 너무 매몰되어 있다. 성과를 내고 성장 속도를 높이고 더 좋은 곳으로 가기 위해서 기업을 혁신하려고 부단히 노력한다. 그러나 정작 이 세상에 무엇을 남길 것인가에 대해 고민할 여유는 거의 없다. 우리가 후대에 남길 것은 추억이나 명성만이 아니다. 미래에 대한 기여다.

내가 지금까지 읽었던 책 중 가장 기억에 남는 책은 랜디 코미사Randy Komisar의 《승려와 수수께끼》다. 2003년, 내가 중견기업의 CEO를 맡게 되었을 때 250명의 관리자에게 생각할 거리를 주고 싶었다. 우리는 새로운 전략을 개발하고 조직의 변화를 우선 시도할 수도 있었다. 하지만 나는 그들이 미래에 대해, 우리가 무엇이 될 수 있는지에 대해, 자신들이 무엇이 될 수 있는지에 대해 더욱 깊게 생각하기를 바랐다. 나는 그들에게 《승려와 수수께끼》를 한 권씩 선물했다.

이야기는 오토바이를 타고 사막에 갔다가 되돌아온 승려로 시작된다. 사람들이 어디에 갔었느냐고 묻자, 승려는 "여행길에 있었다."라고 답한다. 선문답 같은 소리에 많은 사람이 이 지점에서 책을 덮을지도 모르겠다. 하지만 이 책의 출판사가 하버드비즈니스스쿨Harvard Business School임을 생각하며 끝까지 책을 읽어나갔다. 랜디 코미사는 실리콘밸리 기술업계의 전설과도 같은 존재이고, 현재 클라이너 퍼킨스 코필드 앤 바이어스Kleiner Perkins Caufield & Byers의 파트너다. 그는 사람들이 경력을 쌓으면서 더 많은 것을 기대하고 찾아야 한다고 생각한다.

랜디 코미사는 자신의 아이디어를 실현했던 기술 스타트업에서 알고 지낸 동료와 친구를 떠올렸다. 그들은 오로지 출구전략만 생각했지만, 그는 이것은 성취가 아니라고 생각했다. 물론 그들은 결국 부자가 됐을지도 모른다. 하지만 그들이 인생에서 진정 원하는 것을 성취했을까? 랜디 코미사는 "열정과 추진력은 전혀 같지 않다. 열정은 거부할 수 없는 무언가로 당신을 끌어당기는 힘이고, 추진력은 반드시 해야 한다고 느껴지는 것으로, 당신을 밀어붙이는 힘이다. 만약 자기 자신에 대해 아무것도 모른다면, 열정과 추진력의 차이를 말할 수 없다. 그러나 자신을 쥐꼬리만큼이라도 이해하면 열정을 표현할 수 있다. 열정은 그저 누군가를 따라잡는 추진력과는 다르다."라고 말했다.

대부분 사람이 꿈을 갖고 있다. 대체로 그 꿈은 돈을 많이 버는 것이 아니라, 무언가를 성취하는 것이다. 무언가를 성취하는 것은 대개 이 세상에 만든 차이로 측정된다. 그리고 정해진 단계에 따라 사업하고 브랜드와 소비력, 돈과 자원의 힘을 활용하면 이 세상에 차이를 만들어내는 성취를 이룰 수 있을지도 모른다. 하지만 랜디 코미사에 따르면, 대부분 리더가 꿈의 성취를 나중으로 미룬다. 그들은 사업에 성공하거나 은퇴하고 난 이후에 자신의 꿈을 좇는다. 그는 이것을 '미뤄진 인생 계획'이라고 부른다. 우리는 꿈을 갖고 있지만, 그 꿈을 나중으로 미룬다.

삶에 대한, 인생 계획의 완성에 대한 우리의 진정한 열정은 시기를 미룰 수 있는 무언가가 아니다. 그 꿈을 이루기에 충분히 준비되지 않았을지도 모르지만, 꿈은 현재의 일부이다. 그래서 우리가 하는 일, 즉 직업에 꿈을 녹여내야 한다. 리더는 기업의 열망과 개인의 열망을 모두 성취할 수 있도록 기업을 이끌어야 한다.

데이비드 브룩David Brook은 저서《두 번째 산》에서 같은 말을 했다. 데이비드 브룩은 가끔 에너지와 기쁨을 뿜어내는 사람을 만나게 되는 경우가 있다고 말했다. 그들은 '내적인 빛으로 빛나는 것' 같다. 이러한 사람들에게 인생은 두 개의 산이다. 그들은 학교를 떠나서 직장에 다니며 오를 수밖에 없는 '경력'이라는 산을 오른다.

첫 번째 산에서 그들의 목표는 문화가 보증하는 것들이다. 다시 말해서 직장에서 성공해서 이름을 남기는 것이다. 하지만 첫 번째 산의 정상에 도달하면, 놀라운 일이 생긴다. 그들은 정상에서 눈에 들어오는 광경이 그다지 만족스럽지 못하다는 사실을 깨닫게 된다. 그들은 결국 이 산이 자신이 오르고자 했던 산이 아님을 깨닫게 된다. 자신이 진정으로 오르고자 했던 더 큰 산은 저 밖에 있다.

그래서 그들은 새로운 여정을 시작한다. 두 번째 산을 오르기 시작하는 것이다. 그들의 삶은 자기중심에서 타인중심으로 이동한다. 그들은 사람들이 이루라고 말하는 것이 아닌 진정으로 이룰 가치가 있는 것들을 원한다. 안타깝게도 대부분 사람이 은퇴하고 나서 자신의 두 번째 산을 발견한다. 그러면 때는 이미 너무 늦어버린다. 당신의 유산은 당신이 완수한 일이 아니다. 당신이 미래에 한 기여다.

어떻게 더 좋은 세상을 창조할 것인가

이 책을 시작할 때 우리는 기업이 오늘에서 내일로 그리고 수익에서 목적으로 핵심을 이동하는 모습을 살펴봤다. 이는 더 의미 있는 일이고 더 큰 영향력이 발휘되는 일이다. 바로 이것이 유산이다. 유산은 전설을 만들어내는 것이 아니다. 미래에 기여하는 것이 유산이다. 나는 기업이 이 세상에서 변화를 위한 플랫폼 그리고 선을 위한 플랫폼이 될 수 있다고 믿는다. 그리고 우리가 기업에서 좋은 일을 하면서 더 많은 것을 성취할 수 있다고도 믿는다.

최고의 기회는 종종 극복할 수 없을 것 같은 엄청난 도전에서 나온다. 이를 두고 혹자는 역설적이라고 할지도 모르겠다. 추구하는 목표가 서로 모순될지도 모른다. 최소한 우리의 눈에 명백히 역설적으로 보이는 상황이 비즈니스 리더에게는 새로운 탐구 영역이 된다. 그들은 더욱 긍정적인 영향력을 행사하기 위해서 기업의 막대한 자원을 결합하고 차이를 만들어내는 새로운 방식을 찾는다.

더 좋은 유산에 대한 영감을 얻기 위해서 기업과 세계가 해내야 하는 도전 15가지가 있다.

그림 7.3 더 좋은 세상을 위한 도전 15가지

- 기후 — 기후변화에 대처하면서 경제를 어떻게 성장시킬 수 있을까? 지난 20년은 역사상 가장 더운 시기였다. 이산화탄소 배출량의 증가 속도는 효율성의 개선과 재생에너지의 활용으로 늦춰졌지만, 지구는 여전히 뜨거워지고 있다. 파리협정은 지구 평균온

도 상승 폭을 산업화 이전 대비 최대 1.5℃ 이하로 제한하기로 합의했다.

- 자원 — 인구 증가와 자원의 균형을 어떻게 유지할까? 세계 인구는 2050년이 되면 98억 명까지 증가할 것이다. 전 세계 인구가 먹으려면 식량 생산량이 50% 이상 증가해야만 한다. 참고로 전 세계 도시 면적은 2030년이 되면 지금의 3배에 이를 것이다.

- 기술 — 인공지능과 로봇 등 새로운 기술이 어떻게 모두를 위해서 쓰일 수 있을까? 세계의 51%가 인터넷에 연결되어 있다. 전 세계 인구의 2/3가 휴대전화를 사용한다. 스마트폰 앱의 지속적인 개발과 확산은 전 세계 많은 사람에게 인공지능 시스템을 쥐여줬다.

- 여성 — 여성의 지위 변화가 사회를 개선하는데 어떻게 도움이 될까? 여권 신장은 지난 세기 동안 사회 변화의 주요 동력이었다. 전 세계 국가의 84%가 헌법으로 성 평등을 보장하고, 거의 모두가 '국제적인 여성의 권리 장전'에 동의한다.

- 질병 — 코로나-19 바이러스와 같은 새로운 질병의 위협과 영향을 어떻게 줄일 수 있을까? 세계 보건수준은 계속 향상되고 있다. 출생 시 기대수명은 전 세계적으로 1950년 46년에서 2010년 67년으로, 2015년에는 71.5년으로 증가했다. 감염병으로 인한 전체 사망자 비율은 1998년 25%에서 2015년 16%로 하락했다.

- 에너지 — 어떻게 해야 증가하는 에너지 수요를 효율적이고 책임감 있게 충족시킬 수 있을까? 중국은 세계에서 가장 큰 태양에너지 생산국이며, 수력과 풍력에도 막대한 투자를 하고 있다. 반면에 전 세계 인구의 15%인 10억 명이 전기의 혜택을 누리지 못하고 있다.

- 물 — 어떻게 해야 지구상 모든 사람이 깨끗한 물을 충분히 쓸 수

있을까? 세계의 90% 이상이 수질이 개선된 식수를 사용한다. 이는 1990년 76%에서 증가한 수치다. 이것은 불과 30년 만에 11억 명이 깨끗한 식수를 사용할 수 있게 되었다는 의미다. 하지만 여전히 거의 8억 명에 달하는 사람이 깨끗한 식수를 사용하지 못하고 있다.

- 갈등 — 공유 가치와 안보로 갈등과 테러리즘을 줄일 방법은 무엇일까? 대부분 국가가 평화롭게 살아간다. 하지만 전쟁과 안보의 본질이 오늘날 초국가적이고 국지적인 테러리즘, 내전에 대한 국제사회의 개입, 사이버 전쟁과 정보 전쟁으로 변모했다.

- 범죄 — 조직범죄가 더 강력해지는 것을 막을 방법은 무엇일까? 조직범죄로 인하여 매년 3조 달러 이상의 비용이 초래된다. 이는 연간 국방비를 모두 합친 것의 두 배다. 91개국 50개 영역의 암시장의 규모는 1조8천억 달러에 이르는 것으로 추정된다.

- 민주주의 — 전제주의 체제에서 진정한 민주주의가 등장할 수 있을까? 프리덤 하우스Freedom House에 따르면, 61개국이 자유 순증가를 경험하고 있는 반면에 105개 국가는 자유 순감소를 경험하고 있다. 참정권과 시민 자유권이 67개국에서 후퇴했고, 겨우 36개국에서 증가했다.

- 불평등 — 경제적 빈부격차를 어떻게 줄일 수 있을까? 극빈 비율은 1981년 51%에서 2012년 13%로 하락했고, 오늘날에는 10% 미만이다. 중국과 인도의 경제성장 덕분이다. 하지만 빈부의 격차는 벌어지고 있다. 1%가 99%보다 더 많은 부를 축적하고 있다. 쉽게 말해서 8명의 억만장자가 36억 명의 사람들보다 더 많은 부를 갖고 있다.

- 교육 — 세계적 이슈에 대응하기 위해서 인류를 어떻게 교육할

수 있을까? 알파벳과 많은 기업이 지구상의 모든 사람이 인터넷을 사용할 수 있도록 만들려고 노력한다. 랩톱과 스마트폰 가격이 계속 하락하고 데이터 분석이 가능한 사물인터넷이 실시간으로 정확한 지능형 서비스를 제공하고 있다. 하지만 단지 더 많은 정보가 아닌, 지혜를 발전시키기 위해 이 모든 자원을 성공적으로 활용하는 것은 아직도 큰 난제다.

- 진보 — 기술적 진보가 거대한 도전과제에 대한 대응을 어떻게 가속할 수 있을까? IBM의 왓슨은 이미 인간 의사보다 더 정확하게 암을 진단한다. 오가노보Organovo는 심장과 같은 인간 장기를 3D 프린터로 프린트해낼 수 있고, 로봇은 이제 막 걸음마를 뗀 아이들보다 더 빨리 걷는 법을 학습하고, 알파고는 가장 똑똑한 사람들의 지능을 능가한다. 2020년, 전 세계 로봇의 40%가 중국에서 움직이는데, 이는 2015년의 27%에서 상승한 수치다.

- 도덕성 — 전 세계에 영향을 미칠 결정을 내릴 때, 어떻게 도덕적 요소들을 녹여낼 수 있을까? 점점 많은 의사결정이 인공지능에 의해 이뤄지고 있다. 하지만 인공지능은 양심이나 자제력이 없고 알고리즘에 의해서만 도덕성이 형성된다. 그러나 도덕성은 인식을 왜곡해 무엇이 진실이며 누구를 믿을지 알 수 없는 혼란스러운 상황을 일으키는 '가짜 뉴스'와 정치적 과장 등 조작된 정보의 영향도 받는다.

- 선견지명 — 엄청난 불확실성 속에서 더 나은 미래를 위한 결정을 어떻게 내릴 수 있을까? 세계적 도전과 해결책의 상당 부분은 전 세계적으로 영향을 주고받는 결과를 초래할 수밖에 없다. 그러나 전 세계의 앞날을 내다보는 선견지명의 의사결정 시스템은 거의 활용되지 않는다. 그래서 세계 최고의 인재들이 서로 단절된 채

움직인다. 세계를 통제하는 시스템은 세계 각국의 상호의존성이 심화하는 속도를 따라잡지 못하고 있다.

이것은 유엔이나 각국 정부 또는 싱크탱크만이 고민하고 해결해야 할 문제가 아니다. 이것은 당신, 즉 세상에 진정한 차이를 만들어낼 힘과 플랫폼이 있는 비즈니스 리더가 고민하고 해결해야 할 문제이기도 하다. 당신은 이러한 도전과제들을 해결하기 위해서 무엇을 할 것인가?

미래에 보내는 편지

당신이라면 손자 손녀에게 보내는 편지에 어떤 내용을 담을 것인가? 리처드 브랜슨과의 인생 이야기는 용감무쌍한 끝없는 모험으로 가득했다. 우리는 음악 산업과 항공 산업에서 그가 이뤄낸 성공, 그리고 열기구와 카이트서핑에 대해 그가 가진 열정을 이야기했다. 그는 과거보다 미래에 훨씬 더 관심이 많다고 말했다. 그는 누구나 우주인이 될 수 있는 우주여행에 관해서 이야기할 때 특히 생기가 넘쳤다. 그리고 인류에게 더 유익한 놀라운 일들을 가능하게 만드는 기술의 잠재력에 관해서 이야기할 때도 유난히 활기찼다.

그는 자신의 손자 손녀인 아티, 에타, 에바-데이아에게 그들과 그들의 미래에 대한 자신의 소망에 관해서 편지를 쓰고 싶다고 말했다. 그는 최근 자신의 블로그에 그 편지를 공개했다. 다음은 일부 내용을 발췌한 것이다.

너희들은 이제 막 인생의 출발선에 섰단다. 이는 믿어지지 않을 정도로 대단한 선물이란다. 너희들에게는 모든 가능성이 열려있다. 물론 우여곡절도 있을 거야. 시도와 고난, 그리고 실패와 승리가 기다리고 있을 거다. 하지만 있는 힘껏 열심히 살아가야 한다. 그리고 항상 옳은 일을 하려고 노력해라. 이 풍요로움 속에서 지금 너희들이 가진 모험심을 잊지 마라. 그러면 너희들의 인생은 아주 멋질 테니.

할아버지의 인생 제1원칙은 즐거움이란다. 인생에 예행연습은 없어. 그러니 너희들이 가진 열정의 횃불을 밝히는 일이 아닌 엉뚱한 일을 하느라 귀한 시간을 낭비하지 말아라. 너희가 즐거운 일을 하면 된다. 그리고 너희가 하는 일을 즐겨라. 이 할아버지를 믿어보렴. 위대한 일이 펼쳐질 테니.

항상 마음이 움직이는 대로 살아가라. 하겠다고 마음먹으면 인생이 더 즐겁단다. 큰 꿈을 꾸고 마음이 시키는 대로 살아라. 꿈을 꾸는 것은 인류가 받은 가장 위대한 선물 중 하나다. 그러니 눈을 크게 뜨고 세상을 둘러보렴. 그리고 너희가 마주한 문제보다 자신이 더 강력하다고 믿어보렴.

세상의 기준에 맞추기 위해 너희의 꿈을 배신하지 말아라. 그 대신에 열정적으로 너희의 꿈을 좇거라. 열정은 너희가 꿈을 포기하지 않도록 도와주고 다른 사람들에게 너희와 너희의 꿈을 믿도록 영감을 줄 거란다.

너희가 대접받고 싶은 대로 다른 사람들을 대접해야 한다는 사실을 기억해라. 항상 친절하고 배려해라. 일단 사람들을 믿고, 그들에게 두 번째 기회를 주는 것을 주저하지 말아라. 너희가 그들의 가능성을 믿고 그들을 신뢰할 때, 사람들은 기꺼이 눈앞의 도전을 극복하려고 달려들 거다.

주변 사람과 마음을 터놓고 이야기하렴. 특히 부모님과 말이다. 그들은 항상 너희 편이 되어줄 거다. 기꺼이 너희의 모험을 함께하고, 너희의 결정을 지지하고, 아무 조건 없이 너희를 사랑할 거다. 무엇보다도 사랑하고 너희가 사랑받고 있다는 사실을 기억해라.

- 너희를 사랑하는 할아버지가

CODE

코드 49

비범한 사람이
되어라

"비범함은 무엇일까? 엘리우드 킵초게는 고통이 밀려왔지만, 끝까지 역경을 극복하고 인간의 한계를 넘어섰다. 그 순간 그의 얼굴에 함박웃음이 떠올랐다."

미래는 평범한 사람들이 평범하지 않은 일을 하며 만들어간다. 비범한 리더가 되려면 무엇이 필요할까? 그 또는 그녀는 더 의미 있는 존재가 되려 하는, '특별히' 평범한 사람이 되려는 열정과 용기가 있는 유능한 '평범한' 사람일 가능성이 크다. 실제로 오늘날 성공한 리더들을 보면 대다수가 놀라울 정도로 평범하지만, 그들은 마음속에 활활 타오르는 횃불을 갖고 있다.

주위를 둘러봐라. 우리는 다양성과 기회로 가득한 세상에 살고 있다. 다음의 4가지 개념이 평범함을 넘어설 영감이 되어 줄 것이다.

- 이키가이Ikigai — 스스로 성취하고 싶은 미래와 자신을 조화시키는 일종의 원칙이다. 이것은 일본어에서 유래된 개념이다.
- 고야Goya — 우르두어에서 유래했고 스스로 선택한 길에 대한 믿음을 뜻한다.
- 관시Guanxi — 함께 더 많은 것을 이뤄내기 위한 중국 파트너와의 협업방식을 뜻하는 개념이다.
- 시수Sisu — 핀란드어에서 유래했고 역경을 극복하여 성공하는 인내심을 뜻한다.

역사를 살펴보면 종교, 정치, 과학, 예술, 스포츠, 선행 등에서 비범한 사람들을 발견할 수 있다. 그들 중 대다수가 권력, 특권, 명성보다 진실하고 독창적이며 관대한 성품으로 두드러진다. 그들은 일반적으로 집중력이 강한 사람들이고, 새로운 연결을 만들어내고, 새로움을 탐구하기 위해서 기꺼이 불완전함을 감내한다. 그리고 그들은 긍정적이고 낙관적이며 행복하다.

평범하지만 존경받는 사람들

이 책에서 만난 많은 위대한 인물은 우리와 똑같이 평범한 사람들이다. 그들 중 다수는 우리보다 훨씬 더 불우한 환경에서 성장하거나 살았고, 그들에게는 훨씬 더 제한적으로 기회가 주어졌다. 하지만 그들은 스스로 한계를 넘어섰고 더 많은 일을 해내기 위해서 숱한 역경을 이겨냈다.

데비 셔티는 마더 테레사Mother Teresa를 존경했고, 그녀에게서 영감을 받아 의사가 됐다. 알리 파르사는 이란 산악지대를 걸어서 도망쳤던 피난민으로 헬스케어 산업을 혁신했다. 에밀리 와이즈는 블로거로 활동하는 보그 편집장으로 미용 산업을 혁신했다. 덴마크 교사인 미켈 브예륵소Mikkel Bjergso는 생맥주를 사랑했고, 홍콩 공장 노동자로 일하던 장신Zhang Xin은 나와 함께 영국의 대학교에 다녔다.

최근에 나는 비즈니스 리더들에게 누구를 가장 존경하는지 물었다. 그들에게서 흥미로운 대답이 돌아왔다. 많은 사람이 자신을 길러주고 더 의미 있는 존재가 되도록 격려해준 부모님이나 곁에서 지지해준 배우자 그리고 자신의 분야에서 영웅이라 불리는 사람을 존경하는 인물로 꼽았다. 유명인을 존경한다고 답한 이도 있었다. 마이크로소프트에서의 업적 때문이 아니라, 세계 보건을 위한 노력 때문에 빌 게이츠를 존경한다고 답한 사람도 있었다. 유명 영화배우라서가 아니라, 인도주의적인 활동 때문에 앤젤리나 졸리Angelina Jolie를 꼽은 사람도 있었다. 세계에서 가장 강력한 대통령이었기 때문이 아니라, 스스로 옳다고 믿는 것을 위해 싸웠기 때문에 버락 오바마를 존경한다고 대답한 사람도 있었다. 전기차 테슬라를 개발했기 때문이 아니라, 꿈을 꿀 용기가 있어서 일론 머스크를 존경하는 인물로 꼽은 사람도 있었다.

심리학자 데이브 색David Sack은 "비범함은 부나 명성 혹은 권력이나 권력을 지닌 자들만을 위한 것이 아니다. 비범한 사람은 아주 평범한 삶 속에도 존재한다. 그들은 진정으로 삶을 살아가는 법을 알고 다른 사람들도 자신과 같이 진정으로 삶을 살아가도록 영감을 주는 사람들이다."라고 말했다.

우리는 더 큰 생각을 하는 사람들을 존경한다. 왜냐하면, 그들은 현 세계를 넘어설 용기가 있고 존재하지 않는 것을 명확하게 표현해내기 때문이다. 그들은 자신의 한계를 넘어선 목표를 추구한다. 다시 말해서 그들은 그것이 가능한지는 모르지만, 자신의 비전을 정의하여 그 목표를 달성할 방법을 찾는다. 우리가 용기를 내서 그들을 따르고자 할 때, 그들은 우리에게 영감을 준다.

우리는 인간적이고 청렴한 사람들을 존경한다. 왜냐하면, 그들의 행동이 모든 인간 행동 중에서 가장 솔직하기 때문이다. 그들은 옳은 일을 주도적으로 해내고, 옳지 않은 일을 옳은 방법으로 처리하기 위해 도전할 준비가 되어있다. 그들은 우리가 사는 이 세계에 마음을 쓰고, 그것을 위해서 싸운다. 그들에겐 허세나 가식이 없다. 그들은 완벽한 척하지 않는다. 하지만 그들에게는 열정이 있다. 우리도 그들과 같은 사람이 될 수 있다.

우리는 회복력이 있는 사람들을 존경한다. 그들은 허리케인 속에서 구부러질지언정 부러지지 않는 대나무와 같은 사람들이다. 그들은 어려운 것에 도전하고 어려운 시기에도 불구하고 끝까지 나아간다. 그들은 시작한 일을 끝까지 마무리하고 그 여정에서 마주하게 될지도 모르는 수많은 장애와 반대에 기가 죽지 않는다. 그들은 감사할 줄 알고 자신을 지지한 사람들을 잊지 않는다. 그래서 우리가 그들과 일하게 된다면, 우리는 그들을 따르게 될 것이다.

어떻게 비범함을 찾아낼 것인가

최근 나는 유엔의 리더들과 일할 기회가 있었다. 그들은 국제통화기금International Monetary Fund, 세계 식량 프로그램World Food Program, 최고 난민 위원회High Commission for Refugees, 세계보건기구World Health Organisation까지 다양한 유엔 기구를 이끄는 리더들이었다.

193개 회원국이 유엔 기구를 이끌 후보자를 추천한다. 그래서 유엔 기구의 리더들은 세계 각국 출신이고 다양한 배경을 가졌다. 그들이 지닌 기술과 사용하는 언어 그리고 관점과 신념은 모두 다르다. 하지만 그들은 가장 중요한 문제를 해결하기 위해 함께한다. 나는 그들이 도전에 응하는 태도와 방식에서 깊은 영감을 받았다. 그들은 자국이 직면한 우선순위와 국가에 대한 충성심을 포기했다. 이는 다양한 배경을 지닌 동료들과 일하고 모두를 위해 일을 더 잘 해내기 위해서였다.

그들은 인류의 진보를 위해서 아디스아바바, 부에노스아이레스, 카사블랑카, 덴파사르, 제네바, 빈, 뉴욕의 유엔 센터에서 날아와 한자리에 모였다. 물론 그들에게도 자신만의 욕망, 목표를 달성하는데 기여할 자신만의 장점과 극복해야 할 자신만의 장애물이 있다. 그들에게는 먹여 살려야 할 가족이 있고 자랑스럽게 여기는 조국도 있다. 하지만, 함께할 때, 그들은 자기 자신과 배경에서 벗어나고자 한다. 그들에게는 인류 전체를 진일보시킬 기회가 있다.

같은 방식으로 지금 비즈니스 리더가 나서야 할 시간이다. 리더는 현상을 유지하고 그저 서서히 흘러가도록 만들라고 선택되는 사람이 아니다. 이렇게 되면 세계는 앞으로 나아가는데 그 조직만 정체될 뿐이다. 리더는 진보를 위해서 존재하는 사람이다. 조직을 앞으로 나아가게 만들고, 수익과 성장을 위해 새로운 기회를 찾으려고 존재하는 사람이다. 리더는 새로운 고객에게 더 많은 가치를 제공하고 직원을 위해 미래를 확보하고 투자자에게 보상을 안겨주고 사회에 더 크게 기여해야 한다. 하지만 계몽된 리더는 이러한 목표를 달성하는 새로운 방법도 찾아낸다.

그들에게는 용기가 필요하다. 그들은 감히 다른 사람이 했던 일을 넘어서고, 다른 사람이 하지 않았던 방식으로 도전해야 한다. 완벽한 순간과 완벽한 접근법은 없다. 당당히 맞설 용기만이 필요할 뿐이다. 브레네 브라운은 이렇게 말했다. "우리가 경기장에 걸어 들어가기 전에 완벽하거나 천하무적이 되길 기다리며 인생을 허비하는 동안, 우리는 만회할 수 없는 기회를 희생시키고 귀중한 시간을 낭비하고 우리의 재능, 즉 우리만 할 수 있는 기여에 등을 돌리고 있다."

비범해지기 좋은 시간이다

나는 이 책을 이례적인 시기에 썼다. 지난 30년 동안 일하면서 얻은 교훈과 영감을 한데 모으고 오늘의 위대한 비즈니스 리더들로부터 얻은 통찰을 추가했다. 이런 와중에 나는 갑자기 집에 있는 듯한 편안함을 느꼈다. 세계는 팬데믹으로 '봉쇄'됐다. 대다수 기업은 자신을 향해 곧장 내달리는 대형 트럭의 불빛에 놀란 사슴처럼 그 자리에 얼어붙어 옴짝달싹 못 하고 있다.

코로나-19 바이러스는 이 지구상에 존재한 적이 없는 질병답게 세계 각국에서 확산했다. 일과 이동으로 연결된 이 세상에서 그 확산세는 갈수록 거세졌다. 상점과 카페는 문을 걸어 잠그고, 학교와 공장은 폐쇄됐다. 사람들은 집에서 홀로 고립되어 일하고, 과학자들은 새로운 백신을 찾는 데 혈안이 됐고, 의료진은 자신의 목숨을 걸고 다른 사람을 구하기 위해 발을 동동 구른다.

정의 그대로 '위기'는 극적이고 예측할 수 없다. 위기 분석가이자 철학가인 나심 니콜라스 탈레브Nassim Nicholas Taleb는 이러한 충격을 '흑조 Black Swan'라고 부른다. 이것은 거대하고 예측할 수 없는 결과를 가져오는 갑자기 발생한 사건을 나타내는 상징이다. 흑조는 주로 현재 시스템의 취약성을 인식하지 못한 상태에서 이후에 현재 시스템의 취약한 논리를 서서히 이해하게 되면서 나타난다.

오늘날의 세계는 믿기 어려울 정도로 복잡하다. 이러한 복잡성이 그 어느 때보다 빠른 속도와 심각한 불확실성을 만들어내고, 낡은 시스템에 압박을 가하여 그 취약성을 노출한다. 아마도 우리는 위기 속에서 일어나는 변화에 눈을 떠야 할 것이다. 기술의 파괴적인 영향, 시장의 변하는 성질, 조직의 민첩성 부재, 사회의 불신, 환경의 취약성, 현재 접근방식의 제약 등에 눈을 떠야 한다. 아마도 지금 우리는 가장 어려운 질문을 받고 그에 대한 더 좋은 해답을 찾기 위해서 노력하고 있는지도 모르겠다. 여기서 한자 위기危機는 2개의 단어로 이루어졌으며, 해석하면 위험危險과 기회機會다.

변화는 새로운 태도와 행동, 새로운 아이디어와 해결책을 만들어 낸다. 역사를 살펴보면, 경제의 상승과 하강이 반복되는 패턴이 발견된다. 혁신도 경제와 같은 패턴으로 움직인다. 대체로 경제적으로 힘든 시기에 많은 혁신이 쏟아져 나온다. 윈스턴 처칠Winston Churchill은 "좋은 위기 만한 것은 없다."라고 했다. 이것은 위기야말로 변화의 기회를 잡고, 흔들리기보다 주도적으로 판을 흔들고, 자신만의 비전으로 미래를 창조할 순간이란 뜻이다. 전 인텔 CEO 앤디 그로브Andy Grove는 "나쁜 기업은 위기에 의해 파괴되고, 좋은 기업은 위기에서 살아남고, 위대한 기업은 위기에 의해 진보한다."라고 말했다. 지금은 리더들이 당당하게 일어서서 스스로가 이 세상에서 보고 싶은 변화 자체가 되어야 할 시간이다.

엘리우드 킵초게도 이전처럼 훈련을 거의 못 하고 케냐의 농장에 있는 자택에 머무르고 있다. 하지만 그는 단념하지 않는다. 가족들과 시간을 보내고 말콤 글래드웰의 신간 서적을 포함해서 여러 가지 책을 읽으면서 하루를 즐겁게 보내고 있다. 그는 동료들과 경쟁자들에게 긍정적이고 낙관적인 마음가짐을 잃지 말라고 격려한다. 실제로 그는 이처럼 어려운 시기를 뚫고 나가는 법을 알고 있다. 그가 마라톤에서 가장 고통스러운 순간에 도달할 때, 대체로 결승선을 불과 몇 마일 남겨둔 시점에 그의 얼굴에는 오히려 미소가 떠오른다. 그는 이 어려운 순간에도 지친 한 걸음 한 걸음이 곧 결승선으로 자신을 데려갈 것을 아는 긍정적인 심리가 미소의 비결이라고 말했다.

이제 행동할 때다. 그리고 미소를 지을 때다.

어떻게 리더십 코드를 혁신할 것인가?

◇ 생각해볼 **문제 5가지**

- 용기 - 미래를 이끌 용기가 있는가?

- 리더십 스타일 - 자신과 팀원에게 가장 효과적인 리더십 스타일은 무엇인가?

- 자신만의 강점 - 좀 더 활용할 수 있는 자신만의 강점은 무엇인가?

- 유산 - 더 좋은 미래를 위하여 어떻게 기여할 것인가?

- 비범함 - '특별히' 평범한 사람이 되기 위해 무엇을 할 것인가?

◇ 영감을 주는 **리더 5명**(http://www.businessrecoded.com 참조)

- 지멘스의 짐 하게만 스나베Jim Hagemann Snabe - '꿈과 디테일'로 미래를 이끄는 리더

- 스포티파이의 다니엘 엑 - 스웨덴 음반회사를 이끄는 카리스마가 전혀 없는 리더

- 초바니의 함디 율라카야 - 모든 것을 내어주는 그리스 요구르트 회사를 이끄는 '반 CEO' 성향의 기업가
- 소호 차이나Soho China의 장진 - 베이징에 고층건물을 짓는 경제학자
- 슈퍼셀Supercell의 일카 파나넨Ikka Paananen - 핀란드 출신의 '세계에서 가장 힘 없는 CEO'

◇ 읽을 만한 책 5권

- 데이브 울리히의 《리더십 코드The Leadership Code》
- 브레네 브라운의 《리더의 용기Dare to Lead》
- 제이콥 모건의 《미래 리더The Future Leader》
- 알렉스 허친슨의 《인듀어》
- 짐 스나베와 미카엘 트롤리Mikael Trolle의 《꿈Dreams and Details》

◇ 더 살펴볼 기관 5개

- 리얼 리더스Real Leaders
- 컨퍼런스 보드The Conference Board
- 하버드 리더십Harvard Leadership
- 창의적 리더십 센터Center for Creative Leadership
- 긍정 심리학Positive Psychology

우선, 곁에서 나를 지지해주고 격려해준 고마운 아내 앨리슨에게 너무나도 감사하다. 그리고 나의 두 딸에게도 감사하다. 지금 대학교에서 심리학을 공부하고 있는 안나는 이 책의 자료를 모으고 리더십에 대한 새로운 아이디어를 발전시키는 데 도움을 줬다. 그리고 클라라는 내가 이 책을 쓸 동안 항상 따뜻한 차를 준비해줬다.

나의 좋은 벗이자 에이전트인 코시모 투로투로Cosimo Turroturro에게 감사하다. 그는 이 세상의 비즈니스 리더들을 지지하고 그들에게 영감을 줄 새로운 방법을 끊임없이 찾고, 나에게도 큰 힘이 되어주고 있다. 마드리드의 IE 경영대학원 동료들에게도 감사하다. 특히 테레사 마틴–레토르틸로Teresa Martin-Retortillo의 리더십에 감사하고, 많은 새로운 아이디어가 떠오르도록 도움을 준 스티븐 아담슨Stephen Adamson에게 감사한다.

유럽 비즈니스 포럼은 덴마크의 바야케 볼마르Bjarke Wolmar와 독일의 헨릭 로리젠Henrik Lauridsen, 터키의 타니에르 손메제르Tanyer Sonmezer, 네덜란드의 에이슨 존스Eithne Jones, 미국의 르네 스트롬Renee Strom 등 여러 국가의 조력자들이 없었다면 이 책의 출판은 불가능했을 것이다. 그리고 퓨처 북 포럼Future Book Forum을 곁에서 도와준 외르크 잉겔스태드테르Joerg Engelstaedter와 마크 올인Mark Allin에게 고마움을 전한다.

스튜어트 크레이너Stuart Crainer와 데스 디어러브Des Dearlove의 씽커 50Thinkers50 덕에 마이클 포터, 알렉스 오스터왈드, 에린 마이어Erin Meyer, 스콧 앤서니, 휘트니 존슨Whitney Johnson, 하워드 유Howard Yu, 리타 맥그래스, 로저 마틴, 에이미 에드먼슨 등 위대한 비즈니스 사상가와 일하고 그들에게서 배울 수 있었다. 많은 위대한 비즈니스 리더와 사상가와 함께 매년 유럽 비즈니스 포럼을 기획하고 주최하는 것은 대단한 특권이었다. 나는 라이언 홀리데이Ryan Holiday, 마틴 린드스트롬Martin Lindstrom, 톰 구드윈Tom Goodwin, 데이브 불리히, 안토니오 니에토 로드리게스Antonio Nieto Rodriguez, 마크 에스포시토Mark Esposito 등 전 세계의 많은 사람과 협업할 때 영감을 받았다.

실용적인 통찰을 제공해준 크고 작은 기관에도 감사한다. 터키에서 패션업계를 변혁하는 아스터Aster, 미국에서 헬스케어를 혁신하는 아토스 메디칼Atos Medical, 독일에서 출판업계의 이미지를 다시 만들고 있는 캐논Canon, 이탈리아에서 스마트공장을 만드는 코에지아Coesia, 한국에서 교육업계를 혁신하고 있는 CMS, 카나리아섬에서 소매업을 혁신하고 있는 펀드그루브Fundgrube, 오스트리아에서 기술의 미래를 탐구하는 케바KEBA, 플라스틱을 더 잘 만드는 그라이너Greiner, 쿠웨이트에서 은행업계를 혁신하는 걸프뱅크Gulf Bank, 핀란드에서 더 좋은 식품을 만들고 있는 발리오Valio, 스위스에서 스마트 서비스를 만들어내는 비포Vifor, 터키에서 간식업에 대한 인식을 바꾸고 있는 일디즈Yildiz, 스웨덴에서 미래의 모습을 다시 그리고 있는 자코Zacco 등이 있다. 마지막으로 이 책이 세상의 빛을 볼 수 있도록 물심양면으로 도와준 와일리Wiley의 위대한 출판팀에 감사한다.

더 좋은 미래는 어떻게 탄생하는가

2015년, 인사이트앤뷰에서 피터 피스크의 《게임체인저Gamechanger》를 출판하겠다며 번역원고를 검토해달라는 요청을 받았을 때, 어떻게 이런 책이 세상에 나올 수 있는지 눈을 의심하지 않을 수 없었다. 《게임체인저》에는 디지털 혁명의 파도에서 새로운 기술과 상상력으로 무장하고 자신만의 게임의 법칙을 만들어 세상을 파괴하고 혁신하는 100개의 기업이 소개되어 있었다. 이 100개의 기업은 스타트업에서 대기업에 이르기까지 다양했지만, 중요한 공통점이 있었다.

이들은 '생각'이 다르다. 시장, 고객, 제품 등 모든 면에서 기존의 경쟁자와는 완전히 다른 생각을 한다. 그리고 이런 생각을 바탕으로 시장이 어디로 움직이는지 '탐구'하고 고객과 함께 시장을 '파괴'한다. 그래서 이들을 게임체인저라고 부른다. 게임체인저는 성숙한 시장에서 이미 만들어진 규칙으로 경쟁하지 않는다. 게임체인저는 자신들만의 새로운 규칙을 만들어 새로운 시장을 개척하고 세상을 변화시킨다. 게임체인저, 이들이 미래고 이들이 승리자다.

《게임체인저》에서 가장 내 눈길을 끈 기업은 화성으로 가는 우주선을 개발하는 일론 머스크Elon Musk의 스페이스엑스SpaceX도 아니고, 유전체 데이터베이스를 구축해 인류를 질병에서 구원하는 꿈을 실현해가는 앤 워치츠키Anne Wojicki의 23앤드미23andMe도 아니었다. 호주에서 농축산물과 수산물을 스마트폰 애플리케이션으로 주문하면 다음 날 새벽에 배송해주는 오지 파머스 디렉트Aussie Farmers Direct였다. 《게임체인저》가 출간되던 2015년, 마켓컬리와 같은 새벽 배송 업체가 이 비즈니스모델로 탄생했다.

오지 파머스 디렉트는 2006년 브래든 로드Braeden Lord가 농부 3명과 우유 배달원 1명으로 호주의 농부들을 위해 설립된 회사다. 이들은 농가와 도시의 가정 사이에 단단한 연결고리를 만들고, 중간 도매상을 없애고, 가장 편리하고 효율적인 방식으로 직접 신선한 농축산물을 배달했다. 2014년에 이미 오지 파머스 디렉트는 호주 전역에서 25만 가정에 신선한 과일, 채소, 우유, 달걀, 빵, 고기, 해산물 등을 배달하는 250개의 가맹점을 거느린 호주 최대의 유기농 식품업체로 성장했다.

하지만 게임체인저도 새로운 게임체인저나 유사한 비즈니스모델이 등장함으로써 철저하게 파괴되고 해체될 수 있다. 오지 파머스 디렉트는 대형유통업체들이 신선식품 새벽 배송을 일제히 시작함으로써 난관에 빠졌다. 시장점유율 5%로는 대형유통업체의 가격협상력과 고객 네트워크를 넘어설 수 없는 상황으로 급속하게 빠져들었고, 결국은 사업을 매각하게 되었다. 우리나라도 코로나-19 팬데믹으로 온라인 유통업체들의 호황이 계속되고 있지만, 이제부터는 진짜 게임체인저가 누구인지 확인할 수 있을 것이다.

《아이디어》에는 7가지 분야에 각각 새로운 7가지 비즈니스 코드가 담겼다. 이 49가지 새로운 비즈니스 코드는 《게임체인저》에서 소개한 100개의 기업이 공통으로 가졌던 DNA가 2020년대에 어떻게 변화하고 진화해야 하는지를 설명해준다. 무엇보다 미래와 고객을 위해 기업이 해야 할 역할은 무엇인지, 미래와 조직을 위해 리더가 해야 할 역할은 무엇인지, 그리고 이것이 어떻게 기업의 미래를 바꿀 수 있는지 이해할 수 있다. 미래를 바꿀 리더라면 책을 덮기도 전에 행동할 용기가 샘솟을 것이다.

이 책을 읽는 독자는 크게 세 가지를 염두에 두어야 한다. 첫째는 메가트렌드다. 힘의 축이자 큰 흐름인 메가트렌드를 읽어내지 못하면 훌륭한 아이디어도 빛을 보지 못한다. 둘째는 목적이다. 목적은 미래를 창조하는 이유이자 미래로 가는 동력이다. 목적이 없다면 기업이 존재하는 이유도 행동하는 이유도 사라진다. 셋째는 고객이다. 고객은 소비자가 아니다. 내 물건을 사주는 사람이 소비자라면, 고객은 기업이 존재하는 이유이고 기업과 함께 성장하는 동반자이다.

《아이디어》의 원제는 《Business Recoded》이다. '비즈니스는 이제 새롭게 코딩되어야 한다'는 명쾌한 의미이다. 하지만 우리의 언어로는 'Code'의 의미를 이해하기 쉽지 않다. 그래서 고심 끝에 '미래를 혁신할 49가지 아이디어'의 의미로 '아이디어'를 채택했다. 《아이디어》에는 ESGEnvironmental, Social and Governance 경영, 지속가능 개발 목표인 SDGsSustainable Development Goals를 어떻게 이룰 수 있는지 구체적인 방법론도 담겼다. 《아이디어》에서 기업과 리더의 미래를 발견하길 바란다.

그리고 그 출발을 틀린 질문에 대한 옳은 해답이 아닌, 옳은 질문을 하는 데서 시작하길 바란다.